Geruch und Literatur

Geruch und Literatur

—

Studien zu deutschsprachigen Texten des
19. Jahrhunderts

Herausgegeben von
Ingo Breuer und Frank Krause

düsseldorf university press

Gefördert vom Institut für deutsche Sprache und Literatur I der Universität zu Köln

ISBN 978-3-11-139554-8
e-ISBN (PDF) 978-3-11-139604-0
e-ISBN (EPUB) 978-3-11-139607-1

Library of Congress Cataloging-in-Publication Data
A CIP catalog record for this book has been applied for at the Library of Congress.

Bibliografische Information der Deutschen Nationalbibliothek
Die Deutsche Nationalbibliothek verzeichnet diese Publikation in der Deutschen Nationalbibliografie; detaillierte bibliografische Daten sind im Internet über http://dnb.dnb.de abrufbar.

© 2026 Walter de Gruyter GmbH, Berlin/Boston, Genthiner Straße 13, 10785 Berlin
d|u|p düsseldorf university press ist ein Imprint der Walter de Gruyter GmbH.

Einbandabbildung: Honoré Daumier: *L'Odorat/Oude man ruikt aan roos op zijn balkon*. Rijksmuseum, CC0, via Wikimedia Commons.
Satz: Integra Software Services Pvt. Ltd.

dup.degruyter.com
www.degruyterbrill.com
Fragen zur allgemeinen Produktsicherheit:
productsafety@degruyterbrill.com

Danksagungen

Dieser Band geht aus einem Kolloquium am Erich Auerbach Institute for Advanced Studies an der Universität zu Köln hervor, das am 20./21. September 2023 stattgefunden hat, ergänzt um zwei weitere, im Anschluss an die Tagung verfasste Beiträge. Unser Dank gilt zum einen dem Erich Auerbach Institute for Advanced Studies der Universität zu Köln für die gewährte Gastfreundschaft; zum anderen sind wir dem Department of English and Creative Writing am Goldsmiths College der University of London, dem Institut für deutsche Sprache und Literatur I und der Philosophischen Fakultät der Universität zu Köln für die logistische und finanzielle Unterstützung zu Dank verpflichtet. Für die Mitwirkung bei der Organisation der Tagung und der Redaktion dieses Bands danken wir den Kölner Mitarbeiterinnen und Mitarbeitern Deborah Crescenzo, Katharina Peiffer, Laura Mari Gros und Moritz Lohmann.

Inhalt

Danksagungen —— V

Frank Krause
Einleitung —— 1

Silvio Vietta
Der Geruchssinn in der Romantik —— 17

Dirk Göttsche
Der Geruch des Krieges. Geruchswahrnehmung und Geschichtspolitik in der Literaturgeschichte der antinapoleonischen Befreiungskriege, 1813–1914 —— 39

Ingo Breuer
Starke Gerüche. Metamorphosen des Gestanks im neunzehnten Jahrhundert —— 65

Sergej Rickenbacher
Theodor Storms olfaktorische Hantologie —— 101

Frank Krause
Zum wilden Mann (1874) und andere Erzählungen. Geruch und Arbeit in der Prosa von Wilhelm Raabe —— 117

Charlotte Coch
„120 Beleckungen; 370 Beriechungen; 500 Schweifwedeleien" – Der Geruchssinn als Domäne hündischer Erzählperspektiven —— 139

Eva-Maria Siegel
Über Geruch und Geschmack und das Glück der Völker. Synästhesie im Werk von Georg Forster —— 159

Mădălina Diaconu
Kulturelle Anosmie in exotischen Geruchswelten. Ida Pfeiffers Weltreisen —— 173

Martin Roussel
„durch höllische Dünste und Miasmen hindurch" – Gerüche bei Karl May —— 191

Ulrike Zitzlsperger
Gerüche als topographische Wegweiser durch Berlin im neunzehnten Jahrhundert —— 211

Beiträgerinnen und Beiträger —— 231

Index: Personen —— 235

Frank Krause
Einleitung

Dieser Band möchte das Verständnis der Geruchskultur in der deutschsprachigen Literatur des neunzehnten Jahrhunderts vertiefen und erweitern. Als Anlässe eigenwertiger Erfahrungen, als Anzeichen von Sachverhalten, als Träger symbolischen Sinns oder als Bildspender für figurative Ausdrücke leisten Gerüche einen wichtigen Beitrag zur emotionalen Wahrnehmung von Situationen, und die Rede von Gerüchen aktiviert dieselbe Hirnregion, die auch bei der Olfaktion stimuliert wird (Smith 2021, 23). Geruchsmotive tragen zur Lenkung der Textrezeption bei und entfalten ihre Wirkungen meist im Hintergrund der Darstellung; ihre im Interesse an einem nuancierten Textverständnis gebotene Erforschung bildet indessen noch immer ein Desideratum der Germanistik.

Die Muster der Auslegung von Gerüchen, die einer Sprachgemeinschaft zur Verfügung stehen, lassen sich um historisch veränderliche Arten, Themen und Probleme des Wissens gruppieren; auch die Literatur hat an diesem Wissen teil, indem sie einschlägige Muster reproduziert oder hervorbringt, die aus dem historischen Abstand aber oft nicht mehr ohne weiteres einleuchten. Als Zeitalter des Durchbruchs zur modernen literarischen Geruchskultur, die dem olfaktorischen Begehren mit den Mitteln einer autonom gewordenen Kunst zur Geltung verhilft, stellt das neunzehnte Jahrhundert eine zentrale Makro-Epoche dar, die bislang nur umriss- und lückenhaft erforscht worden ist. Im Anschluss an eine Skizze der Grundzüge dieser Epoche (1.) sei am Beispiel der *Harzreise* (1826) von Heinrich Heine (1797–1856) die vernachlässigte Vielfalt der Fragen und Probleme illustriert, mit denen die literarische Geruchskultur des neunzehnten Jahrhunderts befasst ist (2.). Vor diesem Hintergrund sollen die historischen Problembezüge der in diesem Band ausgeloteten Fragen angedeutet werden (3.).

1 Das olfaktorische Begehren im neunzehnten Jahrhundert: Aspekte eines Befreiungskampfes

Die ersten, um die Wende zum zwanzigsten Jahrhundert erschienenen Studien zu Geruchsmotiven in der Literatur hatten sich auf Texte konzentriert, die Gerüche außergewöhnlich intensiv darstellen (Rindisbacher 1992, 144; Maxwell 2017, 163), und erste literarhistorische Arbeiten zum Thema aus den 1960er und 1970er Jahren widmeten sich auffälligen Abweichungen von Erwartungen der Gegenwartskultur (Stevick 1965; Davies 1975). Seit den 1980er Jahren hat die Forschung zur

Kultur- und Sozialgeschichte den Wandel spezifischer Osmologien als Lehren von der Natur, Wirkung, Ordnung und Bedeutung von Gerüchen untersucht (Corbin [1982] 1984; Le Guérer [1988] 1992; Classen et al. 1994) und in den 1990er Jahren die erste literarhistorische Studie angeregt, die Darstellungen der Geruchswahrnehmung im Kontext von historischen Fragen und Problemen der Geruchskultur interpretiert (Rindisbacher 1992).

Das Bild der Geruchskultur in der deutschsprachigen Literatur des neunzehnten Jahrhunderts ist durch das bürgerliche Projekt der hygienischen Desodorierung sozialer Räume geprägt, dessen Vorliebe für gesunde Frischluft und florale Naturdüfte um 1850 auf die Literatur des Realismus durchschlägt. Die Desodorierung erweitert zwar den Spielraum für nuancierte olfaktorische Genüsse, doch der wird zunächst nur zögerlich ausgeschöpft, weil das Riechen in erster Linie dem zweckrationalen Handeln dient, während der anziehende Duft einer oft mit attraktiver Weiblichkeit assoziierten Natur moralische Bedenken weckt. Erst die Literatur des ausgehenden Jahrhunderts emanzipiert das olfaktorische Begehren von den Ansprüchen der Zwecktätigkeit und der Moral und bereitet einer nachhaltigen Wertschätzung des Riechens den Boden. In diesem Epochenbild gilt das neunzehnte Jahrhundert als Zeitalter, in dem die Bedeutung des Riechens im Rahmen von ausdifferenzierten Fragen der objektiven Erkenntnis, der Moral, des guten Lebens und des stimmigen Eindrucks neu ausgehandelt wird.

Dieses Bild, das Rindisbacher 1992 zur Diskussion gestellt hatte, wurde in den frühen 2020er Jahren um den Befund ergänzt, dass die Literatur von der Romantik bis zur Jahrhundertwende das Riechen häufig als affektiven Höhepunkt einer Naturerfahrung inszeniert, die im Lichte eines säkular begründeten Glaubens wahrgenommen wird (Krause 2023a). Die Tradition, die Hingabe an den olfaktorischen Genuss im säkularen Ritual einzuhegen, reicht bis in die Frühaufklärung zurück; in Spätaufklärung, Klassik und Realismus wird sie meist skeptisch beurteilt. Noch bevor der Realismus die Gerüche der Autorität des Verstandes zu unterwerfen versuchte, hatte die Romantik das Riechen – meist im Verbund mit dem Hören – zur Quelle der Inspiration einer kunstreligiös legitimierten Poesie aufgewertet, die zum autonomen Formenspiel ermächtigt ist. Die Literatur der Jahrhundertwende entwickelt romantische Synästhesien und Synergien von Duft und Klang weiter (Krause 2021), und in skeptisch verfremdeter Form wirken Anmutungen des gläubigen Riechens noch im Spätrealismus nach.

Das Gesamtbild des neunzehnten Jahrhunderts wirkt lückenhaft, weil die Bedeutungen der Gerüche für einzelne literarhistorische Epochen – zum Beispiel im Kontext der romantischen Liebesethik – nur in Ansätzen erforscht sind, die Wirkungslinien zwischen den Epochen erst noch detaillierter zu bestimmen wären und die Befunde der beiden eingehenderen Darstellungen des Zeitraums bislang nicht integriert worden sind. Einzelstudien zur Geschichte literarischer Phantasien über die Duftorgel, auf der Geruchskompositionen gespielt werden (Rickenbacher 2021), oder zur Parodie des dekadenten Riechens in Erzählungen von Paul Scheerbart (Herold 2021) lassen das Gesamtbild noch unübersichtlicher erscheinen.

2 *Die Harzreise* (1826): Zur Vielfalt der literarischen Geruchskultur im neunzehnten Jahrhundert

Zudem konzentriert sich jenes Bild auf den umstrittenen Beitrag des Riechens zu einem guten oder nicht-verfehlten Leben und fasst so nur eine der vielfältigen Problematiken ins Auge, mit denen die Geruchskultur befasst ist. Auch wenn literarische Geruchsmotive oftmals ethische Positionen eines Textes emotional unterstreichen, lassen sich ihre Bedeutungen nicht auf diese Funktion reduzieren, wie sich am Beispiel des Reiseberichts *Die Harzreise* von Heinrich Heine (1797–1856) zeigen wird. Hier spielt der Geruchssinn eine wichtige Rolle, was aber nur zum geringen Teil der literarischen Gattung geschuldet ist, die von ungewohnten Regionen erzählt, deren Gerüche tendenziell eher auffallen als habituierte olfaktorische Reize im alltäglichen Umfeld. Gewiss, der Erzähler bemerkt ein dumpfiges Gewässer in der Stadt Goslar:

> Der Name Goslar klingt so erfreulich, und es knüpfen sich daran so viele uralte Kaisererinnerungen, daß ich eine imposante, stattliche Stadt erwartete. Aber so geht es, wenn man die Berühmten in der Nähe besieht! Ich fand ein Nest mit meistens schmalen, labyrinthisch krummen Straßen, allwo mittendurch ein kleines Wasser, wahrscheinlich die Gose, fließt, verfallen und dumpfig, und ein Pflaster, so holprig wie Berliner Hexameter. (Heine 1973, 99)

Der Geruch ist hier indessen bloß mitgedacht – das Grimmsche Wörterbuch expliziert die Bedeutung von ‚dumpfig' als „dunstig, feucht, womit häufig dunkelheit und moderiger geruch oder geschmack verbunden ist, schwül. eine dumpfige kammer, wo die luft nicht frisch und rein ist." (DWB Bd. 2, Sp. 1528) –, und auch im Bericht vom Besuch eines Bergwerks, dessen qualmiger Dunst den Atem beschwert, bleibt das Riechen implizit; der Erzähler vernimmt

> immerwährendes Brausen und Sausen, unheimliche Maschinenbewegung, unterirdisches Quellengeriesel, von allen Seiten herabtriefendes Wasser, qualmig aufsteigende Erddünste, und das Grubenlicht immer bleicher hinein flimmernd in die einsame Nacht. Wirklich, es war betäubend, das Atmen wurde mir schwer, und mit Mühe hielt ich mich an den glitschrigen Leitersprossen. (Heine 1973, 94)

Die unwirtliche Atmosphäre herrscht nur in einem der besuchten Bergwerke und kontrastiert eigentümlich mit der Würde, die in der sinnlichen Erscheinung der Bergleute zum Ausdruck kommt:

> Nach Luft schnappend stieg ich einige Dutzend Leitern wieder in die Höhe, und mein Steiger führte mich durch einen schmalen, sehr langen, in den Berg gehauenen Gang nach der Grube Dorothea. Hier ist es luftiger und frischer, und die Leitern sind reiner, aber auch länger und steiler als in der Karolina. Hier wurde mir auch besser zu Mute, besonders da ich wieder Spuren lebendiger Menschen gewahrte. In der Tiefe zeigten sich nämlich wandelnde Schimmer; Bergleute mit ihren Grubenlichtern kamen allmählich in die Höhe mit dem Gruße „Glückauf!" und mit demselben Wiedergruße von unserer Seite stiegen sie an uns vorüber; und wie eine befreundet ruhige, und doch zugleich quälend rätselhafte Erinnerung trafen mich mit ihren tiefsinnig klaren Blicken die ernstfrommen, etwas blassen, und vom Grubenlicht geheimnisvoll beleuchteten Gesichter dieser jungen und alten Männer, die in ihren dunkeln, einsamen Bergschachten den ganzen Tag gearbeitet hatten, und sich jetzt hinaufsehnten nach dem lieben Tageslicht, und nach den Augen von Weib und Kind. (Heine 1973, 95)

Die Luft von Goslar enttäuscht, und die der Bergwerke bedrückt zumindest zeitweilig; ein guter Duft aus fernen Landen weht den Reisenden nur beim Frühstück an, das poetisch zur Weltreise überhöht wird:

> Indessen, meine Sehnsucht nach einem Frühstück war ebenfalls groß, und nachdem ich meinen Damen einige Höflichkeiten gesagt, eilte ich hinab, um in der warmen Stube Kaffee zu trinken. Es that Noth; in meinem Magen sah es so nüchtern aus, wie in der Goslarschen Stephanskirche. Aber mit dem arabischen Trunk rieselte mir auch der warme Orient durch die Glieder, östliche Rosen umdufteten mich, süße Bulbullieder erklangen, die Studenten verwandelten sich in Kameele, die Brockenhausmädchen, mit ihren Congrevischen Blicken, wurden zu Houris, die Philisternasen wurden Minarets u. s. w. (Heine 1973, 128)

Am olfaktorischen Detail zeigt sich ein Grundzug der Erzählung im Ganzen. Die Reise führt in Gegenden und Mitwelten, die dem Wunsch nach stimmigen außeralltäglichen Eindrücken oft nur in ambivalenter Gestalt entgegenkommen, und wenn sich erfüllende Momente einstellen, werden sie mit ironischem Ton poetisch überhöht. Der Anspruch der Sinne wird imaginär gerettet, ohne über die Wirklichkeit hinwegzutäuschen; die Ironie relativiert nicht den Genuss, sondern den allzu anspruchsvollen Wunsch, objektive Erkenntnis und sinnliches Glück zu versöhnen. Im Sinne dieses gleichwohl unabweisbaren Wunsches bekennt sich der Erzähler spielerisch zu einer olfaktorisch-kulinarisch fundierten Wissenschaft von der Natur:

> Es ärgert mich jedesmal, wenn ich sehe, daß man auch Gottes liebe Blumen, eben so wie uns, in Casten getheilt hat, und nach ähnlichen Aeußerlichkeiten, nämlich nach Staubfäden-Verschiedenheit. Soll doch mahl eine Eintheilung stattfinden, so folge man dem Vorschlage

Theophrasts, der die Blumen mehr nach dem Geiste, nämlich nach ihrem Geruch, eintheilen wollte. Was mich betrifft, so habe ich in der Naturwissenschaft mein eigenes System, und demnach theile ich Alles ein: in dasjenige, was man essen kann, und in dasjenige, was man nicht essen kann. (Heine 1973, 129 f.)

Aus der Sicht des Erzählers entspringt das sinnliche Begehren einer Bedürfnisnatur, die im Alltag des Kindes mit dem Naturganzen noch poetisch versöhnt ist:

> Der kleine Junge stand mit den Bäumen in gar eigenem Einverständniß; er grüßte sie wie gute Bekannte, und sie schienen rauschend seinen Gruß zu erwiedern. Er pfiff wie ein Zeisig, ringsum antworteten zwitschernd die andern Vögel, und ehe ich mich dessen versah, war er mit seinen nackten Füßchen und seinem Bündel Reisig ins Walddickigt fortgesprungen. Die Kinder, dacht' ich, sind jünger als wir, können sich noch erinnern, wie sie ebenfalls Bäume oder Vögel waren, und sind also noch imstande, dieselben zu verstehen; unsereins aber ist schon alt und hat zu viel Sorgen, Jurisprudenz und schlechte Verse im Kopf. (Heine 1973, 91)

Im Lichte der sinnstiftenden Verwandtschaft von Mensch, Tier und Pflanze kann die geläufige Auffassung, der Geruchssinn sei animalisch und daher minderwertig (Diaconu 2005, 17), bei Heine nicht greifen. Kinder, die den Anblick, das Geräusch und den Geruch einer fremdartig wilden Pflanze genießen und sich dabei wie Katzen gebärden, zeigen vielmehr eine liebenswerte Haltung:

> Dieses Herz gleicht mehr jener schweren, abentheuerlichen Blume aus den Wäldern Brasiliens, die, der Sage nach, alle hundert Jahre nur einmal blüht. Ich erinnere mich, daß ich als Knabe eine solche Blume gesehen. Wir hörten in der Nacht einen Schuß, wie von einer Pistole, und am folgenden Morgen erzählten mir die Nachbarskinder, daß es ihre „Aloe" gewesen, die mit solchem Knalle plötzlich aufgeblüht sey. Sie führten mich in ihren Garten, und da sah ich zu meiner Verwunderung, daß das niedrige, harte Gewächs, mit den närrisch breiten, scharfgezackten Blättern, woran man sich leicht verletzen konnte, jetzt ganz in die Höhe geschossen war, und oben, wie eine goldene Krone, die herrlichste Blüthe trug. Wir Kinder konnten nicht so hoch hinaufsehen, und der alte, schmunzelnde Christian, der uns lieb hatte, baute eine hölzerne Treppe um die Blume herum, und da kletterten wir hinauf, wie die Katzen, und schauten neugierig in den offenen Blumenkelch, woraus die gelben Stralenfäden und wildfremden Düfte mit unerhörter Pracht hervordrangen. (Heine 1973, 137)

Für die Auffassung von der Poesie der Kindheit und ihrer Düfte finden sich Entsprechungen bei Novalis, und auch mit dem zentralen Thema der Liebe, in dessen Kontext auf der Harzreise immer wieder Gerüche zur Sprache kommen, schreibt sich Heine in die Tradition der Romantik ein, mit Düften der Natur den von Auge und Ohr vernommenen (Utz 1990), liebesethisch bedeutsamen Eigensinn des Naturganzen zu unterstreichen (Krause 2023a, 149–162):

> Der Kirchhof in Goslar hat mich nicht sehr angesprochen. Desto mehr aber jenes wunderschöne Lockenköpfchen, das bei meiner Ankunft in der Stadt aus einem etwas hohen Par-

terrefenster lächelnd heraus schaute. Nach Tische suchte ich wieder das liebe Fenster; aber jetzt stand dort nur ein Wasserglas mit weißen Glockenblümchen. Ich kletterte hinauf, nahm die artigen Blümchen aus dem Glase, steckte sie ruhig auf meine Mütze, und kümmerte mich wenig um die aufgesperrten Mäuler, versteinerten Nasen und Glotzaugen, womit die Leute auf der Straße, besonders die alten Weiber, diesem qualifizirten Diebstahle zusahen. Als ich eine Stunde später an demselben Hause vorbey ging, stand die Holde am Fenster, und wie sie die Glockenblümchen auf meiner Mütze gewahrte, wurde sie blutroth und stürzte zurück. Ich hatte jetzt das schöne Antlitz noch genauer gesehen; es war eine süße, durchsichtige Verkörperung von Sommerabendhauch, Mondschein, Nachtigallenlaut und Rosenduft. (Heine 1973, 101)

Bei Heine tragen romantische Motive allerdings hyperbolische Züge, die mit der Wirklichkeit einer in philiströser Askese erstarrten Mitwelt auffällig kontrastieren:

Liebe! Unsterblichkeit! – in meiner Brust ward es plötzlich so heiß, daß ich glaubte, die Geographen hätten den Aequator verlegt, und er laufe jetzt gerade durch mein Herz. Und aus meinem Herzen ergossen sich die Gefühle der Liebe, ergossen sich sehnsüchtig in die weite Nacht. Die Blumen im Garten unter meinem Fenster dufteten stärker. Düfte sind die Gefühle der Blumen, und wie das Menschenherz, in der Nacht, wo es sich einsam und unbelauscht glaubt, stärker fühlt, so scheinen auch die Blumen, sinnig verschämt, erst die umhüllende Dunkelheit zu erwarten, um sich gänzlich ihren Gefühlen hinzugeben, und sie auszuhauchen in süßen Düften. – Ergießt Euch, Ihr Düfte meines Herzens, und sucht hinter jenen Bergen die Geliebte meiner Träume! (Heine 1973, 102)

Anders als die Romantik verzichtet Heine darauf, die Liebe als Gegenwart der Transzendenz zu behandeln; das Wunder der Liebe gründet in diesseitigem Begehren:

Blumen, kühne Wunderblumen,
Blätter, breit und fabelhaft,
Duftig bunt und hastig regsam,
Wie gedrängt von Leidenschaft. (Heine 1973, 112)

Gegen religiöse Mystik, deren emotionale Wirkung mit den bedrückenden Atmosphären der Zivilisation vergleichbar ist, hilft – einem Bruchstück zum Bericht zufolge – nur die Vernunft:

Doch verkenne ich nicht den unschätzbaren Werth der razionalistischen Bemühungen eines Paulus, Gurlitt, Krug, Eichhorn, Bouterwek, Wegscheider u. s. w. Zufällig ist es mir selbst höchst ersprießlich, daß diese Leute so manches verjährte Uebel forträumen, besonders den alten Kirchenschutt, worunter so viele Schlangen und böse Dünste. Die Luft wird in Deutschland zu dick und auch zu heiß, und oft fürchte ich zu ersticken, oder von meinen geliebten Mitmystikern, in ihrer Liebeshitze, erwürgt zu werden. Drum will ich auch den guten Razionalisten nichts weniger als böse seyn, wenn sie die Luft etwas gar zu sehr verdünnen und etwas gar zu sehr abkühlen. Im Grunde hat ja die Natur selbst dem Razionalismus seine Grenze gesteckt; unter der Luftpumpe und am Nordpol kann der Mensch es nicht aushalten. (Heine 1973, 227)

Auch Heine lässt Gott als Erste Ursache mit dem Ursprung einer von Liebe bewegten Natur in eins fallen, kann diese Einheit aber nur noch im ironisch gebrochenen poetischen Spiel denken, dem das Gefühl der Liebe als Duft gilt:

> Es ist noch früh am Tage, die Sonne hat kaum die Hälfte ihres Weges zurückgelegt, und mein Herz duftet schon so stark, daß es mir betäubend zu Kopfe steigt, und ich nicht mehr weiß, wo die Ironie aufhört und der Himmel anfängt, daß ich die Luft mit meinen Seufzern bevölkere, und daß ich selbst wieder zerrinnen möchte in süße Atome, in die unerschaffene Gottheit; – wie soll das erst gehen, wenn es Nacht wird, und die Sterne am Himmel erscheinen, „die unglücksel'gen Sterne, die dir sagen können – –" (Heine 1973, 138)

Während die Romantik die innerweltliche poetische Überschreitung des Faktischen zugleich als Medium einer Transzendenz ins Kräftespiel des Jenseits versteht, gilt Heine diese Transzendenz nur noch als ironisch gebrochene Phantasie, wie sich auch in seinen Anleihen bei romantischen Geruchsmotiven zeigt.

In der *Harzreise* wird der Konnex von Düften der Natur mit gefühlsbestimmter Weiblichkeit, der seit der Spätaufklärung oft als Quelle von Gefährdungen des Verstandes gilt, ausdrücklich positiv bewertet:

> Unendlich selig ist das Gefühl, wenn die Erscheinungswelt mit unserer Gemüthswelt zusammenrinnt, und grüne Bäume, Gedanken, Vögelgesang, Wehmuth, Himmelsbläue, Erinnerung und Kräuterduft sich in süßen Arabesken verschlingen. Die Frauen kennen am besten dieses Gefühl, und darum mag auch ein so holdselig ungläubiges Lächeln um ihre Lippen schweben, wenn wir mit Schulstolz unsere logischen Thaten rühmen, wie wir Alles so hübsch eingetheilt in objektiv und subjektiv, wie wir unsere Köpfe apothekenartig mit tausend Schubladen versehen, wo in der einen Vernunft, in der andern Verstand, in der dritten Witz, in der vierten schlechter Witz, und in der fünften gar nichts, nämlich die Idee, enthalten ist. (Heine 1973, 133)

Gerade weil der Einklang von Erscheinung und Empfindung stimmige Erfahrungen ermöglicht, deren Eigenwert vom begrifflichen Denken immer schon verfehlt wird, hat Heine keinen Grund, den Sinngehalt der nicht-gegenständlichen Geruchswahrnehmung gering zu schätzen; und eben weil Gerüche oft mit starken affektiven Wertungen verbunden sind, sind olfaktorische Motive als Mittel zu einer emotionalen Verständigung geeignet, deren Geltungsanspruch sich nicht reflexiv einholen lässt.

Zudem bemüht Heine die schon in der Antike eingesetzte Technik, mit Motiven des Gestanks satirisch bloßgestellte Figuren lächerlich zu machen; hier gilt der Spott den Mitreisenden, die sich in einem Gästebuch literarisch unbeholfen auslassen und damit beim Erzähler nur Überdruss hervorrufen:

> Herr Johannes Hagel will sich auch mahl als Schriftsteller zeigen. Hier wird des Sonnenaufgangs majestätische Pracht beschrieben; dort wird geklagt über schlechtes Wetter, über getäuschte Erwartungen, über den Nebel, der alle Aussicht versperrt. „Benebelt heraufgekommen und benebelt hinunter gegangen!" ist ein stehender Witz, der hier von Hunderten nachgerissen wird. Das ganze Buch riecht nach Käse, Bier und Tabak; man glaubt einen Roman von Clauren zu lesen. (Heine 1973, 128–129)

Den Topoi, die nur allzu schlichte Gemüter goutieren können, entweicht ein figurativer Mief, der die Grenze zwischen Dichtung und Kolportage anzeigt.

Die Gerüche, die in der *Harzreise* im Zusammenhang mit den Themen der Liebe, der Natur und der Kindheit zur Sprache kommen, verweisen auf die kunstreligiöse Osmologie der Romantik, die bei Heine säkularisiert wird; die Atmosphäre des Bergbaus, der beim romantischen Zugang zur Natur bei Novalis eine wichtige Rolle spielt, wird bei Heine ambivalent. Die olfaktorischen Motive, die der Gattung der Reiseerzählung geschuldet sind, wirken einer ernst zu nehmenden Romantisierung des sozialen Lebens ebenfalls entgegen, und sie kontrastieren auffällig mit der deutschen Reiseliteratur des ausgehenden achtzehnten Jahrhunderts, die dem modernen Großstadtleben im europäischen Ausland oder einer exotischen Sinnesfülle außerhalb Europas nachging, denn bei Heine führt der Weg in kleinere Städte und in Landschaften vertrauter Breitengrade. An anderen Stellen liest Heine zentrale Themen der Geruchskultur des achtzehnten Jahrhunderts gegen den Strich. Zwar hält auch er die Frauen für besonders geruchsempfindlich, wertet dieses Vermögen im Unterschied zur Spätaufklärung aber positiv; und hatten manche Aufklärer das vernünftige taxonomische Urteil noch mit olfaktorischem Genuss verbinden können, greift Heines Erzähler diesen Ansatz ironisch auf, um den ernüchterten Verstand der zeitgenössischen Wissenschaften in seine Schranken zu verweisen. Insgesamt dienen die Geruchsmotive in der *Harzreise* dazu, das Ausharren im Paradox von illusionsbrechender Zeitkritik und poetischer Romantisierung zu unterstreichen.

Für die Forschung zur Geschichte der literarischen Geruchskultur des neunzehnten Jahrhunderts ist *Die Harzreise* zum einen als Beitrag zur kulturellen Wertschätzung des Riechens von Interesse, der bislang nicht ausreichend gewürdigt wurde. Als Grenzgänger der Romantik nimmt Heine im Befreiungskampf des olfaktorischen Begehrens eine randständige Zwischenstellung ein, da er im Paradox von ernüchterter Diagnose und romantischem Spiel ironisch ausharrt und den Genuss von Natur, Duft und Liebe aus radikal profaner Sicht bejaht. Zum anderen verweist der Bericht auf die Bedeutung der Gerüche für Topographien (Diaconu 2011), Arbeitswelten (Krause 2025), Geschlechterbilder (in der frühen Neuzeit wurde der Frau ein spezifischer abstoßender Geruch zugeschrieben; siehe dazu Muchembled 2020, 64–89), Bestimmungen von Pflanzen (Vergil [37–29] 2010; Draycott 2015) und rhetorische Strategien (Aristoteles [340–335] 2019, 167), deren kulturhistorischer Wandel sich in der Literatur niederschlägt und teils auch von ihr mitgeformt wird. In Berichten von realen und fiktiven Reisen spielen Gerüche als Schwellenphänomene und Ortskennzeichen eine wichtige Rolle (Grimmelshausen [1669] 2012, 702–703; Monseigne 2025, 598); in Darstellungen der Erwerbstätigkeit werden Gerüche von Arbeitsstätten thematisiert (zur bildenden Kunst siehe Elias [1936] 1981, 291); Thesen zum Konnex von Geruch und Weiblichkeit sind noch immer aktuell (Mavor 2006); Heines Verweis auf Theophrast erinnert daran, dass bereits die Antike den Gebrauch der Nase zur Bestimmung von Pflanzenarten lehrte; und stereotype Geruchs-Topoi und Tropen finden sich schon in antiken Poemen und Dramen (Horaz [30 u. 23–13] 2015, 260–263; Classen et al. 1994, 31 u. 49). Die Forschung zu Gerüchen in deutschsprachigen Texten des neunzehnten Jahrhunderts ist diesen Traditionen indessen nicht nachgegangen.

3 Forschungsansätze zur Vertiefung und Erweiterung des Epochenbildes

Zum einen wäre das bestehende Bild der literarischen Geruchskultur des neunzehnten Jahrhunderts zu präzisieren. Silvio Viettas Beitrag zu diesem Band erinnert daran, dass der Romantik die Augen und Ohren als die wichtigsten Sinne gelten (vgl. dazu Utz 1990, 177–287); Düfte begleiten und verstärken an zentralen Stellen vornehmlich das emotional bedeutsame Hören und sind in der Spätromantik oft melancholisch gefärbt. Während sich die Forschung bislang auf Synästhesien und Synergien von Geruch und Klang im Kontext der poetischen Inspiration und des Themas der Kindheit konzentriert hatte (Krause 2021; 2023a, 149–162), weist Vietta nach, dass die Düfte von Landschaften, Gärten, Lüften und Körpern in der Romantik die Empfindungen der Liebe auch in ihren politischen und sexuellen Spielarten unterstreichen. Vor dem Hintergrund der poetischen Idealisierung politischer Herrschaft und der Sakralisierung des sexuellen Verkehrs gibt sich Heines Grenzgängertum auch in seinen Aneignungen romantischer Geruchsmotive zu erkennen.

Heines *Harzreise* belegt zudem, dass Topoi der Romantik auch dann noch weiterwirken können, wenn ihr ursprünglicher Geltungsanspruch verblasst ist, und das gilt, wie Sergej Rickenbachers Aufsatz nachweist, auch für den Realismus. Rickenbacher zeigt, dass der romantische Konnex von Geruch und Liebe in der Lyrik von Theodor Storm als ungesicherte Anmutung ein gleichsam gespenstisches Nachleben entfaltet. Der Realismus registriert nicht nur die Risiken der Hingabe an verführerische Eindrücke (Krause 2023a, 163–164), sondern auch melancholisches Leid am verblassenden Zauber sinnlicher Leidenschaft. Dieser Befund bringt eine Verbindung zwischen Romantik und Realismus zur Geltung, die das Gesamtbild des neunzehnten Jahrhunderts nuanciert und vertieft.

Das ironische Bekenntnis von Heines Erzähler zu einer olfaktorisch-kulinarisch ausgerichteten Taxonomie der Pflanzenwelt findet in Georg Forsters Reiseberichten der 1770er Jahre an der Schwelle zum langen neunzehnten Jahrhundert einen ernst gemeinten Vorläufer. Eva-Maria Siegel weist in diesem Band nach, dass Gerüche im Verbund mit den anderen Sinnen bei Forster eine wichtige Rolle bei der Erschließung der äußeren Natur spielen. Der Geruchssinn orientiert von weitem über die Genießbarkeit von Naturdingen und liefert so zugleich starke sinnliche Motive zu einer eingehenden Erkundung der Natur unbekannter Regionen. Die lange Tradition, zur Bestimmung von Pflanzen die Nase zu Rate zu ziehen, verbindet Forster mit der Annahme, dass sinnlicher Genuss und Abscheu der objektiven Erkenntnis dienlich sind. Für die literarhistorische Geruchsforschung ist Forsters Bericht als Beispiel für eine schon im deutschsprachigen Raum des 18. Jahrhunderts randständige Osmologie von Interesse, die im neunzehnten Jahrhundert bei Heine nur noch einen schwachen ironischen Nachhall findet. In Frankreich, dessen Küche Heine zu schätzen wusste, wurde die Tradition, das kulinarisch interessierte Schmecken und Riechen aus wissenschaftlicher Sicht zu erhellen, im neunzehnten Jahrhundert hingegen sehr ernst genommen (Becker, 274–275). Dieser Befund fügt sich zwanglos in das etablierte Bild einer Geruchskultur, die den Beitrag der olfaktorischen Genussfähigkeit zur objektiven Naturerkenntnis zunehmend skeptischer einschätzt, verweist aber zugleich auf eine Gegentendenz, deren Nachwirkungen in der ersten Hälfte des neunzehnten Jahrhunderts erst noch zu ermitteln wären.

Mădălina Diaconus Analyse der fast anosmischen Reisebeschreibungen der Österreicherin Ida Pfeiffer belegt, dass die Erkundung ungewohnter Umwelten, in denen Gerüche tendenziell eher auffallen als in vertrauten Atmosphären, nicht zwingend zu einer eingehenderen Befassung mit Gerüchen führt. Ihr olfaktorisches Schweigen fügt sich ins etablierte Bild des neunzehnten Jahrhunderts, doch als Frau, die den Anspruch auf glaubwürdige Berichte in einer von Männern dominierten Gattung geltend machen will, widerspricht sie performativ der zeittypischen, bei Heine positiv gewendeten Auffassung, dass Frauen als naturnahe sinnliche Wesen eher dazu neigten, sich auf ihren Spürsinn zu verlassen als Männer (Rindisbacher 1992, 82–83). So bringt auch Diaconu eine bisher wenig beachtete kulturelle Gegentendenz zur Geltung, die das gängige Bild des neunzehnten Jahrhunderts ergänzt. Zudem liefern Forster und Pfeiffer Beispiele für ein reisespezifisches Erriechen von Landschaften aus der Ferne, das schon aus älteren fiktiven und nicht-fiktionalen Reiseberichten vertraut ist und noch in Heines hyperbolischer Orientphantasie beim Frühstück nachklingt. Eine Bestandsaufnahme der vielfältigen Beiträge von Reiseberichten zur literarischen Geruchskultur des neunzehnten Jahrhunderts steht ebenfalls noch aus.

Ulrike Zitzlspergers Studie zeichnet die Geschichte topographischer Funktionen von Gerüchen in literarischen Darstellungen der Stadt Berlin nach, die in der Forschung bislang vernachlässigt wurden. Gewiss, Berlin und andere deutsche Großstädte des neunzehnten Jahrhunderts sind mit den Metropolen London und Paris nicht vergleichbar, und die Stadtwahrnehmung in deutschen Romanen des Realismus ist – anders als in der englischen oder französischen Literatur und ähnlich wie in Heines *Harzreise* – bei allen gelegentlichen Verweisen auf schlechte Stadtluft eher unspektakulär (Rindisbacher 1992, 78–80, 194–197). Der Bedeutungsschwund des Riechens in der zweiten Jahrhunderthälfte sollte aber nicht dazu verleiten, den kontinuierlichen Beitrag der Gerüche zur literarischen Geographie der Stadt zu unterschätzen. Zudem erinnert Heines *Harzreise* daran, dass die literarischen Stadtdarstellungen des ausgehenden 18. Jahrhunderts vornehmlich in der Reiseliteratur zu finden sind (Vietta 1992, 282); einschlägige Traditionen wären auch hier erst noch genauer herauszuarbeiten.

Frank Krauses Essay über den Konnex von Geruch und Arbeit bei Wilhelm Raabe macht auf ein weiteres Thema aufmerksam, das von der literarhistorischen Geruchsforschung bislang nur beiläufig berührt wurde: Gerüche werden als mehr oder weniger zuverlässige Anzeichen der Spielräume und Grenzen sozialer Anerkennung im Zusammenhang mit der Arbeit dargestellt. Auch Heines Reisebericht fügt sich in diese Tradition; hier kontrastiert die für den Besucher beklemmende Atmosphäre eines unwirtlichen Bergwerks eigentümlich mit dem stimmigen Erscheinungsbild der arbeitenden Bergleute, die in einem besser belüfteten Schacht arbeiten. Gegenwärtig werden einschlägige Geruchsmotive in der Literatur auch aus komparatistischer Perspektive erforscht (Krause 2025).

Heines Bild von den Kindern, die sich mit allem Lebendigen verwandt fühlen und wie Katzen klettern, um begierig die Düfte einer fremden wilden Blüte einzusaugen, berührt die Frage nach der Nähe des menschlichen Riechens zur Merkwelt der Tiere. Während Heine eine Versöhnung von menschlicher Liebe und kreatürlichem Leib vorschwebt, an welcher auch der genussfähige Spürsinn seinen Anteil hat, gilt das Geruchsvermögen im ausgehenden Jahrhundert oftmals als animalischer Spürsinn (vgl. Rindisbacher 1992, 13), dessen Bedeutung für den Menschen weitgehend verblasst ist.

Charlotte Coch untersucht in ihrem Beitrag zu diesem Band, wie die Grenzen zwischen menschlichen und nicht-menschlichen Akteuren in Autobiographien von Hunden und Biographien aus hündischer Perspektive fiktional ausgehandelt und unterlaufen werden. Die Reflexion der anthropomorphen Figuren auf die Bedeutung des hündischen Schnüffelns verunsichert die kulturell eingespielte Dichotomie von körperlich-animalischem Riechen und geistig-menschlicher Erkenntnis. Auch hier handelt es sich wieder um eine – übrigens produktiv gebliebene (Cénac 1961; Auster 1999) – Gegentendenz zu dominanten Überzeugungen, deren historische Spielarten bislang bestenfalls schlaglichtartig beleuchtet werden.

Martin Roussel zeigt, dass Karl May kolportagehaft stereotype Muster der ethischen Codierung von Gerüchen an einer werkgeschichtlich bedeutsamen Stelle kompliziert: Leichengeruch, der schiitischen Todeskarawanen entströmt, wird als Pesthauch thematisiert, der sich einsinnigen Interpretationen entzieht und einen Sprung im Handlungsstrang markiert. Während Heine aus literarisch avancierter Sicht mit ironisch verfremdeten Stereotypen eine klare Trennlinie zur Kolportage zieht, bewegt sich May von innen heraus an die Grenze der Unterhaltungsliteratur; in beiden Fällen werden Motive aus einsinnig codierten Zeichenbeständen kritisch reflektiert.

Ingo Breuer weist nach, dass die lange Tradition, mit literarischen Motiven des Gestanks Defizienzen thematischer Zusammenhänge zu markieren, unter den sozial- und kulturhistorischen Bedingungen des neunzehnten Jahrhunderts fortgesetzt wird. Gestank aus der Arbeitswelt, penetrante Parfums, Flatulenzen und schweflige Höllengerüche sowie scharf riechende Desinfektionsmittel spielen vor allem als Auslöser repulsiver Affekte eine wichtige Rolle, die in bisherigen Darstellungen der literarischen Geruchskultur dieses Zeitraums nicht ausreichend berücksichtigt worden ist. Auch die qualmigen Erddünste des Bergwerks in der *Harzreise* wären als Beispiel für jene Tradition von Interesse, während Heines Rede vom käsigen Mief einer allzu anspruchslosen Geselligkeit eine weitere Spielart muffiger Dünste zur Geltung bringt.

Dirk Göttsches materialreiche Studie zu Gerüchen in der Literatur über die Befreiungskriege schließt eine Lücke der literarhistorischen Forschung zur Rhetorik olfaktorischer Motive. Dass Geruchsmotive in literarischen Kriegsdarstellungen als Mittel ethischer Zeitdiagnosen dienen können, ist aus der Forschung zur Literatur über den Ersten Weltkrieg bekannt (Krause 2016; 2017; 2023b), doch vergleichbare Arbeiten zur Literatur des neunzehnten Jahrhunderts sind bislang nicht vorgelegt worden. Göttsche zeigt, dass Olfaktorisches in der Literatur über die Befreiungskriege vor allem dann bedeutsam wird, wenn es darum geht, deren heroische Auslegung zu komplizieren; in romantisch inspirierten Romanen spielen Gerüche indessen keine tragende Rolle bei der Darstellung erlebter Zeitgeschichte. Das gilt auch für Heines Reiseerzählung, denn der Erzähler denkt über den Heroismus der Kriege und die Gewalt der Revolution beim nur implizit duftenden Kaffee im Bett nach, und er signalisiert damit seinen Abstand vom Versuch, „unser erschlafftes Volk kriegerisch zu stärken" (Heine 1973, 122):

> Es waren Bilder aus dem Befreyungskriege, worauf treu dargestellt stand, wie wir alle Helden waren, dann auch Hinrichtungs-Scenen aus der Revoluzionszeit, Ludwig XVI. auf der

Guillotine, und ähnliche Kopfabschneydereien, die man gar nicht ansehen kann, ohne Gott zu danken, daß man ruhig im Bette liegt und guten Kaffee trinkt, und den Kopf noch so recht comfortabel auf den Schultern sitzen hat. (Heine 1973, 89)

Die verstreuten Einsichten dieses Bandes können sich nicht auf den romantischen Hang zum Fragment berufen, von dem noch die *Harzreise* zehrt (Heine 1973, 134). Heines Text illustriert nur, dass eine möglichst breit angelegte literarhistorische Erforschung der Vielfalt olfaktorischer Motive auch im Interesse am detaillierten Verständnis einzelner Texte hilfreich wäre. Diese Forschung könnte sich von den differenzierten Befunden der Kulturanthropologie anregen lassen, deren Einsichten in die Themen- und Problembezüge von Osmologien seit den späten 1960er Jahren (Tellenbach 1968) eindrucksvoll angewachsen sind. Es reicht aber nicht, der Germanistik im Verweis auf die kulturwissenschaftliche Geruchsforschung *ex cathedra* eine olfaktorische Wende zu verordnen; eine Vertiefung und Erweiterung des Verständnisses der literarischen Geruchskultur kann nur aus spezifischen Fragen und Problemen der Germanistik selbst hervorgehen. Ob die in der Romanistik und Anglistik intensiv betriebene Forschung zur Parfümkultur des neunzehnten Jahrhunderts (Maxwell 2017; *Littérature* 2017, H. 2) der Germanistik über Studien zu einzelnen Autoren (Herold 2021) hinaus neue Anregungen liefern kann, und ob Gerüche als Anzeichen klassenüberschreitender sozialer Begegnungen im Viktorianischen Roman (Carlisle 2004) oder als Stigma oder Faszinosum des sozialen Anderen (Babilon 2017) auch in der deutschen Literatur zu beobachten sind, muss sich erst noch zeigen. Dieser Band belegt immerhin, dass die *gender studies* und die *animal studies*, Studien zu literarischen Zugängen zur Ökonomie oder zum Krieg sowie Arbeiten zur Raumdarstellung oder zur emotionalen Kommunikation aus der Geschichte literarischer Geruchsmotive ebenso Neues lernen können wie die literar- und kulturhistorische Epochenforschung.[1]

Literaturverzeichnis

Aristoteles. *Rhetorik*. Hg. Gernot Krapinger. Stuttgart: Reclam, 2019.
Auster, Paul. *Timbuktu*. London: Faber & Faber, 1999 [1998].
Babilon, Daniela. *The Power of Smell in American Literature. Odor, Affect, and Social Inequality*. Frankfurt am Main u.a.: Lang, 2017.
Becker, Karin. *Der Gourmand, der Bourgeois und der Romancier. Die französische Eßkultur in Literatur und Gesellschaft des bürgerlichen Zeitalters*. Frankfurt am Main: Vittorio Klostermann, 2000.

---

[1] Hinweis zur Einrichtung des Bandes: Hiermit möchten wir ausdrücklich darauf hinweisen, dass es sich bei Verwendungen des N***-Wortes und diskriminierender Bezeichnungen von Angehörigen indigener Völker Amerikas um Zitate handelt.

Carlisle, Janice. *Common Scents. Comparative Encounters in High-Victorian Fiction*. Oxford: Oxford University Press, 2004.

Cénac, Claude. *Quatre pattes dans l'aventure*. Paris: Magnard, 1995 [1961].

Classen, Constance, David Howes und Anthony Synnott. *Aroma. The Cultural History of Smell*. London: Routledge, 1994.

Corbin, Alain. *Pesthauch und Blütenduft. Eine Geschichte des Geruchs* [frz. 1982]. Berlin: Wagenbach, 1984.

Davies, Paul C. „Augustan Smells". *Essays in Criticism* (1975), H. 4: 395–406.

Deutsches Wörterbuch. Elektronische Ausgabe der Erstbearbeitung von Jacob Grimm und Wilhelm Grimm (DWB). Hg. Kompetenzzentrum für elektronische Erschließungs- und Publikationsverfahren in den Geisteswissenschaften an der Universität Trier in Verbindung mit der Berlin-Brandenburgischen Akademie der Wissenschaften. Frankfurt am Main: Zweitausendeins, 2004.

Diaconu, Mădălina. „Mapping Urban Smellscapes". *Senses and the City. An Interdisciplinary Approach to Urban Sensescapes*. Hg. Eva Heuberger, Ruth Mateus-Berr und Lukas Marcel Vosicky. Wien / Berlin: LIT Verlag, 2011. 223–238.

Diaconu, Mădălina. *Tasten – Riechen – Schmecken. Eine Ästhetik der anästhesierten Sinne*. Würzburg: Königshausen & Neumann, 2005.

Draycott, Jane. „Smelling Trees, Flowers and Herbs in the Ancient World". *Smell and the Ancient Senses*. Hg. Mark Bradley. London / New York: Routledge, 2015. 60–73.

Elias, Norbert. *Über den Prozeß der Zivilisation. Soziogenetische und psychogenetische Untersuchungen*. Bd. 1. Frankfurt am Main: Suhrkamp, 1981 [1936].

Heine, Harzreise. *Die Harzreise. Historisch-kritische Gesamtausgabe*. Hg. Manfred Windfuhr. Bd. 6. Hamburg: Hoffmann und Campe, 1973. 81–139.

Herold, Katharina. „,European noses […] have never smelt anything like it': Satirical Scents in Paul Scheerbart's Decadent Orient". *Smell and Social Life. Aspects of English, French, and German Literature (1880–1939)*. Hg. Katharina Herold und Frank Krause. München: iudicium, 2021. 127–144.

Horaz [Quintus Horatius Flaccus]. *Oden und Epoden*. Lateinisch/Deutsch. Hg. Bernhard Kytzler. Stuttgart: Reclam, 2015.

Krause, Frank. *Geruchslandschaften mit Kriegsleichen. Deutsche, englische und französische Prosa zum Ersten Weltkrieg*. Göttingen: V&R unipress, 2016.

Krause, Frank. „The Stench of Corpses. On the Poetic Coding of Smell in the Literature of the Great War (1914–1933)". *The Intellectual Response to the First World War. How the Conflict Impacted on Ideas, Methods and Fields of Inquiry*. Hg. Sarah Posman, Cedric Van Dijck und Marysa Demoor. Brighton u.a.: Cambridge Scholars, 2017. 171–184.

Krause, Frank. „Smell-Sound Synaesthesia as Revelatory Medium. A Brief History with Emphasis on German Literature (1900–1930)". *Mediality of Smells / Médialité des Odeurs*. Hg. Jean-Alexandre Perras und Érika Wicky. Oxford u.a.: Lang, 2021. 323–340.

Krause, Frank. *Geruch und Glaube in der Literatur. Selbst und Natur in deutschsprachigen Texten von Brockes bis Handke*. Berlin / Boston: dup / De Gruyter, 2023a.

Krause, Frank. „Leichengeruch im Ersten Weltkrieg. Zur Inszenierung affektiver Höhepunkte abstoßender Weltbeziehungen im literarischen Expressionismus". *Expressionismus* (18/2023b): 45–58.

Krause, Frank (Hg.). *Work and Smell. Literature in Comparison*. Leiden: Brill, 2025.

Le Guérer, Annick. *Scent. The Mysterious and Essential Powers of Smell* [frz. 1988]. New York: Chatto & Windus, 1992.

Littérature 2017, H. 2: Sociabilités du parfum. Hg. Jean-Alexandre Perras und Érika Wicky.

Mavor, Carol. „Odor di femina. Though you may not see her, you can certainly smell her". *The Smell Culture Reader*. Hg. Jim Drobnick. Oxford / New York: Berg, 2006. 277–288.

Maxwell, Catherine. *Scents and Sensibility. Perfume in Victorian Literary Culture*. Oxford: Oxford University Press, 2017.

Monseigne, Clément. „Extreme Sensations. The Sensory Experience of War in North America (1754–1760)." *The Routledge History of the Senses*. Hg. Andrew Kettler und Will Tullett. London / New York: Routledge, 2025. 594-607.

Muchembled, Robert. *Smells. A Cultural History of Odours in Early Modern Times*. Cambridge: Polity, 2020.

Rickenbacher, Sergej. „L'invention de l'orgue à senteurs. Sur l'interdépendance de la littérature et de l'objet technique". *Mediality of Smells / Médialité des Odeurs*. Hg. Jean-Alexandre Perras und Érika Wicky. Oxford u.a.: Lang, 2021. 357–378.

Rindisbacher, Hans J. *The Smell of Books. A Cultural-Historical Study of Olfactory Perception in Literature*. Ann Arbor, MI: University of Michigan Press, 1992.

Smith, Barry C. „The Hidden Sense of Smell. Recent Scientific Findings". *Smell and Social Life. Aspects of English, French, and German Literature (1880–1939)*. Hg. Katharina Herold und Frank Krause. München: iudicium, 2021. 22–34.

Stevick, Philip. „The Augustan Nose". *University of Toronto Quarterly* (1965), H. 2: 110–117.

Tellenbach, Hubert. *Geschmack und Atmosphäre. Medien menschlichen Elementarkontaktes*. Salzburg: Otto Müller, 1968.

Utz, Peter. *Das Auge und das Ohr im Text. Literarische Sinneswahrnehmung der Goethezeit*. München: Fink, 1990.

Vergil [P. Vergilius Maro]. *Georgica. Vom Landbau*. Hg. Otto Schönberger. Stuttgart: Reclam, 2010.

Vietta, Silvio. *Die literarische Moderne. Eine problemgeschichtliche Darstellung der deutschsprachigen Literatur von Hölderlin bis Thomas Bernhard*. Stuttgart: Metzler, 1992.

Silvio Vietta
Der Geruchssinn in der Romantik

1 Das Schicksal der fünf Sinne in der europäischen Kulturgeschichte

Die menschlichen *fünf Sinne* hatten ein seltsames Schicksal in der europäischen Kulturgeschichte. Schon die frühgriechische, sogenannte vorsokratische Philosophie hat die Sinne abgewertet und sie aus dem Bereich der Wahrheitserkenntnis verbannt.

Die griechische Philosophie-Wissenschaft wusste bereits, dass die menschlichen Sinne der Komplexität des Kosmos nicht gewachsen sind. Die Augen zeigen – und wir glauben diesem Sinneseindruck zunächst –, die Sonne drehe sich um die Erde. Rational gesehen aber ist es in Wahrheit genau umgekehrt. Die Erde ist ein Planet, der die Sonne umkreist. Daher wollten die griechischen Philosophie-Wissenschaftler auch die Wahrheitssuche *nicht* auf die Sinne gründen, sondern auf die *Rationalität*, den *Lógos* des Menschen.

Somit gehört auch zur Kernzone der abendländischen Rationalitätsbegründung, dass sie sich von der Sphäre der Sinne – also von der *Aisthesis* – wie auch von den *Emotionen* abspaltet. Es geht um die „archai" – die letzten „Gründe des Seins", die „Prinzipien" des Kosmos. Und die *verbergen* sich nach dieser frühgriechischen Auffassung eher, als dass sie sich den Sinnen offen zeigen. Wohl aber kann sie der „Lógos" und der „Noûs", der Verstand, erkennen.

Schon bei den Vorsokratikern ist dies ein zentrales Thema und dann auch bei Platon und Aristoteles: Das, was die Sinne uns zeigen und sagen, ist *nicht* die Wahrheit. So sagt der Athener Anaxagoras: „Infolge der Sinne Schwäche sind wir nicht imstande, das Wahre zu unterscheiden." (Diels 1957, Frg. 21, 90) Heraklit bläst ins selbe Horn: „Der Täuschung hingegeben sind die Menschen in der Erkenntnis der sichtbaren Dinge ähnlich wie Homer, der doch weiser war als die Hellenen insgesamt." (Diels 1957, Frg. 56, 2) „Denn", so der Philosoph Empedokles, „eng begrenzt sind die Sinneswerkzeuge". Empedokles nennt diese „Greifer", wohl weil wir mit den Sinneswerkzeugen die Dinge ‚abgreifen'. Empedokles fährt fort: „[...] auch dringt viel Armseliges auf sie ein, das stumpf macht die Gedanken" (Diels 1957, Frg. 2, 58). Der Atom-Theoretiker Demokrit steigert diese Kritik der Sinne und *systematisiert* sie erstmalig, indem er die *fünf Sinne* vollständig als Irrtumsquelle benennt:

> Von der Erkenntnis aber gibt es zwei Formen, die echte und die dunkle (unechte); und zur dunklen gehören folgende allesamt: Gesicht, Gehör, Geruch, Geschmack, der Tastsinn, die andere aber ist die echte, von jenen abgesonderte [...] (Diels 1957, Frg. 11, 101)

Das gehört also zur Geburtsstunde der Revolution der Rationalität und *des rationalen Denkens* selbst –, dass sich die Rationalität systematisch von den sinnlichen Wahrnehmungen abgrenzt und damit ihre Erkenntnisform von jenen abspaltet. Auch Aristoteles ist der Meinung, „dass von den Sinneswahrnehmungen keine Weisheit gewähre" (Aristoteles 1989, 981b). Auch die *neuzeitliche* Rationalitätsphilosophie eines René Descartes knüpft hier an: Der Neopythagoreer Descartes erneuert die Sinnkritik der Antike in der Neuzeit *subjektphilosophisch*. In seinen „Meditationen über die erste Philosophie" geht er davon aus, dass all seine bisherige Erkenntnis falsch sein könnte, da er doch „alles [...] was ich bisher am ehesten für wahr gehalten habe, [...] den Sinnen" verdanke (Descartes 1972, Med. I, 3). Descartes macht dann sogar die Fiktion auf, „daß alles, was ich sehe, falsch ist". (Descartes 1972, Med. II, 2)

Nur das „denkende Ich" selbst entgeht solchem Generalverdacht, so sehr auch dieses denkende Ich durch einen „teuflische[n] Dämon" in seinen Wahrheitsannahmen getäuscht werden könne. Denn in einem kann es nach Descartes keine Täuschung geben: „Nun, wenn er mich täuscht, so ist es also unzweifelhaft, dass *ich* bin. Er täusche mich, soviel er kann, niemals wird er es doch fertig bringen, daß ich nichts bin, solange ich denke, daß ich etwas sei. " (Descartes 1972, Med. II, 3). Das „Ich denke, also bin ich" – „ego sum, ego existo" (Descartes 1972, Med. II, 3) – sichert für Descartes nicht nur die Wahrheit für den richtigen Vernunftgebrauch, also die Rationalität, sondern auch die Existenz des Menschen als *rationales Wesen* schlechthin.

Die Erkenntnistheorie der Neuzeit setzt da an, wo bereits die Antike begonnen hat: Bei dem Zweifel an der Wahrheitsfähigkeit der Sinne, der Emotionen und der Phantasie. Denn auch die *Emotionen* und die *Phantasie* des Menschen sind im Sinne der strengen Rationalität der Antike wie Neuzeit nicht wirklich wahrheitsfähig. Dabei wollen wir hier zunächst nicht diskutieren, wie wahr oder falsch diese These ist. Wir wollen zunächst nur festhalten: Die *Begründung* der abendländischen Rationalität im antiken Griechenland wie in der Neuzeit erfolgt auf dieselbe Weise als eine Begründung des *logischen Denkens* und dessen Trennung gegenüber den Sinnen, den Emotionen und der Phantasie als eine eigenständige und ‚bereinigte' Form der Erkenntnis.[1]

---

[1] Ich habe diese Zusammenhänge bereits dargestellt in meinem Buch *Europas Ideen und Ideologien. Wie aus Ideen böse Politik wird.* Würzburg: Königshausen & Neumann, 2023, 33–39.

Die Konsequenz hat Platon aus dieser Lehre gezogen, wenn er in seiner Schrift zum „Staat" die Dichter aus dem idealen Staat vertreiben will. Die Dichter lehren nicht das wahre Sein der Dinge. Sie bedienen nach Platon nur die unteren emotionalen Zonen der Seele. In dem Maße aber, wie sie die Emotionen schüren, stiften sie nur Verwirrung und schaden sie dem Staat (Platon 1958, 607b).

Was tritt in der Rationalitätsphilosophie an die Stelle der Sinne und der Sinnlichkeit? Es ist die Mathematik und sind die mathematischen Messtechniken. Bereits der Vorsokratiker und Pythagoreer Philolaos, ein Zeitgenosse des Sokrates, sagt: „Und in der Tat hat ja alles, was man erkennen kann Zahl. Denn es ist nicht möglich, irgendetwas mit dem Gedanken zu erfassen oder zu erkennen ohne diese." (Diels 1957, Frg. 4, 77) Diese rein *quantitative-mathematische* Erkenntnisform war und ist über die Jahrhunderte hinweg enorm erfolgreich gewesen und sie ist es immer noch. In der *Neuzeit* knüpften Kopernikus, Galilei, Descartes, Leibniz daran an. Kopernikus war stolz, die mechanischen Abläufe des Kosmos als Mathematiker berechnen zu können, also für Mathematiker zu schreiben und nicht fürs „Volk" („vulgo"). Denn, so schrieb er: „Mathematisches wird für Mathematiker geschrieben" (Kopernikus 1990, 76 f.). Galilei machte daraus ein Forschungsprogramm, wenn er annahm, dass das Universum „in der Sprache der Mathematik" verfasst sei und der menschliche Verstand in der Lage, diese „Sprache der Mathematik" in der Natur objektiv zu erkennen. Mithin sei, so folgert Galilei kühn, die menschliche Rationalität dem göttlichen Intellekt zumindest in der quantitativen Erkenntnisform kompatibel. Aber einen Unterschied zwischen Gott und Mensch gibt es doch:

> Freilich erkennt der göttliche Geist unendlich viel mehr mathematische Wahrheiten, denn er erkennt sie alle. Die Erkenntnis der wenigen aber, welche der menschliche Geist begriffen, kommt meiner Meinung nach an objektiver Gewissheit der göttlichen Erkenntnis gleich; (Galilei 1965, 157)

Heute wird die ganze Welt mathematisiert, digitalisiert, computerisiert und die mathematischen Naturwissenschaften und ihre Technik beherrschen den ganzen Globus. Aber was ist aus den Sinnen geworden?

2 Literatur und Poetik als Rettung der Sinne, der Emotionen und der Phantasie

Die erste systematische *Ästhetik* der Aufklärung, die „Aesthetica" des Alexander Gottlieb Baumgarten, antwortet auf Descartes' Engführung des ‚wahren Ich' als eines der Rationalität. Baumgarten definiert – im kritischen Gegenzug zu Descartes – seine „Ästhetik" als eine „Wissenschaft der sinnlichen Erkenntnis" (Baumgarten 1973, § 1, 106). Baumgarten akzeptiert dabei zwar die rationale Hierarchie der menschlichen Vorstellungen, indem auch er die sinnliche Erkenntnis als ein „unteres Erkenntnisvermögen" („gnoseologia inferior", Baumgarten 1973, § 1, 106) einschätzt. Aber er bekämpft dabei doch das Vorurteil, die „sinnlichen Empfindungen, Einbildungen, Erdichtungen, alle die Wirrnisse der Gefühle und Leidenschaften seien eines Philosophen unwürdig" (Baumgarten 1973, § 6, 108).

Eben *weil* die sinnlichen Vorstellungen nach Maßgabe der Rationalität nur „dunkle und verworrene" Vorstellungsbereiche seien, lohne es sich, diese genauer zu untersuchen. Denn es gilt: „Die Verworrenheit ist die Mutter des Irrtums." Baumgartens Folgerung daraus ist: „Aber sie ist eine unerlässliche Voraussetzung für die Entdeckung der Wahrheit" (Baumgarten 1973, § 7, 109). Auf diese Wahrheitssuche im Terrain der sinnlichen Wahrnehmung macht sich auch die Literatur, die Baumgarten schon in einer früheren Schrift als eine Form der „sinnlichen Rede" („oratoria sensitiva") definiert hatte (Baumgarten 1983, § 9, 110).

Damit wird eine fundamentale *Differenz* zwischen den Ausdrucksfunktionen der Rationalität – rationale Philosophie und Wissenschaft einerseits und der Literatur andererseits – angesprochen. Rationalität denkt *abstrakt* und ihre Ausdrucksformen sind es ebenfalls: der *Begriff* oder, im pythagoreischen Kontext, die *Zahl* und die *Formel*. Das quantitative Denken abstrahiert systematisch von den sinnlichen Qualitäten einzelner Dinge. Die Sinne aber sind auf *sinnliche Qualitäten* ausgerichtet und somit die Literatur als *Sprache der Sinnlichkeit* ebenfalls.

Daher legen nun die Poetiken der Aufklärung größten Nachdruck auf die *sinnliche* Qualität der *Bilder*. Der Schweizer Sensualist und Poetologe Johann Jacob Bodmer betont:

> Die Sinne sind die ersten Lehrer der Menschen. Alle Erkenntnis kommt von ihnen. [...] Und eben in dieser Absicht wird den poetischen Beschreibungen der Nahme poetischer Gemählde beygeleget, weil sie nemlich der Phantasie die Sachen gantz sinnlich und sichtbar vorstellen, so ferne solches durch Worte möglich ist. (Bodmer 1741, 4 und 38)

Innerhalb der Semantik der Sprache haben damit in der Literatur die Sprachzeichen und Redeformen Vorrang, die *sinnliche Qualitäten* evozieren. Die beiden Schweizer Poetologen Bodmer und Breitinger verdeutlichen dies vor allem an der sinnlichen Qualität der modernen dichterischen Epen von John Milton und Torquato Tasso.

Gotthold Ephraim Lessing demonstriert die sinnliche Qualität der poetischen Rede in seiner berühmten Schrift über den „Laokoon" vor allem an Homer und hebt dabei den Zeitcharakter der sinnlich-plastischen Diktion Homers hervor: Literatur, so resümiert Lessing grundsätzlich, beschreibe durch Handlungen, Malerei und Skulptur „Figuren und Farben in dem Raume", Literatur sei eine Zeit-Kunst, Malerei und Skulptur seien Raum-Künste (Lessing 1996, Kap. XVI, 102):

> Will uns Homer zeigen, wie Agamemnon bekleidet gewesen, so muss sich der König vor unsern Augen seine völlige Kleidung Stück vor Stück umtun; das weiche Unterkleid, den großen Mantel, die schönen Halbstiefeln, den Degen; und so ist er fertig, und ergreift das Zepter. (Lessing 1996, Kap. XVI, 105)

Rationalität ist abstrakt und artikuliert sich in abstrakten Zeichen und Begriffen, Literatur aber als „oratoria sensitiva" – „sinnliche Rede" – in sinnlichen Ausdrücken: *Bildern, Metaphern, Tropen* und nach Lessing, insofern sie Beschreibungen in *Handlungssequenzen* vorführt. Lessings Vorbilder sind die bildkräftigen Dichter der Antike.

Diesen Weg einer Orientierung der Poetik an den großen *exempla* der Antike hatte schon die antike Poetik selbst, insbesondere Pseudo-Longinus – ein unbekannter Verfasser der Spätantike – gewiesen, der in den neuzeitlichen Poetiken auch seinerseits mehrfach erwähnt wird:

> Auch wenn wir selbst eine Schrift ausarbeiten, die erhabene Sprache und große Gesinnung erfordert, ist es gut, uns in Gedanken auszumalen: wie hätte wohl Homer dasselbe formuliert, und in welche hohen Worte hätten Platon oder Demosthenes oder, in der Geschichtsschreibung, Thukydides es gekleidet? Dann treten uns beim Nacheifern jene Gestalten vor Augen und weisen wie Fackeln den Weg [...] (Pseudo-Longinus 1966, Kap. 14.1, 59)

Eine regelrechte *Creative-Writing*-Anweisung ist dies, die dem angehenden Dichter vor allem die Nachahmung der sinnlichen Rede des Homer empfiehlt.

Nun hat gerade die *Moderne* seit der großen ‚Querelle des Anciens et des Modernes' auf der Wende vom siebzehnten zum achtzehnten Jahrhundert diese vorbildhafte Funktion der antiken Literatur zunehmend in Frage gestellt. Nicht aber hat die *Moderne* seit der Romantik – bei aller Innovationslust dieser Epoche – die Funktion der *Bildkraft* für die Literatur in Frage gestellt, wie dies auch schon die antike Literatur lehrte.

3 Geruch und Ton im romantischen Gedicht

Die Epoche der Romantik ist in ihrem Selbstverständnis eine *Metakritik* der Aufklärung und ihres Rationalismus. Diese Epoche rehabilitiert bewusst die Sinne, die Phantasie und die Emotionen, welche die Rationalität abgewertet hatte. Sie tritt auch bewusst für eine Rückkehr zu einem religiösen Denken ein, das die Aufklärung glaubte, überwunden zu haben. Ich habe dies in meinem Buch über Novalis aufgezeigt.[2]

Hier und im Folgenden geht es nun um den Sinn des Geruchs, zunächst auch zusammen mit Tönen sowie ihren Synästhesien. Zunächst einmal muss man konstatieren: Negative Gerüche aus Ställen, Toilettenstühlen, Straßenkot u. a., die den Menschen der Romantik zweifellos umgeben haben und in die Nase gestiegen sind, kommen in der Literatur der Zeit nicht vor. Die Literatur der Romantik schwelgt ausschließlich in „Wohlgerüchen" und „Düften" aus Gärten und Blumenbeeten und dies gerne in südlichen Gärten und zur Nachtzeit.

Ich beginne mit einem Gedicht von August Wilhelm Schlegel und Sophie Bernardi-Tieck, welches auch die Sprachproblematik explizit selbst zum Thema erkoren hat: „Variationen".[3] Das Motto des Gedichts lautet:

> Liebe denkt in süßen Tönen,
> denn Gedanken stehn zu fern,
> Nur in Tönen mag sie gern
> Alles, was sie will, verschönen. (Frühwald 1984, 51)

Gleich die ersten Verse führen auch den Sinn des Geruchs ein:

> Blumen, ihr seid stille Zeichen,
> Die aus grünem Boden sprießen,
> Düfte in die Lüfte gießen
> So das Herz zur Lieb erreichen. (Frühwald 1984, 51)

Beide Sinne – Ton wie Geruch – sind also dieser romantischen Theorie nach Gefühlsträger. Sie sprechen das Liebesgefühl und damit das „Herz" an, das schon seit dem Minnesang als Träger des Liebesgefühls dient.[4]

---

[2] *Novalis. Dichter einer neuen Zeit.* Würzburg: Königshausen & Neumann, 2021, 59–60 („Kopernikanische Wende der Ästhetik und Poetik") und 115–136 („Der Gott der Romantik").
[3] Ich zitiere die Lyrik der Romantik im Wesentlichen über die Anthologie: *Gedichte der Romantik.* Hg. von Wolfgang Frühwald. Stuttgart 1984, hier S. 51–56. Der Kommentar zu diesem Gedicht vermerkt: „Die hier variierte, aus der spanischen Literatur übernommene Form der Glosse besteht aus einem vierzeiligen [...] Thema und vier Strophen, die das Motto derart glossieren, dass je eine Zeile des Themas die Schlußzeile der zehnzeiligen Strophen bildet." (S. 468) Diese Schlusszeile lautet jeweils: „Liebe denkt in süßen Tönen." Das war bereits ein Thema von Ludwig Tieck, auch seiner Schwester Sophie Bernardi-Tieck, und wurde später von Tieck erneut aufgegriffen und glossiert. Also ein ziemlich gelehrt-alexandrinisches Verfahren.
[4] In der Antike ist das Herz eher ein Ort von Angst und Schmerz. Bei den Trobadors aber wird das Herz zum Ort der Liebe und so auch in der Empfindsamkeit. Siehe *Handbuch Literatur und Emotionen*, Stichwort „Herz", S. 226 und S. 329–342 („Zärtliche Liebe und Affektpolitik im Zeitalter der Empfindsamkeit").

Schlegels Gedicht spielt das Motiv nun in verschiedene Richtungen durch: Die Töne wie Gerüche vermögen nicht, das Herz von Schmerzen zu heilen:

> Dennoch mögt ihr nicht erreichen
> So das Herz, den Schmerz versöhnen,
> Enden alles Leid und Stöhnen. (Frühwald 1984, 51)

Und damit vermögen sie auch nicht, das Liebesleid in „Gedanken" zu verwandeln, die „[i]n den grünen Blättern schwanken" – also als gefühlte Schmerzen zu neutralisieren. Denn: Die Schmerzen gehören zu der Liebe:

> Still lass ich die Dornen stechen,
> Wag die süßen Schmerzen gern,
> Denn mir scheint kein günst'ger Stern,
> Drum will ich nicht Worte hauchen
> Mag auch nicht Gedanken brauchen,
> Denn Gedanken stehn zu fern. (Frühwald 1984, 51)

Zur Variation des Themas gehört dann auch das Motiv, dass der Dichter sein Leid rasch enden könnte, wenn er über „zarte Melodien" verfügen würde, „sie als Boten wegzusenden".

Das Gedicht nimmt dann wieder das sprachkritische Motiv auf:

> Worte sind nur dumpfe Zeichen
> Die Gemüter zu entziffern;
> Und mit Zügen, Linien, Ziffern
> Mag man Wissenschaft erreichen. (Frühwald 1984, 52)

Aber nicht Bilder des „ew'gen Schönen" und der Gefühle. Denn die Liebe „stammt vom Himmel oben", aber lässt sich eben nicht in „Gedanken" einfangen, sondern nur in „süßen Tönen" (Frühwald 1984, 51).

Selbst „Stumme Zungen, taube Ohren" wachten auf zu „Harmonien", wenn sie die Laute von „Memnons Säule" hören würden (Frühwald 1984, 53). Das ist ein beliebtes Bildungsmotiv: die stark beschädigte Säule Amenhoteps III., die im Morgenwind Töne von sich gibt (Jansen-Winkeln 2006). Das Gedicht variiert dann noch vielfach das Motiv: Liebe – Töne, es feiert die Musik als „die Kunst der Liebe", führt dann auch eine kleine Narration ein, in welcher der Dichter als Lautenspieler sich in das „friedliche Gemach" seiner verehrten Frau hereinspielt, in dem „sie ruht in Blumendüften", und so die Geliebte zu „Träumen, Bildern, Phantasien" anregt, die ihrerseits dem Reich der „Gedanken" fern stehen (Frühwald 1984, 54). Die Schlussstrophen von Sophie Bernardi-Tieck wehren sich dann gegen die ‚schmeichlerisch umgaukelnden' Töne – „Flieht, o Töne, flieht zurück"

(Frühwald 1984, 55) –, ohne sich ihrer Macht entwinden zu können: „Was mich zwingt vor Lust zu beben." (Frühwald 1984, 55)

Das Motiv der in Tönen sich äußernden Liebe kehrt sich am Schluss des Gedichtes dann um in die Klage über den Verlust der Töne in der Natur,

> denn verklungen, ach! geschwinde
> Sind die Lieder von den Tönen
> Muss sich nun mein Ohr entwöhnen. (Frühwald 1984, 56)

Gleichwohl gilt als Quintessenz:

> [...] es kann die Liebe
> Alles, was sie will, verschönen. (Frühwald 1984, 56)

Und das eben tut sie in Tönen und auch mit Düften der oder des Schönen. Beide Sinne agieren da im Verbund. Töne sind nicht das Thema unseres Beitrages, aber man kann immerhin erwähnen, dass sie nach dem Auge der Romantik liebster Sinn sind.

Bei Hölderlin „tönt [...] das Saitenspiel" aus fernen Gärten (Frühwald 1984, 75), erhebt der Fluss Rhein „die Stimme [...] der edel'ste der Ströme" (Frühwald 1984, 77). Bei Friedrich Schlegel schwebt auch die „Seele gern auf süßen Tönen" (Frühwald 1984, 102), die Nachtigall singt und „Was die Worte nimmer sagten, / Was in tiefem Herzen wohnt, / Das ertönet im Gesange / Das verschöne sich im Chore!" (Frühwald 1984, 104). Bei Clemens Brentano ist das Motiv schon spätromantisch eingetrübt in einer „Spinnerin Nachtlied":

> Es sang vor langen Jahren
> Wohl auch die Nachtigall,
> Das war wohl süßer Schall,
> Da wir zusammen waren.
>
> Ich sing und kann nicht weinen,
> Und spinne so allein
> Den Faden klar und rein
> So lang der Mond wird scheinen. (Frühwald 1984, 202)

Achim von Arnim „muss [...] singen" um „lieben und geliebt zu werden". Aber „Ach zu arm ist diese Erde", um die Liebe noch darauf zu finden (Frühwald 1984, 250). Und so tönt in der Spätromantik nur noch das Echo der Einsamkeit auf die ‚tönende' Suche und Klage nach und um Liebe. Das vielfach variierte Motiv der Loreley singt sogar die Schiffer auf dem Rhein in den Tod, so bei Heinrich Heine, Otto Heinrich von Loeben, Friedrich Förster u. a.

Der früh verstorbene Wilhelm Heinrich Wackenroder hatte den „Tönen" in seinen „Phantasien über die Kunst" einen ganzen Essay gewidmet: „Die Wunder der Tonkunst". Diese eröffnen sich aber nur noch demjenigen, der die Augen zuschließt „vor alle dem Krieg der Welt" und sich zurückzieht „still in das Land der Musik, als in das *Land des Glaubens*".[5] Seine Figur des unglücklichen Kapellmeisters Joseph Berglinger nimmt jene schmerzlichen Töne vorweg, die auch die spätere Romantik eines Schubert, Schumann u. a. in ihrer Musik ertönen und hören lassen.

4 Das Motiv Duft in der Lyrik und Narrativik der Romantik

In der Lyrik und Narrativik der Romantik werden Düfte zumeist mit Blumen und Gärten verbunden wie in A. W. Schlegels „Der Gesundbrunnen": „Ein kleines Tal voll frischer Wiesendüften." (Frühwald 1984, 44) Ludwig Tieck dichtet mit Widmung an den 1802 verstorbenen Novalis:

> Wann sich die Pflanz' entfaltet aus dem Keime,
> Sind Frühlingslüfte liebliche Genossen,
> Kommt goldner Sonnenschein herabgeflossen,
> Sie grünt und wächst, empfindet süße Träume. (Frühwald 1984, 159)

Dabei ist die Pointe des Gedichts, dass die irdischen Dinge nicht „nur Endliches" darstellen, sondern in eine Ferne entrückt werden, „wo unvergänglich ihn die Blüt' entzücket", der Dichter sie also im Novalis'schen Sinne „romantisiert".[6]

---

[5] Wackenroder: „Die Wunder der Tonkunst" in „Phantasien über die Kunst, für Freunde der Kunst". Sämtliche Werke und Briefe Bd. I, 206. Im selben Essay heißt es auch: „Die Musik halte ich für die wunderbarste Erfindung, weil sie uns alle Bewegungen unsers Gemüths unkörperlich, in goldne Wolken luftiger Harmonien eingekleidet, über unserm Haupte zeigt, – weil sie eine Sprache redet, die wir im ordentlichen Leben nicht kennen, die wir gelernt haben, wir wissen nicht wo? Und wie? Und die man allein für die Sprache der Engel halten möchte" (S. 207).

[6] ‚Romantisieren' ist nach Novalis eine Form der Sinnkonstruktion, genauer: *Rekonstruktion* eines verlorenen Sinnes. Es ist eine Operation in Zeiten des Sinn-Verlustes. „Die Welt muß romantisirt werden. So findet man den urspr[ünglichen] Sinn wieder." (HKA II, 545) Aber wie funktioniert das? „Indem ich dem Gemeinen einen hohen Sinn, dem Gewöhnlichen ein geheimnißvolles Ansehn, dem Bekannten die Würde des Unbekannten, dem Endlichen einen unendlichen Schein gebe so romantisire ich es [...]." Siehe dazu Vietta: *Novalis. Dichter einer neuen Zeit*, S. 66–69.

Novalis selbst ‚romantisiert' das Motiv im *Heinrich von Ofterdingen*, wenn er in einem „süßen Schlummer" die „blaue Blume" sieht und riecht:

> Was ihn mit voller Macht anzog, war eine hohe lichtblaue Blume, die zunächst an der Quelle stand, und ihn mit ihren breiten, glänzenden Blättern berührte. Rund um sie her standen unzählige Blumen von allen Farben, und der köstliche Geruch erfüllte die Luft. (HKA I, 197)[7]

Die Aufmerksamkeit des träumenden Ichs widmet sich aber nicht diesen Blumen und ihren Düften, sondern: „Er sah nichts als die blaue Blume […]." (HKA I, 197). In dieser Blume schwebt ja bereits „ein zartes Gesicht", das er später in jener Mathilde wiederentdeckt, der Tochter des Dichters Klingsohr, seiner großen Liebe.

Noch einmal zurück zu den Blumen und Gärten und ihren Düften in der Lyrik und Narrativik der Romantik. Es ist ein Motiv bei Eichendorff und dort häufig mit dem Motiv der Nacht verbunden, also einer Tageszeit, in der das Licht gegenüber dem Geruchssinn zurücktritt. So heißt es in „Mondnacht":

> Es war, als hätt der Himmel
> Die Erde still geküsst,
> Dass sie in Blüten-Schimmer
> Von ihm nun träumen müßt'.
>
> Die Luft ging durch die Felder,
> Die Ähren wogten sacht,
> Es rauschten leis die Wälder,
> So sternklar war die Nacht. (Frühwald 1984, 332)

Mehr noch als in diesem berühmten Gedichte entfalten sich Düfte in Eichendorffs *Aus dem Leben eines Taugenichts*. So in der Situation, als der wandernde Taugenichts des Nachts in Rom ankommt und zunächst „vor Vergnügen, Mondschein und Wohlgeruch" gar nicht weiß, wohin er sich wenden soll (Rasch 1971, 1112).[8] Dann hört er aus einem Garten eine Laute und meint, in diesem Garten die weibliche Gestalt jener Gräfin zu erkennen, der er nachreiste, die er aber in dem Gar-

---

[7] Frank Krause weist darauf hin, dass das Duftmotiv im *Ofterdingen* auch im Zusammenhang mit der Kindheit des Protagonisten steht: Heinrich wird gebeten, „von der Zeit seines Aufwachsens zu sprechen, das als ‚Aufblühen' einer geistigen Kraft ‚aus der unendlichen Quelle' gedeutet wird" und auch mit dem Blumenduft verbunden ist: „Wir Alten hören am liebsten von den Kinderjahren reden, und es dünkt mich, als ließt ihr mich den Duft einer Blume einziehn, den ich seit meiner Kindheit nicht wieder eingeatmet hatte." (Krause 2023, 152 f.).

[8] Frank Krause weist darauf hin, dass Klang und Duft bei Eichendorff und in der Romantik allgemein „regelmäßig Momente" darstellen, „in denen Traum und Wirklichkeit ineinander übergehen" (Krause 2023, 161). Er führt dabei neben Novalis und Eichendorff auch E.T.A. Hoffmanns *Klein Zaches* und den *Goldnen Topf* an.

ten nicht mehr antrifft.⁹ Also eine Situation in der Nacht, in der Blumenbeete und Wasserkunst den Taugenichts trösten können: „Die Nacht war warm, die Blumenbeete vor dem Hause dufteten lieblich, eine Wasserkunst unten im Garten plätscherte immerfort dazwischen." (Rasch 1971, 1112) „Mondschein" verbindet sich mit „Wohlgeruch", die erwähnten „Blumenbeete duften lieblich", und am Morgen, „als ich aufwachte, rieselte mir die Morgenluft durch alle Glieder" (Rasch 1971, 1111 f). Und auch im *Marmorbild* findet der in der Irre herumwandernde Protagonist Florio einen „prächtigen Lustgarten", aus dem ein „Strom von Kühle und Duft" herauswehte und den Ermüdeten erquickte (Rasch 1971, 1161). Am Ende der Erzählung verlässt der Protagonist die Stadt Lucca mit ihren Frauen und ihrem Venuszauber, und sie versinkt „mit ihren dunklen Türmen in dem schimmernden Duft", also in einem visuellen Geruchsbild des Abschieds.

In der Spätromantik wird das Motiv des Duftes häufig mit Entzugserscheinungen verbunden, so in Wilhelm Müllers „Ungeduld", in dem der „Duft" des „Blumenstern" nicht mehr zur Geliebten durchdringt (Frühwald 1984, 358), oder Gustav Schwabs „Rückblick", in welchem zwar des Waldes „Würzen [...] duften", aber dies in dem Gefühl rascher Vergänglichkeit: „O kurzer Traum des Seins!" (Frühwald 1984, 352)

5 Die politische Funktion des Motivs „Duft" in der Romantik

Um die politische Funktion des Motivs „Duft" in der Romantik zu verstehen, müssen wir ein paar Vorüberlegungen anstellen. Die Frühromantiker Ludwig Tieck, Wilhelm Heinrich Wackenroder, Friedrich Schlegel und Novalis begrüßten übereinstimmend die Französische Revolution als eine neue Phase der Freiheit der Menschen.¹⁰ Novalis

---

9 Der Schluss der Erzählung enthüllt, dass die Gräfin Aurelie, die der Taugenichts liebt, gar keine Gräfin ist, sondern ein Waisenkind, das die Gräfin einst als Pflegetochter aufgenommen hat. Somit steht der Ehe mit dem Taugenichts nichts im Wege.
10 So äußert sich Tieck in einem Brief vom 20. Dezember 1792 an seinen Freund Wackenroder: „O, wenn ich izt ein Franzose wäre! Dann wollt' ich nicht hier sitzen, dann – – – Doch leider, bin ich in einer Monarchie geboren, die gegen die Freiheit kämpfte, unter Menschen, die noch Barbaren genug sind, die Franzosen zu verachten. [...] O, in Frankreich zu sein, es muss doch ein Gefühl sein, unter Dumouriez zu fechten und Sklaven in die Flucht zu schlagen und auch zu *fallen*, – was ist ein Leben ohne Freiheit?" Und Wackenroder antwortet gleichgesinnt: „Du kannst dir nicht vorstellen, wie ich nach Freiheit lechze." (Wackenroder, Bd. II, 114 und 117) Die Frühromantik insgesamt steht also ganz auf der Seite der Französischen Revolution und ihres *Freiheitsgedankens*.

war allerdings besorgt, was die kommende Zeit der Gleichheit bringen werde. Er war nämlich besetzt von der Sorge, dass die kommende Zeit der Gleichheit zu einer Nivellierung führe. An Friedrich Schlegel schreibt er am 1. August 1794:

> Es realisieren sich Dinge, die vor zehn Jahren noch ins philosophische Narrenhaus verwiesen wurden. [...] Mich interessiert jetzt zehnfach jeder übergewöhnliche Mensch – denn eh die Zeit der Gleichheit kommt, brauchen wir noch übernatürliche Kräfte. (HKA IV, 140)

Novalis scheibt dem Freund im selben Brief, er sehne sich „ungeduldig nach Brautnacht, Ehe und Nachkommenschaft", und fährt dann fort:

> Wollte der Himmel, meine Brautnacht wäre für Despotismus und Gefängnisse eine Bartholomäinacht, dann wollt ich glückliche Ehestandstage feiern. Das Herz drückt mich – daß nicht jetzt schon die Ketten fallen wie die Mauern von Jericho. (HKA IV, 140)[11]

Das *politische Problem*, mit dem sich Novalis und seine liberalen Zeitgenossen konfrontiert sahen, war ja, dass der politische Gedanke der Freiheit und Gleichheit durch die Französische Revolution in die Welt gesetzt war, im Verlauf der Revolution aber nicht gut umgesetzt wurde. Novalis vermutete, dass auch für Deutschland eine Zeit der Freiheit und Gleichheit anbrechen werde, die selbst aber nun eine Art *Bildungsprogramm* forderte, um die Menschen auf einer möglichst hohen Ebene dafür vorzubereiten.

Hier kommt nun Novalis' Fragmentsammlung „Glauben und Liebe" ins Spiel. In „Glauben und Liebe" erhoffte Novalis, in einem aufgeklärten Herrscherpaar wie dem am 16. Nov. 1797 inthronisierten Friedrich Wilhelm III. und seiner wegen ihrer Schönheit gepriesenen Frau Luise jene Vorbilder zu finden, die der kommenden Zeit der Gleichheit, also der Demokratie, den Weg zu einem höheren Menschentum weisen könnten.[12]

Welche Rolle sollte das sein? Novalis schreibt gleich eingangs in „Glauben und Liebe": „Ein wahrhaftes Königspaar ist für den ganzen Menschen, was eine

---

[11] Die Bartholomäusnacht vollzog sich in der Nacht vom 23. auf den 24. August 1572. Sie war ein Massaker an den französischen Protestanten, den Hugenotten. Den Anlass dazu bot die Hochzeit des Protestanten Heinrich von Navarra, dem späteren, zum Katholizismus konvertierten König Heinrich IV., mit Margarete von Valois in Paris. Sie mündete in einem regelrechten Protestanten-Pogrom nicht nur in Paris, sondern in ganz Frankreich.

[12] Die Schrift wurde im Juli 1798 in den „Jahrbüchern der preußischen Monarchie" gedruckt und so auch vom König gelesen. Allerdings nicht verstanden. Der König gab daher die Fragmentsammlung an seinen Generaladjutanten weiter, der sie aber auch nicht verstand und daher diese an den Konsistorialrat weitergab, der sie ebenso wenig verstand. Man kannte auch den Verfasser nicht, vermutete aber richtig, dass ein „Neveu des Ministers Hardenberg" die Person sei, die sich unter dem Namen „Novalis" verbarg. Ansonsten zeigt diese Episode, wie wenig das Preußische Königshaus auf jene Rolle vorbereitet war, die Novalis ihm zudachte.

Constitution für den bloßen Verstand ist." (HKA II, 487) Hier wird bereits deutlich, dass Novalis nicht einfach über das empirisch gegebene Königspaar in Preußen schreibt, sondern über ein *Ideal*: „Ein wahrhaftes Königspaar". Und dieses vergleicht er mit einer „Constitution für den bloßen Verstand" – also einer Verfassung, einem Regelwerk.

Wir haben es demnach in „Glauben und Liebe" mit einer *Idealkonstruktion* zu tun, die sich des Königspaares bedient, dieses überhöht und damit auch über die Realität hinaushebt. Der König selbst hat das auch begriffen, wenn er sich nach der Lektüre beklagt: „Von einem König wird mehr verlangt als er zu leisten fähig ist. Immer wird vergessen, daß er ein Mensch sei."[13]

Was ist nun das Ziel von Novalis' Idealisierung eines ‚wahrhaften' Königspaares? Es ist für Novalis ein *Erziehungsinstrument* für den ganzen Staat mit dem Ziel einer Höherbildung aller Bürger des Staates. Denn: „Alle Menschen sollen thronfähig werden. Das Erziehungsmittel zu diesem fernen Ziel ist ein König." (HKA II, 489) Ziel dieser politischen Vision („Glauben") ist also gar nicht die Monarchie an sich, sondern deren Weiterentwicklung zu einer republikanischen Form, in welcher der König zu einer Leitfigur werden soll, dessen Vorbildhaftigkeit der Weiterentwicklung aller Bürger dient. Novalis entwirft dieses Zukunftsprojekt:

> Es wird eine Zeit kommen und das bald, wo man allgemein überzeugt seyn wird, daß kein König ohne Republik, und keine Republik ohne König bestehen könne [...] Der ächte König wird Republik, die ächte Republik König seyn. (HKA II, 490)

Beide Staatsformen verschmelzen in eine: Novalis' Ziel ist eine *republikanische Monarchie*, oder auch „repräsentative *Democratie*", wie er in den von der Zensur unterdrückten „Politischen Aphorismen" schreibt (HKA II, 502):

> Aber die Vortrefflichkeit der repräsentativen Democratie ist doch unläugbar. Ein natürlicher, musterhafter Mensch ist ein Dichtertraum. Mithin, was bleibt übrig – Composition eines künstlichen. Die vortrefflichsten Menschen der Nation ergänzen einander – in dieser Gesellschaft entzündet sich ein reiner Geist der Gesellschaft. Ihre Decrete sind seine Emanationen – und der idealische Regent ist realisirt. (HKA II, 502)

Was hat dies alles aber nun mit dem Geruchssinn zu tun? Der Eröffnungstext zu „Glauben und Liebe" ist mit „Blumen" überschrieben. Es ist ein Preisgesang auf das Königspaar und insbesondere die Königin Luise. Direkt „An den König" gewandt, dichtet Novalis:

---

[13] Zitiert in HKA II, 479. Novalis ist bewusst, dass er nicht einfach auf die ‚Historizität' des Königspaares zurückgreift: „Wer hier mit seinen historischen Erfahrungen angezogen kömmt, weiß gar nicht, wovon ich rede [...]" (HKA II, 488).

> Mehr als ein Königreich gab der Himmel Dir in Louisen,
> Aber Du brachtest ihr auch mehr, als die Krone, Dein Herz. (HKA II, 483)

Er lässt gleich darauf den Text „Die Alpenrose" folgen:

> Selten haftet auf Höhn ein Funken himmlischen Lebens,
> Aber, als Königin, blüht dann auch die Rose des Bergs. (HKA II, 483)

Die Königin also als die Alpenrose.[14] Beide – König wie Königin – repräsentieren für die dichterische Einbildungskraft des Novalis bereits eine Form der Vorwegnahme des „irdischen Paradieses":

> Wo die Geliebten sind, da schmückt sich bräutlich die Erde,
> Aber den Frevler verzehrt schneller die himmlische Luft. (HKA II, 483)

Die Liebe sei auch die Kraft, welche allen Zwist schlichtet und den „Talismann ewigen Friedens" in Händen hält (HKA II, 483). „Das schöne Wesen [...] die Königinn – / Hebt Bann und Zauber" und bedeutet für den Dichter eine Rückkehr in „die alte Heymath" (HKA II, 484). Die Königin ist also die sichtbare Verkörperung jenes Idealbildes einer republikanischen Monarchie, wie sie Novalis im Königspaar Friedrich Wilhelm III. und seiner Gattin Luise verkörpert sah. Am Schluss dieses hymnischen Preisgesangs auf das verherrlichte Königspaar kulminiert deren Anziehung in einem Duftbild:

> Der Duft des Schleyers, der mich vor dem umgab
> Sinkt dann vergoldet über die Ebenen.
> Und wer ihn athmet, schwört begeistert
> Ewige Liebe der schönen Fürstinn. (HKA II, 484)

Der Duft hat hier eine doppelte Funktion: Er versinnbildlicht zunächst einen Schleier, der den Dichter „vor dem" umgab, aber sinkt dann „vergoldet" über das Land, ist also identisch mit der Utopie des romantischen Staates selbst als einer Form des irdischen Paradieses, repräsentiert im Königspaar. Und so lauten denn auch die Schlussverse dieses eröffnenden „Blumen"-Reigens von „Glauben und Liebe":

> Land
> Jenes himmlische Paar schwimmt hoch auf der Flut, wie die Taube
> Und der Ölzweig; er bringt Hoffnung des Landes, wie dort. (HKA II, 484)

---

[14] Der romantische Luisenkult, den König Friedrich Wilhelm III. als „abgeschmackt" empfunden haben soll, erfasste auch bildende Künstler wie Schadow, Tischbein, u. a. Er erreichte seinen Höhepunkt 1810, im Todesjahr der Königin.

Es ist übrigens nicht uninteressant, dass neben Novalis auch Kafka davon ausging, dass wir noch im Paradies verweilten, aber – bei ihm sozusagen zugleich ‚vertrieben', ausgeschlossen sind.[15]

6 Mythisch-poetologische Funktion des Duftes in der Romantik

Auch für die mythische Funktion des Geruchsmotivs ist Novalis die Hauptreferenz. Novalis war fasziniert von der christ-katholischen Transsubstantiationslehre und ihrem Glauben an die Verwandlung von Wein in Blut Christi in der Gemeinschaft seiner Jünger. Dabei weist Frank Krause zurecht darauf hin, dass im säkularisiert „entgötterten Diesseits des Christentums [...] der Versuch, Gott in der sinnlichen Naturerfahrung zu vernehmen, [...] häresieverdächtig" war (Krause 2023, 149). Um so interessanter ist das Unternehmen des Novalis, das christliche Abendmahl als eine universale und geradezu alltägliche Erfahrungsform darzustellen.

Novalis universalisiert das Prinzip als Universalvorgang der Aneignung im „Essen" und Transformation von Körper in Geist und umgekehrt, wenn er in einem seiner Fragmente schreibt:

> Das gemeinschaftliche Essen ist eine sinnbildliche Handlung der Vereinung. [...] Alles Genießen, zueignen, und assimiliren ist Essen, oder Essen ist vielmehr nichts, als Zueignung. Alles Geistige Genießen kann daher durch Essen ausgedrückt werden –. In der Freundschaft ißt man in der That von seinem Freunde, oder lebt von ihm. (HKA II, 620)[16]

Wenn Christus sich in seiner Liebe quasi zum körperlichen Verzehr anbot, so vollzieht sich – nach Novalis – ein ähnlicher Prozess in jedem Liebesmahl („ißt man [...] von seinem Freunde"). Die geistige Handlung ist zugleich eine körperli-

---

15 So schreibt Kafka: „Die Vertreibung aus dem Paradies ist in ihrem Hauptteil ewig: Es ist also zwar die Vertreibung aus dem Paradies endgiltig, das Leben in der Welt unausweichlich, die Ewigkeit des Vorgangs aber macht es trotzdem möglich, daß wir nicht nur dauernd im Paradiese bleiben können, sondern tatsächlich dort dauernd sind, gleichgültig ob wir es hier wissen oder nicht." Franz Kafka: *Beim Bau der Chinesischen Mauer und andere Schriften* aus dem Nachlaß in der Fassung der Handschrift. Nach der kritischen Ausgabe herausgegeben von Hans-Gerd Koch. Frankfurt a. M. 1994, S. 239. Beide Texte konvergieren in der Annahme, dass das Paradies nicht einfach vergangen ist, sondern nach wie vor präsent. Aber: während es für Novalis auch erreichbar ist („ist der Mittelpunct" jedes „geliebte[n] Gegenstand[es]"), ist es bei Kafka einerseits da („dauernd dort sind"), zugleich aber auch unerreichbar („Vertreibung [...] endgiltig").
16 Es ist das Fragment 439 der Teplitzer Fragmente. Dort auch die folgenden Zitate.

che und umgekehrt: „Es ist ein ächter Trope den Körper für den Geist zu substituiren [...]" (HKA II, 620). Aber wer oder was vollzieht diese „Trope", also: bildliche Übertragung? Es sei – schreibt Novalis:

> [...] ein ächter Trope den Körper für den Geist zu substituiren – und bey einem Gedächtnißmale eines Freundes in jedem Bissen mit kühner übersinnlicher Einbildungskraft, sein Fleisch, und in jedem Trunke sein Blut zu genießen. (HKA II, 620)

Es ist also ein poetisches Vermögen der Fantasie, die uns Sterblichen eine solche Substitution erlaubt. Was Jesus mit seiner Wunderkraft bewirkt hat, bewirkt die „kühne übersinnliche Einbildungskraft" des Dichters. Wir sind hier also zugleich auch in einem poetischen Prozess der Übersetzung von Sinnlichem ins Körperliche und des Körpers in Geistiges, eine Form des *Romantisierens.* Wir bewegen uns hier bei dieser Form der mythischen Transformation zugleich in einer Form des Poetologischen. „Trope" ist ja auch ein poetologischer Begriff dafür.

Und dieser Transformationsprozess geht weiter: Zunächst kommentiert Novalis seine eigene „Trope": „Dem weichlichen Geschmack unserer Zeiten kommt dis freylich ganz barbarisch vor." (HKA II, 620) Um darauf seine eigene poetische Übersetzung auch verständlicher zu machen:

> [...] aber wer heißt sie gleich an rohes, verwesliches Fleisch zu denken. Die körperliche Aneignung ist geheimnißvoll genug, um ein schönes Bild der Geistigen *Meinung* zu seyn – und sind denn Blut und Fleisch in der That etwas so widriges und unedles? Warlich hier ist mehr als Gold und Diamant und die Zeit ist nicht mehr fern, wo man höhere Begriffe vom organischen Körper haben wird. (HKA II, 620)

Das Fragment nimmt dann noch einmal eine Erweiterung vor, indem an die Stelle des Gedächtnismahles mit einem ‚Freund' die Natur selbst eintritt und damit der lebenswichtige Austausch jedes Menschen mit ihr:

> So genißen wir den Genius der Natur alle Tage und so wird jedes Mahl zum Gedächtnißmahl – zum Seelenernährenden, wie zum Körpererhaltenden Mahl – zum geheimnißvollen Mittel einer Verklärung und Vergötterung auf Erden – eines belebenden Umgangs mit dem Absolut Lebendigen. (HKA II, 621)

Woran denkt Novalis? Er denkt daran, „[...] wie jede Erquickung und Stärckung uns aus Gunst und Liebe zukam, und Luft, Trank und Speise Bestandtheile einer unaussprechlichen lieben Person sind." (HKA II, 621) Nämlich der Natur: Novalis denkt also bei diesem Austausch von Körperlichem in Geistiges an etwas Elementares, das uns im einundzwanzigsten Jahrhundert mit seiner Naturverschmutzung wieder heller ins Bewusstsein getreten ist: Dass das Leben des Menschen auf Erden nur durch einen permanenten Austausch mit der Natur: – mit Atmen, Essen, Trinken – möglich ist, also einer „Speise", die uns die Natur bietet.

Einmal mehr müssen wir jetzt fragen: Was hat das alles mit dem Motiv „Duft" zu tun? In der siebten „Hymne an die Nacht" bedichtet Novalis eben jene „Trope", die er im genannten Teplitzer Fragment erläutert hat. Es ist eine Hymne auf die Liebe und zugleich auf die „Trope" der Verwandlung von Körperlichem in Geistiges und umgekehrt. Die Hymne beginnt:

> Wenige wissen
> Das Geheimniß der Liebe,
> Fühlen Unersättlichkeit
> Und ewigen Durst. (HKA I, 166)

Um dann dieses „Geheimnis" zu erläutern:

> Des Abendmahls
> Göttliche Bedeutung
> Ist den irdischen Sinnen Räthsel; (HKA I, 167)

Also das Wunder, das Jesus vollbracht hat. Wie aber kann dies ein sterblicher Mensch erfahren? Der Text antwortet:

> Aber wer jemals
> Von heißen, geliebten Lippen
> Athem des Lebens sog,
> Wem heilige Glut
> In zitternde Wellen das Herz schmolz,
> Wem das Auge aufging,
> Daß er des Himmels
> Unergründliche Tiefe maß,
> Wird essen von seinem Leibe
> Und trinken von seinem Blute
> Ewiglich. (HKA I, 167)

In der Erfahrung der Liebe – und zwar: der *körperlichen* Liebe – kann sich dem Menschen eine ähnliche mythische Erfahrung eröffnen wie in der Teilnahme am göttlichen Abendmahl. So schwört auch Heinrich seiner Mathilde im *Ofterdingen*, „ewig dein zu sein": „[...] so wahr die Liebe die Gegenwart Gottes bei uns ist." (HKA II, 290)

Der Text der Hymne malt diese Erfahrung körperlich mit einer sinnlichen Wucht aus und macht die körperliche Erfahrung zugleich auf ihren höheren Sinn hin transparent: die Vereinung des Menschlichen mit einer universalen Liebeskraft zu ‚Einem Leib':

> Wer hat des irdischen Leibes
> Hohen Sinn errathen?

> Wer kann sagen,
> Daß er das Blut versteht?
> Einst ist alles Leib,
> *Ein* Leib,
> In himmlischem Blute
> Schwimmt das selige Paar. (HKA I, 167)

Und hier haben wir nun auch die Duftmetaphorik an zentraler Stelle:

> O! daß das Weltmeer
> Schon errötete,
> Und in duftiges Fleisch
> Aufquölle der Fels!
> Nie endet das süße Mahl,
> Nie sättigt die Liebe sich.
> Nicht innig, nicht eigen genug
> Kann sie haben den Geliebten.
> Von immer zärteren Lippen
> Verwandelt wird das Genossene
> Inniglicher und näher. (HKA I, 167)

Novalis schildert also die Liebe als einen körperlichen und zugleich ‚tropischen' Vorgang. Wenn die Liebe den Körper in Geistiges verwandeln kann – der Kuss führt zugleich in eine geistige Dimension, die „inniglicher und näher" ist –, so kann die Liebe zumindest im Optativ auch den Felsen in „duftiges Fleisch" aufquellen lassen. Also eine Wechseltrope von Vergeistigung und verkörperlichender Verlebendigung. Die Duftmetapher verdeutlicht so noch einmal den ‚tropischen' Charakter der ganzen Dimension der Liebe als intensiv körperlicher wie geistiger Erfahrung, mit einer irdischen wie himmlischen Dimension.

Die ‚romantische' Liebe ist zumindest bei Novalis keine rein ‚gefühlsselige' Angelegenheit, sondern eine Erfahrungsform, in welcher eine dionysische Dimension von „Liebe und Wollust" – so lautet sie am Ende der „Lehrlinge zu Sais" (HKA I, 104) – und universaler Vergeistigung sich so verbinden, dass das Sinnlich-Körperliche ins Reich des Geistes führt und jenes auf dieses zurückverweist.

Die Schlussstrophe intensiviert dann noch einmal das bacchantische Element der Liebe, um es zugleich zu ‚verewigen':

> Heißere Wollust
> Durchbebt die Seele,
> Durstiger und hungriger
> Wird das Herz:
> Und so währet der Liebe Genuß
> Von Ewigkeit zu Ewigkeit. (HKA I, 168)

Am Ende eröffnet das Gedicht einen Perspektivenwechsel der Erfahrung vom Dichter zum normalen Menschen („die Nüchternen") als jenen, die durch die Liebe selbst in deren romantische Erfahrung hineingezogen würden („Und setzten sich / An den Tisch der Sehnsucht"), um eben in ihrer Nüchternheit die „Unendliche Fülle" der tropisch-romantischen Liebe erfahren zu können:

> Hätten die Nüchternen
> Einmal gekostet,
> Alles verließen sie,
> Und setzten sich zu uns
> An den Tisch der Sehnsucht,
> Der nie leer wird.
> Sie erkennten der Liebe
> Unendliche Fülle,
> Und priesen die Nahrung
> Von Leib und Blut. (HKA I, 168)

7 Resümee

Das Schicksal der Sinne in der abendländischen Kulturgeschichte ist ambivalent. Einerseits werden sie schon in der griechischen Rationalitätsphilosophie aus dem Bereich der Wahrheit ausgeschlossen, andererseits gerade darum zusammen mit der Phantasie und den Emotionen in der Literatur- und Poetikgeschichte aufgewertet. Das gilt auch und sogar verstärkt für die neuzeitliche Philosophie einerseits und Poetik/Ästhetik andererseits. In diesem Sinne kommt Tönen und Düften auch in der Lyrik und Narrativik der Romantik eine besondere Bedeutung zu. Insbesondere die Liebe, die in Gedanken und ihrer Sprache keinen Ausdruck finden kann, äußert sich in Tönen. Begleitet werden sie häufig von Düften aus Blumen und Gärten, bei Eichendorff auch vielfach verbunden mit der Nacht und südlichen Lebensräumen.

Novalis verbindet das Duftmotiv auch mit einer politischen Funktion. Das von ihm verehrte Königspaar Friedrich Wilhelm III. und seine schöne Frau Luise verkörpern für ihn eine vorbildhafte Form des Königtums als Vorbild einer Höherentwicklung der Menschheit hin zu einem goldenen Zeitalter, das er im Motiv des Duftes beschreibt, der sich wie „der Duft des Schleyers [...] vergoldet über die Ebenen" legt. Novalis nutzt das Duftmotiv auch in einem poetologisch-mythischen Sinne im Sinne jener Transsubstantiation, die Christus beim Abendmahl Blut in Wein verwandeln ließ. Für ihn und seine Einbildungskraft eröffnet die Liebe eine vergleichbare Erfahrung in eine einerseits wollüstig-sinnliche und zugleich spirituell-geistige Existenzform, verbunden mit dem Optativ „O! O! daß das Weltmeer /

Schon errötete, / Und in duftiges Fleisch / Aufquölle der Fels!", also einer Transubstantiation auch der harten Natur in lebendige ‚duftende' Körperlichkeit.

Literaturverzeichnis

Aristoteles. *Metaphysica*. Griechisch/deutsch. Neubearbeitung der Übersetzung von Hermann Bonitz. Philosophische Schriften. 6 Bde. Bd. 5. Hamburg: Meiner, 1995.

Baumgarten, Alexander Gottlieb. *Ästhetik als Philosophie der sinnlichen Erkenntnis*. Eine Interpretation der ‚Aesthetica' A. G. Baumgartens mit teilweiser Wiedergabe des lateinischen Textes und deutscher Übersetzung von Hans Rudolf Schweizer. Basel u. a.: Schwabe, 1973.

Baumgarten, Alexander Gottlieb. *Meditationes de nonnullis ad poema pertinentibus – Philosophische Betrachtungen über einige Bedingungen des Gedichtes*. Latein/Deutsch. Übersetzt und hg. von Heinz Paetzold. Hamburg: Meiner, 1983.

Bodmer, Johann Jakob. *Critische Betrachtungen über die poetischen Gemählde der Dichter*. Mit einer Vorrede von Johann Jacob Breitinger. Zürich: C. Orell, 1741.

Descartes, René. *Meditationen. Mit sämtlichen Einwänden und Erwiderungen*. Übersetzt von Arthur Buchenau. Unveränderter Nachdruck der ersten deutschen Gesamtausgabe von 1915. Hamburg: Meiner, 1972 [1641].

Diels, Hermann. *Die Fragmente der Vorsokratiker*. Nach der von Walther Kranz hg. achten Auflage. Mit Einführung und Bibliographien von Gert Plamböck. Hamburg: Rowohlt, 1957.

Eichendorff, Joseph von. *Werke*. Hg. von Wolfdietrich Rasch. Darmstadt: Wissenschaftliche Buchgesellschaft, 1971.

Frühwald, Wolfgang (Hg.): *Gedichte der Romantik*. Stuttgart: Reclam, 1984.

Galilei, Galileo. *Sidereus Nuncius/Nachricht von neuen Sternen*, Dialog über die Weltsysteme (Auswahl) u. a. Hg. von Hans Blumenberg. Frankfurt am Main: Suhrkamp, 1965.

Jansen-Winkeln, Karl. „Memnon, II. Memnonkoloss" [2006], *Brills New Pauli Online*, URL https://referenceworks.brill.com/display/entries/NPOG/e731450.xml (23.08.2025).

Kopernicus, Nicolaus. *Das neue Weltbild. Drei Texte. Commentariolus, Brief gegen Werner, De revolutionibus I*. Im Anhang eine Auswahl aus der Narratio prima des G. J. Rheticus. Übersetzt, hg. und mit einer Einleitung und Anmerkungen versehen von Hans Günter Zekl. Lateinisch-deutsch. Hamburg: Meiner, 1990.

Koppenfels, Martin von und Cornelia Zumbusch (Hg.). *Handbuch Literatur und Emotionen*. Berlin / Boston: De Gruyter, 2016.

Krause, Frank. *Geruch und Glaube in der Literatur. Selbst und Natur in deutschsprachigen Texten von Brockes bis Handke*. Berlin / Boston: dup / De Gruyter, 2023.

Lessing, Gotthold Ephraim. „Laokoon oder über die Grenzen der Mahlerei und Poesie". G. E. L.: *Werke*. Hg. von Herbert G. Göpfert in Zusammenarbeit mit Karl Eibl, Helmut Göbel, Karl S. Guthke, Gerd Hillen, Albert von Schirmding und Jörg Schönert. Band 6. *Kunsttheoretische und kunsthistorische Schriften*. Bearbeitet von Albert von Schirnding. München: Hanser, 1974; Lizenzausgabe Darmstadt: Wissenschaftliche Buchgesellschaft, 1996. 7–187.

Novalis. *Das dichterische Werk*. Hg. von Paul Kluckhohn und Richard Samuel unter Mitarbeit von Heinz Ritter und Gerhard Schulz. Stuttgart: Kohlhammer, 1960. Dritte, erweiterte und verbesserte Auflage 1977 (HKA= Historisch-kritische Ausgabe, Bd. I).

Novalis. HKA Bd. II: *Das philosophische Werk* I. Hg. von Richard Samuel in Zusammenarbeit mit Hans-Joachim Mähl und Gerhard Schulz. Stuttgart: Kohlhammer, 1965. Dritte erweiterte und verbesserte Auflage 1981.
Novalis. HKA Bd. IV: *Tagebücher, Briefwechsel, Zeitgenössische Zeugnisse*. Hg. von Richard Samuel in Zusammenarbeit mit Hans-Joachim Mähl und Gerhard Schulz. Stuttgart: Kohlhammer 1965.
Platon. *Politeia*. Ders.: *Sämtliche Werke*. In der Übersetzung von Friedrich Schleiermacher. Bd. 3. Reinbek bei Hamburg: Rowohlt, 1958. Bd. 3. 67–310.
Pseudo-Longinus. *Vom Erhabenen*. Griechisch und Deutsch. Übersetzt und hg. von Reinhard Brandt. Darmstadt: Wissenschaftliche Buchgesellschaft, 1966.
Wackenroder, Wilhelm Heinrich. *Sämtliche Werke und Briefe*. 2 Bde. Hg. von Silvio Vietta und Richard Littlejohns. Heidelberg: Winter, 1991. Bd. 1: *Werke*. Hg. von Silvio Vietta. Heidelberg: Winter 1991.
Ziche, Paul. „Wirklichkeit als ‚Duft' und ‚Anklang' – Romantik, Realismus und Idealismus um 1800". *Europäische Romantik. Interdisziplinäre Perspektiven der Forschung*. Hg. von Helmut Hühn und Joachim Schiedemair. Berlin / Boston: De Gruyter, 2015. 125–142.

Dirk Göttsche
Der Geruch des Krieges
Geruchswahrnehmung und Geschichtspolitik in der
Literaturgeschichte der antinapoleonischen Befreiungskriege,
1813–1914

In Wilhelm Raabes Zeitroman *Meister Autor* (1873) erinnert sich die Titelfigur Autor Kunemund in einer Passage an die mehr als fünfzig Jahre zurückliegenden Befreiungskriege gegen Napoleon, an denen er und sein Freund, der Förster Arend Tofote, als Freiwillige teilnahmen, mit folgenden Worten: „In den Pulverqualm der Befreiungskriege rochen wir grade noch hinein; zu Waterloo kamen wir noch grade recht [...]." (Raabe 2025, 21) Der Krieg wird also mit dem Geruch des Schlachtgeschehens assoziiert, die Kriegserinnerung ist zugleich eine seltene Geruchserinnerung. Allerdings schiebt sich über diese konkrete Sinneserinnerung die metaphorische Bedeutung des Ausdrucks ‚hineinriechen' i. S. v. „etwas oberflächlich, flüchtig kennenlernen" (https://www.dwds.de/wb/hineinriechen). Die Freiwilligen sind ja keine Berufssoldaten. Wo es im Erzählen des neunzehnten Jahrhunderts ausnahmsweise ‚riecht' (und nicht z. B. angenehm nach Blumen ‚duftet'), riecht es oft zugleich ‚brenzlig' oder ‚faul' (vgl. Corbin 1992, Rindisbacher 1992), d. h. olfaktorische Motive fungieren als Stolpersteine, die Probleme anzeigen. In diesem Fall hat die Doppeldeutigkeit der Geruchserinnerung einen spezifischen geschichtspolitischen Sinn, denn Kunemunds Erinnerung an das Ende der Befreiungskriege ist alles andere als heroisch und entspricht gerade nicht dem seit den 1860er Jahren zunehmend nationalistisch vereinnahmten ‚Mythos 1813' vom nationalen Volksaufstand gegen Napoleons Herrschaft als historischer Antizipation eines zukünftigen deutschen Nationalstaates (vgl. Planert 2007). Nicht zufällig ist von 1815 statt von 1813 die Rede und die Figuren werden von ihren Erfahrungen in und nach dem Krieg politisch desillusioniert; die Passage kommentiert den geläufigen Erinnerungsdiskurs der Zeit zu den Befreiungskriegen kritisch. Im Kontext eines Zeitromans der Gründerzeit, dessen erzählte Handlung von den späten 1850er Jahren bis in die unmittelbare Gegenwart der Romanentstehung 1872/73 reicht, der den deutsch-französischen Krieg von 1870/71 und die Gründung des Deutschen Reiches jedoch nicht einmal erwähnt, dient diese kritische Erinnerung an die Befreiungskriege der impliziten Kritik an dem aufflammenden Nationalismus in der erzählten Gegenwart (vgl. Göttsche 2025a).

Mit diesem Beispiel ist die Fragestellung der vorliegenden Untersuchung stichwortartig umrissen: Welche Rolle spielen Gerüche und Düfte in dem literarischen Erinnerungsdiskurs zu den antinapoleonischen Befreiungskriegen von 1813–1815, die im geschichtlichen Bewusstsein des neunzehnten Jahrhunderts und in der Geschichte des deutschen Nationalismus bis zum Ersten Weltkrieg eine so zentrale Bedeutung besitzen (vgl. Akaltin 1997; Bauer et al. 2013)? Welche geschichtspolitische Funktion haben solche Geruchsmotive angesichts der Prominenz akustischer und synästhetischer Sinneswahrnehmungen in der romantischen Tradition (als Resonanzen des Naturganzen) und dem Vorrang optischer Wahrnehmungen im literarischen Realismus (als epistemologischer Metaphern)?

Die Folie von Raabes kritischer Erinnerung an die Befreiungskriege sind jene Romane und Erzählungen, die seit der Popularisierung des Themas im Kontext des 50. Jahrestages von 1813 und bis hin zum 100. Jahrestag am Vorabend des Ersten Weltkriegs liberal-nationale, konservativ-monarchistische oder nationalistische Erinnerungsnarrative entwerfen, variieren oder fortschreiben und dabei Gerüche weithin ausblenden. Wie Raabes Beispiel bereits zeigt, finden sich Texte, in denen Geruchswahrnehmungen geschichtspolitisch signifikant werden, insbesondere dort, wo Autorinnen und Autoren sich kritisch mit dem Gedächtnisdiskurs ihrer Zeit auseinandersetzen und v. a. heroischen und nationalistischen Verkürzungen des historischen Geschehens entgegentreten. Das gilt sowohl für die frühe Geschichte des Themas vor 1848, als in der fiktionalisierenden Darstellung der Befreiungskriege noch ganz unterschiedliche Narrative und Interpretationen miteinander konkurrieren, als auch für die Jahrzehnte zwischen 1848 und 1914, in denen zunehmend rekurrente Erzählmuster und pointiertere geschichtspolitische Konkurrenzen hervortreten (vgl. Göttsche 2013/14, 2020, 2025b). Vor dem Hintergrund eines Korpus' von fast einhundert Romanen und Novellen spannt sich der Bogen kurzer Fallstudien im Folgenden von Carl Bondes Novelle *Die Königsscheibe* (1820) über Alexis, Raabe, Fontane u. a. bis zu Hermann Sudermanns Roman *Der Katzensteg* (1889).

1 Krankheit, Angst und Tod: Von der Augenzeugenschaft zum historischen Roman

In der ersten Welle der Zeitromane und zeitgeschichtlichen Novellen, die sich bis in die frühen 1820er Jahre mit den aktuellen oder gerade erst zurückliegenden Befreiungskriegen befassen, stehen sowohl literarisch wie geschichtspolitisch ganz unterschiedliche Narrativisierungen der erlebten Geschichte nebeneinander. Es geht im Grunde immer auch um die Frage, wie sich die verstörenden Geschichtserfahrungen und die Epochenwende, welche die napoleonischen Kriege markieren, überhaupt literarisch darstellen lassen. Manche Texte orientieren sich poetologisch an der Romantik, andere gehören in das Übergangsfeld zwischen der Spätaufklärung und dem Frührealismus des beginnenden Biedermeier. Politisch stehen Frühformen des späteren bürgerlich-liberalen und nationalen Erinnerungsdiskurses, die mit dem Sieg gegen Napoleon bald enttäuschte Hoffnungen auf Reform und nationale Einigung verbinden und zugleich den Mythos vom nationalen Volksaufstand im Frühjahr 1813 vorbereiten, neben konservativen, patriotisch-monarchischen Interpretationen sowie – in der Geschichtswissenschaft lange übersehen – Varianten eines katastrophischen Narrativs, das mit den Kriegen v. a. den Untergang einer Epoche und unsägliches Leid verbindet: nicht nur auf den Schlachtfeldern, sondern auch z. B. infolge der Typhus-Epidemie, welche Napoleons geschlagene Truppen aus ihrem gescheiterten Russlandfeldzug mit zurückbrachten und der mehr Deutsche zum Opfer fielen als den eigentlichen Kriegshandlungen (vgl. Berding 1982; Planert 2007, 211–325). Zugleich ist mit wachsendem Abstand von den Ereignissen und angesichts der politischen Durchsetzung der Restauration im Übergang zu den 1820er Jahren eine beginnende Historisierung zu beobachten, die sich in den Erzähltexten u. a. in der Einführung einer erinnerungspoetologischen und geschichtspolitischen Meta-Ebene äußert, in der die Erzähler oder ihre Figuren auf den beginnenden gedächtnisgeschichtlichen Diskurs Bezug nehmen. Die Zeitzeugenschaft wird also durch einen Erinnerungsdiskurs ergänzt.

In romantisch inspirierten Romanen wie Caroline de la Motte Fouqués *Edmund's Wege und Irrwege* (1815)[1] oder Friedrich Newyahns *Die Rettung des Vaterlandes* (1822), in den konservativ-patriotischen biedermeierlichen Texten wie Carl Gottlob Cramers *Das eiserne Kreutz* (1815) oder Charlotte von Ahlefelds *Mirthe und Schwert* (1819) und auch in jenen, die sich im Rückblick als Arbeit an dem bürgerlich-liberalen und nationalen Mythos 1813 darstellen – wie z. B. Carl Ludwig Nicolais *Robert von der Osten* (1817) und Johann Heinrich Ludwig Fischers

---

[1] In *Edmund's Wege und Irrwege* fragt der Protagonist sich zwar einmal: „Wehet der Hauch dieser Fremden [d. i. der Franzosen] Alles giftig an?" (Motte-Fouqué 1815, II, 55), doch beziehen die durchaus zahlreichen olfaktorischen Motive sich nicht auf die Zeitgeschichte, sondern auf romantische Poetologie und romantische Kulturkritik. Das poetologische Motiv ist die ‚beglückende' Verbindung von „Duft und Erinnerung" (I, 97), die z. B. als „Duft wehmütiger Jugenderinnerungen" „die beengende Gegenwart" aufsprengt (II, 158). Kulturkritisch dagegen kontrastieren die angenehmen Blumendüfte, die leitmotivisch mit der Gärtnertochter Bärbchen (I, 97–98, 102) und mit Edmunds späterer Frau Agnes (III, 137, 144) verbunden sind und ihre Nähe zur Natur symbolisieren, mit dem Gestank der engen Stadt und ihres hässlichen Alltags: „Unangenehm schlug der Qualm naher Gahrküchen aus den Schornsteinen nieder, dazwischen der Dunst gemischter Werkstätte und Brantweinsläden." (I, 39) Insgesamt gehören die olfaktorischen Motive des Romans in den Kontext seiner Bildungsgeschichte und nicht seiner Modellierung der napoleonischen Ära und der Befreiungskriege.

Kriegerische Abentheuer und Schicksale eines preußischen Freiwilligen in den Feldzügen von 1813 und 1814 (1823) –, spielt Olfaktorisches, so weit ich sehe, keine signifikante Rolle für die Verarbeitung erlebter Zeitgeschichte (vgl. zu diesen Texten Göttsche 2001, 274–405).[2] Anders verhält es sich mit Texten, die heroischen Narrativen entgegentreten oder die Befreiungskriege gar als „*die* Katastrophe schlechthin" (Planert 2001, 114) erinnern. So vermittelt die Erzählung *Die Königs-Scheibe oder die Ahndungen; eine Familiengeschichte aus dem deutschen Befreiungs-Kriege* (1820) von Carl Bonde, einem Autor der Spätaufklärung, geschichtspolitisch ein zwiespältiges Bild der Epochenwende, denn einerseits finden sich deutliche Bezugnahmen auf den liberal-nationalen Erinnerungsdiskurs, indem z. B. Preußens Niederlage 1806 als „Erniedrigung" (B, 71) von „Deutschland" als Nation aufgefasst wird und die Bildung der Freiwilligenkorps im Frühjahr 1813 „Deutschland" als ganzem verspricht, „durch Einheit der Kraft uns Freiheit zu erringen, unsere Ehre als Nation zu retten" (B, 75–76). Der männliche Protagonist, der junge Kaufmann Ferdinand Predo, meldet sich entsprechend für ein preußisches Freiwilligenkorps, steigt dank seiner Tapferkeit rasch zum Major auf und erhält als Auszeichnung zusätzlich das Eiserne Kreuz. Andererseits stehen im Zentrum der Erzählung die Daheimgebliebenen, seine Verlobte und deren Eltern, Freunde seines verstorbenen Vaters, in einem sächsischen Städtchen in der Nähe der Schlacht von Großgörschen bzw. Lützen (2. Mai 1813), für die der Krieg zur persönlichen und historischen Katastrophe wird: Beide Elternteile fallen der Typhusepidemie zum Opfer, die die verwundeten Soldaten in die Privathäuser tragen, Predo fällt am 14. Februar 1814 in Frankreich und seine Verlobte Auguste Herrmann, die weibliche Protagonistin, folgt ihm, dessen Todesstunde sich ihr in einer ‚Ahndung' mitgeteilt hatte, nach langer depressiver Erkrankung und ‚Auszehrung' in den Tod. So bleibt am Ende der Erzählung keine der Hauptfiguren mehr übrig, um die gelungene Befreiung von Napoleon noch zu feiern. Der Bekräftigung des Mythos 1813 steht eine katastrophische Darstellung der Epochenwende gegenüber, die sich im Gefolge des empfindsamen Familienromans in schauerromantischer und sentimentaler Sprache artikuliert, motivisch in Gängen

---

2 Einen Grenzfall stellt Ferdinand Stolles „historischer Roman" *1813* (1838) dar, in dem Gestank im ersten, in Paris spielenden Teil das vergiftete politische Klima im napoleonischen Polizeistaat anzeigt. So herrscht im unterirdischen Club der untergehenden Republikaner „Kellerluft", vom politischen Gegner ist als „Bestien" die Rede, die „Unrath wittern" (Stolle 1854, I, 49), und der aufrechte Republikaner Timoleon verflucht die Opportunisten des Clubs als „Schufte", die ihr „Dasein" ‚hinschleppen' „wie einen stinkenden Darm" (Stolle 1854, I, 178). Diese Motive hängen allerdings mit dem Napoleon-Diskurs des Romans zusammen (vgl. Beßlich 2007, 270–282) und nicht mit seinem Rückblick auf die Befreiungskriege.

über die Schlachtfelder auf der Suche nach Verwundeten und Toten, in gehäuften Todesfällen und der ausführlichen Darstellung von Leiderfahrungen.

In diesem empfindsam getönten katastrophischen Erinnerungsdiskurs haben auch die Geruchsmotive ihren Platz. Da ist zum einen der „Leichengeruch" (B, 174), der zwar nicht anlässlich des Ganges über das Schlachtfeld von Großgörschen expliziert wird, wohl aber nach dem Tod von Augustes Vater. Hier bestärkt er das „Grausen", das mit dem natürlichen „Schrecken des Todes" die Tochter überfällt, und weist zugleich auf den Tod auch der Mutter an der Typhusepidemie nur zwölf Stunden später voraus, der sich in dieser Passage bereits durch ihr „Röcheln" ankündigt (B, 173–174). Das seltene Geruchsmotiv unterstreicht also die tragische Lebenswende, infolge derer Auguste in jene Depression verfällt, an der sie später stirbt. Hinsichtlich der Literaturgeschichte der Befreiungskriege interessanter ist das olfaktorische Moment in der Darstellung der verheerenden Typhusepidemie anlässlich der Einquartierung verwundeter Soldaten ausgerechnet nach der Völkerschlacht bei Leipzig, die im geschichtspolitischen Diskurs zunehmend als der Wendepunkt des Krieges gefeiert wird. Hier allerdings bringt die Siegesschlacht den „Lazarethfieber" (B, 150) bzw. „Nervenfieber" (B, 158) genannten Typhus und damit den Tod in die Stadt:

> Das furchtbare Lazarethfieber, welches Deutschland so manchen braven und edlen Menschen in der Blüthe seiner Jahre entriß, wüthete auch schrecklich in der nächsten Umgebung der Herrmann'schen Familie. Die düstern nebligen Novembertage, und die Todesschwangere Luft, welche jeden freien Athemzug zu vergiften drohte, erfüllten alle Gemüther mit Schwermuth und bangen Sorgen, und das ungewisse und freudenlose Leben gähnte dem trüben Blick, den das Auge in die Zukunft warf, wie ein offenes Grab entgegen. (B, 150)

Medizingeschichtlich belegt das Motiv der Vergiftung durch „Todesschwangere Luft" die Unkenntnis der oralen und fäkalen Übertragungswege dieser bakteriellen Infektion, die sich hier als Atemwegserkrankung darstellt. Die „schwarze[n] Dampfwolken" „[b]rennende[r] Pechpfannen", die zur vermeintlichen Reinigung der Luft eingesetzt werden, sowie „ein großes Leichentuch" aus „dichte[m] Nebel" (B, 153) evozieren in schauerromantischer Diktion ein apokalyptisches Szenario, das ausnahmsweise die Atmung als Grundlage des Lebens in den Mittelpunkt rückt. Es fällt allerdings auf, dass durchweg von Atmung und nicht von persönlichen Geruchswahrnehmungen die Rede ist. Anders als bei Augustes Erschrecken über den Leichengeruch, der von ihrem Vater ausgeht, bleibt die Erzählersprache also objektiv selbst dort, wo de facto die subjektiven Empfindungen der Figuren zur Darstellung kommen. Dem entspricht die topische Verwendung des Atemmotivs beim Tod des Vaters, von dem es am Schluss heißt, sein „Athem ging langsam, unregelmäßig und mit Anstrengung durch die hohle

Brust", bevor er mit einem letzten „tiefe[n] lange[n] Athemzug" (B, 171–172) schließlich stirbt. Diesem topischen Verfahren entspricht der Umstand, dass von den zweifellos starken Gerüchen der Krankenzimmer, Lazarette und Schlachtfelder niemals die Rede ist.

Auch die Angst als die leitmotivische Emotion in den Schreckenspassagen der Erzählung hat keine Geruchsdimension. Das zeigt sich am deutlichsten in der schauerromantischen Szene um Augustes erste ‚Ahndung', in der sie in Ankündigung des bevorstehendes Todes ihres Vaters um Mitternacht das Geräusch seiner Schritte und dann einen lauten „Schlag" hört (B, 165). Der Moment panischen Schreckens spiegelt sich in der Reaktion ihres ganzen Körpers:

> Ein kalter Todesschauer durchbebte das Mädchen; ihr Haar sträubte sich hoch empor, auf die Stirne traten große Schweißtropfen; kraftlos schwankten die Füße, die Poren der Haut thürmten sich hoch auf, und alle Gegenstände im Zimmer geriethen vor ihren Blicken in Verwirrung. (B, 165)

Der Geruchssinn allerdings bleibt in dieser Situation extremer Emotionen unbeteiligt. Dagegen meint man den Angstschweiß in Willibald Alexis' erster Novelle *Iblou* (1823), die auf seinen eigenen Erfahrungen als sechzehnjähriger Freiwilliger im zweiten Befreiungskrieg 1815 beruht, geradezu zu riechen. Die sinnliche Intensität hängt wesentlich mit dem veränderten Erzählverfahren zusammen, das die Erlebnisperspektive des jungen und unerfahrenen Soldaten und seine Emotionen in den Mittelpunkt rückt, Sinneswahrnehmungen in der Erstfassung also subjektiviert. Schon *Iblou* zeigt Merkmale einer frührealistischen Poetik, wie Alexis sie im Zuge der 1820er Jahre, bestärkt durch Walter Scott, auch programmatisch entwickelt hat (vgl. Göttsche 2022).

Wie Bonde arbeitet jedoch auch Alexis in der Darstellung der Kriegsschrecken mit dem Inventar der Schauerromantik und auch er legt trotz der Erinnerung an die nationale preußische ‚Erhebung' 1813 entschiedenen Einspruch gegen eine Heroisierung der Befreiungskriege ein. Das geschichtspolitische Zentralmotiv der Novelle ist die Diskrepanz zwischen dem patriotischen „Sturm der Begeisterung", der dem autobiographischen Erzähler zufolge auch 1815 noch einmal „die oberen Classen der Gymnasien" (A2, 3–4) leerte und auch ihn selbst zum freiwilligen Jäger machte, und einer Kriegsrealität, die „alle Beschwerden des Krieges ohne seinen Glanz und seine Reize" (A2, 41) mit sich bringt. Der Einsatz führt nicht etwa in die Schlacht bei Waterloo, sondern im Herbst und Winter 1815/16 in die Belagerung der französischen Stadt Givet an der Maas und ihrer Festung Charlemont sowie anschließend in die Härten des Winterquartiers in den Ardennen. Ausführlich werden die ermüdende Belagerungsroutine bei miserabler Versorgungslage in einem im Schlamm versinkenden Lager sowie die ständige Angst vor Rache-Anschlägen der französischen Zivilbevölkerung dargestellt. Angesichts der Härten eines Dienstes in unklarer politisch-militärischer Lage – Napoleon ist längst besiegt – und in sprichwörtlich-leitmotivischem Nebel sehen sich die Freiwilligen auf bloße „Instinktwesen" reduziert (A1, 100; A2, 18). Die von Alexis erlebte letzte Kriegsphase stellt sich daher als ebenso schmutzig wie sinnlos und beängstigend dar, während die politische Kriminalhandlung um die Titelfigur Iblou, den Bürgermeister des Ardennenortes, die Geschichte Frankreichs von der Revolution 1789 bis zur Restauration, die anhaltende politische Spaltung der französischen Gesellschaft und die allgegenwärtige Gewalt der Auseinandersetzungen vor Augen führt. Der Kontakt zu französischen Patrioten stellt für den jungen Freiwilligen zugleich auch den deutschen Nationalismus in Frage und rückt die Rolle Preußens in der Herbeiführung der Restauration ins Zwielicht. Persönlicher Erfahrungsbericht und historischer Roman werden also geschichtspolitisch miteinander verknüpft, zumal die Novelle einen in der Zweitfassung 1830 noch weiter ausgebauten erinnerungspoetologischen Rahmen erhält, durch den der literarische Einspruch gegen heroische Mythisierungen der Befreiungskriege thematisch wird. Gegen das einsetzende Vergessen will die Novelle an die „Zeiten des großen Befreiungskrieges" (A1, 89) erinnern, sich damit aber auch – noch extensiver in der Zweitfassung, die die eigenen Erfahrungen des autobiographischen Erzählers stärker historisch kontextualisiert – in die neuen geschichtspolitischen Debatten zu dem in der Restaurationsepoche kontroversen Thema einschalten.

Explizit ist von Geruchswahrnehmungen in *Iblou* nur an einer untergeordneten Stelle die Rede, als nämlich der junge Soldat in der ärmlichen Bauernhütte, die ihm als Winterquartier angewiesen ist, in seine Schlafkammer geführt wird, „wo unter duftenden Aepfelhaufen ein Lager von Strohmatratzen für [ihn] bereitet lag" (A1, 121; A2, 46). Die Äpfel und der aus ihnen gewonnene „Cyder" (A1, 116) signalisieren hier die Armut der Landbevölkerung; anfangs gibt es für den Einquartierten nur Bratäpfel zu essen. Auf den Gestank, den zweifellos ein von einer ganzen Mannschaft als Toilette „zum unedelsten Gebrauch entweiht[er]" Bach in einer Felsschlucht verströmt (A1, 100), wird dagegen nur angespielt. Zentral für den Erinnerungsdiskurs und seine kritische Wendung gegen geschichtspolitische Heroisierungen sind dagegen der geradezu körperliche Schrecken und die leitmotivische Angst, unter der der Sechzehnjährige v. a. in der Erstfassung auf Schritt und Tritt leidet und die in besonders traumatischen Szenen sinnlich so intensiv werden, dass man seinen Angstschweiß förmlich zu riechen glaubt, selbst wenn auch hier von Geruchswahrnehmungen (durch ihn selbst oder andere) nie explizit die Rede ist. Der junge Soldat lebt in beständiger „Seelenangst" und „Todesangst" (A1, 98, 126), ‚zittert' vor Furcht und Angst (vor der allgegenwärtigen Gewalt, vor dem Feind, vor Überfällen, vor den Vorgesetzten, vor unerwarteten Überraschungen, vor dem Tod; z. B. A1, 101 u. 104), kehrt „mit Angstschweiß gebadet" (A1, 102) von einem Vorpostendienst zurück, auf dem ihm ein unheimlicher Spion zwischen den Frontlinien begegnet ist, der sich später als Iblou entpuppt; er erwacht wiederholt „in Angstschweiß gebadet" (A1, 126) aus Alpträumen. Als er der „Mörderhöhle" (A1, 126) der Bauernhütte schon entflohen und in Iblous Schloss untergekommen ist, kämpft er weiterhin mit „lähmende[r] Angst" (A1, 150), und auch seinem Freund Eduard „läuft allemal ein kalter Schweiß über die Glieder" (A1, 96), wenn er an den brutalen politischen Opportunisten Iblou denkt, auf dessen Schloss auch er zeitweise stationiert war.

In metonymischer Verschiebung auf andere Körperreaktionen und Stresssignale ist der Geruch der Angst in der Erstfassung der Novelle also allgegenwärtig und führt über die schauerromantischen Elemente in der Darstellung traumatischer Erfahrung und emotionaler Verstörung hinaus. Umso bemerkenswerter ist die Tatsache, dass Alexis diese Leitmotivik in der Zweitfassung entschieden zurückgefahren und insbesondere die körperlichen Motive (wie den Angstschweiß) fast vollständig getilgt hat. Die Kriegserinnerung bleibt zwar weiterhin traumatisch, aber der Jugendliche stellt sich in der Zweitfassung als weniger verletzlich dar als in der ersten. Zugleich wird die Distanz zu den traumatischen Erlebnissen größer: Berichtet die Erstfassung aus dem ausdrücklichen Abstand von sieben Jahren,[3] so kommen 1830 für den Autor weitere sieben Jahre hinzu, die auch poetologische Konsequenzen haben. Bezeichnenderweise leitet der Erzähler den Schluss seiner Erzählung nun mit der Bemerkung ein, dass er zwar die erlebten Schreckensszenen ‚nie vergessen' werde, dass aber „der Romanheld" (und damit sein erzähltes jugendliches Ich) nur „die allerbescheidenste Aufgabe [habe], nichts zu seyn als der äußere Faden für die Begebenheiten" (A2, 97). Im Sinne einer prononcierteren realistischen Poetik und im Kontext der expliziteren geschichtspolitischen Ausrichtung der Erinnerungserzählung werden subjektive Emotionen und Wahrnehmungen (wie Angst und Gerüche) zugunsten der Darstellung der historischen Umstände neuerlich reduziert und objektiviert – wie zuvor schon in der Aufklärungspoetik Bondes.

Alexander von Ungern-Sternbergs Roman *Jena und Leipzig* (1844) ist dagegen der letzte Text zum Thema, der nicht realistisch erzählt ist, sondern Elemente des historischen Romans – wie den im Titel aufscheinenden und im Nachmärz dann zum Standard werdenden historischen Bogen von der Niederlage Preußens 1806 bis zum Sieg gegen Napoleon in der Völkerschlacht bei Leipzig 1813 (oder bis Waterloo 1815) – mit Elementen des diskursiven ‚zeitgeschichtlichen Sittenromans'

---

[3] Der Fiktion nach ist der junge Freiwillige am Ende der erzählten Handlung, im Dezember 1815, der Ermordung entgangen, indem er schwur, über die innerfranzösischen Konflikte und Verbrechen, deren Zeuge er wurde, sieben Jahre lang zu schweigen (siehe A1, 90 u. 163; A2, 5 u. 100).

(Wienbarg) des Jungen Deutschland (vgl. Göttsche 2001, 506–539) sowie romantischen und schauerromantischen Erzählverfahren verbindet. So wird z. B. die Schlacht bei Preußisch Eylau (7.–8.2.1807), die schon im Zeitroman der Befreiungskriege als besonders blutig bewertet wurde, wiederum mit den Mitteln der Schauerromantik wirkungsvoll als ein „Bild des Schreckens" (US II, 108) inszeniert. Weibliche Zivilisten beobachten „in starrem Entsetzen", wie die „entseelten" Soldaten „wie ein Trupp Automaten" „dieses fast lautlose Arbeiten und Metzeln im Menschenfleisch" betreiben (US II, 109–110). In grotesken Zweikämpfen fallen die feindlichen Infanteristen und Reiter übereinander her, „als wollten sie durch einen verpesteten Kuß, durch einen Kuß der Hölle sich gegenseitig tödten" (US II, 114). Das olfaktorische Moment in dieser Variante des Pesthauch-Motivs (das bei Sudermann naturalistisch wiederkehren wird, s. u.) bleibt zwar implizit, ist aber ebenso mitzudenken wie in der opernhaften, von einem „Siegeschoral [...] von den Thürmen Leipzigs" untermalten Schlussszene nach der Völkerschlacht, als der eine der beiden patriotischen Protagonisten und preußischen Offiziere (Franz von Selbitz) tödlich verwundet über dem liegenden Körper des ebenfalls sterbenden anderen (Andreas Walt) ‚zusammenstürzt' und das „Blut" beider sich mischt, bevor sie kurz nacheinander sterben (US II, 270). Dieser Schluss zitiert in Umkehrung eine entsprechende Szene nach der Schlacht bei Jena 1806, in welcher der homosexuelle Selbitz seinem Freund Walt seine Liebe gestanden hatte (siehe US I, 63–75); ihr Tod ist also als symbolische Liebesvereinigung inszeniert. Auf geschichtspolitischer Ebene unterstreicht er den Kontrast zwischen traumatischer weiblicher Erfahrung und heroischer Männlichkeit. Ungern-Sternberg bekräftigt nicht nur in seinen Protagonisten, sondern auch in weiteren Figuren (wie einem dreizehnjährigen Freiwilligen, der mit Vater und Großvater gemeinsam in den Befreiungskrieg zieht), den Mythos von der patriotischen Volkserhebung im Frühjahr 1813.

Mit dieser geschichtspolitischen Ebene scheint das einzige explizite Geruchsmotiv des Romans auf den ersten Blick nichts zu tun zu haben, denn es gehört in die empfindsame und romantische Tradition der Darstellung erotischer Sinnlichkeit in der Form synästhetischer Naturwahrnehmungen. Verliebt in die achtzehnjährige Pfarrerstochter Marie Anna tritt Walt im Frühjahr 1807 in deren Garten, dessen nächtliche Düfte erotische Spannung anzeigen, um sich vor der Freiwilligenmeldung zum Kampf gegen Napoleon von ihr zu verabschieden: „Die heiße Nachtluft brütete in den dicken niederhangenden Fliederblüthen, die betäubend dufteten", gemischt mit „Krausemünze" und „Thimian" (US I, 255–256). In der Folge verhindert Walt die Vergewaltigung Maria Annas durch den zynischen Verführer Aurel von Schütz und es kommt zum Duell. Da der zynische Verführer aber den dekadenten Adel und die korrupte Gesellschaft des achtzehnten Jahrhunderts repräsentiert, dem die beiden Protagonisten entschieden entgegentreten und der von dem patriotischen Aufbruch des Jahres 1813 davongefegt wird, sind die schwülen Naturdüfte mit jener alten Welt assoziiert, die der Roman kritisiert. Es bedürfte einer genaueren Analyse des ungewöhnlichen homoerotischen Diskurses in Ungern-Sternbergs *Jena und Leipzig*, um zu zeigen, dass der groteske ‚verpestete Kuß' auf dem Schlachtfeld, die durch schwüle Gerüche aufgeladene Liebes- und Duellszene sowie die Ästhetisierung des kriegerischen Heroismus in der symbolischen Vereinigung der beiden Protagonisten in ihrem Sterben komplementäre Elemente *eines* Diskurses sind, in dem der Zusammenhang von Männlichkeit, Sexualität und Gewalt verhandelt wird. Ungern-Sternbergs Erinnerungsdiskurs zu den Befreiungskriegen ist erheblich sperriger und widersprüchlicher als in den historischen Romanen nach 1848.

2 Düfte in der geschichtspolitischen Erinnerungspoetik des Realismus

Anders als noch im Vormärz folgen nach 1848, von Willibald Alexis' ‚vaterländischem Roman' *Isegrimm* (1854) an, die literarischen Auseinandersetzungen mit den Befreiungskriegen bis hin zum Vorabend des Ersten Weltkriegs dem sich durchsetzenden realistischen Literaturparadigma. Im Umkreis des 50. Jahrestages 1863 wird zudem das liberal-nationale Narrativ mit historischen Romanen wie Gustav von Struensees *Vor fünfzig Jahren* (1859) und Edmund Hoefers *Unter der Fremdherrschaft. Eine Geschichte von 1812 und 1813* (1863) dominant, sieht sich aber schon in Gustav von Bernecks *Deutschlands Ehre 1813. Erzählung aus der Zeit der Befreiungskriege* (1864) durch eine radikalere nationalistische Interpretation herausgefordert. Diese nationalistische Sicht dominiert seit dem deutsch-französischen Krieg 1870/71 und der Gründung des Deutschen Reiches den öffentlichen geschichtspolitischen Diskurs, während sie in der Literatur erst von der Jahrhundertwende 1900 an überwiegt. In der Hauptphase realistischen Erzählens fällt insbesondere bei den namhaften Autorinnen und Autoren auf, dass sie den öffentlichen Gedächtnisdiskurs, vor allem aber heroische und nationalistische Narrative, relativieren oder kritisch beleuchten. Hier spielen olfaktorische Motive eine Rolle, indem sie entweder wie in den frühen Texten die Schrecken von Krieg und Gewalt unterstreichen oder aber kontrapunktisch in der Tradition romantischer Synästhesien nationalistische Geschichtspolitik und heroischen Chauvinismus unterlaufen.

Trotz der mythenkritischen Erinnerung an den Geruch des Krieges in *Meister Autor* hat z. B. Wilhelm Raabe olfaktorische Motivik in seinen mit den Befreiungskriegen befassten Texten kontrapunktisch eingesetzt, nämlich im Rahmen synästhetischer Gegenbilder zu Gewaltgeschichte und Krieg. Sein historischer Roman *Nach dem großen Kriege. Eine Geschichte in zwölf Briefen* (1861) bekräftigt im Grundsatz den liberal-nationalen Erinnerungsdiskurs, der sich kritisch gegen die im Handlungsjahr 1816/17 spürbar werdende Restauration wendet und den Aufbruch des Frühjahrs 1813 als Vorwegnahme eines erst noch zu schaffenden deutschen Nationalstaates versteht: Sowohl der Briefschreiber Fritz Wolkenjäger als auch sein aus politischer Desillusionierung ausgewanderter stummer Briefpartner Sever haben als preußische Freiwillige gedient. Im Zentrum steht die Frage, wie der liberale und nationale Impuls angesichts der Restauration (und dann wieder der Reaktionspolitik der 1850er Jahre) lebendig gehalten werden kann. Zugleich wendet sich Raabe gegen geschichtspolitische Vereinfachungen, indem er seinen Roman ungewöhnlicherweise *nach* den Befreiungskriegen spielen lässt, an den Widerstand gegen Napoleon in Deutschland und Spanien im Jahr 1809 mehr erinnert als an den Krieg, den die beiden Freiwilligen mitgemacht haben, und immer wieder auch traumatische Kriegserlebnisse darstellt – nicht zuletzt im Schicksal der Kriegswaisen Anna von Rhoda, die schließlich Wolkenjägers Frau wird. Es gehört zu der realistischen Stilebene des Textes, dass alltägliche Geruchswahrnehmungen beiläufig und humoristisch erwähnt werden, so z. B. „der ziemlich moderduftige Inhalt" der „Bücherkiste" (BA 4, 9), die der junge Lehrer Wolkenjäger beim Einzug im Provinzstädtchen Sachsenhagen auspackt, die „eingeschlossene dumpfe Luft" (BA 4, 125), die er im selben Stübchen bei der Rückkehr aus den Sommerferien vorfindet, der ‚dampfende' „schwarze Meiler" (BA 4, 90) eines Köhlers oder die allgegenwärtigen ‚qualmenden Pfeifen' (BA 4, 90). Diese Motive sind Vorstufen zu der elaborierten Geruchspoetik in Raabes späterem Werk (vgl. Krause 2023, 162–183).

Das zentrale olfaktorische Motiv in *Nach dem großen Kriege* hängt jedoch mit Raabes expliziten und leitmotivischen Rückgriffen auf die Romantik der dargestellten 1810er Jahre zusammen, die hier zur Poetisierung der Landschaft und Lebenswelt im Sinne der übergreifenden liberal-nationalen Geschichtspolitik des Romans eingesetzt werden (vgl. Göttsche 2013). In modifiziertem Anschluss an Joseph von Eichendorff und seinen Taugenichts sowie an die philisterkritischen bürgerlichen Idyllen Jean Pauls und dessen Lehrerfiguren verbindet Wolkenjäger modellhaft romantische Sehnsucht und Abenteuerlust mit biedermeierlich anmutendem bürgerlichen Glück. Beide Emotionen gipfeln wiederholt in synästhetischen Momenten des Einklangs von Subjekt und Natur, in denen Düfte eine wesentliche Rolle spielen. Gleich zu Beginn genießt der glückliche junge Lehrer beim Blick „über allen Wipfeln und Gipfeln bis in die blaueste Ferne" die „in wonniger Schönheit, in Duft und Glanz" ‚hingebreitete' Landschaft (BA 4, 22). In der Sommerferienepisode um die Burg Trautenstein, in der Annas Herkunft aufgeklärt und schließlich die Verlobung vollzogen wird, „wogt der Harzduft"

„[b]erauschend [...] aus dem Tannenforst herüber" (BA 4, 71). Dieser „Tannenduft" ist „berauschend [...] wie vor hundert Jahren" und die „Wirklichkeit [...] fast noch poetischer als der Traum" (BA 4, 72). Und im Schlussbild des Romans feiert das junge Paar in seinem „Häuschen [...] auf der Stadtmauer" „mit einer Holunderlaube" „die Aussicht über den Wiesengrund zu den blauen Bergen" „in der holden Herbstnacht" (BA 4, 136). Hier werden die Düfte des Holunders und der warmen Nacht zwar nicht ausdrücklich benannt, sind in der synästhetischen Verbindung von Sehen, Hören (Vogelzwitschern bzw. in dieser Szene singende Studenten), Spüren und Riechen jedoch mitzudenken. Schon in der ersten Stelle indiziert die Verräumlichung von „Duft und Glanz" ein synästhetisches Ganzheitserlebnis, mit dem Raabe vermittels der sympathischen Naivität des einstigen Kriegsfreiwilligen Einspruch gegen die Parzellierungen des bürgerlichen Alltags und gegen die Politik der Restauration bzw. Reaktion einlegt.

In der Novelle *Im Siegeskranze* (1866) fällt die Erinnerung an die Befreiungskriege dann entschieden skeptischer aus (vgl. Paulus 2014, 200–223). Hier setzt Raabe zum einen männlich-heroischen Erinnerungsnarrativen eine weibliche Perspektive entgegen – eine 66-jährige Großmutter erzählt 1866, also zur Zeit von Bismarcks sog. Reichseinigungskriegen, ihrer jungen Enkelin von ihren traumatischen Erlebnissen als Teenager in den Jahren 1813/14; zum anderen schließt diese weibliche Erinnerung an den katastrophischen Gedächtnisdiskurs an, denn der antinapoleonische Widerstand des Frühjahrs 1813 führt hier zu einer doppelten Familienkatastrophe: Der patriotische Verlobte der älteren Stiefschwester der 13-jährigen bricht im napoleonischen Königreich Westfalen mit seinem Trupp Freiwilliger „um eine Stund zu früh" (BA 9.2, 230) in Richtung auf die gegen Westen vorrückenden russischen und preußischen Truppen auf, um sich dem Krieg gegen Napoleon anzuschließen, wird verhaftet und erschossen; seine Verlobte verfällt darüber in den Wahnsinn und wird wie „eine Lebendigbegrabene" „in der schwarzen Rauchkammer" gefangen gesetzt (BA 9.2, 241–242). Sie stirbt im Glücksmoment ihrer Befreiung durch ihre Schwester an dem symbolischen Himmelfahrtstag 1814, der zugleich historisch den Frieden nach dem Sieg über Napoleon markiert. Es ist dieser Befreiungsmoment, der im Sinne des poetischen Realismus für einen „kurzen, kurzen Augenblick [...] die Schönheit und Lieblichkeit der Welt" synästhetisch in Szene setzt (BA 9.2, 245–246). Dazu gehört zusammen mit optischen und akustischen Sinneswahrnehmungen auch der Duft der Natur: Die Mädchen treten „aus der dumpfen Kammer in solche freie, warme Luft, in solchen Duft von Buchsbaum und Holunder" (BA 9.2, 245). Wieder unterstreichen natürliche Düfte die kontrapunktische Wendung gegen die Schrecken von Krieg und Gewalt in einem seltenen Moment des Einklangs mit der Natur. Das romantische Motivzitat dient nicht der Verklärung heroischer Geschichte, sondern dem

Einspruch gegen die Gewaltgeschichte im Namen des Individuums und des sozialen Glücks.

Drei Romane, die sich auf den Winter 1812/13 als den historischen Moment ‚vor dem Sturm' des März 1813 konzentrieren, exemplifizieren die unterschiedliche Weise, in der olfaktorische Motive für die literarische Erinnerung an die Befreiungskriege im Rahmen realistischen historischen Erzählens nach 1848 funktionalisiert werden: Hoefers *Unter der Fremdherrschaft*, George Hesekiels *Stille vor dem Sturm* (1863) und Theodor Fontanes *Vor dem Sturm* (1878). Eine repräsentativere Form des liberal-nationalen Erinnerungsdiskurses zu den Befreiungskriegen als bei Raabe findet sich in dem Roman *Unter der Fremdherrschaft* seines Stuttgarter Freundes Edmund Hoefer. In der Tradition des historischen Romans Walter Scottscher Prägung mit seinen kulturhistorisch vertieften Landschaftsbildern erzählt Hoefer vom Winter 1812/13 im seinerzeit schwedischen, aber nun französisch besetzten Vorpommern. Bei Hoefer ist es tatsächlich das Volk – die Bürger der Stadt Greifswald sowie die vom aufgeschlossenen Adel unterstützten Bauern und Fischer der Ostseeküste –, das Geschichte macht und die Region von der napoleonischen Herrschaft befreit; die geschichtspolitische Formel „Das Volk steht auf" (H III, 225) wird hier wörtlich genommen.

In Hoefers elaboriertem Realismus sind olfaktorische Motive zudem ein integraler Bestandteil der Landschafts-, Milieu- und Zeitdarstellung. In der intensiven synästhetischen Schilderung der Heidelandschaft an der Ostsee in einem spätsommerlich anmutenden September und Oktober, der dann durch ein schweres Gewitter in Winter und Schnee umschlägt, ist mehrfach von der „immer schwüler und schwerer" werdenden „Luft" der Heide und „von den brütenden Düften des Heidekrauts, der Immortellen, der zahlreichen kleinen Wachholderbüsche" (H I, 190) die Rede. Zugleich verschwimmt nachts am Meer „alles in einem wunderbaren flimmernden Duft, der sich fast wie ein halbdurchsichtiger, glänzender Schleier erhob und die Ferne geheimnißvoll vor den Augen der Neugierigen verschloß" (H I, 72), d. h. Duft und Dunst, olfaktorische und visuelle Wahrnehmung gehen ineinander über, „Mondesglanz und Meeresduft" bilden einen „Schleier" (H I, 73). Diese Naturschilderung hat ihren geschichtspolitischen Sinn in der wettersymbolischen Darstellung der „unheilvollen Zustände des Vaterlandes" (H I, 215) unter napoleonischer Herrschaft und der im reinigenden Gewitter sich ankündigenden Schicksalswende durch das Scheitern von Napoleons Russlandfeldzug.

Mit dem Schneefall des frühen Wintereinbruchs kontrastiert dann die Welt des Adels im Schloss Nieder-Rhoda, in dessen Gesellschaftsräumen „ein großer, reich besetzter Blumentisch die gute Jahreszeit mit dem Duft und Glanz ihrer Blüthen [...] zurückzuzaubern und festzuhalten bestrebte" (H I, 223). Während die „Spürnasen" (H II, 18) der napoleonischen Besatzung das Leben aller Volksschichten belasten, laden „Treibhaus-Pflanzen" (H II, 38) und „Orangenbäume" (H II, 45) im Salon des Schlosses zu „frohe[r] Geselligkeit" ein und erinnern mit dem „Duft der schönsten Blumen" „träumend" an Italien (H II, 38). Doch wie der ‚betäubende' „Duft und Dämmer" der Zimmerpflanzen (H II, 75) in einem Kabinett (wie bei Ungern-Sternberg) einen Verführungsversuch ankündigt, so kontrastiert diese Treibhausluft mit der „duftigsten Frische" der Jugend (H II, 39) und die „schwere [] Schwüle" der Innenräume mit der „frische[n], elastische[n] Luft der freien Weite" in der Landschaft (H II, 97). Die Duftoasen des Adels sind also höchst ambivalent. Von hier aus ziehen sich Geruchsmotive sowie Wettersymbolik mit ihrer ambivalenten „Spur von Dunst oder Duft" (H III, 6) geradezu leitmotivisch durch den Roman, bevor mit dem Aufstand gegen Napoleon am Ende die Ereignisgeschichte in den Vordergrund rückt.

Auch in dem konservativ-monarchischen Roman *Stille vor dem Sturm* von Hesekiel, in dem es gerade nicht das Volk, sondern König und Adel sind, die Geschichte machen, haben Duftmotive ihre primäre Funktion in der Exposition des ländlichen Schauplatzes, einer Heidelandschaft in der Mark Brandenburg, als eines Raumes mit tiefer Kulturgeschichte. Zwar schließt der Roman in der Darstellung des vom Krieg zerstörten litauischen Wilna im Dezember 1812 auch an den katastrophischen Gedächtnisdiskurs an, wenn er schildert, wie „Tausende von Leichen [...] in den Straßen [lagen]", „überall Haufen von Pferdemist mit Salpeter vermischt [brannten]" und dies „die Luft mit Rauch und schwer auf die Lungen schlagendem Geruch [erfüllte]" (He III, 132). Charakteristischer ist jedoch die einleitende Darstellung einer Heidelandschaft in der Mark Brandenburg im Frühling 1812 und dann der Lausitz im Hochsommer 1812 als von Naturdüften geprägten Idyllen mit je eigener Geschichte. In der sommerlichen Lausitz weht „die Waldluft [...] so duftig und mild" (He II, 219); in einem Schloss bereitet „ein Duft [...] wie fleurs d'oranger und wie Puder à la maréchâle zugleich" (He II, 197) eine verborgene Familiengeschichte vor. In der märkischen Heide vermitteln „die süßesten Blumendüfte" (He I, 3), ein „lieblich erfrischender Wald- und Feldgeruch" sowie „der Geruch der Kiefer" und Eiche als „große Harmonie" der Natur (He I, 45) zugleich das Gefühl von Heimat (vgl. He I, 75–76). In einem ländlichen Gasthaus unterstreichen „lieblich duftende, lustig blühende, vaterländische Blumen" (He I, 126) den untergründigen Zusammenhang von Naturdarstellung und Geschichtspolitik. Der Duft der deutschen Heimat kontrastiert also normsetzend mit dem Gestank des Krieges in Wilna.

Theodor Fontanes *Vor dem Sturm. Roman aus dem Winter 1812 auf 13*, der einzige heute noch bekannte Text im hier untersuchten Korpus, schließt thematisch und poetologisch zwar an Hoefer und Hesekiel an, entzieht sich jedoch der geschichtspolitischen Kontroverse zwischen Liberalismus (Hoefer), Reaktion (Hesekiel) und Nationalismus (Berneck). Zwar finden sich in diesem Roman mehr olfaktorische Motive als in den meisten anderen, doch steht keines von ihnen in unmittelbarem Zusammenhang mit dem historischen Thema, Fontanes Zeit- und Gesellschaftsbild Preußens und der Mark Brandenburg unmittelbar vor Preußens „Erhebung" (F, 631) im März 1813 als Signal für das „Anbrechen einer neuen Zeit" (F, 401) (vgl. Dunkel 2023). Wenn von dem ‚betäubenden' „Geruch" in Hoppenmariekens Kräuterkammer (F, 66), vom „Harzgeruch" (F, 70) in der Diele von Kniehases Schulzenhof, von der „dicke[n] Wolke von Qualm und Rauch" (F, 118), die aus dem Dorfkrug dringt, oder dem „verräucherte[n] Gast- und Speisezimmer" (F, 374) einer Berliner Weinhandlung die Rede ist, so dient dies der Charakterisierung der Figuren und Schauplätze (Landschaften oder Orte) sowie der sinnlichen Veranschaulichung von Zeit- und Lokalkolorit. Hier stehen Naturmotive – wie der wiederholte „Duft" blühender Rapsfelder (F, 73, 131) – neben soziokulturellen Motiven wie dem „Räucherkerzenqualm" (F, 335) im Wohnzimmer von Lewin Vitzewitz' Vermieterin Frau Hulen oder der modischen „Räucheressenz" (F, 89), mit der Pastor Seidentopfs Haushälterin die Pfarrei zum Empfang von Gästen vorbereitet. Wenn Lewin nach seiner Genesung „der wundervollen Luft [genoß]" (F, 520), in seinem Turmgefängnis nach dem gescheiterten Überfall auf die französischen Besatzungstruppen in Frankfurt/Oder das Fenster öffnet und „begierig die Nachtluft ein[sog]" (F, 668) oder hungrig den „würzige[n] Duft" (F, 666) einer Hagebuttensuppe begrüßt, so unterstreicht dies die emotionale Intensität des realistischen Erzählverfahrens insbesondere in personal erzählten Szenen. Die Duft- und Geruchsmotive besitzen also statt einer geschichtspolitischen eine poetologische Funktion als integrale Bestandteile eines avancierten realistischen Erzählverfahrens, das mit dichten Beschreibungen und charakterisierenden Genrebildern arbeitet.

3 Gerüche, Düfte und Nationalismuskritik in Realismus und Naturalismus

Viel enger als Fontane verknüpft Louise von François olfaktorische Motivik und historische Thematik in ihrem historischen Familienroman *Frau Erdmuthens Zwillingssöhne* (1873), der vor der impliziten Folie des deutsch-französischen Krieges 1870/71 eindringlich vor der Destruktivität des Nationalismus warnt und in seiner Engführung von tragischer deutsch-französischer Familiengeschichte und Befreiungskrieg zur „Versöhnung" der „Blutesbrüder, Volkesbrüder, Menschen-, Christenbrüder" aufruft: „aus der Zwietracht sprosse die Einigkeit" (Fr, 412). In der überdeterminierten symbolischen Struktur des Romans verkörpern die Zwillingssöhne des hugenottischen Freiherrn Raoul von Roc und seiner Frau Erdmuthe von Fels – der zum preußischen Offizier und Befreiungskämpfer heranreifende Herrmann und der auf sächsischer bzw. französischer Seite für Napoleon kämpfende Raul – in ihrem Charakter wie in ihrer politischen Ausrichtung nicht nur einen Gegensatz, sondern „gleichsam Typen ihrer Rassen, kleine Ur- und Normalnaturen" (Fr, 79). In der Schlacht von Dennewitz am 6. September 1813, die hier als „die preußische Tat in dem Befreiungsherbst" (Fr, 395) für die Völkerschlacht bei Leipzig einsteht, stehen sie sich schließlich „Bruder gegen Bruder" (Fr, 395) als Feinde gegenüber, obwohl sie als Zwillinge zugleich zusammengehören. Der tragische Konflikt wird melodramatisch noch dadurch gesteigert, dass beide „Nebenbuhler" (Fr, 313) um die 17-jährige polnisch-französische Waise Liska de Roc (eine weitläufige Verwandte) sind, die sich gegen Herrmann für Raul entscheidet, der aber in der Schlacht stirbt.

In der Einführung dieser französisch-südlich veranlagten jungen Frau, die als Katalysator des Bruderzwists fungiert, verwendet die Autorin sehr gezielt eine antithetische Geruchsmotivik, um Heimatlosigkeit im deutsch-nördlichen Handlungsraum darzustellen. Nach dem Tod ihrer Mutter in einem benachbarten Gasthaus zeigt Liska auf der Kutschenfahrt zu dem bei Dennewitz gelegenen sächsischen Familiengut der Protagonisten im Sommer 1812 überraschenden Widerwillen gegen den „starke[n] Kiengeruch" (Fr, 205) der Heidelandschaft, den die Einheimischen dagegen als eine „herzstärkende Würze" (Fr, 210) wahrnehmen, wie der Erzähler mit dem sprechenden Namen Gottfried Bleibtreu, Pastor, Chronist und Lehrer des Ortes, bemerkt. Dieser „nervöse Widerwille gegen den Kiefernduft" erweist sich als Traumatisierungssymptom: Die Jugendliche nimmt Nadelholzgeruch als „Leichendunst" (Fr, 210) wahr, da sie ihre Mutter zuletzt in einem Kiefernsarg gesehen hat. Die sachliche Erläuterung, dass „Nadelhölzer diesen Duft ausströmen", hilft erst, als Liska erlebt, dass der „Heidebrodem" „kein Leichenfeld" anzeigt (Fr, 210). Es verbleibt gleichwohl der Gegensatz zwischen den Gerüchen der sächsischen Heidelandschaft und den „Oase[n]" in dieser „Steppe": „die Kühle der großen, blumenduftenden Zimmer" im Schloss (Fr, 205) und der Rosenduft „wie in einem Garten" um das Grab ihrer Mutter (Fr, 210–211). Liska bleibt eine unglückliche Exilantin, die sich nach dem Süden sehnt, wo sie „Orangen- und Weihrauchdüfte [atmete]" (Fr, 229) – „Wohlgerüche", die sich für den Erzähler angesichts des Undanks der im Schloss Aufgenommenen ausgerechnet auf dem Erntedankfest 1812 allerdings „in eitel Pech- und Schwefeldunst [verwandelten]" (Fr, 229). Der Roman entwirft also eine multidimensionale Welt der Düfte und Gerüche, in der zugleich seine Thematik nationaler Identität und Zugehörigkeit verhandelt wird. Dass Liskas Mutter „den Geruch" als „[d]en Sinn der Phantasie" (Fr, 210) bezeichnet hat, fügt dem Thema eine selbstreflexive Dimension hinzu, die keiner romantischen Logik mehr gehorcht, sondern einen Zusammenhang zwischen Sinneswahrnehmung, Identität und Heimatgefühl indiziert. Es geht nicht um den Duft der Ferne, sondern um ein historisches Erzählen, das im Spiegel einer tragischen Familiengeschichte die Grundlagen von Nationalismus und nationaler Zugehörigkeit reflektiert.

Mehr in der Hauptlinie der Geruchsmotive in den Romanen zu den Befreiungskriegen liegt Friedrich Spielhagens *Noblesse oblige* (1888) über den tragischen Sonderfall der Hansestadt Hamburg, die nach ihrer ersten Befreiung im März 1813 am 30. Mai 1813 erneut für ein ganzes Jahr von Napoleons Truppen besetzt und mit desaströsen Konsequenzen für Bausubstanz und Bevölkerung in eine Festung im dauernden Belagerungskrieg verwandelt wurde. Hier finden sich drei beiläufige Geruchsmotive, die zugleich mit der historischen Thematik verbunden sind. Als die Protagonistin Minna Warburg in der „Tyrannei" des französisch besetzten Hamburg im Sommer 1813 mutig dem „grenzenlosen Elend" (Sp, 332) um sie herum entgegentritt und überraschend (als mit einem Hamburger Kaufmann verheiratete Frau) dem französischen Offizier Hypolit Drouot d'Héricourt wiederbegegnet, der Liebe ihres Lebens, sieht sie sich als eine durch „bittere Erfahrungen" desillusionierte Frau, „die nun mit ernüchtertem Auge in eine Welt blickt, welche, einst ein duftender Garten, jetzt ein Feld [war], zwischen dessen zackigen Steinen stachliche Dornen wuchern" (Sp, 333). Was zunächst als konventionelle Naturmetapher in einer tragischen Liebesgeschichte erscheint, erlangt seine geschichtspolitische Bedeutung in der Kritik des Romans an dem Nationalismus sowohl der Zeit der Befreiungskriege als auch des Deutschen Reiches nach 1871, der hier (wie bei François) privates Glück und familiäres Zusammenleben verhindert. Offensichtlicher ist die politische Funktion des zweiten, ebenfalls metaphorisch verwendeten Duftmotivs, als Minnas Bruder Georg, der liberal und national gesinnte aufrechte Befreiungskrieger des Romans, der zweimal für die Befreiung Hamburgs gekämpft hat, sich nach 1815 angesichts der Restauration auf sein neu erworbenes Landgut in Pommern zurückzieht, denn: „Auch der Duft sei ihm zuwider, der jetzt bei der Armee in einer Weise vorherrsche, daß man auf den Gedanken gerate, es sei von den York und Blücher, den Scharnhorst und Gneisenau nichts übrig geblieben als ihre Gamaschen." (Sp, 498) Dieser „Duft" ist also eine ironische Metapher für den gewandelten Zeitgeist und eine Politik, welche die liberalen und nationalen Hoffnungen des Frühjahrs 1813 bitter enttäuscht.

Wörtlich zum Himmel stinken – aber ohne dass die Geruchsdimension expliziert würde – tut es dagegen im zerstörten Hamburg, das Minna im Mai 1814, am Vorabend der endgültigen Befreiung, wieder aufsucht. In einer kurzen, aber eindringlichen Passage wird Hamburg hier im Anschluss an das katastrophische Erinnerungsnarrativ – einmal mehr aus weiblicher Perspektive – als eine „Stadt des Todes" und der „grause[n] Verwüstung" (Sp, 410, 407) geschildert, in der „das Nervenfieber und die Lazarettpest" wüten (Sp, 412). Ein „Haufen betrunkener Troupiers" (Sp, 414), der sich aus Franzosen, Italienern, Polen u. a. zusammensetzt und den mit der Zerstörung und dem Mangel einhergehenden Verfall der moralischen Ordnung exemplifiziert, gibt Anlass zu einem als erlebte Rede gefassten und in Naturmetaphern gekleideten Aufschrei über die historische und zivilisatorische Katastrophe, deren Zeuge Minna auf der Suche nach einstigen Freunden und Kontakten wird:

> War dies auch „der Krieg"? Doch wohl nicht; der Schlamm nur, den der Sturm aufwühlt und ans Ufer wirft mit all der Brut des Meeres, die seiner Kraft nicht widerstehen kann und am Strande verfault zwischen den Planken zertrümmerter Schiffe. Werden die Sinne des, der durch die Verwesung und Verrottung zu wandern gezwungen ist, darum weniger beleidigt? Ach, und wären es doch nur die Sinne gewesen! Die erquickt, die badet ein frischer Luftzug wieder rein. Was konnte der empörten Seele der Patriotin die Erinnerung nehmen dieser grausen Wanderung durch ihre ehrbare Vaterstadt, die zum unsauberen Haus geworden war für den Auswurf nicht bloß der französischen Nation! (Sp, 415)

Die Passage oszilliert zwischen der physischen Beschreibung der stinkenden Fäulnis und Verwesung, die Minna wahrnimmt, und der Metaphorisierung der moralischen und gesellschaftlichen Kriegsfolgen als Naturkatastrophe (Sturm), wie man sie auch aus Spielhagens Zeitroman *Sturmflut* (1877) kennt (und *Noblesse oblige* endet ebenfalls mit einem verheerenden Ostsee-Sturm). Nicht zufällig tritt dieses olfaktorische Moment der historischen Zeitkritik in einer Passage auf, die das historische Geschehen situativ und perspektivisch in personaler Erzählform als erlebte Geschichte darstellt, statt auktorial-chronikalisch die politische und militärische Ereignisgeschichte zu kommentieren. In geschichtspolitischer Hinsicht zeigt das Beispiel darüber hinaus einmal mehr, dass Geruchswahrnehmungen in der Darstellung der Befreiungskriege v. a. dort Verwendung finden, wo heroische und nationalistische Gedächtnisnarrative unterlaufen oder in Frage gestellt werden – wie eben auch in Spielhagens pessimistischem Roman mit seinem Zusammenspiel von privater Tragödie und politisch-historischer Enttäuschung.

Die radikalste Kritik an der Mythisierung der Befreiungskriege als historischer Antizipation eines bürgerlichen deutschen Nationalstaates und grundsätzlicher an heroischen Geschichtsnarrativen formuliert jedoch Hermann Sudermann in seinem naturalistischen Roman *Der Katzensteg* (1889), der – ungewöhnlicherweise – in dem Friedensjahr 1814/15 *zwischen* den beiden Befreiungskriegen in dem fiktiven ostpreußischen Dorf Schranden spielt. Er beginnt mit der Rückkehr der Schrandener Freiwilligen und des adeligen Protagonisten Leutnant Baumgart alias Boleslav von Schranden, Sohn des im Dorf verhassten polenfreundlichen Barons, in die Heimat – aber „[n]icht hoch und herrlich, wie die Phantasie der Heimgebliebenen sie sich ausgemalt", sondern „stumpf und dumpf", „bleich und abgezehrt", „vertiert und gierig", „verroht und versteinert" (S, 9). Das Friedensjahr 1814/15 zeigt sich als „eine tolle Zeit", in der „Gewalttat und Verbrechen" herrschen und im Gefolge der napoleonischen Kriege „die entfesselte Bestie im Menschen" hervorbricht (S, 9–10). Befördert vom geschäftstüchtigen Wirt und Bürgermeister des Ortes entarten die Siegesfeiern in einen alkoholischen Dauerrausch, der im Konflikt zwischen dem jungen Schlosserben und der Dorfbevölkerung eine Spirale der Gewalt vorantreibt, mit der die „verwildert[en]" „Vaterlandsverteidiger" (S, 54, 10) den Krieg de facto in das Innere der Gesellschaft tragen. Die Freiheitskämpfer verhalten sich „wie eine Meute von Bluthunden" (S, 92) und auch der Protagonist ist „ein wildes Tier geworden" (S, 77). Nur graduell reflektierter als die anderen, wird er zusehends von Rachegelüsten, „Trotz" (S, 192), „Haß" (S, 77) und der Rückkehr des „altererbte[n] Herrenbewußtsein[s]" (S, 63) angetrieben. Die fiktive Handlung beginnt damit, dass Dorfbewohner im Zorn gegen den nicht minder gewalttätigen Vater des Protagonisten, der 1807 als „Vaterlandsverräter" (S, 34) die französischen Truppen über den Katzensteg des Romantitels in den Rücken der preußischen Verteidiger geführt hatte, aus vermeintlich patriotischer Rache dessen Schloss anzünden und so seinen Tod durch Herzinfarkt verursachen; sie endet damit, dass der Brandstifter im Trunk seine eigene Tochter, die einzige in der Schlossruine verbliebene Magd, erschießt, als er den Erben, den Protagonisten, ermorden will, weil er ihn des sexuellen Missbrauchs seiner Tochter beschuldigt. Eine weitere Eskalation der mörderischen Gewaltspirale wird nur dadurch verhindert, dass der preußische König im April 1815 die Landwehr erneut mobilisiert, so dass sowohl der zum Kapitän beförderte Protagonist als auch seine Gegner im Dorf zur Verteidigung des ‚Vaterlandes' (S, 266) neuerlich in den Krieg gegen Napoleon ziehen. Patriotismus bewahrt diese Welt also merkwürdigerweise vor der Selbstzerstörung, obwohl polenfeindlicher Nationalismus die Gewaltspirale zugleich vorantreibt.

Diese naturalistische Radikalkritik am geläufigen Gedächtnisdiskurs zu den Befreiungskriegen, die im Deutschen Reich zu dieser Zeit längst als Gründungsmythos des Nationalstaates verstanden wurden, ist ersichtlich von einer durch Friedrich Nietzsche geprägten Kulturkritik grundiert, die mit scharfen Gegensätzen zwischen Kultur und Natur, Vernunft und Emotion, bürgerlicher Ordnung und außermoralischer Triebsteuerung arbeitet. Nicht zufällig scheint am Schluss auch bereits das Lebenspathos der Jahrhundertwende (vgl. Rasch 1967) auf, das „Natur" und „Leben" bzw. „Lebenskraft" (S, 264, 265, 145) als metaphysische Elementarkräfte konzipiert, an deren unkalkulierbarer Dynamik Vernunft und soziale Ordnung sich abzuarbeiten haben. Vor der Folie dieser anthropologisch pessimistischen Kulturkritik gewinnen auch die drei olfaktorischen Motive des Romans ihre kritische Funktion für seine literarische Geschichtspolitik. Da ist zunächst der „heftige[] Leichengeruch" (S, 48), der Boleslav von Schranden entgegenschlägt, als er die Leiche seines Vaters bei der Ankunft in der Schlossruine im

„engen, dumpfen Zimmer" des Gartenhauses vorfindet (S, 49), denn Dorf und Pfarrer haben der Magd die Bestattung des Toten auf dem Friedhof verweigert. Der Leichengestank trägt also zur Exposition des Konflikts zwischen dem Schlosserben und dem Dorf bei, indem der junge Heimkehrer zunächst die Bestattung seines Vaters mit Gewalt erzwingt, bevor er sich der Aufklärung der Brandstiftung und der Vorbereitung des Wiederaufbaus widmet. Hier schließt in der Konfrontation des Protagonisten mit dem Dorfpfarrer das zweite olfaktorische Moment unmittelbar an: „Die Habichtsnase [des Pfarrers] blähte ihre Nüstern, als witterte sie Kampf und Totschlag" (S, 71), als Schranden die Genehmigung für die Bestattung verlangt. Das metaphorische ‚Wittern' – nicht zufällig ein Ausdruck aus der Tierwelt – verweist auf den fatalen „Pesthauch des Hasses" (S, 108), der – nicht nur in der privaten Szene zwischen Boleslav und der Magd Regine Hackelberg, in der die Wendung fällt – die soziale Welt des Romans insgesamt ‚vergiftet' (S, 108), sogar das Verhalten des Pfarrers. Diese negativen Geruchsmotive unterstreichen also die Darstellung einer von allgegenwärtiger Gewalt geprägten Gesellschaft.

Das dritte olfaktorische Motiv ist expliziter und komplexer, denn es verbindet sexuelles Begehren (als Gefahr für die moralische Ordnung des Sozialen) mit einer Variation der synästhetischen Sinneswahrnehmungen aus der romantischen Tradition, die hier jedoch (anders als bei Raabe) nicht kontrapunktisch eingesetzt werden, sondern – moralisch höchst ambivalent – der triebgesteuerten „Lebenskraft" (S, 145) zum Durchbruch verhelfen. Das olfaktorische Leitmotiv der erotischen Spannung, die sich in dem engen Zusammenleben des vierundzwanzigjährigen Schranden mit der zweiundzwanzigjährigen Magd und einstigen Sexsklavin seines Vaters ergibt, ist der Atem und der Atemtausch: „Ihr Atem überrieselte ihn mit lauer Wärme ... "; „Während er auf den Atem des schlafendes Weibes horchte, ging schwer und angstvoll sein Atem durch die Nacht." (S, 161) Zweimal kommt es beinahe zur sexuellen Vereinigung, beim zweiten Mal in der Form eines „lautlose[n] Ringen[s]", bei dem „[b]eider Atem [...] ineinander [floß]" (S, 198). Dass Schrandens sexuelles Begehren, in der darwinistischen Metaphorik des Romans als „Zwang des Blutes" (S, 214) bezeichnet und damit zugleich als vom Vater ererbt markiert, trotz der Verzweiflung über diese „blutschänderische Liebe" (S, 260) nicht doch noch zum Ziel gelangt, dass der Protagonist der „Versuchung" (S, 235) nicht vollständig erliegt, wird nur dadurch verhindert, dass Regine tragischerweise von ihrem Vater erschossen wird. Denn die Dramaturgie von Sudermanns Erzählen verstärkt die zunehmende sexuelle Annäherung durch die gesteigerte Sinnlichkeit synästhetischer Frühlingsgefühle, die durch den Duft der Natur signalisiert werden: „Ein unbestimmter Duft, aus dem Hauch von Sprießendem und Moderndem gemischt, wie ihn der Frühling bietet, quoll aus den Gebüschen" (S, 231), als die beiden durch den einstigen Schlosspark gehen. „Wie ein Meer von Liebe strömte es von ihr aus und ergoß mit jedem Worte seine Wogen über ihn." (S, 231) Durch das offene Fenster gelangt der „Duft des gärenden Bodens" in das Gartenhäuschen und steigert Schrandens „Unruhe" (S, 233). Ein „weicher, duftschwangerer Hauch" strömt herein und versetzt ihn in einen „Rausch" (S, 235).

Wie hinsichtlich der Spirale der Gewalt ist es auch hier ein Anruf von außen, der die Steigerung erotischer Sinnlichkeit abbrechen lässt: eine Einladung von Schrandens einstiger Jugendliebe, der Pfarrerstochter Helene Götz, in der Figurenkonstellation Regines Antipode, zu einem nächtlichen Treffen. Die Wiederbegegnung mit dieser nun altjüngferlichen Verkörperung bürgerlicher Etikette löst allerdings eine Gegenbewegung aus: Im Vergleich mit der spröden und egoistischen Helene erscheint Schranden das ‚wilde Tier' Regine, als er sie ermordet vorfindet und heidnisch begräbt, nun als „ein ganzer und großer Mensch", als „Vollkreatur" und Verkörperung der „Allmutter Natur" (S, 264). In diesem Handlungsstrang also verhindern die selbstzerstörerische Gewalt der dargestellten Gesellschaft und der neuerliche Kriegsausbruch, dass die vom „duftschwangeren Hauch" des Frühlings beflügelte „Lebenskraft" der Natur auf dem gleichwohl mit Gewaltmotiven besetzten Wege der Sexualität herbeiführt, was im Zusammenleben des Protagonisten mit Regine kurzzeitig als Möglichkeit aufblitzt, nämlich Frieden und ein „wohliges Heimatgefühl" (S, 232) zu stiften. Dazu aber kommt es nicht. Die mit der Erinnerung an die Befreiungskriege evozierte Welt der Gewalt kennt in Sudermanns Roman *Der Katzensteg* keinen Raum für soziale Utopien; Sexualität und soziale Ordnung bleiben unversöhnt.

4 Ausblick

In der Welle der Romane, die seit der Jahrhundertwende 1900 aus Anlass der einhundertsten Jahrestage an den antinapoleonischen Widerstand 1809 bzw. den Befreiungskrieg ab 1813 erinnern, finden sich signifikante Geruchsmotive, so weit ich sehe, seltener. Dies dürfte nicht zuletzt damit zusammenhängen, dass die Mehrzahl dieser Texte nun den nationalistischen Narrativen der öffentlichen Geschichtspolitik folgt und diese allenfalls kulturgeschichtlich ergänzt, wie z. B. Wilhelm Jensen in *Deutsche Männer* (1909) oder Kurt Martens in *Deutschland marschiert* (1913).[4] Insofern bestätigen diese Romane oder z. B. Adda von Liliencrons

---

4 In Jensens Roman, der den antinapoleonischen Aufständen des Jahres 1809 gewidmet ist, begleitet konventionelle olfaktorische Wettermetaphorik die Aktivitäten des Herzogs Friedrich Wilhelm von Braunschweig-Oels, die am ausführlichsten dargestellt werden: Im Winter 1808/09 ‚wittert' er wie ein „Jäger" die „Anzeichen eines sich vorbereitenden Wetterausbruchs" „in der Luft", d. h. in der politischen Wetterlage (Jensen 1909, 111–112). Das Scheitern dieses Aufstands wird

Ein junger Held aus dem Befreiungskriege (1910), August Friedrich Krauses *Flammensturm* (1913) und Franz Adam Beyerleins *Das Jahr des Erwachens. Zwei Erzählungen aus der Zeit der Befreiungskriege* (1913) ex negativo den Befund, dass Olfaktorisches v. a. dort eine Rolle spielt, wo das literarische Erzählen sich kritisch mit den herrschenden Gedächtnisdiskursen zu den Befreiungskriegen auseinandersetzt – sei es durch die Erinnerung an jene Schrecken, die in heroischen und ideologischen Narrativen ausgeblendet werden und als ‚Geruch des Krieges' zusammengefasst werden können, sei es kontrapunktisch durch die sinnliche Evokation von Naturerlebnissen (Düften), die als Einspruch gegen die Gewaltgeschichte zu lesen sind.

Zu diesem geschichtspolitischen Befund tritt ein im engeren Sinne literarischer: In Romanen, die sich primär an der politischen und militärischen Ereignisgeschichte orientieren (wie z. B. Stolles *1813* oder Bernecks *Deutschlands Ehre 1813*),[5] bleibt für Gerüche und Düfte kein Platz (außer in dem metaphorischen Sinne eines ‚Geruchs der Zeit'), während diese dort, wo das Erzählverfahren szenisch und perspektivisch arbeitet, Genrebilder als historische Zeitbilder entwirft und die Augenzeugenschaft oft ziviler Zeitzeugen in den Vordergrund rückt, integraler Bestandteil des historischen Erzählens sind. Die Rolle realistischer Erzählverfahren, die seit den 1820er Jahren entwickelt werden und seit den 1850er Jahre dominieren, ist in diesem Zusammenhang ambivalent: Einerseits neigt der poetische Realismus deutscher Prägung in der Darstellung der ‚wahren Wirklichkeit' zu einer Objektivierung der historischen Darstellung, wie man sie im Vergleich der beiden Fassungen von Alexis' Novelle *Iblou* als Reduktion subjektiven Erlebens (einschließlich von Geruchswahrnehmungen) beobachten kann (vgl. allgemein Rindisbacher 1992, 27–40); andererseits ermöglicht gerade das avancierte realistische Erzählen z. B. eines Hoefer, Raabe oder Fontane den poetologisch reflektierten Einschluss von Gerüchen und Düften in die dichte Beschreibung individueller historischer Erlebnisperspektiven und Sinneswahrnehmungen. Eine „schlagartige Zunahme olfaktorischer Motive in der Literatur seit dem ausgehen-

---

im August 1809 von „schwüldrückender Luft" (173–174) unterstrichen, während die rettende Aussicht der Flucht über die Nordsee sich als „Luftzug" „durch die Augustschwüle" ankündigt (211), auch wenn „die atemstickende Allmachtshand" Napoleons (253) weiter auf dem Kontinent lastet. – Martens zitiert in der Darstellung von Schlachtfeldern Elemente aus dem katastrophischen Erinnerungsdiskurs und beschreibt Dresden im August 1813 infolge der massenweisen Einquartierung napoleonischer Truppen als „eine stinkende Kloake", in der „Ruhr und Typhus wüteten" (Martens 1913, 279).
5 Bei Berneck heißt es zwar einleitend, der Adel der Mark Brandenburg sei „von alters her kein Freund vom Bücherstaube gewesen", sondern habe „die Feldluft und, wenn irgend sie wehte, die Kriegsluft vorgezogen" (Berneck 1913, 13), doch bleibt dieses olfaktorische Motiv singulär.

den 19. Jahrhundert" (Krause 2023, 1) ist in diesem Korpus zwar nicht zu verzeichnen, zumal keiner der späteren Texte zur literarischen Moderne gehört. Doch zeigt sich im Vergleich mit den frühen Texten vor 1848, dass Gerüche und Düfte zur Zeit-, Landschafts-, Milieu- und Figurenkennzeichnung von den 1860er Jahren an zum Standardrepertoire realistischen Erzählens gehören. Übergreifend lässt sich festhalten, dass olfaktorische Motive zur differenzierten und kritischen historischen Modellierung des geschichtspolitischen Themas Befreiungskriege beitragen.

Literaturverzeichnis

Siglierte Quellen

A1 Alexis, Willibald. „Iblou. Eine Novelle". *Frauentaschenbuch auf das Jahr 1823*. Hg. Friedrich Rückert. Nürnberg: Schrag, 1823. 89–163.
A2 Alexis, Willibald. „Iblou". *Gesammelte Novellen*, Bd. 1. Berlin: Duncker & Humblot, 1830. 1–100.
B   Bonde, Carl. *Die Königs-Scheibe oder die Ahndungen; eine Familiengeschichte aus dem deutschen Befreiungs-Kriege*. Leipzig: Wilhelm Lauffer, 1820.
BA Raabe, Wilhelm. *Sämtliche Werke* [Braunschweiger Ausgabe], Bd. 4: *Nach dem großen Kriege. Unseres Herrgotts Kanzlei*. Bearbeitet von Karl Heim und Hans Oppermann. 2. Aufl. besorgt von Karl Hoppe und Hans Oppermann. Braunschweig: Vandenhoeck & Ruprecht, 1969; Bd. 9.2: *Erzählungen* […]. Bearbeitet von Karl Hoppe, Hans Oppermann, Constantin Bauer und Hans Plischke. 2. Aufl. besorgt von Hans Oppermann. Braunschweig: Vandenhoeck & Ruprecht, 1976.
H   Hoefer, Edmund. *Unter der Fremdherrschaft. Eine Geschichte von 1812 und 1813*. 3 Bde. Stuttgart: Krabbe, 1863.
He Hesekiel, George. *Stille vor dem Sturm*. 3 Bde. Berlin: Janke, 1863.
F   Fontane, Theodor. *Vor dem Sturm* (= Werke, Schriften und Briefe, Abt. I, Bd. 3). Hg. Helmuth Nürnberger. München: Hanser, ^{3}1990.
Fr François, Louise von. *Frau Erdmuthens Zwillingssöhne*. Leipzig: Insel, [1918] (= Werke, Bd. 2).
S   Sudermann, Hermann. *Der Katzensteg*. Roman. Stuttgart: Cotta, 1957.
Sp Spielhagen, Friedrich. *Noblesse oblige. Roman in drei Büchern*. Leipzig: Staackmann, ^{18}1911 (= Sämtliche Romane, Bd. 19).
US [Ungern-]Sternberg, Alexander von. *Jena und Leipzig. Novelle in zwei Theilen*. 2 Bde. Berlin: Berliner Lesecabinet, 1844.

Andere Literatur

Akaltin, Ferdi. *Die Befreiungskriege im Geschichtsbild der Deutschen im 19. Jahrhundert*. Frankfurt am Main: verlag neue wissenschaft, 1997.
Bauer, Gerhard, Gorch Pieken und Matthias Rogg (Hg.). *Blutige Romantik. 200 Jahre Befreiungskriege*. Dresden: Sandstein/Militärhistorisches Museum der Bundeswehr, 2013.
Berding, Helmut. „Das geschichtliche Problem der Freiheitskriege 1813–1814". *Politik, Gesellschaft, Geschichtsschreibung*. Hg. Herbert Ludat und Rainer Christoph Schwinges. Köln: Böhlau, 1982. 380–402.
Berneck, Gustav von (Ps. Bernd von Guseck). *Deutschlands Ehre 1813. Erzählung aus der Zeit der Befreiungskriege*. Halle a.d. Saale: Paalzow, [²1913].
Beßlich, Barbara. *Der deutsche Napoleon-Mythos. Literatur und Erinnerung 1800–1945*. Darmstadt: WBG, 2007.
Corbin, Alain. *Pesthauch und Blütenduft. Eine Geschichte des Geruchs*. Aus dem Französischen von Grete Osterwald. Frankfurt am Main: Fischer, 1992.
Dunkel, Alexandra. „Vor dem Sturm". *Theodor Fontane Handbuch*. Hg. Rolf Parr, Gabriele Radecke, Peer Trilcke, Julia Bertschik. 2 Bde. Berlin / Boston: De Gruyter, 2023. Bd. 1. 206–215.
Göttsche, Dirk. *Zeit im Roman. Literarische Zeitreflexion und die Geschichte des Zeitromans im späten 18. und im 19. Jahrhundert*. München: Fink, 2001.
Göttsche, Dirk. „The place of Romanticism in the literary memory of the Anti-Napoleonic Wars (1838–1914)". *Realism and Romanticism in German Literature*. Hg. Dirk Göttsche und Nicholas Saul. Bielefeld: Aisthesis, 2013. 341–384.
Göttsche, Dirk. „Erinnerungsarbeit und Geschichtspolitik. Die literarische Modellierung der Befreiungskriege zwischen Restauration und Vormärz (1815–1848)". *Zeitschrift für deutsche Philologie*, 132 (2013), H. 4: 543–561 (Teil I) und 133 (2014), H. 2: 217–245 (Teil II).
Göttsche, Dirk. „Nationalism, Regionalism and Liberalism in the Literary Representation of the Anti-Napoleonic 'Wars of Liberation', 1813–71". *Nationalism before the Nation State. Literary Constructions of Inclusion, Exclusion, and Self-Definition (1756–1871)*. Hg. Dagmar Paulus und Ellen Pilsworth. Leiden: Brill, 2020. 147–170.
Göttsche, Dirk. „Zeitreflexion und Erinnerungsdiskurs in Willibald Alexis' Werk der 1820/30er Jahre. Eine Fallstudie zur Zeitpoetik des Frührealismus". *Die Kalibrierung literarischer Zeit. Strukturwandel am Ende der Goethezeit*. Hg. Stephan Brössel und Stefan Tetzlaff. Marburg: Schüren, 2022. 55–69.
Göttsche, Dirk. „Nachwort". Wilhelm Raabe. *Meister Autor oder die Geschichten vom versunkenen Garten*. Hg. Dirk Göttsche. Göttingen: Wallstein, 2025a. 212–243.
Göttsche, Dirk. „Nation building and nationalism in the literary memory of the anti-Napoleonic wars, before and after 1871". *Oxford German Studies* 54.1 (2025b). 14–33.
Jensen, Wilhelm. *Deutsche Männer. Geschichtlicher Roman aus dem Jahre 1809. Ein Ehrenblatt zum hundertjährigen Gedächtnis*. Leipzig: Grethlein, [1909].
Krause, Frank. *Geruch und Glaube in der Literatur. Selbst und Natur in deutschsprachigen Texten von Brockes bis Handke*. Berlin / Boston: dup / De Gruyter, 2023.
Martens, Kurt. *Deutschland marschiert. Ein Roman von 1813*. Berlin: Fleischel, 1913.
Motte-Fouqué, Caroline de la. *Edmund's Wege und Irrwege. Ein Roman aus der nächsten Vergangenheit*. 3 Bde. Leipig: G. Fleischer d.J., 1815.
Paulus, Dagmar. *Abgesang auf den Helden. Geschichte und Gedächtnispolitik in Wilhelm Raabes historischem Erzählen*. Würzburg: Königshausen & Neumann, 2014.

Planert, Ute. „Wessen Krieg? Welche Erfahrung? Oder: Wie national war der ‚Nationalkrieg' gegen Napoleon?" *Der Krieg in religiösen und nationalen Deutungen der Neuzeit.* Hg. Dietrich Beyrau. Tübingen: edition diskord, 2001. 111–139.

Planert, Ute. *Der Mythos vom Befreiungskrieg. Frankreichs Kriege und der deutsche Süden: Alltag – Wahrnehmung – Deutung 1792–1841.* Paderborn: Schöningh, 2007.

Raabe, Wilhelm. *Meister Autor oder die Geschichten vom versunkenen Garten.* Hg., kommentiert und mit einem Nachwort versehen von Dirk Göttsche. Göttingen: Wallstein, 2025.

Rasch, Wolfdietrich. „Aspekte der deutschen Literatur um 1900". *Zur deutschen Literatur seit der Jahrhundertwende. Gesammelte Aufsätze.* Stuttgart: Metzler, 1967. 1–48.

Rindisbacher, Hans J. *The Smell of Books: A Cultural-Historical Study of Olfactory Perception in Literature.* Ann Arbor, MI: University of Michigan Press, 1992.

Stolle, Ferdinand. *1813. Historischer Roman.* 3 Bde. Leipzig: Ernst Keil, 1854 (= Ausgewählte Schriften, Bde. 10–12).

Ingo Breuer
Starke Gerüche
Metamorphosen des Gestanks im neunzehnten Jahrhundert

Es gehört zu den Gemeinplätzen der Kulturgeschichtsschreibung, dass seit dem achtzehnten Jahrhundert eine Desodorierung stattfindet, die sich auch in der Literatur niederschlägt. Tatsächlich findet sich, wenn man einschlägige digitale Textrepositorien konsultiert, zum siebzehnten Jahrhundert ein Mehrfaches an Treffern zum Begriffsfeld des Geruchs als in den folgenden beiden Jahrhunderten. Erst die Moderne bietet wieder eine literarische Geruchsexplosion, häufig in Form intensiver und häufig unangenehmer bis ekelhafter Odorate. Die Kunst und Literatur der Frühen Neuzeit kannte insbesondere Blumen-, aber auch Tabak-, Fäkalien-, Leichen- und Höllengerüche, doch waren sie häufig Bestandteile von Allegorien, z. B. im religiösen Kontext oder im Rahmen von bildlichen Darstellungen der fünf Sinne. Eine ästhetische Eigenmacht des Olfaktorischen ist noch fern. Auch wenn sich die Moderne teils traditioneller olfaktorischer Motive und Themen der Literatur und Kunst bedient, schlagen sich hier erstens neuere ästhetische Prämissen und zweitens neue epochale Erfahrungen nieder, die zu einem Funktionswandel olfaktorischer Momente führen. Hierzu zählen die Säkularisierung und Verwissenschaftlichung des Diskurses über die fünf Sinne (Krause 2023), die Erfahrungen immenser Schlachtfelder mit Leichen im Ersten Weltkrieg (Krause 2016), die ästhetische Aufwertung des Körperlichen, die Faszination für den Ekel, das Hässliche und Abjekte – und im olfaktorischen Bereich entsprechend für intensive widerwärtige Gerüche und für Gestank (Menninghaus 2002). Damit emanzipiert sich auch die Nase gegenüber den bisher dominanten Sinnesorganen Auge und Ohr (Mattenklott 1997; Himberg 2001). Wenn Friedrich Nietzsche in *Ecce Homo* postuliert „Mein Genie ist in meinen Nüstern ... " (Nietzsche 1980, IV 1152), markiert er damit symptomatisch die Umwertung aller Sinne.

Die „Ästhetik des Hässlichen", über die Karl Rosenkranz Mitte des neunzehnten Jahrhunderts ausführlich reflektiert hatte, wurde im olfaktorischen Bereich weder in dieser Zeit zum künstlerischen Mainstream noch später zum einschlägigen wissenschaftlichen Thema. Selbst bei Rosenkranz finden sich nur einige kurze Bemerkungen zum Geruchsinn, z. B. zum Geruch von Exkrementen und von Leichen (Rosenkranz 1853, 314, 316 f.). Der literaturwissenschaftliche Klassiker zum Geruch im neunzehnten und zwanzigsten Jahrhundert, die Studie von Hans J. Rindisbacher, bietet ein breites komparatistisches Panorama, bespricht mit Wilhelm Raabes *Pfisters Mühle* und Rainer Maria Rilkes *Die Aufzeichnungen des Malte Laurids Brigge* zwei deutschsprachige Texte mit auch für das Folgende relevanten Gestank-Passagen (Rindisbacher 1992, 99–112, 208–219), liest aber das neunzehnte Jahrhundert v. a. als Epoche der Entsinnlichung und der Desodorierung. So beschreibt er für Adalbert Stifters *Der Nachsommer*, wie selbst die wohlduftenden Rosen nicht mehr als Duftsignal fungieren: Die Rose dient zwar noch als „a precious object und a rare commodity", aber „the smell of the rose is banned": „Its role is taken by something more sturdy and odorless, marble", heißt es im Kapitel „Smell Does Not Belong Here" (Rindisbacher 1992, 69, 65). Es handelt sich hier um ein für das neunzehnte Jahrhundert extremes, aber wohl symptomatisches Phänomen, doch in der Regel ist es nicht der angenehme Blumenduft, der in literarischen und künstlerischen Darstellungen kaum noch einen Ort findet, sondern der unangenehme, ekelhafte oder Bedrohliches assoziierende Geruch, der Gestank.

Uta Brandes hat die These aufgestellt, dass „die ästhetischen Formen – namentlich die sprachlichen, als Literatur – quantitativ und qualitativ ungleich mehr und differenziertere Produkte auf der positiven Seite des Wohlgeruchs hervorgebracht haben als auf der stinkenden"; denn die „Ästhetik [sei] seit der griechischen Antike die Wissenschaft vom Schönen, der Schönheit" gewesen, während der „Gestank [...] eher in Form fast sachlicher sozialer oder urbaner Beschreibungen erscheint denn als eigenständige oder raffinierte ästhetische Bearbeitung" (Brandes 1995, 24). Diese These wird durch die vorliegende Untersuchung teilweise gestützt. Doch nicht so sehr zwischen Antike und Früher Neuzeit, sondern v. a. ab der Klassik und Romantik wird die Idee des Schönen, Guten, Wahren in unterschiedlichen Ausprägungen die Vorstellung des Künstlerischen wenn schon nicht völlig dominieren, so doch nachhaltig prägen. Dabei affizierte es auch den Habitus von Wissenschaft im Sinne Pierre Bourdieus und markierte über die oft unausgesprochene Definition von Gesprächs- und Wissenschaftsthemen selbst wieder Ein- und Ausschließungsdynamiken. Völlig deplatziert erscheint lange Zeit in der Literatur und Kultur ebenso wie in Literatur- und Kulturwissenschaft die Rede vom Geruch – ‚smell does not belong here' – und erst recht vom Gestank, dem ich mich deswegen nun versuchsweise nähern möchte.

1 Gestank – Geruch am falschen Ort

Dass „dirt" nur ein Gegenstand am falschen Ort sei, geht wohl auf eine Bemerkung Lord Palmerstons am 15. Juli 1852 beim Great Annual Dinner der Royal Agricultural Society zurück: „I have heard it said that dirt is nothing but a thing in a wrong place", um dann den Vorschlag zu unterbreiten, die unerwünschten Fäkalien aus der Stadt auf die Felder auf dem Land zu verbringen und dort als Dünger zu nutzen.[1] Dies betrifft nicht nur Düngemittel, sonst wäre die Wendung nicht zum Sprichwort geworden – wobei die etwas einseitige, entschärfte Übersetzung von „dirt" als ‚Schmutz' äußerst hilfreich war. Dass der Dung (oder Dünger) abhängig von seinem ‚Ort' ist, gilt auch in einem weiteren Sinne. „Ekel und Unreinheit [sind] keine anthropologischen Konstanten, sondern kulturell bedingt" (Werner 2011, 19), ebenso das, was als ‚Gestank' aufgefasst wird. Sigmund Freud übernimmt diese Wendung in einer abgewandelten und später viel zitierten Form in seiner kurzen Studie zu „Charakter und Analerotik", in der er „Sauberkeit, Ordentlichkeit, Verläßlichkeit" als Reaktion „gegen das Interesse am Unsauberen, Störenden, nicht zum Körper Gehörigen" deutet und in Klammern ergänzt: *„Dirt is matter in the wrong place"* (Freud 1908, 205 f.).

Ausschließungsmechanismen wurden nicht nur auf psychoanalytischer, sondern auch auf sozialer Ebene diskutiert, denn „OLFAKTORISCHE VOR(-)URTEILE" haben Teil an der „Bildung der Gemeinschaft" (Diaconu 2020, 228, vgl. 228–231). Georg Simmel formulierte 1907 in seinem Essay über die *Soziologie der Sinne*:

> Dass wir die Atmosphäre jemandes riechen, ist die intimste Wahrnehmung seiner, er dringt sozusagen in luftförmiger Gestalt in unser Sinnlich-Innerstes ein, und es liegt auf der Hand, dass bei gesteigerter Reizbarkeit gegen Geruchseindrücke überhaupt dies zu einer Auswahl und einem Distanznehmen führen muss, das gewissermaßen eine der sinnlichen Grundlagen für die soziologische Reserve des modernen Individuums bildet. (Simmel 1908, 658)

Diese „Reizbarkeit" resultiere nicht allein aus der genuinen „Unüberwindlichkeit der Geruchseindrücke" und entspringe ganz wesentlich auch den „hygienischen und Reinlichkeitsbestrebungen der Gegenwart" (ebd., 658), die es viel stärker möglich machten und sogar förderten, die „Luftschicht" wahrzunehmen, die „jeder Mensch [...] in einer charakteristischen Weise parfümiert" (ebd., 656). Die Desodorierung der Moderne führe, so Simmel weiter, zur Distanzierung zwischen den Individuen und mehr noch zur Diskriminierung, wobei er bei seinen Beispielen alle rassistischen Klischees seiner Zeit bedient: Der soziale Aufstieg der Afroamerikaner „in die höhere Gesellschaft Nordamerikas" scheine schon wegen ihrer „Körperatmosphäre [...] ausgeschlossen"; und die „Unüberwindlichkeit der Geruchseindrücke" bedinge analog die angeblich „vielfache dunkle Aversion von Juden und Germanen gegen einander" sowie die gestörte

---

1 Vgl. [anonym]: The Royal Agricultural Society. In: *The Farmer's Magazine*, August 1852, S. 127–161, hier S. 137; hier das ausführliche Zitat für den Kontext: „Now, gentlemen, I have heard a definition of dirt. I have heard it said that dirt is nothing but a thing in a wrong place. ('Hear,' and laughter). Now, the dirt of our towns precisely corresponds with that definition. (Hear). The dirt of our towns ought to be put upon our fields, and if there could be such a reciprocal community of interest between the country and the towns — that the country should purify the towns, and the towns should fertilize the country (laughter) [...]."

Beziehung zwischen „Gebildeten und Arbeitern", so dass die „soziale Frage [...] nicht nur eine ethische, sondern auch eine Nasenfrage" sei (ebd., 657). Selbst bei Menschen, die die Emanzipation bisher diskriminierter Bevölkerungsgruppen aus ethischen Gründen befördern, würde es einen unwiderstehlichen affektiven Widerstand geben, den Simmel am Geruch festmachen zu können glaubt. Er richtet seinen Fokus vor allem auf den Schweißgeruch der Arbeiter, aber nennt recht unterschiedliche und überaus problematische Beispiele, so dass seine generalisierende These von der sozial diskriminierenden Macht des Olfaktorischen deutlich wird. Während z. B. die Autoren des Vormärz – wie noch zu zeigen sein wird – den Parfumgebrauch v. a. bei Adel und Bourgeoisie als Gestank bezeichnen, werden hier rassistische und andere sozial diskriminierende Vorstellungen präsentiert. In einer sozial ungleichen Gesellschaft wird der ‚falsche' Geruch zum Gestank:

> Sicher würden viele Angehörige der oberen Stände, wenn es im politisch-sozialen Interesse gefordert wird, erhebliche Opfer an persönlichem Komfort bringen [...]. Aber alle solche Verzichte und Hingaben würde man sich tausendfach eher zumuten, als die körperliche Berührung mit dem Volke, an dem ‚der ehrwürdige Schweiß der Arbeit' haftet. (ebd., 657)

Gerüche haben nach Simmel ihre sozialen Orte und werden, wenn sie im wörtlichen Wortsinn ‚deplatziert' auftreten, als Gestank wahrgenommen und führen zur sozialen Distinktion und Abgrenzung. In der neueren Theoriebildung hat v. a. Martha Nussbaum diesen Gedanken weiterentwickelt. „Ein entscheidendes Moment von Herabsetzung ist Abscheu", schreibt sie in ihrem Buch *Politische Emotionen*; und dieser Ekel entstehe, weil ihnen bestimmte negative „animalische Eigenschaften" zugeschrieben werden: „Schleimigkeit, schlechter Geruch, eine Nähe zu Verwesung oder zu Körperflüssigkeiten und Exkrementen" (Nussbaum 2016, 277). Dabei hat sie jedoch nicht nur die biologischen und anthropologischen Abwehrreaktionen im Blick. Der Ekel resultiere nicht unbedingt z. B. aus der natürlichen Abwehrreaktion gegenüber potentiell gefährlichen Substanzen, sondern auch oft genug aus einer „irrationalen kulturellen Phantasie" (Nussbaum 2016, 277).

Bereits Carl Ernst Bock hatte in seinem *Buch vom gesunden und kranken Menschen*, das im neunzehnten Jahrhundert in zahlreichen Auflagen erschien, generell vor allzu starken sinnlichen Reizen gewarnt. Aber v. a. von Kindern seien „starke und grelle Töne, sehr helles Licht und starke Gerüche [...] abzuhalten", ebenso wie beim „kranken Körper" die „Eindrücke auf Gehirn, Sinne und Nerven" gemäßigt sein müssen, „weshalb [...] grelles Licht, ergreifende Töne und starke Gerüche zu vermeiden sind" (Bock 1878, 631, 738). Bereits dort wird auf die Ambivalenz von Geruchsempfindungen und -bezeichnungen hingewiesen: „Die Bezeichnung der Gerüche als angenehm oder unangenehm beruht zum Theil auf Vorstellungen, die sich an die Geruchsempfindung anschließen", und diese „Vorstellungen wechseln schon mit den verschiedenen Körperzuständen", z. B. bei der unterschiedlichen Reaktion auf Essensgeruch bei einem Hungrigen und einem Satten (Bock 1878, 397). Die Differenz zwischen Geruch und Gestank unterliegt nicht objektiven Bedingungen, sondern „Körperzuständen" und kulturell geprägten Geruchsvorstellungen. Die Bewertung einer olfaktorischen Wahrnehmung kann plötzlich umschlagen, die Grenze zwischen Geruch und Gestank bleibt fluide. Was Bock hier an einer Alltagssituation exemplifiziert, lässt sich unschwer ausweiten.

Bei der Tagung „Sinne der Antike – Sensorik, Wahrnehmung, Wirkung", deren Tagungsband noch nicht erschienen ist, hatte laut eines Tagungsberichts Mario Baumann über „Geruchsnarrative" gesprochen, die „konkrete Geruchsvorstellungen, die auf eigenen Erfahrungswerten gründeten, evozieren" (Diemke 2024, 5). Gerade der Begriff ‚Geruchsnarrativ' weist über die individuelle Geruchserfahrung hinaus auf gesellschaftliche Faktoren. Entsprechend müsse – so Paul Divjak in seinem Essay *Der Geruch der Welt* – „der Wandel des öffentlichen Diskurses / des Geruchs*narrativs*" berücksichtigt werden: „Im Zentrum der Gesamtheit aller *Geruchsnarrative* steht der *olfaktorische Status quo* als soziales / ideologisches Konstrukt", was er anhand der „Kulturgeschichte des Rauchens" plausibilisiert (Divjak 2016, 70). Während individuelle Geruchsempfindungen den biologischen Rahmen für Bewertungen von Gerüchen bilden, hängt die jeweilige Bewertung olfaktorischer Reize einerseits von bewussten und unterbewussten persönlichen Erfahrungen, andererseits von gesellschaftlichen Diskursen ab.

Aurel Kolnai verortete den „Geruchssinn" als den „eigentliche[n] Stammesort des Ekels" und geht davon aus, dass in „sehr vielen Fällen [...] Ekel und Verachtung im moralischen Ablehnungsgefühl vereint" seien, auch wenn „Ekel und ethische Verurteilung nicht parallel, sondern nur in einem uneindeutigen Zuordnungsverhältnis auftreten": Verachtung betreffe „mehr das Element der Unzulänglichkeit, ethisch-willensmäßigen Nichtbewährung, niedrig-armselig-animalischen Lebensauffassung", dagegen „der Ekel mehr das Element einer irgendwie ‚schmutzigen', der substantiellen Fäulnis entsprechenden Beschaffenheit" (Kolnai 2007, 26 und 56 f.). Ebenso sehr wie Gestank ein Warnzeichen vor verdorbenen bzw. giftigen Speisen oder anderen gefährlichen Objekten sein kann, handelt es sich dabei auch um eine kulturelle Konstruktion als Ausdruck der Distanzierung von einer wie auch immer gearteten Alterität. Soziale Aus- und Abgrenzung hängen also häufig mit einem olfaktorischen Ekel zusammen, der sowohl höhere als auch niedere Schichten betreffen kann. Sowohl der Ekel vor exzessiver Parfümierung als auch vor Moder und Schmutz hingen in der Frühen Neuzeit oft zusammen, waren sie doch oft Zeichen einer mangelnden Hygiene, die mal zuviel, mal überhaupt nicht überdeckt wurde. Mit der Änderung der Geruchslandschaft sowie dem Fortschreiten bakteriologischer und medizinischer Erkenntnisse verändern sich auch die

Gründe, aber kaum die Phänomene an sich. Zudem bestand immer schon ein Bewusstsein von Täuschungspotentialen: Der Geruch von Armut sagt ebensowenig etwas über die Moralität dieser Menschen, wie Wohlgerüche *per se* moralische Integrität repräsentieren. Damit ist sogar von einer Trias aus Verachtung, Ekel und olfaktorischem Phänomen auszugehen und deren Verhältnis zueinander, ihre jeweilige Kongruität und Diskongruität, stets neu zu bestimmen.

Diese Ein- und Ausschlussphänomene sollen im Folgenden anhand von vier Formen von Gestank versuchsweise vorgeführt werden: Es geht erstens um den ‚Gestank von Armut', auf den nur kurz hingewiesen werden soll; zweitens einige stark riechende Parfumsorten (Moschus usw.), bei denen sich wandelnde Grenzen zwischen Geruch und Gestank zeigen; drittens den Schwefelwasserstoff, d. h. den Höllengestank, als Signum für die Anwesenheit des Teufels, also die (Selbst-) Ausschließung aus der Gesellschaft durch sündiges Fehlverhalten; und viertens Desinfektionsgerüche (Phenol/Karbol und Jodoform) in der Literatur um 1900.

2 Der Gestank der Arbeit

Alain Corbin hat darauf hingewiesen, dass von „Anfang des neunzehnten Jahrhunderts bis zu Pasteurs Entdeckungen [...] das Hauptereignis für die Geschichte der Geruchswahrnehmung in der zunehmenden Aufmerksamkeit gegenüber sozialen Gerüchen [bestehe]" (Corbin 1988, 189). Auch wenn z. B. in der Literatur des Jungen Deutschland und des Vormärz, wie noch zu zeigen sein wird, immer wieder eine Abgrenzung gegenüber ‚parfümierten' höheren Schichten zum Thema wird, bleibt eine Fokussierung auf „die Gerüche des Elends" und „den Gestank der Armen" für das neunzehnte Jahrhundert ein wichtiges Thema, auch wenn sich die Literatur diesbezüglich zurückhaltend verhält.

In Hermann Conradis *Adam Mensch* wird ein „Restaurant ziemlich untergeordneten Ranges", das im Winter auch als „Tingeltangel" diente, vor allem olfaktorisch charakterisiert: „Die Athmosphäre war warm, schweißdunstig, dazu der impertinent scharfe Gestank von schlechten Cigarren." (Conradi 1889, 396 f.) Nach zahlreichen Gläsern Bier, diesem "warme[n], abgestandene[n], zähschleimige[n] Gesöff", fühlt er das dringende Bedürfnis nach einer „Prise frischer Luft" und sagt zur Wirtin Lene: „Mir ist nicht wohl ... Das ist auch 'n Dunst – 'ne Luft – 'n Gestank – hier – nicht zum Aushalten!" (Conradi 1889, 402 f.) Nicht der Zigarrengeruch selbst wird zum Problem, sondern die Tatsache, dass es sich um ‚schlechte' Zigarren handelt. Genussmittel von niederer Qualität und v. a. von niederem gesellschaftlichen Status sind ein wesentliches Distinktionskriterium. Dies gilt nicht zuletzt für den Alkohol. In Georg Büchners *Woyzeck* unterhalten sich zwei Handwerksburschen in einem

„Wirthshaus"; der erste singt: „Ich hab ein Hemdlein an / das ist nicht mein, / Meine Seele stinkt nach Brandewein, –" und wiederholt kurz danach: „Meine Seele, meine Seele stinkt nach Brandewein." (Büchner 2005, VII/1 29) Und der Tambour-Major sagt zu Woyzeck: „[...] da Kerl, sauf, der Mann muß saufen, ich wollt die Welt wär Sch[n]aps, Schnaps. [...] Brandwein, das ist mein Leben / Brandwein giebt *courage!*" (Büchner 2005, VII/1 31) Entsprechend der einschlägigen Alkoholika-Hierarchie befindet sich der Diskurs auf deren unterster Ebene, die bereits in der Mitte des 18. Jahrhunderts William Hogarth mit seinem berühmten Druck *Gin Lane* vorgeführt hatte.

Problematischer aber als die ‚niederen' Genussmittel, die als stinkend wahrgenommen werden, ist – und deswegen wird er bei Conradi als Erstes genannt – der Schweiß, d. h. der ‚Gestank' der körperlich arbeitenden Bevölkerung. Adam Mensch, als Vertreter eines traditionsungebundenen und a-moralischen modernen Künstlertyps, der gleichwohl sein soziales Gewissen und seine Fähigkeit zur Selbstreflexion noch nicht ganz verloren hat, formuliert entsprechend klar seine Optionen bei der Wahl der Partnerin:

> Er sollte die Hand, die sich ihm lockend entgegenstreckte, zurückweisen, weil es eine Armuth gab, die darbte, ein Elend, das litt, eine Noth, die nach Rache schrie? Was ging ihn diese Armuth an? Was dieses Elend? Was diese Noth, die nach Rache schrie? Was diese problematische Rache? Nichts, Nichts, Nichts. Hier ein Weib, das ihn liebte, hier Schönheit und Fülle, Unabhängigkeit und Sorglosigkeit, hier alle Instrumente zur Erzeugung feiner Stimmungen, alle Waffen für Erwerbung großer Genüsse und Erlebnisse – dort ein Haufen Lumpen, Schmutz, Unrath in brutaler, nackter Nüchternheit, stinkende Fäulniß, Dunst, Moder, Schweiß, Staub, Dreck – – und er zweifelte noch, was er wählen sollte? (Conradi 1889, 389)

Der „Schweiß des Volkes" (Bleibtreu [o. J.], 13) wird in der Literatur zwar gelegentlich angesprochen, aber es handelt sich um singuläre Passagen. Unangenehme bis ekelerregende olfaktorische Reize finden sich durchgängig im neunzehnten Jahrhundert, doch ebensowenig wie die niederen Schichten wird auch der Geruch von Arbeit zum geläufigen literarischen Thema. Dies bleibt Sachbüchern und biographischen Texten vorbehalten. So schreibt Hedwig Dohm in ihrem Essay „Der Frauen Natur und Recht" auch von Klassenunterschieden, die sich olfaktorisch äußern. Anhand des hypothetischen Falls, „daß eine Aristokratin und eine Proletarierfrau ihre Säuglinge miteinander vertauschten", illustriert sie die Abhängigkeit der Einstellungen vom sozialen Umfeld; so würde der in einer „Proletarierhütte" aufgewachsene Fürst deren „Sitten, Denkweise und Wünsche" teilen:

> Ebensowenig ist anzunehmen, daß der Proletarier, der in aristokratischer Umgebung erwachsen ist, zu einem demokratischen Flammenbrand entarte. Viel eher wird er auf seine

Standesbrüder da unten als auf eine Schwefelbande schimpfen und seine kräftige Stülp-, Stumpf- oder Kartoffelnase mit der Funktion eines Petroleumriechers betrauen. Und der Duft von Schnaps und Kartoffeln, den Fütterungsgegenständen seiner Geburtsgenossen wird nicht, wie der Kuhreigen in der Seele des Schweizers, sehnsüchtige Heimathsgefühle in ihm wachrufen nach der Proletarierhütte seiner Väter. (Dohm 1876, 7 f.)

„Dirt is matter in the wrong place", Gestank ist Geruch am falschen Ort – und ebenso ändert für Dohm der soziale Ort eines Menschen die Geruchseinstellungen kategorial: Gestank ist der Geruch der ‚anderen' Klasse. Doch laut Heinrich Heine lassen sich mit solchen Geruchsoppositionen nicht unbedingt moralische Wertungen verbinden; er schreibt in seinen *Geständnissen*:

[...] als ich sah, daß Schmierlappen von Schuster- und Schneidergesellen in ihrer plumpen Herbergsprache die Existenz Gottes zu leugnen sich unterfingen – als der Atheismus anfing, sehr stark nach Käse, Branntwein und Tabak zu stinken: da gingen mir plötzlich die Augen auf, und was ich nicht durch meinen Verstand begriffen hatte, das begriff ich jetzt durch den Geruchssinn, durch das Mißbehagen des Ekels, und mit meinem Atheismus hatte es, gottlob! ein Ende. (Heine 1982, IV 189)

Gerade der anhaltende ‚Gestank' offenbart die Lüge der „Schmeichler", die das „Volk, diese[n] arme[n] König in Lumpen" lobten: „wie schön ist das Volk! Wie gut ist das Volk" wie intelligent ist das Volk!", worauf Heine entgegnet, dass das Volk so lange hässlich, böse und „fast so bestialisch dumm wie seine Günstlinge" bleibe, wie seine Lage im Hinblick auf erstens die Hygiene zur Bekämpfung des Gestanks, zweitens die Armut zur Bekämpfung des Hungers, der das Volk hässlich mache, und drittens die Bildung nicht drastisch verbessert worden sei:

Der Grund dieser Verkehrtheit ist die Unwissenheit; dieses Nationalübel müssen wir zu tilgen suchen durch öffentliche Schulen für das Volk, wo ihm der Unterricht auch mit den dazugehörigen Butterbröten und sonstigen Nahrungsmitteln unentgeltlich erteilt werde. (Heine 1982, IV 190 f.)

Olfaktorische Signale wie der Gestank offenbaren also auch bei Heine soziale Strukturen und entlarven die Machtstrukturen der Gesellschaft. Die ideologische Vereinnahmung der armen und ungebildeten Bevölkerung erweist sich als Verblendung, wenn sich die Lebensbedingungen nicht fundamental ändern. Doch auch dort, wo der soziale Aufstieg gelingt, sind die sozialen Probleme nicht gelöst: Laut Dohm perpetuiert deren Verachtung niederer Klassen, aus denen sie selbst stammten, das System. Der Gestank der Armut bleibt also weiter Indikator der gesellschaftlichen Verhältnisse.

Allerdings findet hier eine wirkmächtige Verschiebung des Wertsystems statt. Nicht mehr die ‚stinkende Klasse' wird hier zum Objekt der Kritik, sondern die höheren Schichten, die für die Unterdrückung und auch Vereinnahmung der niederen Schichten für ihre Zwecke verantwortlich sind. Damit wird aber der Gestank der einen Klasse auch zum Ausweis der Unterdrückung durch die andere: durch Adel und Bürgertum in ihrer scheinbar unschuldigen Desodorierung oder Parfümierung. Die Sauberkeit wird bereits in der Frühen Neuzeit vom Ausweis hygienischer Unbedenklichkeit zu einem „Mittel der Distinktion" (Vigarello 1992, 97). Olfaktorische Phänomene sind also auch anfällig für (Selbst-)Täuschung, Simulation und Dissimulation. Dies haben sie mit dem Parfum gemeinsam, das im neunzehnten Jahrhundert seinen – auch literarischen – Siegeszug antritt.

3 Literarische Parfümerien

Im neunzehnten Jahrhundert findet der endgültige Siegeszug des Parfums statt. Gerade die Destillation von Gerüchen ermöglichte den effizienten Einsatz von Düften, da sie in gelöster Form in einem Flakon mitgeführt und immer wieder aufgefrischt werden konnten. Zudem löst sich Parfum allmählich aus seiner vorwiegenden Verwendung als medizinisches Prophylaxe- und Heilmittel hin zu einem Mode- und Luxusartikel, der einen gewissen sozialen Habitus widerzuspiegeln in der Lage ist. Dieser Umbruch ist in der zweiten Hälfte des neunzehnten Jahrhunderts gut zu erkennen. Dieser veränderten gesellschaftlichen Rolle entspricht die literarische Thematisierung dieses Phänomens nicht ganz; auch hier sind Sachtexte erstmal ergiebiger.

Die Zeitungen der Zeit sind voller Nachrichten und Werbebotschaften, die sowohl die alte als auch die neue Parfumkultur dokumentieren, so auch das *Neue Wiener Tagblatt* aus dem Jahr 1870: Auf der letzten Seite der unpaginierten Beilage zur Ausgabe vom 8. Januar wird „ein Dampf-Apparat zur Desinfektion der schädlichen Luft [...] mit dem hierzu bestimmten Desinfektions-Parfum" annonciert, der „für Spitäler, Schulen, Aemter, Werkstätten, Wohnzimmer, sowie auch Salons [unentbehrlich]" sei. Auch die *Ungarische Wochen-Post* vom 31. Januar 1864 berichtete auf S. 77 über den medizinischen Einsatz von Parfum: „Zu dem heute stattfindenden großen Maskenball hat Herr Jean Maria Farina in Cöln 400 Eimer Eau de Cologne zur Vertreibung des Cholera-Geruches und Reinigung der Szúllás-Atmosphäre geliefert." Diese medizinische Komponente verfliegt jedoch schnell; das *Neue Wiener Tagblatt* kündigt am 4. Februar 1870 auf der vierten Seite einen „in den Redoutesälen stattfindenden Studentenball" zum Fasching an: „Von ganz besonderem Effekt dürfte sich heuer der sechsstrahlige Parfumbrunnen erweisen, der, im kleinen Saale aufgestellt, die ganze Nacht hindurch die feinsten Odeurs ausstrahlen wird."

Die Ambivalenz der Parfümierung zeigt sich schon bei „Eugène Rimmels Perfume Vaporizer", der bereits 1851 auf der Londoner Weltausstellung präsentiert wurde. Das *Cornhill Magazine* von 1862 enthält nach S. 128 eine unpaginierte Doppelseite mit Werbung, davon die erste Seite farbig, die nicht nur aufzählt, an welchen prominenten Orten das Gerät bereits zum Einsatz kam („at Her Majesty's Theatre", in „Her Mayesty's Steam Yacht" und beim „Lord Mayor's Banquet", aber auch in „Woodin's Cabinet of Curiosities"), sondern auch die Polyfunktionalität andeutet: Die „Delightful Fragrance" produziere „a Pleasant and Beneficial Atmosphere", aber „cannot affect even the most nervous persons", so dass keine Ohnmachten zu befürchten sind. Das einfachere Modell wird hingegen als „Rimmel's Aromatic Disinfector" verkauft, der die Luft in Hospitälern und Krankenzimmern neutralisiere. Wie oben zitiert, werden später sogar Geräte für den Heimbedarf angeboten.

Die Parfumierung wird schließlich sogar die Papierherstellung betreffen, wie das Archiv für Buchdruckerkunst 1892 im zweiten Heft in Spalte 57 berichtet: „Seit langer Zeit schon hat sich das *Parfüm* ausser als Toilettenartikel zu mancherlei anderen Zwecken Beliebtheit verschafft und nicht den kleinsten Anteil daran nimmt sicherlich die *Papier-Industrie*." Es gebe nicht nur „[p]arfümierte Briefbogen, Karten, Kouverts, Bücher etc.", sondern inzwischen „eine Londoner Tageszeitung" – hier „strömte den Lesern gleichfalls ein eigentümliches, angenehmes Parfüm entgegen", das der Druckfarbe zugesetzt worden sei, so dass die Redaktion prophezeit:

> Wir werden also höchst wahrscheinlich demnächst die Thatsache konstatieren können, dass die Modenblätter „rosenduftend" erscheinen, Theaterzettel u. dergl. „Pomeranzenduft" verbreiten, Konzertprogramme wie „Jasmin", Kataloge wie „Moschus", Tanzkarten wie „Veilchen", Eintrittskarten wie „Iris", Tagesblätter wie „Vanille", „Heu", „Tanne", etc. etc. duften werden!

Auch das *Book of Perfumes* des oben genannten berühmten Parfumeurs Eugène Rimmel war selbstverständlich parfümiert (Morris 2006, 206).

Kann Parfum zunächst durchaus ein olfaktorisches Signal für Krankheit, z. B. für die lokale Gefahr einer Cholera-Infektion, sein, wird es zunehmend zur Attraktion und zum Alltagsobjekt: von einem Desinfektions- zu einem erst vornehmen, dann populären Wohlgeruch. Ursprünglich bezeichnet laut Grimms *Wörterbuch* der Begriff „parfümieren" selbst den Vorgang, dass ein Mensch oder ein Gegenstand künstlich mit einer Geruchsnote versehen wird, und bezieht sich ganz allgemein auf Düfte und Dämpfe, worauf die Etymologie hinweist: „im 17. jahrh. aufgenommen aus franz. parfumer von parfum, ital. Profumo". Aufgeführt wird in der relevanten Lieferung von 1886 der Begriff mit lediglich zwei Textbelegen (Grimm 2004, XIII 1461): erstens dem Lexikonartikel „Parfumierte Handschuh" aus Christian Ludwigs erstmals 1716 erschienenen und im 18. Jahrhundert mehrfach neu aufgelegten *Teutsch-Englischen Lexicon*, das als Beispiel einen „Jasminhandschuh" nennt (vgl. Ludwig 1789, I 1165); zweitens Ägidius Albertinus' Übersetzung bzw. Überarbeitung von Mateo Alemans Pikareske *Guzmán de Alfarache* mit der Bemerkung, dass „die jetzigen rathsherrn einen parfumirten lieblichen athem, aber ein sehr böses gewissen haben"; bei Albertinus heisst es genau: „daß vor alten Zeiten die Römische Rathsherrn einen sehr ubel stinckenden Athem hatten, aber daß ihre Mägen nach Bysem und Aempter deß guten Gewissens schmeckten: Hergegen daß die jetzigen Rathsherrn einen parfumierten lieblichen Athem, aber ein sehr böses Gewissen haben" (Albertinus 1631, 110).

Interessant wird der Parfumdiskurs, wo die Düfte erstens einen sozialen Zeichencharakter annehmen bzw. dieser – wie oben – problematisiert wird. Hierfür sind jedoch nicht alle Duftstoffe relevant. Für die literarische Verarbeitung des Parfüms bleibt das berühmte Eau de Cologne nur in eingeschränktem Maße aussagekräftig. Anders verhält es sich mit besonders starken Gerüchen wie Moschus, Bisam (der oben genannte „Bysem"), Ambra und Zibet, also Geruchsstoffen aus tierischen Quellen (Morris 2006, 251–253). „Der Hauptmythos der Parfümerie ist wahrscheinlich der Moschus"; er sei „der dauerhafteste" und „durchdringendste" Geruch mit wechselnden Konjunkturen, die „mit den jeweiligen *cultural patterns*" zusammenhängen (Diaconu 2020, 275 f.). Diese wechselnde Popularität des Moschus beschreibt Johanna Schopenhauer 1821 in ihrem Roman *Gabriele*:

> Gabrielens Tante war eine der Frauen, wie man in großen Städten so viele findet, die mit wahrem Heldenmuth allen ihren Neigungen geradezu entgegen handeln, sobald der eben herrschende Ton es gebeut. Fünfzig Jahre früher geboren, hätte sie, schwimmend in Moschus- und Ambra-Duft, mit aller damals üblichen Ziererei einer französischen *petite maitresse* über Vapeurs geklagt, in Gesellschaft Gold gezupft, oder Trisett gespielt [...]. Die Zeiten, in denen so etwas galt, sind aber vorüber gezogen [...]. (Schopenhauer 1821, I 92 f.)

Dieses Verschwinden des Moschus nicht aus der literarischen, aber aus der sozialen Realität hatte seinen Grund unter hygienischen Gesichtspunkten in einer zunehmenden Furcht vor Exkrementen und sonstigen körperlichen Absonderungen und darüber hinaus unter psychologischen vor dem Sinnlich-Animalischen starker Düfte (Corbin 1988, 95–98). Wer dennoch danach duftete, musste entweder als moralisch verdächtig oder als unzivilisiert gelten, was auch auf ganze Nationen – wie z. B. Russland, das lange als Land des Moschusgeruchs galt – bezogen wurde (Medyakov 2017, 658–662). Was im achtzehnten Jahrhundert noch als angenehmer Geruch empfunden wurde, konnte im neunzehnten Jahrhundert als Gestank diffamiert werden und als Indikator einer sozialen ‚Deplatziertheit' fungieren. Moschus als ein solches soziales – und politisches – Distinktionsmerkmal findet sich durchweg in der Literatur des neunzehnten Jahrhunderts, so auch bei Heinrich Heine. Er äußert in seinem Gedicht *Simplicissimus I* eine scharfe Kritik an Georg Herwegh, der in der Vormärz-Bewegung eine unrühmliche Rolle gespielt habe. Früher hätten „die plebejischen Hände" noch nicht in „Glacéhandschuhe[n] von Rehfell" gesteckt, „die Stiefel" seien nicht „mit gleißend französischem Firnis", sondern noch „mit deutschem Tran geschmiert" und „ehrlich" gewesen:

> Nach Bisam und Moschus rochest du nicht,
> Am Halse hing noch keine Lorgnette,
> Du hattest noch keine Weste von Sammet
> Und keine Frau und goldne Kette.
> Du trugest dich zu jener Zeit
> Ganz nach der allerneusten Mode
> Von Schwäbisch-Hall – und dennoch, damals
> War deines Lebens Glanzperiode.
> Du hattest Haare auf dem Kopf,
> Und unter den Haaren, groß und edel,
> Wuchsen Gedanken – aber jetzo
> Ist kahl und leer dein armer Schädel. (Heine 1982, I 599)

Das gleiche gilt für das besonders seltene und daher wertvolle Ambra, das aus dem Verdauungstrakt von Pottwalen stammt und u. a. als Erbrochenes an den Küsten angeschwemmt und zur Parfümherstellung verwendet wurde. Aufgrund seines hohen Werts wird es zum sozialen Marker, auch in Heines *Atta Troll*, in dessen achtem Kapitel es heißt:

> Mancher tugendhafte Bürger
> Duftet schlecht auf Erden, während
> Fürstenknechte mit Lavendel
> Oder Ambra parfümiert sind.
> Jungfräuliche Seelen gibt es,
> Die nach grüner Seife riechen,
> Und das Laster hat zuweilen
> Sich mit Rosenöl gewaschen.
> Darum rümpfe nicht die Nase,
> Teurer Leser, wenn die Höhle
> Atta Trolls dich nicht erinnert
> An Arabiens Spezerei'n. (Heine 1982, IV 31f.)

Die politische Satire Heines erhält damit selbst einen olfaktorischen Charakter. Nicht nur der Tanzbär Atta Troll hat einen ‚bestialischen' Geruch, sondern auch die mit dieser Satire Getroffenen – und zugleich der eigene literarische Text, d. h. nicht nur das Beschriebene, sondern auch die Beschreibung.

Moschus und Ambra fungieren im neunzehnten Jahrhundert bereits als Gerüche einer im Verfall befindlichen adligen Klasse, doch ist der aristokratische

Duft inzwischen zum Gestank des herrschenden Bürgertums degeneriert.² Es besteht ein Generalverdacht gegenüber Parfümierung, und starke animalische Gerüche symbolisieren das ganze Spektrum von schlechtem Geschmack, Lüge und Ausbeutung. „Die Kritik an den Gerüchen ist Teil einer umfassenden Kampagne gegen die Künstlichkeit, die Ziererei, die verweichlichte Mode [...]" (Corbin 1988, 98), aber bei Heine wird sie zur Sozialkritik.

In der Literatur und Publizistik des Vormärz werden nicht nur parfümierte Menschen Objekt der Satire und Kritik, sondern die Parfümierung wird auch metaphorisch zu einer – selbstverständlich negativ bewerteten – Eigenschaft von Texten. Ludwig Börne polemisiert in seinen *Schilderungen aus Paris*, in deren neuntem Kapitel er sich auch der „Parfümerie" widmet, gegen die „deutsche[] Lesewelt, welcher zu Gefallen sich jene eleganten Zeitungen auf das fadeste parfümieren" (Börne 1964, II 151). Ähnliche Formulierungen benutzt er in seinen *Briefen aus Paris* für den philosophischen und literarischen Bereich (im 22. und 56. Brief):

> Zwar waren die Franzosen nie tiefsinnige Philosophen auf deutsche Art; doch hatten sie im vorigen Jahrhundert in einer gewissen praktischen Philosophie viel Gewandtheit erlangt, und die Schriften und die Gesellschafter der damaligen Zeit waren ganz parfümiert davon. (Börne 1964, III 105)

> Was ist nur dem schlichten Béranger eingefallen, sich mit solchem abscheulichen *eau de mille fleurs* zu parfümieren! Wer hieß aber auch den ehrlichen Mann Lobgedichte schreiben? (Börne 1964, III 328)

Die *Encyclodédie* vermerkt unter dem Lemma „Mille-fleurs, eau de" nur lakonisch: „c'est ainsi qu'on appelle les pissat de vache" – „so nennt man Kuhpisse" (D'Alembert u. a. 1765, 516). Im achtzehnten Jahrhundert wurden diesem Parfum Exkremente kräftiger Personen als ‚Lebensfeuer' beigemischt (Corbin 1988, 95), doch zumindest im neunzehnten Jahrhundert existiert keine verbindliche Mischung mehr: Ein zeitgenössisches Handbuch der Destillierkunst nennt zwei Rezepte – neben Weingeist und Wasser – einerseits mit Orangenblüten, Steinklee, Lavendelblüten, Veilchenwurzel, Poleiminze, Melisse, Zimt, Thymian und Nelken, andererseits nur mit Citronenschalen, Angelikasamen und Macisblüten (Schedel 1871, 136 f.). Dennoch bleibt der schlechte ‚Beigeruch' im kulturellen Gedächtnis erhalten, selbst wo er als reale Ingredienz längst verschwunden ist.

Schon in Szene I/6 von Friedrich Schillers *Kabale und Liebe* tritt der „Hofmarschall von Kalb, in einem reichen, aber geschmacklosen Hofkleid, mit Kammer-

---

2 Geradezu symptomatisch hießen die Straßenkämpfer der reaktionären Thermidorianer in der französischen Revolution „Muscadins" (Perras 2017). Ich danke Frank Krause für den Hinweis.

herrnschlüsseln, zwei Uhren und einem Degen, Chapeau-bas und frisiert à la Hérisson" auf und wird mittels seines Parfums olfaktorisch charakterisiert: „Er fliegt mit großem Gekreisch auf den Präsidenten zu und breitet einen Bisamgeruch über das ganze Parterre." (Schiller 1987, I 771) Und in Szene III/1 ergänzt der Präsident auf Wurms Vorbehalt, dass er wohl nicht dem „Geschmack" der Luise Millerin entsprechen dürfte: „Und warum nicht? Wunderlich! Eine blendende Garderobe – eine Atmosphäre von Eau de mille fleurs und Bisam – [...] und alles das sollte die Delikatesse einer bürgerlichen Dirne nicht endlich bestechen können?" (Schiller 1987, I 802)

Hundert Jahre später, im Umfeld des Naturalismus, gilt dieses Parfum nicht mehr als Signum einer verlogenen höheren Gesellschaft, sondern umgekehrt als olfaktorisches Symbol billiger Vergnügen, z. B. von misslungenen Imitationen der höheren Kreise. In Karl Bleibtreus Roman *Größenwahn* von 1888 heißt es über das „Café Calcutta":

> Das Lokal duftete nach abgestandener Lüderlichkeit und Eau de mille fleurs, wie gewöhnlich. Die Schenkheben – verkommen, aber nicht zu sehr – producirten alsbald die berüchtigten Porterflaschen à 1 Mark, woran der Wirth 90 Pfennige zu verdienen beliebt. (Bleibtreu 1888, I 110 f.)

Was in einer Annonce auf der dritten Seite des „Würzburger Tagblatts" vom 1. Januar 1853 als das „lieblichste und feinste aller bis jetzt bekannt gewordenen Parfums" bezeichnet wurde, „welche selbst gewöhnlichen Parfumerien abgeneigten Personen auf eine überraschende Weise zusagt", wird hier zum olfaktorischen Signal von Unkultiviertheit und Amoralität. Entsprechend despektierlich fällt auch die Beschreibung der „Wirthin des ‚Café Liedrian' (unechter Wein und echte Mädchenbedienung)" aus:

> Bald darauf saß sie in ihrem eleganten Frisirmantel mit langen aufgelösten Haaren vor dem Spiegel, goß Eau de Cologne in ihre Locken, ehe sie dieselben mit dem Brenneisen zu kräuseln anfing, und parfümirte mit Eau de Mille Fleurs ihr Morgenkleid. Dann kam ihr der Gedanke, ein warmes Bad zu nehmen. Andere Gedanken, als die einer entsprechenden rationellen Körperpflege und Ernährung, kamen ihr ja überhaupt nie. Den Rest ihrer Zeit verwandte sie auf die Toilette ihrer schönen Seele, indem sie sämmtliche Romane einer umfangreichen Leihbibliothek verschlang. (Bleibtreu 1888, III 16 f.)

Selbst wo nicht der Gestank von starken Aromastoffen wie Moschus zum Problem wird, also z. B. in den offenbar veränderten Rezepten des *eau de mille fleurs*, wird das Parfum zum Symbol der (auch intellektuellen) Oberflächlichkeit und (Selbst-)Täuschung: „With perfume there changed a major reference point whose significance is particularly revealing. An entirely surface effect, perfume could now only deceive." (Vigarello 1988, 137)

Auffälliger Parfum-Geruch selbst wird zum Ausweis einer Kultur der Simulation: Er weckt den Verdacht, dass mangelnde Hygiene olfaktorisch überdeckt oder ein höherer sozialer Status vorgespiegelt werden soll und verweist damit nicht nur auf möglicherweise realen Schmutz, sondern auch im übertragenen Sinne auf eine ethisch-moralische ‚Verschmutzung' – ‚perfume in the wrong place'. Umso mehr erhalten Gerüche und Gestank eine ästhetische Funktion, für die längst überkommene Höllendüfte und Duftessenzen mit einem hohen symbolischen Potential revitalisiert werden. Entsprechend äußert Maler Nolten im gleichnamigen Roman Eduard Mörikes gegenüber Larkens, indem geradezu ein Spektrum olfaktischer Reize vorgeführt wird:

> [...] Mir entdeckten jedoch ihre sehr liebreichen, wiewohl etwas sparsamen, Briefe nichts von diesen Visionen, die Wischchen waren lieb und simpel und treuherzig, wie sonst auch, rochen weder nach eau de Portugal noch de mille fleurs, sondern es war genau der alte echte Maiblumen- und Erdbeernduft – aber den höllischen Gestank brachten mir die Briefe sehr ehrenwerter Personen unter die Nase; dort ist von musikalischen und andern Notturnis, von Rendezvous im Gärtchen, kurz von allerliebsten Sachen die Rede, die ich zuerst unglaublich und bis zur Desperation abscheulich, dann aber ganz natürlich und zum Totlachen plausibel fand. (Mörike 1967, 39)

Innerhalb des olfaktorischen Spektrums befinden sich einerseits authentische Briefe mit echtem Blumenduft, andererseits die künstlich parfümierten. So bleibt, wie obige Belege bereits zeigten, das Parfum stets dem Verdacht der Simulation ausgeliefert, und auch hier erweisen sich Wohlgerüche als trügerisch – erst die Briefe mit dem (gleichwohl nur metaphorisch gemeinten) „höllische[n] Gestank" offenbaren die Wahrheit, dass man versucht hatte, Noltens Verlobter Agnes einen alternativen Schwiegersohn schmackhaft zu machen.

Während Heine sich in *Die romantische Schule* etwas ironisch über seinen akademischen Lehrer August Wilhelm Schlegel auslässt, der damals „noch ganz nach der neuesten Pariser Mode gekleidet" und „noch ganz parfümiert von guter Gesellschaft und eau de mille fleurs" gewesen sei (Heine 1982, III 418), sprach Börne – wie bereits zitiert – vom „abscheulichen *eau de mille fleurs*", das zur Geruchsanalogie der Lobgedichte Bérangers wird. Noch Friedrich Nietzsche wird Geruch und „Bücher" analog begreifen: „Allerwelts-Bücher sind immer übelriechende Bücher: der Kleine Leute-Geruch klebt daran. Wo das Volk ißt und trinkt, selbst wo es verehrt, da pflegt es zu stinken." (Nietzsche 1980, IV 596)

An kaum einer Stelle wird der olfaktorische Aspekt des Literarischen deutlicher, da Geruchs- und Gestankmotive einen – virtuellen – olfaktorischen Reiz auslösen. Entsprechend wird Wilhelm Raabes Roman *Pfisters Mühle* (auf den noch zurückzukommen sein wird) zunächst von mehreren Verlagen abgelehnt: Für den Westermann-Verlag befindet sich im Roman zuviel Gestank, und der Herausgeber der *Neuen Rundschau* schickt das Manuskript sogar mit dem Hinweis zurück, dass er selbst noch nach der Lektüre „diesen fatalen Geruch" in der Nase gehabt habe (Raabe 1970, 521).

„Die Sprache hat die Fähigkeit, das Wirkliche zu negieren, zu vergessen und aufzulösen: geschrieben stinkt Scheiße nicht", heißt es bei Roland Barthes (Barthes 1974, 156) – eine Aussage, der angesichts der Textbefunde dieser Studie nur eingeschränkt zugestimmt werden kann. Nicht erst die Parfümierung von Papier und Tinte bringt Texte zum Riechen, sondern auch schon ge- und beschriebener Gestank ist in der Lage, Ekel auszulösen. Dies betrifft insbesondere den schwefligen Höllengestank und sein säkularisiertes Seitenstück: die Skatologie.

4 Skatologie und Höllengestank (Goethe, Kleist, Raabe)

Trotz aller Säkularisierung und Industrialisierung bleibt eine traditionelle religiöse Geruchstopographie auch noch im neunzehnten Jahrhundert weithin virulent: die Hölle mit dem ihr zugeschriebenen charakteristischen Schwefelgestank. Wo die Literatur der Zeit die Hölle thematisiert und Teufel auftreten lässt, wenn auch nur rein metaphorisch, ist sulphurischer Duft – genauer: der Geruch von Schwefelwasserstoff – nicht weit. Dies gilt z. B. auch für Bettina von Arnim, in deren Werk *Die Günderrode* Karoline an die Titelfigur schreibt:

> Heute hat die Vergangenheit ausgespien, so kurz wie möglich, denn ich saß ihr auf dem Dach, *das assyrische Reich*, von *Asser* gleich nach dem babylonischen Reich gestiftet; das Wort „gestiftet" macht mir immer Zerstreuung, vom Kloster her noch, wo ich so oft hab vorlesen müssen, der heilige *Bonifazius* stiftete den heiligen Orden der Benediktiner, oder der *Antonius* von Padua oder *Franziskus* und so weiter, es gemahnt mich an jene Kämpfe, die diese heiligen Feldherrn mit der Legion Teufel zu bestehen hatten, und da denk ich mir gleich alle Völker, mit denen sie im Kampf waren, gehörnt mit Bocksfüßen, feuerspeiend und pestilenzialischen Gestank verbreitend, den mir die Vergangenheit herüberweht. (Arnim 2006, 407)

Wo später der Erzähler in Marcel Prousts *Auf der Suche nach der verlorenen Zeit* angesichts des Geruchs von Madeleines einen Flashback in die Kindheit erlebt, revitalisiert das Wort „gestiftet" Geruchserinnerung an den „pestilenzialischen Gestank" der Höllenfiguren. Sie dürfte hier aber Antonius von Padua mit Antonius Abbas, einem der Wüstenväter, verwechseln, der – als er sich nicht vom Teufel verführen ließ – von monströsen teuflischen Heerscharen grausam verprügelt wurde. Insbesondere Jacques Callots Kupferstich *Die Versuchung des heiligen Antonius* ist denn auch bevölkert mit flatulierenden und defäkierenden Monstern.

Unabhängig davon, ob Texte und/oder Bilder als Incitamento der Phantasie fungierten, sind die dadurch ausgelösten Geruchsreminiszenzen bemerkenswert. Der schweflige Höllengestank allerdings erscheint hier als fast kindliche Imagination und als unterhaltsame Zerstreuung. Die auf moralische Abschreckung zielende synästhetische Kombination von Höllen-Gestank und Höllen-Bild hat sich völlig vom religiösen Gehalt und stofflichen Schrecken gelöst und ist zum ästhetischen Spielelement geworden.

Heinrich von Kleist macht in seiner Komödie *Der zerbrochne Krug* davon die wohl prominenteste Verwendung. Der Dorfrichter Adam als komischer Nachfahre von Ödipus ist dazu verdammt, eine Tat zu verfolgen, die er selbst begangen hat – hier die sexuelle Nötigung Eves, die als Nebeneffekt die titelgebende Sachbeschädigung bewirkt hatte. Unangenehmerweise ist erstens zufällig der Gerichtsrat Walter im Zuge seiner Kontrollreise anwesend, und zweitens zeigt auch das Gerichtsarchiv Probleme:

> Wenn es nicht stinkt in der Registratur.
> Wenn meine Rechnungen, wie ich nicht zweifle,
> Verwirrt befunden werden sollten,
> Auf meine Ehr, ich stehe für nichts ein. (Kleist 1991, 351)

Tatsächlich befinden sich dort nicht nur „Kuhkäse, Schinken, Butter, Würste, Flaschen", sondern auch eine überzählige, d. h. ‚schwarze' Kasse (Kleist 1991, 294, vgl. 300). Während Walter den flüchtenden Adam „[z]ur Desertion [...] nicht zwingen" will, wenn „die Kassen richtig" sind (Kleist 1991, 357), wissen die Zuschauer längst, dass die Kassen nicht richtig sind; danach bliebe ihm also tatsächlich nur die Desertion, wenn man nicht gleich an seinen befreundeten Kollegen im Nachbardorf denken mag, der nach Walters Kontrollbesuch einen (glücklicherweise erfolglosen) Selbstmordversuch unternommen hatte. Während also komödientypisch ein *happy ending* mit der Hochzeit der jungen Liebenden in Aussicht gestellt wird, relativiert das drohende tragische Schicksal Adams die Gattung. Dass hier mehr als nur komödientypische Lasterhaftigkeit verhandelt wird, signalisiert bereits der Name Adam. Der Ungehorsam Adams im Paradies kann als Seitenstück zur Rebellion Satans und zum Hochmut Luzifers gelesen werden, der Sündenfall als Pendant zum Höllensturz. Dies gilt – komödienhaft transformiert – auch für Adam im Stück, der nicht zuletzt durch seinen sulphurischen Höllengestank als Täter überführt wird. Die Zeugin Frau Brigitte sah in der Nacht einen „Kerl" vorbeihuschen:

> FRAU BRIGITTE Da ich vom Vorwerk nun zurückekehre
> Zur Zeit der Mitternacht etwa, und just,
> Im Lindengang, bei Marthens Garten bin,

> Huscht euch ein Kerl bei mir vorbei, kahlköpfig,
> Mit einem Pferdefuß, und hinter ihm
> Erstinkt's wie Dampf von Pech und Haar und Schwefel. [...]
> [...] Zuerst jetzt finden wir
> Jenseits des Gartens, in dem Lindengange,
> Den Platz, wo Schwefeldämpfe von sich lassend,
> Der Teufel bei mir angeprellt: ein Kreis,
> Wie scheu ein Hund etwa zur Seite weicht,
> Wenn sich die Katze prustend vor ihm setzt. [...]
> Nicht weit davon jetzt steht ein Denkmal seiner,
> An einem Baum, daß ich davor erschrecke. [...]
> ADAM *für sich*: Verflucht mein Unterleib. (Kleist 1991, 347–350)

Die für Komödien seit der Antike nicht unübliche skatologische Ebene entnimmt Kleist einem religiösen Kontext, de-kontextualisiert ihn jedoch: Adam ist kein Teufel, sondern der lüsterne Alte der antiken Komödie und der Pantalone der commedia dell'arte, aber entlarvt sich durch teufelsgleichen Pferdefuß (der in diesem analytischen Drama zugleich auf die wörtliche Bedeutung ‚Schwellfuß' des Namens Ödipus und das sophokleische analytische Drama, zusätzlich auch auf den Huf der Satyrgestalten aus Dionysos' Gefolge verweist) und durch den pseudo-diabolischen Geruch, den er flatulierend und defäkierend auf der Flucht hinterlassen hat. Dass bereits die Registratur „stinkt", wie es nur wenige Verse nach der zitierten skatologischen Szene heisst, ist zwar eine teuflische Allusion, doch jenseits aller Sündendiskurse. Hier stinkt es nur metaphorisch: Es ist Schlamperei oder sogar ein juristisches Vergehen, und dennoch verbreitet das Archiv, das Gedächtnis von Adams juristischem Handeln, eine Atmosphäre der schwefeligen Sündhaftigkeit, die dann später auch sein Hüter verströmen wird – hier allerdings nach einer (teils erfolgten, teils versuchten) kriminellen Handlung. Wie der Sündenteufel bereits im 16. Jahrhundert zum Lasterdämon verkümmerte, wird um 1800 der Geruch des Höllenschlunds zum komödiantischen Mittel, da er seinen bedrohlichen religiösen Referenzrahmen verloren hat, aber dafür moralische Defizite und zivilisatorische Rückständigkeit markiert.

Adams Gestank befördert ihn zwar nicht in die Hölle, aber ins gesellschaftliche Abseits. Dass dieser halb skatologische, halb höllische Gestank überhaupt noch eingesetzt wird, ist im neunzehnten Jahrhundert keineswegs mehr üblich. Doch gerade in der Komödie und Satire werden der Teufel und seine Gestanksphäre – losgelöst vom konkreten religiösen Gehalt – sowohl als grobianisches Unterhaltungsmoment als auch als Zeichen der gesellschaftlichen Ausschließung weiterhin eingesetzt.

Johann Wolfgang Goethe schickte im Juni 1773 seinen *Götz von Berlichingen* an Friedrich Wilhelm Gotter und fügte ein Gedicht bei, das u. a. die folgenden Zeilen enthielt:

Und bring, da hast Du meinen Dank,
Mich vor die Weiblein ohn' Gestank!
Mußt all' die garstigen Wörter lindern:
Aus Scheißkerl Schurk, aus Arsch mach Hintern [...]. (Goethe 2009, 34)

Im nicht untypischen Grobianismus des jungen Stürmers und Drängers formuliert Goethe hier selbst die für notwendig befundene Entschärfung im skatologischen und sterkoralen Bereich für das weibliche Lesepublikum; die letzten drei Worte von Götz' berühmten Ausruf „Er aber sag's ihm, er kann mich im Arsch lecken" (Goethe 2006, I.1, 458) wird er entsprechend durch einen Gedankenstrich ersetzen. Skizzen zur Farce *Hanswursts Hochzeit oder Der Lauf der Welt* kamen aus dem Entwurfsstadium nie heraus und machten damit keine linguistische ‚Linderung' notwendig, die ansonsten angesichts dessen, was aus dem erhaltenen Personenverzeichnis noch ablesbar ist, sicher notwendig geworden wären. Auch viele Goethe-Herausgeber umschifften das Problem, indem sie dieses Dramenfragment ignorierten, d. h. nicht abdruckten. Hervorzuheben für unser Thema sind die zahlreichen skatologischen und olfaktorisch relevanten Namen, z. B. „Hans Arsch von Rippach", „Thoms Stinkloch", „Blackscheißer. Poet", „Stinkwitz Kammerjunker", „Dr. Bonefurz", „Furzpeter" sowie – als „Pate[n] der Braut" – „Hosenscheißer" und „Leckarsch" (Goethe 2006, I.2, 125–130). Jenseits des Frühwerks jedoch findet sich erwartungsgemäß eine deutliche Desodorierung. Selbst in den Höllenszenen seines *Faust*-Projekts, die Schwefeldämpfe erwarten lassen, finden sich solche nur punktuell und ebenso sparsam eingesetzt wie z. B. die bacchantischen und sexuellen Momente in der Walpurgisnacht.

Goethe kommt nicht ohne Referenzen auf die christliche Mythologie und ihre olfaktorischen Komponenten aus, doch bleibt das Skatologische nur ein beiläufiges diabolisches Accessoire und intertextuelles Spielelement, hat seine dramatische Wirkmacht also verloren, die es in der Barocktragödie, z. B. in Andreas Gryphius' *Catharina von Georgien* noch hatte: Dort riecht am Schluss der Bösewicht Chach Abbas den Schwefelduft der Hölle und erahnt damit bereits sein weiteres Schicksal, bevor die vom Himmel herabgestiegene Märtyrerin es ihm detailliert erläutert; es ist vielleicht noch nicht einmal abwegig anzunehmen, dass der Schwefelgeruch auch real im Bühnengeschehen eingesetzt und damit dem Publikum als abschreckendes Warnzeichen olfaktorisch und damit körperlich erfahrbar wurde (Gryphius 1991, 219–222). Der stinkende Schwefeldampf ist der Ort des kategorial Anderen und ein olfaktorisches Signal für die Ausschließung aus der göttlichen Sphäre. In den Höllenszenen seines *Faust*-Dramas wird er nur noch sparsam mit diesem Motiv umgehen. Mephistopheles tritt in der Studierzimmer-

Szene erstmals auf, „indem der Nebel fällt", den der Protagonist zuvor als Zeichen des Teuflischen benannt hat:

> Hinter den Ofen gebannt,
> Schwillt es wie ein Elefant,
> Den ganzen Raum füllt es an,
> Es will zum Nebel sich zerfließen. (Goethe, HA III, 45)

Kultur- und literaturgeschichtlich wegweisend, wird der Höllengestank entschärft zu einem Nebel und damit von einer olfaktorischen zu einer optischen Störung, die in der Walpurgisnacht-Szene ergänzt wird durch eine akustische:

> Ein Nebel verdichtet die Nacht.
> Höre, wie's durch die Wälder kracht! [...]
> Girren und Brechen der Äste!
> Der Stämme mächtiges Dröhnen!
> Der Wurzeln Knarren und Gähnen!
> Im fürchterlich verworrenen Falle
> Übereinander krachen sie alle,
> Und über die übertrümmerten Klüfte
> Zischen und heulen die Lüfte. (Goethe, HA III, 123)

Auch in Mephistopheles' Beschreibung der Walpurgisnacht nimmt der Geruch nur noch eine untergeordnete Rolle ein:

> Das drängt und stößt, das ruscht und klappert!
> Das zischt und quirlt, das zieht und plappert!
> Das leuchtet, sprüht und stinkt und brennt!
> Ein wahres Hexenelement! (Goethe 1982, III 125)

Aus der schweflig stinkenden Unterwelt wird eine Geräuschhölle ohne optische Orientierung, die nur noch punktuell olfaktorische Reize setzt, aber teilweise hinter einem vielsagenden Gedankenstrich verborgen: „So geht es über Stein und Stock, / Es f—t die Hexe, es stinkt der Bock." (Goethe 1982, III 123) Erst am Schluss des Walpurgisnachtstraums, als der „Nebelflor" sich lichtet, löst sich alles, angeführt durch Ariel, in einer angenehmen Geruchslandschaft auf: „Folget meiner leichten Spur, / Auf zum Rosenhügel!" (Goethe 1982, III 136). Der wird aber nicht szenisch realisiert, sondern bleibt wie in seiner *Italienischen Reise* eine utopische Chiffre: „Der Wind, der von den Gräbern der Alten herweht, kommt mit Wohlgerüchen wie über einen Rosenhügel." (Goethe 1982, XI 42) Der Vergleich soll nicht mehr sein als ein literarisches Bild, so dass aus den Gräbern kein Leichengestank herbeiweht, sondern Wohlgeruch, der zudem als Metapher eher zu lesen als zu riechen ist. Wenn Friedhöfe und Schlachtfelder imaginativ in Rosengärten transformiert werden, ist die Gefahr allerdings gebannt. Und auch die Textgenese verweist auf ein Verschwinden des unliebsamen Gestanks, indem zahlreiche ursprünglich geplante sexuelle und skatologische Passagen, z. B. über ‚stinkende Böcke', in der gedruckten Version nicht mehr vorkommen (Gauger 2012, 172–181). Entsprechendes gilt, wenn von höllischen Schwefeldämpfen nicht viel mehr bleibt als ein abstrakter Nebel, vom olfaktorischen Ekel nur noch eine optische Wahrnehmungsstörung – ein Phänomen, das sich auch noch bei Thomas Mann beobachten lassen wird.

Allerdings haben sich nicht nur in der Komödie, sondern auch in ‚niederen' literarischen Genres frühneuzeitliche Erzähltraditionen und mit ihnen auch die frühere diabolische Gestankdramaturgie erhalten. Dies gilt nicht nur für Goethes stofflichen Rückgriff auf das mit Schwefeldämpfen nicht geizende Faust-Buch aus dem 16. Jahrhundert. Auch Bechsteins *Deutsches Sagenbuch* und *Deutsches Märchenbuch* sind voll davon. In *Der Friesen Bekehrung* verschwindet der Teufel „mit Gestank und Zorngebrüll" (vgl. Bechstein 1930, 128) und in *Die drei dummen Teufel* der besiegte Teufel mit „Geprassel" und „Gestank [...] wieder heim in die Hölle" (vgl. Bechstein 1971, 332). In *Pape Döners Glockenspiel* „pfauchte [er] Feuer und ließ Gestank fahren" (Bechstein 1930, 163), und in *Die Kirchensäulen* hinterlässt er bei seiner Flucht „einen greulichen Gestank, der kaum den Düften des Weihrauches wich" (Bechstein 1930, 360), der hier also nicht nur religiös, sondern auch olfaktisch das Verschwinden des Diabolischen markieren soll. Andere Sagensammlungen sind teils noch ergiebiger, so besonders Johann Georg Theodor Grässes *Sagenschatz des Preußischen Staates* (wobei *Der Sagenschatz des Königreichs Sachsen* desselben Autors skatologisch und olfaktorisch deutlich ‚gereinigter' ist). In der mittelalterlichen Legende *Die eilftausend Jungfrauen zu Altenberg* (über die angeblich 11.000 Jungfrauen als Begleiterinnen der Heiligen Ursula, die in Köln von den Hunnen niedergemetzelt worden und damit einen Märtyrertod gestorben seien) entdeckt der Abt Goswin „einige hundert Gerippe aus der Schaar der 11000 Jungfrauen [...] in dem Boden der Altenberger Klosterkirche", unter denen der Teufel einen gräßlich stinkenden „großen Pferdeknochen" versteckt hatte. Der herbeigerufene Priester vertreibt den teuflischen Knochen, der „wie vom Sturmwinde getrieben aus dem Capitelhause davon[flog], und siehe, mit ihm war aller Gestank verschwunden, an der Stelle desselben verbreitete sich ein süßer Wohlgeruch in dem Saale und in der ganzen Abtei" (Grässe 1871, 5). Es handelt sich um eine geläufige olfaktorische Dichotomisierung, die aus der mittelalterlichen und vor allem der frühneuzeitlichen Ikonographie nur allzu bekannt ist: einerseits der schweflige Höllengestank, andererseits der im wörtlichen Sinne himmlische Blumen- und v. a. Rosenduft, der – besonders häufig im Bildmotiv ‚Maria im Rosengarten' – auch die Ikonographie der Gottesmutter begleitet. Goethes Rekurs auf den „Rosenhügel" darf also zugleich als topisch und topographisch signifikant, als topographisches Gegenstück zum Höllenschlund, bewertet werden.

In *Faust II* bietet der 4. Akt mit der Szene „Hochgebirge" nur noch eine knappe Gestankpassage mit einer Beschreibung höllischer Schwefeldämpfe, die dann politisiert werden. Hier spricht Mephistopheles:

> Als Gott der Herr – ich weiß auch wohl, warum –
> Uns aus der Luft in tiefste Tiefen bannte,
> Da, wo zentralisch glühend, um und um,
> Ein ewig Feuer flammend sich durchbrannte,
> Wir fanden uns bei allzugroßer Hellung
> In sehr gedrängter, unbequemer Stellung.
> Die Teufel fingen sämtlich an zu husten,
> Von oben und von unten aus zu pusten;
> Die Hölle schwoll von Schwefelstank und -säure,
> Das gab ein Gas! Das ging ins Ungeheure,
> So daß gar bald der Länder flache Kruste,
> So dick sie war, zerkrachend bersten mußte.
> Nun haben wir's an einem andern Zipfel,
> Was ehmals Grund war, ist nun Gipfel.
> Sie gründen auch hierauf die rechten Lehren,
> Das Unterste ins Oberste zu kehren.
> Denn wir entrannen knechtisch-heißer Gruft
> Ins Übermaß der Herrschaft freier Luft.
> Ein offenbar Geheimnis, wohl verwahrt,
> Und wird nur spät den Völkern offenbart. (Goethe, HA III, 305)

Die Bildlichkeit verschiebt sich von der Höllenmetaphorik über den geologischen zum politisch revolutionären Vulkanismus (als Gegenstück des ‚konservativen' Neptunismus), also zu einer speziell gegen die Französische Revolution gerichteten Polemik. Mephisto betont wenig später nochmal: „Wir sind die Leute, Großes zu erreichen; / Tumult, Gewalt und Unsinn! sieh das Zeichen! –" (Goethe 1982, III 306) Damit zeichnet sich eine Entwicklung der Gestank-Metaphorik ab, die ohne ihre frühere und auch hier zitierte religiöse Fundierung im Teuflischen undenkbar wäre. Wo die religiöse Sphäre ihrer Bedeutung beraubt wird, verschiebt sich der Höllengestank zu einem abstoßenden Sinnesreiz auf einer moralischen bis politischen Ebene: Der politische Gegner wird zum Träger von „Schwefelstank", die Umwälzung bedeutet eine Verschiebung oder Deplatzierung des diabolischen Untergrunds in die oberirdische Sphäre: „Was ehmals Grund war, ist jetzt Gipfel." Allerdings verduftet der Gestank mit dem Auftritt der höllischen und revolutionären Heerscharen in „freier Luft"; es bleibt das geologische Analogon der vulkanischen Schwefeldämpfe und das Spiel mit einer ihrer religiösen Basis beraubten Metapher, die bald zum Signum der Industrialisierung wird und dabei seinen negativ besetzten religiösen Bedeutungsraum nicht ganz verliert (Friedman 2016, 98–118).

In Wilhelm Raabes *Pfisters Mühle* markiert die Errichtung einer Fabrik mit hoher Wasser- und Luftverschmutzung in einem früheren Idyll den Einbruch der Moderne in die friedliche Gegenwart. Auch wenn Asche, der Freund des Protagonisten und Jurist, den Gerichtsprozess erfolgreich unterstützt hatte und Krickerode letztlich „rechtskräftig verurteilt" wird, weil er durch die Einleitung von giftigen Abwässern in das Mühlwasser „einen das Maß des Erträglichen übersteigenden üblen Geruch" erzeugt habe (Raabe 1970, 165), zeichnet sich kein *happy ending* ab: Der Vater des Erzählers wird „zum Sterben krank in seinem Lehnstuhl, in heftigen Atembeschwerden nach Luft ringend" schließlich zwischen „Wohlduft und Gestänke" sterben (Raabe 1970, 169, 172). Und Asche selbst wird „den Grundstein zu A.A. Asches eigenem Erdenlappenlumpenundfetzenreinigungsinstitut am Ufer der grauen Spree" legen (Raabe 2009, 148). Er betont, er können nichts dafür, „dass die Wissenschaft in ihrer Verbindung mit der Industrie nicht zum besten duftet", und der Erzähler merkt fatalistisch an: „Die Welt will einmal in Stank und Undank verderben [...]." (Raabe 1970, 60, 62)

Die religiöse Komponente verbirgt sich jedoch weniger im barock anmutenden *vanitas*-Motiv und nicht nur in einigen Dante-Reminiszenzen (Gitter 2023, 290–296), sondern gerade im Motiv des Höllengeruchs: Asche, der nach seiner eigenen Aussage zwar selbst „irgendeinen Wasserlauf im idyllischen grünen Deutschen Reich so bald als möglich und so infam als möglich zu verunreinigen" beabsichtige, werde sich bemühen, „dem guten, alten Mann dort einen Mühlbach rein zu erhalten": „Bis auf das letzte Atom soll er's wissen, wieviel Teile Ammoniak und Schwefelwasserstoff der Mensch dem lieben Nachbarn zuliebe einatmen kann, ohne rein des Teufels zu werden [...]." (Raabe 1970, 67 f.) Während hier mit einer beiläufig eingeflochtenen Redewendung eine Verbindung zwischen Höllen- und Schwefelgeruch nur implizit vorhanden ist, ändert sich dies in einer späteren Passage. Hier betont Asche den Unterschied zwischen diesen Geruchssphären, aber evoziert ihn damit bei der Leserschaft nur umso mehr:

> Das, was ihr in Pfisters Mühle dann, laienhaft erbost, als eine Sünde und Schande, eine Satansbrühe, eine ganz infame Suppe aus des Teufels oder seiner Großmutter Küche bezeichnet, nenne ich ruhig und wissenschaftlich das Produkt der reduzierenden Wirkung der organischen Stoffe auf das gegebene Quantum schwefelsauren Salzes [...]. (Raabe 1970, 100)

Auch wenn der Geruch „des Teufels" und die chemische Geruchsbezeichnung scheinbar gegeneinander stehen, kommen sie motivgeschichtlich ineins. Der primäre Referenzrahmen der Industrialisierung, die laut Gerald Kutney eher als „Sulfur Age" zu bezeichnen wäre (Kutney 2007, 8), manifestiert sich in regelmäßigen Erwähnungen der chemischen Bezeichnung ‚Schwefelwasserstoff' (Raabe

1970, 68, 76 f., 80, 84, 90), doch lässt Raabe die traditionelle Teufels- und Höllenbildlichkeit als zusätzlichen Assoziationsbereich mitlaufen. Dass die moderne Industrialisierung nicht explizit zum Teufelswerk wird, markiert den eigentümlichen „Gestank der Konformität" dieses Werks (Gruner 2019, 97), die durch die latente Diabolisierung jedoch gedämpft wird. Vor allem tritt in der Imagination des Erzählers eine signifikante Duftkonkurrenz auf; als Folge wäre zu betonen, dass es nicht nur um – von der Forschung meist betonte – optische, sondern auch um olfaktorische Erinnerungen geht:

> Wo bleiben alle die Bilder und – die Gerüche in dieser Welt? Es riecht heute nicht nach Gänsebraten und (da es Sommer ist) auch nicht nach Schwefelwasserstoff, Ammoniak und salpetriger Säure. Ein feiner, lieblicher Wohlduft hat eben die Oberhand und stammt von Emmy, aus dem Nähkasten und dem Gewölk feinen Weißzeugs, das sie auf Tisch und Stuhl ausgebreitet hat, und wirkt berauschender und mächtiger als sonst ein Duft aus der alten Hexenküche, Erde genannt. (Raabe 1970, 76 f.)

Nur kurz überdeckt der „Wohlduft" den Gestank der irdischen „Hexenküche", die sich v. a. durch teuflische Gerüche auszeichnet: durch Schwefelwasserstoff und sonstige stinkende Chemikalien. Der Ortswechsel, die Hölle auf Erden, bleibt olfaktorisch markiert, das Idyll mit seinem „Wohlduft" wirkt kurzzeitig mächtiger, bleibt aber auf eine mnemonische olfaktische Chimäre beschränkt, die in der inzwischen völlig leergeräumten Mühle als Geist besserer Zeiten erscheint.

5 Desinfektion, Dekadenz und der Gestank des Untergangs (Rilke, Mann)

Geradezu zukunftsweisend erscheint das Paradox, dass bei Raabe die stinkenden Chemikalien gerade zum Zweck der Reinigung und Desinfektion verwendet werden. Während es hier noch um die an die Höllen-Ikonographie gemahnende Schwefelsäure geht, werden in den folgenden Jahren andere Substanzen und Kontexte im Vordergrund stehen: Karbol (Phenol) und gelegentlich auch Jodoform als neue Paradigmen, als Gestank des Untergangs – und um 1900 dann auch der Décadence.

Zunächst handelt es sich um geläufige unangenehme Gerüche. Dora Duncker schreibt in der Exposition ihres Roman *Großstadt* über ein Sterbezimmer: „Ein widerlicher Geruch von Karbol, Räucheressenzen, Cichorienkaffee und toten Blumen durchzog den Raum." (Duncker 1900, 5) Und Bertha von Suttner schildert in ihrer Biographie *Die Waffen nieder!* den ekelhaften Karbolgeruch in zwei Kontexten – zunächst, wie bei Duncker, allgemein im Kontext von Krankheit und Tod – hier im

Rahmen eines Krankentransports per Zug unmittelbar nach einer Schlacht: „Es war erstickend heiß und der Raum war mit einem Duft von Hospital und Sakristei – Karbol und Weihrauch – erfüllt. Mir war unsäglich übel." (Suttner 1892, II 53) Zusätzlich finden sich Passagen, die sich speziell auf eine Cholera-Epidemie beziehen: „Ein intensiver Karbolgeruch erfüllte nunmehr alle Räume, und heute noch, wenn mir dieser Geruch entgegenweht, steigen jene Cholera-Schreckenstage vor meinem Geiste auf." (Suttner 1892, II 154) Und: „Ach, diese Cholerawoche in Grumitz! ... Über zwanzig Jahre sind seither vergangen, aber noch schaudert es mir durch Mark und Bein, wenn ich daran zurückdenke. Thränen, Wimmern, herzzerreißende Sterbescenen – der Karbolgeruch [...]" (Suttner 1892, II 157). Das Duftgedächtnis der Autorin hat nach eigenen Angaben den Karbolgestank nachhaltig abgespeichert, so dass eine Art Geruchstransfer stattfindet bzw. das Karbol nicht nur zum Erinnerungszeichen für Krankheiten und speziell die Cholera wird, sondern geradezu zum allgemeinen Symbol für Krankheit und Tod, individuellen und gesellschaftlichen Niedergang.

In Thomas Manns *Tod in Venedig*, das ebenfalls Karbolgeruch und Choleraepidemie zusammenbringt, vermischen sich die bereits obsolete Miasmentheorie, religiöse und mythische Muster mit modernen künstlerischen Konzepten der Intensität und Stimmung. Dabei verzichtet er auch nicht auf problematische kulturtheoretische Konstrukte, die auf ein klares Gut/Böse-Schema hinauslaufen. Ehrhard Bahr hat die „ikonographische Verbindung von dionysischer Begierde, tropischer Seuche und Kolonialismus" detailliert beschrieben und auch die gemeinsame topographische Referenz von Dionysos und Cholera benannt: das Ganges-Delta, das den Ort von Gustav von Aschenbachs Dionysos-Traum bildet, in dem seine Visionen und Imaginationen kulminieren; bei seiner Reise nach Venedig „scheint es sich fast um eine Kolonialexpedition zu handeln", die in umgekehrter Richtung dem Weg der Cholera – und dem Gott des Rausches – folgt, real bis Venedig, imaginär, im Dionysos-Traum, über Kleinasien bis nach Indien (Bahr 2003, 7). Dieses Fremde kommt allerdings nicht nur in Gestalt der Cholera und des Dionysischen aus Asien und dem Orient, sondern auch in Gestalt des Schirokko aus Nordafrika, so dass hier ein diffuses Feld einer ‚nicht-europäischen' Alterität entsteht. Bereits Aschenbachs Motivation für eine Reise entstammt einer Schirokko-Wetterlage, als in München im Mai ein „falscher Hochsommer" ausbricht, es war „dumpfig" mit einem „lauwarme[n] Sturmwind" (Mann 1986, 493). In Venedig gibt es zwar ein kurzes Aufklaren, doch spätestens seit seiner misslungenen Abreise wird auf die „Wirkungen der drückenden Witterung" verwiesen (Mann 1986, 366). Damit gerät der Schirokko als zentrales Motiv (Breuer 2022) in eine Art Konkurrenz zu den Geruchsmotiven (Krause 2021, 76–81), überlagert sie aber nicht ganz.

Im Zentrum stehen eine Reihe von Geruchsoppositionen. Sein Hotelzimmer ist „mit starkduftenden Blumen geschmückt" und hat „Aussicht aufs offene Meer" (Mann 1986, 520), so dass dichter Blumenduft und frische Luft – in der Medizin seiner Zeit eigentlich selbst gegensätzliche Geruchsphänomene – den verdächtigen Gestank von Desinfektionsmitteln verdrängen sollen.

> Eines Tages beim Frühstück im großen Speisesaal stellte er so den Geschäftsführer zur Rede, jenen kleinen, leise auftretenden Menschen im französischen Gehrock, der sich grüßend und beaufsichtigend zwischen den Speisenden bewegte und auch an Aschenbachs Tischchen zu einigen Plauderworten Halt machte. Warum man denn eigentlich, fragte der Gast in lässiger und beiläufiger Weise, warum in aller Welt, man seit einiger Zeit Venedig desinfiziere? – „Es handelt sich", antwortete der Schleicher, „um eine Maßnahme der Polizei, bestimmt, allerlei Unzuträglichkeiten oder Störungen der öffentlichen Gesundheit, welche durch die brütende und ausnehmend warme Witterung erzeugt werden möchten, pflichtgemäß und beizeiten hintanzuhalten." – „Die Polizei ist zu loben", erwiderte Aschenbach, und nach Austausch einiger meteorologischer Bemerkungen empfahl sich der Manager. (Mann 1986, 562)

Und auf die Frage, warum die Stadt desinfiziert werde, versucht ihn ein „Spaßmacher" mit den gleichen Argumenten zu beruhigen: „Das ist Vorschrift, mein Herr, bei solcher Hitze und bei Scirocco. Der Scirocco drückt. [...] Eine polizeiliche Anordnung gegen die Wirkungen der drückenden Witterung ... " (Mann 1986, 566). Nicht nur der Dschungel in Aschenbachs Dionysostraum ist voll vom „beizende[n] Ruch der Böcke" und einem „Hauch wie von faulenden Wassern, dazu noch ein anderer noch, vertraut: nach Wunden und umlaufender Krankheit", sondern auch Venedig war „von Fäulnisdünsten erfüllt" und – als indirektem Signum der Seuche und des Verfalls – von Desinfektionsgeruch (Mann 1986, 575, 586). „Warme Windstöße brachten zuweilen Karbolgeruch" (Mann 1986, 580), bemerkt er bei seinem Rundgang durch die Stadt. Und jedes Mal, wenn der Sänger aus der Gruppe von Straßenmusikern beim Refrain „einen großen Rundmarsch, der ihn unmittelbar unter Aschenbachs Platz vorüberführte", unternahm, „wehte, von seinen Kleidern, seinem Körper ausgehend, ein Schwaden starken Karbolgeruchs zur Terrasse empor" (Mann 1986, 565). Zu Beginn des fünften Kapitels beschreibt Mann, dass Aschenbach auf dem Markusplatz „plötzlich in der Luft ein eigentümliches Arom [witterte]", das, „schon seit Tagen, ohne ihm ins Bewußtsein zu dringen, seinen Sinn berührt" habe – „einen süßlich-offizinellen Geruch, der an Elend und Wunden und verdächtige Reinlichkeit erinnerte" (Mann 1986, 555). Und in den Geruch von „Weihrauch" und den „dumpfsüßen Opferduft des „morgenländischen Tempels" von San Marco „schien sich ein anderer zu mischen: der Geruch der erkrankten Stadt": der Gestank von Karbol (Mann 1986, 557).

Mann waren die neueren wissenschaftlichen Erkenntnisse sicher bekannt, er wollte aber offensichtlich aus künstlerischen Gründen auf die Miasmentheorie nicht ganz verzichten, sorgt sie doch – anders als der eigentliche infektiologische, also mikroskopische Bereich – für eine auch ästhetische Atmosphäre durch die dunstige, schwül-warme Wetterlage, Desinfektions- und Fäulnisdüfte als einer Art von Geruchs-Parallelismus zum Untergang Aschenbachs – ein literarisches Mittel, das Mann noch in seiner späten Erzählung *Der Betrogene* ähnlich verwendete (Elsaghe 2002). Damit stellt der Schirokko zudem meteorologisch, aber auch symbolisch das Gegenteil zum Bora dar, dem als gesund geltenden, erfrischend-kühlen Wind aus dem Norden. Vor allem aber wird der Schirokko zum Signum sozialer Ausgrenzung. Was sich als Gegensatz von Dionysischem und Apollinischem manifestiert, wird politisch aufgeladen zu einer suggestiven Mischung von Asien-, Orient- und Afrika-Bildern, die Europa bedrohen, zu einer Chiffre für den Kulturkampf zwischen Orient und Okzident. Der Schirokko, diffuse Fäulnisgerüche und scharfe Desinfektionsgerüche (die zuweilen zusammen mit den ‚warmen Windstößen' herbeigeweht werden) ersetzen hier als quasi diabolische Geruchsdramaturgie die in der Frühen Neuzeit noch dominanten diabolischen Schwefeldüfte. Über konkrete Gerüche und vage Dunst-Szenarien werden bedrohliche, angst- und ekelbesetzte Stimmungen produziert, die immer wieder auch sozialen Distinktionsprozessen und letztlich Diskriminierungen (im doppelten Sinn von Unterscheidung und Unterdrückung) dienen. Dennoch stellt sich die Frage, ob sich nicht – wie üblich im neunzehnten Jahrhundert – auch hier insoweit eine Desodorierung ausmachen lässt, als dumpfige, faulige oder aseptische Gerüche von einem eigentümlich geruchslosen ‚orientalischen' Wind, olfaktorische durch optische Reize überlagert werden. Am Schluss „wandelte" Tadzio am Meer „vorm Nebelhaft-Grenzenlosen" und bleibt zur „Ausschau" stehen, während Aschenbach, der „Schauende", dessen „Haupt" sich nun „gleichsam dem Blicke entgegen" hob, imaginär im „Verheißungsvoll-Ungeheure[n]" verschwindet (Mann 1986, 583 f.). Die olfaktorischen Elemente und damit auch das Cholera-Motiv mit seinen beißenden Karbolgerüchen verschwinden und machen wieder der Blickdramaturgie und dem nebelhaften Schirokko als optischer Wahrnehmungsstörung Platz.

Auch in Gerhart Hauptmanns Erzählung *Bahnwärter Thiel* finden sich schon Spuren dieser Denkfigur. Zunächst wird die heranrasende Lokomotive, die den Sohn des Protagonisten überfahren wird, animalisiert und als teuflisches Monster beschrieben: In „sich überhastenden Stößen fauchte der Dampf aus dem schwarzen Maschinenschlote" (Hauptmann 1970, 29), doch als Signal der drohenden Katastrophe dient ein bereits in Mittelalter und Früher Neuzeit bekanntes *prodigium*, ein als göttliches Warnzeichen interpretiertes meteorologisches Phänomen:

> Zwei rote, runde Lichter durchdrangen wie die Glotzaugen eines riesigen Ungetüms die Dunkelheit. Ein blutiger Schein ging vor ihnen her, der die Regentropfen in seinem Bereich in Blutstropfen verwandelte. Es war, als fiele Blutregen vom Himmel. (Hauptmann 1970, 23)

Blutregen ist jedoch nichts anderes als eine Variante des Schirokko, die aufgrund einer besonders hohen Eisenhaltigkeit des Sands beim Abregnen rostig-rote Spuren hinterlässt – ein Wind, der um 1900 als apokalyptisches Warnzeichen den Schwefeldampf geradezu ablösen wird. Die optische Verwechslung von Blut und Rost geht für Thiel mit einer Verschmelzung von „Traum und Wirklichkeit" einher (Hauptmann 1970, 23), und der wenige Seiten später geschilderte Unfall mit der Dampflokomotive, die Thiels Sohn überrollt, wird zudem von einer reichhaltigen akustischen Dramaturgie von Fauchen, Zischen, Schreien, Pfiffen, kreischenden Bremsen, einem „Aufschrei" und „Geheul" begleitet, doch bleibt die Szene völlig geruchlos, da keine kohlenstaubgesättigten Abgase und kein stinkender Rauch der Dampfmaschine, sondern nur „weiße, zischende Dämpfe" von Kühlwasser vorkommen (Hauptmann 1970, 29 f.). Was bleibt, ist eine desodorierte Hölle aus optischen und akustischen Reizen, die den Erwartungen gegenüber naturalistischer Literatur diametral entgegenläuft.

Trotz der Renaissance starker Geruchsmomente in der Literatur der Moderne mit den berühmten olfaktorischen Meilensteinen – Charles Baudelaires Gedicht „Une Charogne" („Das Aas"), Joris-Karl Huysmans *À rebours* (*Gegen den Strich*) und Marcel Prousts Madeleine-Szene in der *Suche nach der verlorenen Zeit* – besteht eine Konkurrenz zwischen olfaktorischen und anderen, meist akustischen und/oder optischen, Reizen.

Ebenso wie bei Raabe leitmotivisch die Frage ‚Wo sind die Bilder?' im Raum steht, während der Gestank den erzählten Raum erfüllt, wird auch in Rainer Maria Rilkes *Die Aufzeichnungen des Malte Laurids Brigge* der Protagonist Paris durchstreifen, um das Sehen neu zu lernen, aber immer wieder von olfaktorischen Reizen heimgesucht werden. Wie bei Thomas Manns *Der Tod in Venedig* verweist auch hier der Geruch von Reinigungs- und Desinfektionsmitteln auf Krankheit und Verfall und kann als eine olfaktorische Chiffre für die Dekadenzliteratur gelten. Schon zu Anfang heißt es bei Rilke: „Es roch, soviel sich unterscheiden ließ, nach Jodoform, nach dem Fett von pommes frites, nach Angst." (Rilke 2000, 9) Und in einer teils wörtlichen Wiederholung heißt es wenige Zeilen später:

> Und sonst? ein Kind in einem stehenden Kinderwagen: es war dick, grünlich und hatte einen deutlichen Ausschlag auf der Stirn. Er heilte offenbar ab und tat nicht weh. Das Kind schlief, der Mund war offen, atmete Jodoform, pommes frites, Angst. Das war nun mal so. Die Hauptsache war, daß man lebte. Das war die Hauptsache. (Rilke 2000, 9)

Eine dritte Passage variiert dies: Jodoform riecht dort die Großmutter, doch in einer paranoiden Angst vor Krankheit und Verfall, dem sich der Erzähler, v. a. als Beobachter, in Paris bewusst und mit allen Sinnen, gerade auch mit dem Geruchssinn, aussetzt.

> Einmal, als die Köchin sich verletzt hatte und sie sah sie zufällig mit der eingebundenen Hand, behauptete sie, das Jodoform im ganzen Hause zu riechen, und war schwer zu überzeugen, daß man die Person daraufhin nicht entlassen könne. Sie wollte nicht an das Kranksein erinnert werden. (Rilke 2000, 101)

Es ist kein Wunder, dass den olfaktorischen Flaneur „Hunde" schon seit der Kindheit „begleiteten" (Rilke 2000, 29); auch das „alte[n] Herrenhaus", in dem der „alte [] Kammerherr[] Brigge" im Sterben lag, zog diese Tiere an: „Vor allem aber schien den Hunden der Aufenthalt in einem Raum, wo alle Dinge rochen, ungemein anregend" (Rilke 2000, 15).[3] Der Desinfektionsgestank, der von der Großmutter als Geruch am falschen Ort wahrgenommen wird, wird für den Erzähler zum Bestandteil des Eigenen und zu einer Positivierung des Negativen: des ekelhaften Geruchs. Bezeichnenderweise verweist der Erzähler auf Charles Baudelaires Gedicht „Das Aas" als wohl berühmtestem Geruchs-, besser: Gestankgedicht des neunzehnten Jahrhunderts:

> Erinnerst Du Dich an Baudelaires unglaubliches Gedicht „Une Charogne"? Es kann sein, daß ich es jetzt verstehe. Abgesehen von der letzten Strophe war er im Recht. Was sollte er tun, da ihm das widerfuhr? Es war seine Aufgabe, in diesem Schrecklichen, scheinbar nur Widerwärtigen das Seiende zu sehen, das unter allem Seienden gilt. (Rilke 2000, 63)

Jedoch der „Geruch von Blumen war unverständlich wie viele gleichzeitige Stimmen", und es „passierte, daß aus Büchern, die irgend eine hastige Hand ungeschickt geöffnet hatte, Rosenblätter heraustaumelten, die zertreten wurden" (Rilke 2000, 126 und 15). Die idyllische Blumenpracht und die mariologisch aufgeladene Rosenikonographie kommt nicht mehr gegen die Ästhetik des Hässlichen an. Das stinkende Jodoform wird bei Rilke zum Signum der Moderne und markiert eine anti-idealistische Fokussierung auf eine im Zerfall befindliche gesellschaftliche Realität.

Eine vergleichbare olfaktorische Positionierung findet sich in Carl Hauptmanns *Gaukler, Tod und Juwelier,* wo Dr. Mander kritisiert, dass der Diener den Vater derart „einparfümiert" habe, dass es an seiner „Brust höchstens Damen aushalten" könnten: „ ... da rieche ich doch noch lieber Jodoform oder irgendein penetrantes, stechendes Gift ... als diese süßseligen, dummduseligen Reseden ... "

---

3 Vgl. hierzu auch den Beitrag von Charlotte Coch in diesem Band.

(Hauptmann 1918, 134). Der Rosenduft, in mariologischer Ikonographie das himmlische Gegenstück zum höllischen Schwefelgestank, macht hier eine Inversion olfaktorischer Zuschreibungen durch und wird selbst zu einem lächerlichen und ekelhaften Gestank, der selbst den modernistischen Symbolgestank der Desinfektionsmittel übertrifft. Während in Gryphius' *Catharina von Georgien* die Hölle als Bestandteil des Bühnenbilds Schwefeldämpfe als als olfaktorisches Warnzeichen für das Publikum verströmen wird, und im neunzehnten Jahrhundert dieser Geruch eine diabolische Industrialisierung anzeigen kann, sind es um 1800 zunehmend Parfum-Gerüche und um 1900 der Gestank von Desinfektionsmitteln. Entsprechend lautet schon in Conrad Albertis naturalistischem Stück *Im Suff* die erste Regieanweisung: „Sowie der Vorhang aufgerollt wird, verbreitet sich ein scharfer Spiritusduft über den Zuschauerraum, man riecht genau, daß es neunziggrädiger ist." Darauf tritt Doktor Krawutschke auf: „Er verbreitet einen eigentümlichen unbestimmbaren Geruch, halb Alkohol, halb Jodoform." (Conradi 1981, 247)

6 Schluss

Barthes' oben erwähntes Diktum „geschrieben stinkt Scheiße nicht" hatte bereits die Realität nicht ganz getroffen, ebenso wenig dürfte es für die übrigen Gestankquellen gelten, wie sie bei den oben angesprochenen Werken oft programmatisch als Mittel einer politisch-sozialen und/oder künstlerisch-literarischen Positionierung eingesetzt wurden. Sie basieren gerade darauf, dass individuelle Geruchserinnerungen mittels Sprache freigesetzt werden und damit der Gestank virtuell evoziert wird. Bernd Busch weist auf Hubert Fichtes These, dass nicht nur z. B. der Duft von Madeleines den Namen von Tante Léonie evoziere, sondern auch umgekehrt die Nennung, die Bezeichnung von Gerüchen die Gerüche selbst bzw. Geruchserinnerungen wieder hervorrufen könne: Er betone damit „die Möglichkeit einer aktiven Steuerung dieses Erinnerungsprozesses, geradezu die Chance eines Spiels mit Namen und Gerüchen als Trägern der Erinnerung" (Busch 1995, 15). In Theaterstücken ist im begrenzten Maße der Einsatz realer olfaktorischer Reize möglich, doch nicht in den nicht-performativen Gattungen. Dass trotzdem eine künstlerische Ekelpolitik über Geruchsreize, über die literarischen Evokationen von Gestank, dort ebenfalls möglich ist, lässt sich aus dem Obigen vermuten. Mehr noch: selbst nicht mehr persönlich erfahrene Gerüche oder Geruchskombinationen (wie im immer wieder anders zusammengesetzten Parfum *Eau de mille fleurs*) lassen sich evozieren – wenn auch nicht als reale Geruchserinnerung, so doch mittels so etwas wie Geruchsassoziationen, die eine olfaktorische Abgrenzung zwischen Angenehmem und Ekelhaftem, zwischen Wohlgeruch und Gestank, zwischen eigenem und fremdem Kollektiv möglich macht.

Der Versuch einer literarischen Phänomenologie (im weitesten Sinne) des Gestanks im neunzehnten Jahrhundert zeigte die enge Verzahnung von sich wandelnden Geruchsempfindungen und sozialen Prozessen. Im Zuge der Desodorierung verschwinden Geruch und Gestank keineswegs; teils treten olfaktorische Reize z. B. der Industrialisierung, der modernen Hygiene oder auch des Parfums als Modeartikel hinzu, teils bleiben bestimmte Gerüche tatsächlich oder virtuell (als Symbol) erhalten. Dabei werden insbesondere in bestimmten zeitlichen oder sozialen Kontexten als unangenehm bis ekelhaft empfundene oder deplatzierte Gerüche in der Regel als soziale Indikatoren und bedeutungstragende Medien rezipiert. Während sich in der Menschheitsgeschichte z. B. schlechter Geruch zunächst als Warnzeichen vor ungenießbaren, verfaulten oder vergifteten Lebensmitteln grundsätzlich als produktiv erwies, entwickelte sich die Unterscheidung zwischen Geruch und Gestank zunehmend auch zu einem Mittel sozialer und ästhetischer Distinktion. Der Schwefelgeruch ist real zwar recht unspezifisch, da er auf ein ganzes Spektrum an Varianten, von Fäulnis- bis zu Chemiegerüchen verweisen kann, ist aber stets negativ konnotiert und weckt Assoziationen von Schmutz und mangelnder Hygiene (auf das mit schwefelhaltigem Reinigungsmittel reagiert wird), von Untergang, Tod und Hölle – und wird entsprechend auch literarisch vom Mittelalter bis zur Moderne in immer neuen Ausprägungen abgerufen. Immer dient er der Markierung eines religiös, moralisch oder gesellschaftlich Auszugrenzenden: ob eines individuellen sündigen Menschen oder einer zerstörerischen Industrialisierung. Selbst wenn Gestank literarisch nicht riecht, transportiert Schwefel- und anderer Gestank epochenübergreifend einen dezidiert negativ aufgeladenen Assoziations- und Bedeutungsrahmen.

In einer anderen Variante trifft dies für das Parfum zu, das – wie andere stark riechende Mittel – früher als medizinisches Mittel verstanden wurde und sozusagen als Indikator eines verborgenen Unheils dienen konnte. Bestimmte Räucherrituale sind mit der (erfolglosen) Bekämpfung der Pest oder anderer Krankheiten verbunden, während das Parfum oder auch parfümierte Puder in der Frühen Neuzeit zum Zeichen der Zivilisiertheit avancierten (Vigarello 1992, 97–111). Bestimmte starke Gerüche sollten gefährliche Ausdünstungen und Miasmen überdecken und neutralisieren; Parfums dienten als Alternative zum infektiösen Wasser und seinen verheerenden Wirkungen. Besonders der Gestank von Desinfektionsmitteln offenbart indirekt, aber deutlich Krankheiten und Seuchen (hier v. a. die Cholera) und symbolisch den Untergang von Individuen oder auch der Gesellschaft. Ende des neunzehnten Jahrhunderts werden Parfum, Phenol und Jodoform zum Signum einer Gesellschaft im Niedergang – sei es des abgehalfterten Adels, des bigotten Bürgertums oder des Künstlers der Décadence, der diese Phänomene in seiner Dichtung beschreibt.

An dieser Stelle bewahrheitet sich der schon oft für Gerüche thematisierte Befund, dass die Abscheu vor Verdorbenem, Verwesung und Tod als Ausdruck einer anthropologisch fundierten Angst bewertet werden kann, die sich leicht gesellschaftlich funktionalisieren lässt. Die genannten Beispiele zeigen zugleich, dass es sich oft nicht so sehr um quasi natürliche Reaktionen handelt, sondern vielmehr um eine Art von historisch wandelbaren, aber in seinen vielfachen Transformationen immer wieder revitalisierbaren und abrufbaren Geruchsnarrativs, das im Sinne Michel Foucaults sogar als ein Gestank*diskurs* zu begreifen wäre. Die Grenze zwischen Geruch und Gestank ist nicht nur anthropologisch festgelegt und affektiv bestimmt, sondern auch Resultat eines gesellschaftlichen Aushandlungsprozesses, in dessen Rahmen auch die religiösen bzw. moralischen Zuschreibungen und sozialen Hierarchisierungen mitverhandelt werden.

Jenseits dieser an den Gestankdiskurs gekoppelten Ekelpolitik lässt sich zudem eine *ästhetische* Geschichte der Olfaktorik ablesen. Neben der bekannten Geschichte der zunächst teuflischen, dann medienkritischen optischen Wahrnehmungsstörungen und der sich von der teuflischen zur technischen und industriellen Geräuschhölle wandelnden akustischen Angriffe auf das Subjekt verläuft – oft übersehen oder als synästhetisches Beiwerk vernachlässigt – eine nicht weniger spannende Geschichte der olfaktorischen Störungen. Gerade starke und abstoßende Gerüche werden immer wieder zum Irritationsmoment einer weitgehend desodorierten oder parfümierten Gesellschaft und Indikator einer als bedrohlich empfundenen Gegenwart.

Literaturverzeichnis

Alberti, Conrad. „Im Suff. Naturalistische Spital-Katastrophe in zwei Vorgängen und einem Nachgang". *Dramen des deutschen Naturalismus*. 2 Bände. Hg. von Roy C. Cowen. München: Winkler, 1981. Bd. I. 244–287.

Albertinus, Ägidius: Der Landstörtzer: Gusman von Alfarache oder Picaro genannt […], theils auß dem Spanischen verteutscht, theils gemehrt unnd gebessert, o.O. 1631 (die zweibändige Originalausgabe des *Guzmán* erschien 1599 und 1604).

Arnim, Bettine von. *Die Günderrode*. Hg. von Walter Schmitz. Frankfurt am Main: Deutscher Klassiker Verlag, 2006 (Deutscher Klassikerverlag im Taschenbuch, Bd. 9).

Bahr, Ehrhard. „Imperialismuskritik und Orientalismus in Thomas Manns ‚Tod in Venedig'". *Thomas Manns „Tod in Venedig". Wirklichkeit, Dichtung, Mythos*. Hg. von Frank Baron und Gert Sautermeister. Lübeck: Schmidt-Römhild, 2003. 1–16.

Barthes, Roland: *Sade Fourier Loyola*. Frankfurt am Main: Suhrkamp, 1974.

Ludwig Bechstein: *Deutsches Sagenbuch*. [Leipzig: Georg Wigand, 1853], hg. von Karl Martin Schiller. Meersburg / Leipzig: Hendel, 1930.

Ludwig Bechstein: *Sämtliche Märchen*. Mit Anmerkungen und einem Nachwort von Walter Scherf. München: Winkler, 1971.
Bleibtreu, Karl. *Größenwahn. Pathologischer Roman*. Drei Bände. Leipzig: Wilhelm Friedrich, 1888.
Bleibtreu, Karl. *Weltgericht*. [Berlin-] Charlottenburg: Max Simson, [o. J.].
Bock, Carl Ernst. *Das Buch vom gesunden und kranken Menschen*. 12., verbesserte und bedeutend vermehrte Auflage. Leipzig: E. Keil, 1878.
Börne, Ludwig. *Sämtliche Schriften*. Neu bearbeitet und hg. von Inge und Peter Rippmann, 3 Bände. Düsseldorf: Melzer-Verlag, 1964.
Brandes, Uta. „Eine Frage des Gestanks". *Das Riechen. Von Nasen, Düften und Gestank*. Hg. von Uta Brandes. Bonn: Kunst- und Ausstellungshalle der Bundesrepublik Deutschland / Göttingen: Steidl, 1995. 23–33.
Breuer, Ingo. „,Ein Denkmal? Wie?' Diabolisches und Skatologisches in Heinrich von Kleists *Der zerbrochne Krug*". *Heillose Menschen. Bild-Text-Gedanken über Kleist und die Religion*. Hg. von Hannah Lotte Lund. Hannover: Wehrhahn, 2018. 32–40.
Breuer, Ingo und Svjetlan Lacko Vidulić. [Einleitung des Themenbands:] „Schöne Scheiße – Konfigurationen des Skatologischen in Sprache und Literatur". *Zagreber Germanistische Beiträge* 27 (2018): 5–25.
Breuer, Ingo. „Tod im Schirokko. Über das Wetter in Thomas Manns ‚Der Tod in Venedig'". *Grenzgänge. Transkulturalität als Literatur- und Wissenschaftsform*. Festschrift für Marijan Bobinac. Hg. von Milka Car, Svjetlan Lacko Vidulić und Jelena Spreicer. Zagreb: Universität Zagreb, Abteilung für Germanistik der Philosophischen Fakultät, 2022. 169–186.
Büchner, Georg. *Sämtliche Werke und Schriften. Marburger Ausgabe*. 10 Bände. Bd. 7: *Woyzeck*. Hg. von Burghard Dedner u. a. Darmstadt: Wissenschaftliche Buchgesellschaft, 2005.
Busch, Bernd. „Eine Frage des Dufts". *Das Riechen. Von Nasen, Düften und Gestank*. Hg. von Uta Brandes. Bonn: Kunst- und Ausstellungshalle der Bundesrepublik Deutschland / Göttingen: Steidl, 1995. 10–22.
Conradi, Hermann. *Adam Mensch*. Leipzig: Wilhelm Friedrich, 1889.
Corbin, Alain: *Pesthauch und Blütenduft. Eine Geschichte des Geruchs*. Frankfurt am Main: Fischer, 1992.
[D'Alembert, Jean Le Rond; Denis Diderot u. a.]. *Encyclopédie, Ou Dictionnaire Raisonné des Sciences, des Arts et des Métiers, par une Société De Gens De Lettres. Mis En Ordre Et Publié Par Mr. ***.* Tome Dixieme. Mam-My. Neufchâtel: Samuel Faulche, 1765.
De Villa, Massimiliano. „,Chi sei tu, incomprensibile spirito': il profumo nella scrittura tedesca tra Otto e Novecento". *Il profumo della letteratura*. Hg. von Daniela Ciani Forza und Simone Francescato. Mailand: Skira, 2014. 179–195.
Diaconu, Mădălina. *Tasten – Riechen – Schmecken. Eine Ästhetik der anästhesierten Sinne*. 2. Auflage. Würzburg: Königshausen & Neumann, 2020.
Diemke, Justine. Bericht über die 37. Große Mommsen-Tagung: Sinne in der Antike – Sensorik, Wahrnehmung, Wirkung. https://www.mommsen-gesellschaft.de/images/pdf/Grosse%20Tagung%202024_Tagungsbericht.pdf (erstellt: 5.11.2024, zuletzt abgerufen: 31.5.2025).
Dohm, Hedwig. *Der Frauen Natur und Recht. Zur Frauenfrage zwei Abhandlungen über Eigenschaften und Stimmrecht der Frauen*. Berlin: Wedekind und Schwieger, 1876.
Duncker, Dora. *Großstadt*. Berlin: Richard Eckstein Nachf., H. Krüger, 1900.
Elsaghe, Yahya: „Vom blinden Genuss betäubender Düfte. Geruch in Thomas Manns Spätwerk". *Unipress. Forschung und Wissenschaft an der Universität Bern* 113, Juni 2002. 38–40. Ebenso online unter http://www.aurora-magazin.at/medien_kultur/sinn_elsaghe_frm.htm (4.5.2025).
Freud, Sigmund. *Gesammelte Werke: chronologisch geordnet*. 19 Bände. Hg. von Anna Freud u. a. Bd. VII: *Werke aus den Jahren 1906–1909*. Frankfurt am Main: Fischer Taschenbuch-Verlag, 1999.

Frey, Winfried. „Juden, Hexen, Teufel: Der ‚teuflische Gestank' als Kennzeichen für ‚Außenseiter' über Jahrhunderte". *Mediävistische Perspektiven im 21. Jahrhundert*. Wiesbaden: Reichert, 2021. 171–191.

Friedman, Emily C. *Reading Smell in Eighteenth-Century Fiction*. Lewisburg, PA: Bucknell, 2016.

Gauger, Hans-Martin. *Das Feuchte und das Schmutzige. Kleine Linguistik der vulgären Sprache*. München: C.H. Beck, 2012.

Gitter, Anne-Kathrin. *Der christliche Metacode im Spätrealismus. Die produktive Rezeption von Dante Alighieris ‚Divina Commedia' bei Conrad Ferdinand Meyer, Wilhelm Raabe und Ferdinand von Saar*. Freiburg: Rombach, 2023.

Goethe, Johann Wolfgang von. *Werke*. Hamburger Ausgabe. 12 Bände. München: DTV, 1982.

Goethe, Johann Wolfgang von. *Sämtliche Werke nach Epochen seines Schaffen*s. Münchner Ausgabe. 21 Bände. München: btb, 2006.

Goethe, Johann Wolfgang von. *Briefe. Historisch-kritische Ausgabe*. Bd. 2 I: *Anfang 1773 – Ende Oktober 1775. Texte*. Hg. von Georg Kurscheidt und Elke Richter. Berlin: Akademie Verlag, 2009.

Grässe, Johann Georg Theodor. *Sagenbuch des Preußischen Staates*. 2 Bände. Glogau: Carl Flemming, 1868 (Bd. 1) und 1871 (Bd. 2).

Grimm, Jakob und Wilhelm. *Deutsches Wörterbuch. Der digitale Grimm*. CD-ROM-Ausgabe. Hg. von Hans-Werner Bartz u. a. Frankfurt am Main: Zweitausendeins, 2004.

Gruner, Horst. „Gestank der Konformität. Industrialisierung, Umweltverschmutzung und Phantasie in Wilhelm Raabes Pfisters Mühle". *Konformieren*: Festschrift für Michael Niehaus. Hg. von Jessica Güsken, Christina Lück, Wim Peeters und Peter Risthaus Heidelberg: Synchron Wissenschaftsverlag 2019. 97–119.

Gryphius, Andreas. *Dramen. Kritische Edition mit umfassendem Kommentar*. Hg. von Eberhard Mannack. Frankfurt am Main: Deutscher Klassiker Verlag, 1991 (Bibliothek deutscher Klassiker, Bd. 67).

Hauptmann, Carl. *Die goldnen Straßen. Eine Trilogie* [„Tobias Buntschuh", „Gaukler, Tod und Juwelier", Musik"]. Leipzig: Wolff, 1918.

Heine, Heinrich: *Werke in vier Bänden*. München: Hanser, 1982.

Himberg, Kay. „Phantasmen der Nase. Literarische Anthropologie eines hervorstechenden Organs". *Körperteile. Eine kulturelle Anatomie*. Hg. von Claudia Benthien und Christoph Wulf. Reinbek: Rowohlt, 2001. 84–103.

Kolnai, Aurel. *Ekel, Hochmut, Haß. Zur Phänomenologie feindlicher Gefühle*. Frankfurt am Main: Suhrkamp, 2007.

Krause, Frank. „‚Follow the scent: one will seldom err': The Stench of Failed Nietzschean Practice in André Gide's The Immoralist (1902) and Thomas Mann's Death in Venice (1912)". *Smell and Social Life. Aspects of English, French and German Literature (1880–1939)*. Hg. von Katharina Herold und Frank Krause. München: Iudicium, 2021. 67–84.

Krause, Frank. *Geruchslandschaften mit Kriegsleichen. Deutsche, englische und französische Prosa zum Ersten Weltkrieg*. Göttingen: Vandenhoeck & Ruprecht, 2016.

Krause, Frank. „Smell-sound synaesthesia as revelatory medium: A brief history with emphasis on German literature (1900–1930)". *Mediality of Smells / Médialité des odeurs*. Hg. von Jean-Alexandre Perras und Érika Wicky. Oxford u.a.: Peter Lang, 2022. 323–340.

Krause, Frank. *Geruch und Glaube in der Literatur. Selbst und Natur in deutschsprachigen Texten von Brockes bis Handke*. Berlin / Boston: dup / De Gruyter, 2023.

Kutney, Gerald. *Sulfur. History, Technology, Applications and Industry*. Toronto: ChemTec Publishing, 2007.

[Ludwig, Christian]. *Christian Ludwig's teutschenglisches Lexikon*, vierte verbesserte Auflage, 2 Bände, Leipzig: Gleditsch, o. J. [1789].
Mann, Thomas. *Die Erzählungen*. Frankfurt am Main: Fischer Taschenbuch Verlag, 1986.
Mattenklott, Gerd. „Nase". *Vom Menschen. Handbuch Historische Anthropologie*. Hg. von Christoph Wulf. Weinheim / Basel: Beltz, 1997. 464–470.
Medyakov, Alexander. „Der olfaktorische Symbolismus im deutschen Russlandbild des 19. Jahrhunderts". *Historische Zeitschrift* 305/2017, Heft 3: 657–688.
Menninghaus, Winfried. *Ekel. Theorie und Geschichte einer starken Empfindung*. Frankfurt am Main: Suhrkamp, 2002.
Mörike, Eduard. *Sämtliche Werke in zwei Bänden*. Band 1, München: Winkler, 1967.
Morris, Edwin T. *Düfte. Die Kulturgeschichte des Parfums*. Düsseldorf: Albatros, 2006.
Nietzsche, Friedrich. *Werke in sechs Bänden*. München / Wien: Hanser, 1980.
Nussbaum, Martha C. *Politische Emotionen. Warum Liebe für Gerechtigkeit wichtig ist*. Frankfurt am Main: Suhrkamp, 2016.
Perras, Jean-Alexandre: „La Réaction parfumée: les ‚petits musqués' de la Révolution". *Littérature*, 2017/1, N° 185: 24–38.
Raabe, Wilhelm. *Sämtliche Werke* Bd. 16 [*Pfisters Mühle* u. a.]. 2., durchgesehene Auflage. Göttingen: Vandenhoeck & Ruprecht, 1970.
Rilke, Rainer Maria. *Die Aufzeichnungen des Malte Laurids Brigge*. Frankfurt am Main: Suhrkamp, 2000.
Rosenkranz, Karl. *Die Ästhetik des Häßlichen*. Königsberg: Verlag der Gebrüder Bornträger, 1853.
C.F.B. *Schedel's praktische und bewährte Anweisung zur Destillirkunst* [...]. Siebente verbesserte und vermehrte Auflage; bearbeitet und hg. von Dr. A. Graeger. Weimar: Voigt, 1871.
Schiller, Friedrich. *Sämtliche Werke*. Hg. von Gerhard Fricke und Herbert G. Göpfert in Verbindung mit Herbert Stubenrauch, 5 Bände. 8. Auflage, München: Hanser / Darmstadt: Wissenschaftliche Buchgesellschaft, 1987.
Schopenhauer, Johanna. *Gabriele. Ein Roman*. Theil 1–3, Leipzig: F.A. Brockhaus, 1821.
Simmel, Georg. *Soziologie. Untersuchungen über die Formen der Vergesellschaftung*. Leipzig: Duncker & Humblot, 1908.
Suttner, Bertha von. *Die Waffen nieder!* 2 Bände, Dresden / Leipzig: Pierson, 1892.
Vigarello, Georges. *Concepts of Cleanliness. Changing Attitudes in France since the Middle Ages*. Cambridge: Cambridge University Press, 1988.
Vigarello, Georges. *Wasser und Seife, Puder und Parfüm. Geschichte der Körperhygiene seit dem Mittelalter*. Frankfurt am Main / New York: Campus Verlag, 1992.
Werner, Florian. *Dunkle Materie. Die Geschichte der Scheiße*. München: Nagel & Kimsche, 2011.

Sergej Rickenbacher
Theodor Storms olfaktorische Hantologie

Am 26. Juli 1846 schreibt Theodor Storm seiner Braut Constanze Esmarch folgende Zeilen: „Endlich gingen wir nach dem Garten, wo die Blumen einen starken Duft verströmten. Da dachte und sprach ich sogleich leis bei: Warum duften die Levkoien so viel schöner bei der Nacht? / Warum brennen deine Lippen [...]?" (Storm 1987, 775). Es folgt jenes Liebesgedicht, das Storm sechs Jahre später unverändert unter dem Titel *Abends* in seine erste Sammlung von *Sommergeschichten und Liedern* aufnehmen wird.[1]

Der Husumer Dichter und Rechtsanwalt berichtet in diesem Brief offenkundig von einer Inspirationsszene, in der ein alltägliches, persönliches Ereignis den Prozess des Dichtens initiiert, der insofern beglaubigt wird, als das fertige Gedicht unmittelbar folgt. Diese Selbstdarstellung ist bei Storm keine Ausnahme. Er positioniert nicht nur im privaten Briefverkehr das Erlebnis als Keimzelle seiner Lyrik, sondern greift es auch in seinen poetologischen Überlegungen wieder auf: „Die besten lyrischen Gedichte sind daher auch immer unmittelbar aus der vom Leben gegebenen Situation heraus geschrieben worden; [...] denn bei einem lyrischen Gedichte muß nicht allein [...] das *Leben*, nein es muß gradezu das *Erlebnis* das Fundament bilden." (Storm 1988, 331–332) Somit ordnet sich Storm ausdrücklich in die Tradition der goethezeitlichen Erlebnislyrik ein, als deren letztes Glied er sich versteht.[2]

Jedoch wird ein naives Verständnis von ‚Erlebnis' weder Storms Poetologie noch der dazugehörigen Forschung gerecht. Gerade die Goethezeit, an die Storm explizit anschließt, versteht das lyrische Erlebnis als einen genuin durch den literarischen Text erschaffenen Situationsbezug, der den Lesenden erlaubt, sowohl emotional als auch kognitiv im Besonderen das Allgemeine zu entdecken.[3] In diesem Sinn sieht Gerd Eversberg das Erlebnis bei Storm auch durch die Kunst

---

1 Ein weiteres Mal wird das Gedicht am 25. Juli 1847 in einem Brief an Constanze Esmarch rezitiert. Wiederum erzählt Storm von einem Gartenspaziergang, während dem er durch Gerüche an das Gedicht erinnert wird (Storm 1987, 775).
2 So Dieter Lohmeier im Kommentar der maßgeblichen Storm-Ausgabe. Vgl. Storm 1988, 810–811.
3 Diese Ansicht teilt Storm: „Die eigentliche Aufgabe des lyrischen Dichters besteht aber unsrer Ansicht nach darin, eine Seelenstimmung derart im Gedichte festzuhalten, daß sie durch dasselbe bei dem empfänglichen Leser reproduziert wird, wobei freilich der Wert und die Wirkung des Gedichtes davon abhängen wird, daß sich die individuellste Darstellung mit dem allgemeingültigsten Inhalt zusammenfinde." (Storm 1988, 331)

https://doi.org/10.1515/9783111396040-005

geläutert.[4] Trotz dieser Orientierung an einer alten Tradition gehört Storm allerdings nicht zu den Epigonen der Jahrhundertmitte. Wie Heinrich Detering in seinem Aufsatz „Der letzte Lyriker'. Erlebnis und Gedicht" festhält, besteht eine grundlegende Differenz zwischen der Erlebnislyrik um 1800 und dem Storm'schen Naturerlebnis: Ließ erstere mindestens in der Schwebe, ob sich im Erlebnis eine wie auch immer geartete Einheit von Ich und Welt – das Allgemeine im Besonderen – manifestiert, ist diese Ganzheitserfahrung bei Storm bereits in den Irrealis gesetzt: „Die Einheit mit ihr [d. i., der Welt] ist ihm [d. i., dem Ich] so unwiderruflich verloren wie die romantische Kindheit, und kein Lied kann es mehr rückwärts in sie hineinsingen." (Detering 2004, 36) Diese Verlorenheit sowie die Überzeugung, der ‚letzte Lyriker' zu sein, gehen einher mit dem Bewusstsein der eigenen sowie epochalen Endlichkeit.[5]

Durch die Berufung auf eine überholte Form der Lyrik sowie das Bewusstsein für deren Vergangenheit, aber auch durch die Gründung der eigenen Gedichte im außerliterarischen Erlebnis stellt sich in Storms Lyrik ein permanentes Kippen zwischen Präsenz und Absenz ein. Dieses Kippen entfaltet sich, so meine erste These, in den ersten frühen Gedichten häufig über Blumengerüche und ihre Wahrnehmung, was ich an den drei Gedichten *Abends* (1852), *Hyazinthen* (1852) sowie zwei der *Frauen-Ritornelle* (1877) entwickeln werde. Als affektive, schwierig zu verbalisierende Sinneserfahrung, die häufig mit alltäglichen, zum Teil banalen Tätigkeiten wie einem Frühlingsspaziergang oder der Gartenarbeit verbunden ist, bietet sich das Riechen zur Einschreibung des persönlichen Erlebnisses in die Literatur geradezu an. Storm nutzt diese Eigenschaft ausgiebig: Erstens ist über ihn bekannt, dass er gegenüber seiner olfaktorischen Umgebung sehr aufmerksam war.[6] Zweitens durchziehen Gerüche auch seine Texte: Nicht nur die eingangs zitierte Briefstelle bemüht die Riecherfahrung, sondern auch seine Lyrik sowie seine Prosa sind von Gerüchen geprägt, was bereits seinen frühen Lesern auffiel.[7]

---

4 Diese Läuterung hat nach Eversberg auch eine kathartische Funktion für die Leser:innen, da einem unklaren Gefühl ein eindeutiger Ausdruck gegeben wird. Vgl. Eversberg 2007, 55.
5 Vgl. Detering 2004, 26. Nicht von ungefähr besaß Storm eine Faszination für Gespenstergeschichten.
6 Sehr eindringlich manifestierte sich die Bedeutung des Riechens für Storm gegen Ende seines Lebens, als er mit der fortschreitenden Abnahme seines Riechvermögens und Phantosmien zu kämpfen hatte. Vgl. Schalke 2017, 13 und Mückenberger 2017, 32.
7 Bereits 1913 hält Walter Reitz in seiner Studie zu dessen Landschaftsdarstellungen lapidar fest: „Das Riechen spielt bei Storm eine große Rolle" – um daraus ganz im Sinn einer Erlebnisdichtung zu schließen, dass der Norddeutsche über ein besonders sensibles Geruchsorgan verfügt haben muss (Reitz 1913, 26–28).

Zugleich dürfen die olfaktorischen Stellen der Storm'schen Gedichte nicht auf ihren Erlebnisgehalt reduziert werden. Vielmehr findet über die Geruchstopoi auch eine Auseinandersetzung mit dem literarischen Erbe, insbesondere der Romantik statt. Gerade auch die Autoren um 1800, als deren letzter Nachkomme sich Storm versteht, engagieren in gezielter Weise Gerüche vegetabiler Herkunft. Ihre inspirierende oder auch magische Wirkung[8] erlaubt nicht selten jene Erfahrung einer Einheit zwischen dem Ich und dem Kosmos,[9] die bei Storm als eine unmögliche markiert ist. Daher wird im Folgenden dargestellt, wie Storm die Geschichte des Geruchstopos in der deutschsprachigen Literatur weiterschreibt: Das Erleben der Einheit ist nicht mehr verfügbar, sondern residiert nur noch als Begehren in den Gedichten Storms, deren Pathosformel das Riechen der Blumendüfte darstellt.[10] Diese These führe ich exemplarisch am eingangs erwähnten Gedicht *Abends* aus.

Bis hierhin stellen die olfaktorischen Topoi eine spezifische Umsetzung des bereits von Detering als konstituierend erkannten lyrischen Bewusstseins für den unhintergehbaren Verlust der biographischen sowie literaturhistorischen Vergangenheit dar. Meine dritte These wird jedoch über diese Bestimmung Storms hinausgehen, indem diese Poetologie als Hantologie lesbar gemacht wird,[11] deren Modell Gerüche und ihre Wahrnehmung sind. Das Gespenstische kann grundsätzlich als ein zwiespältiger ontologischer sowie phänomenaler Status beschrieben werden, in dem die Dichotomien zwischen lebendig/tot, sichtbar/unsichtbar oder materiell/immateriell konstitutiv verunsichert sind.[12] Storm selbst besaß nachweislich eine Faszination für Gespenstergeschichten und für Okkultes überhaupt.[13] Es handelt sich aber nicht um ein Privatinteresse Storms, was hinsichtlich seiner Prosa Philip Theisohn poetologisch,[14] Elisabeth

---

8 Vgl. z. B. Arnim 1989, 37–48; Goethe 2011, 319–320; Hoffmann 1998, 25; Hoffmann 2019, 25.
9 Vgl. exemplarisch Heine 1972, 102.
10 Vgl. Böhme 1997, 10.
11 Unter Hantologie verstehe ich die Reflexion von Präsenzen gegenwärtig nicht mehr oder noch nicht existenter Entitäten, die im Fall von Storm im literarischen Medium vollzogen wird. Meine Beschreibung dieser Zersplitterung linearer Zeit und ihrer drei Kategorien Vergangenheit, Gegenwart und Zukunft orientiert sich an Jacques Derridas *Marx' Gespenster* (2022).
12 Vgl. Begemann 2019, 206–207.
13 Vgl. Storm 2011, 142–151. Ferner: Begemann 2019 und Begemann 2013.
14 Das Gespenstische von Storms literarischen Texten hat Philip Theisohn in seiner Lektüre der Novelle *Der Schimmelreiter* bereits festgehalten, indem er postulierte, dass die Erzählung selbst ein Revenant aus einer anderen Zeit ist. Vgl. Theisohn 2008.

Strowick medientheoretisch[15] und Christian Begemann kulturtheoretisch[16] entwickeln. Allerdings wird dabei übersehen, dass den Gespenstern der Prosa die frühe Erlebnislyrik vorausgeht, in der das Verhältnis zwischen dem Gespenstischen eng mit der Materialität der Gerüche und ihrer Wahrnehmung verbunden ist.[17]

Auf der einen Seite besitzen Gerüche gleichermaßen eine enge Verbindung zu ihrem Ursprung wie eine hohe Evokationskraft. Bis zu ihrer synthetischen Herstellung in den 1860er Jahren standen Duftstoffe mit ihrer natürlichen Quelle immer in einer materiellen Beziehung. Sie weisen zudem eine unwillkürliche Konkretheit auf, da dieser Ursprung häufig mit ihrer Wahrnehmung evoziert wird, was sich nicht zuletzt in der Sprache niederschlägt: Gerüche werden meist nach ihrem Ursprung genannt – „es riecht nach Dung" – oder verglichen – „es riecht wie ein nasser Hund". Auf der anderen Seite können sie aufgrund dieser Eigenschaften als Zeichen *gespenstisch* werden. Sie vermögen etwas Absentes oder im Verschwinden Begriffenes imaginär zu evozieren, mit dem sie zudem in materieller Beziehung stehen, das aber in seiner ursprünglichen Form nicht mehr existent ist. Ein Geruch verharrt in diesen Fällen unentscheidbar auf der Schwelle zwischen real und irreal, tot und lebendig, materiell und immateriell sowie gegenwärtig und vergangen.[18] Dieser gespenstische Zustand erscheint in besonderer Weise im Gedicht *Hyazinthen* als Topos: In der ephemeren Sprach-Spur der Gerüche wird das Vergangene als nicht sicher, aber potenziell Gewesenes evoziert.

Schließlich findet sich in Storms Lyrik, wie ich anhand des dritten *Frauen-Ritornell* ausführen werde, auch eine hantologische Form der Olfaktion, die sich vom empirischen Riechen unterscheidet: Anders als reale Gerüche erschafft dieses Gedicht seine Duftnote sowie deren Erleben in den Ritornellen insofern als Revenants selbst, als beides im Text als bereits Vergangenes entsteht.[19] Was Elisabeth Strowick somit als „spektrale Simulation des Referenten" (Strowick 2017,

---

15 Strowick entwickelt mit Rückgriff auf Barthes' *effet du réel* und Derridas Hantologie eine spektrale Simulation des Referenten, die sich in Storms Prosa-Texten formuliere; siehe Strowick 2017.
16 Die Storm'sche Gespensterfaszination versteht Begemann als eine Auseinandersetzung mit der Frage, was Realität und Realismus in der Moderne sein kann; siehe Begemann 2019. Ferner: Begemann 2013.
17 Sowohl Begemann als auch Strowick referieren auf eine spezifische Erinnerungsszene in der Novelle *Im Sonnenschein*, in welcher der Duft eines Buchsbaums imaginär gerochen wird. Vgl. Begemann 2019, 207 und Strowick 2017, 353.
18 Vgl. die Bestimmung des gespenstischen Leibs bei Derrida 2022, 20.
19 Vgl. hierzu auch Derridas Reflexion der spektralen Zeitstruktur, welche die Differenzen zwischen Vergangenheit, Gegenwart und Zukunft verwischt: Derrida 2022, 61–62.

353) und damit als Medienreflexion in Storms Prosa versteht, entwickelt sich zuerst performativ in Storms frühen Gedichten als eine gespenstische Erlebnishaftigkeit der Lyrik.

1 *Abends*: Geruch als Pathosformel des unstillbaren Begehrens

> Warum duften die Levkojen so viel schöner bei der Nacht?
> Warum brennen deine Lippen so viel röter bei der Nacht?
> Warum ist in meinem Herzen so die Sehnsucht auferwacht,
> Diese brennend roten Lippen zu küssen bei der Nacht? (Storm 1987, 22)

Mit Kenntnis des eingangs skizzierten Entstehungskontexts liest sich dieses Gedicht eindeutig als lyrische Verarbeitung der Sehnsucht von Storm nach seiner Verlobten. Aber auch ohne Wissen um die biographischen Hintergründe suggeriert das Gedicht Erlebnishaftigkeit. Zwar gehören ‚Nacht', ‚Herz', ‚Sehnsucht' und ‚Lippen' spätestens seit der Romantik zum gängigen Vokabular des Liebesdiskurses, doch wird die topische Konventionalität bereits durch das erste Substantiv durchbrochen: die Levkoje. Sie kommt in der Lyrik, besonders in Liebesgedichten, im Vergleich zu Rosen, Lilien oder Hyazinthen kaum je vor. Auch gehören Levkojen nicht zu jenen Blumen, die in Storms Werk regelmäßig zu finden sind. Zu ihnen zählen vielmehr Rosen, Reseda, Volkameria oder Geißblatt.[20] Selbst ein Blick in die zahlreichen Blumenalphabete der Zeit legen keine eindeutige Verbindung zwischen der Blume und einer Sprache der Liebe nahe.[21] Dass der Levkojengeruch weder literarhistorisch noch kulturgeschichtlich mit dem erotischen Begehren verbunden werden kann, steigert den Erlebnisgehalt dieser Blume im Gedicht *Abends*.

Gleichzeitig wird dieser tatsächliche Erlebnischarakter von *Abends* durch die intertextuelle Einbettung des Gedichts durchkreuzt. In prägnanter und lakonischer Weise schließt Storms Gedicht an eine kleine Nachtszene aus Heines *Harzreise* (1826) an. In dieser steht ein Liebender an einem Fenster und erfährt über die Gerüche vermittelt eine Vereinigung mit seiner entfernten Geliebten:

> Und aus meinem Herzen ergossen sich die Gefühle der Liebe, ergossen sich sehnsüchtig in die weite Nacht. Die Blumen im Garten unter meinem Fenster dufteten stärker. Düfte sind

---

20 Vgl. Bouillon 2002, 118.
21 Vgl. exemplarisch Simansky 1821, 261–262.

die Gefühle der Blumen, und wie das Menschenherz, in der Nacht, wo es sich einsam und unbelauscht glaubt, stärker fühlt, so scheinen auch die Blumen, sinnig verschämt, erst die umhüllende Dunkelheit zu erwarten, um sich gänzlich ihren Gefühlen hinzugeben, und sie auszuhauchen in süßen Düften. – Ergießt euch, ihr Düfte meines Herzens! und sucht hinter jenen Bergen die Geliebte meiner Träume! (Heine 1972, 102)

Zwischen *Abends* und *Die Harzreise* existiert mit einiger Wahrscheinlichkeit nicht nur ein intertextuelles Verhältnis: Storm war ein eifriger Heine-Leser.[22] Das Riechen wird insofern zu einer poetischen Erfahrung, als Storms Riecherlebnis im Garten entweder bereits literarisch vorgeformt war oder spätestens im Gedicht selbst literarisch überformt wurde. Allerdings sind die Differenzen, die zwischen Heine und Storm existieren, auch über den offenkundigen Gattungswechsel und die unübersehbare Intensivierung der Erotik hinaus symptomatisch: Während Heine über die Gerüche in einen Austausch mit den Blumen und prospektiv auch seiner imaginierten Geliebten tritt, zieht Storms lyrische Sprechinstanz eine Vereinigung nicht einmal in Betracht. Das Gedicht thematisiert vielmehr das unstillbare Begehren des Anderen. Die Entfaltung dieses Begehrens erfolgt auf topologischer, formaler sowie poetologischer Ebene.

In topologischer Hinsicht unterscheiden sich die Relationen zwischen der Levkoje, den Lippen und der Sehnsucht. Stehen die roten Lippen und die Sehnsucht in einem Ursache-Wirkungs-Verhältnis, befindet sich der Geruch der Levkoje sowohl zu den Lippen als auch zu der Sehnsucht in einer analogischen Beziehung. Das *tertium comparationis* zwischen ihnen ist im ersten Fall die Steigerung der Intensität zur nächtlichen Stunde – Farbe und Geruch – und im zweiten Fall die instantane Unstillbarkeit des Begehrens – Sehnsucht und Geruch. In beiden Fällen kann *Abends* auf die Evidenz erzeugende Rahmung durch Intertexte wie Heines *Harzreise*, aber auch auf die ikonographische Tradition zurückgreifen, weshalb in Anlehnung an Aby Warburg von einer Pathosformel gesprochen werden kann: Die Motivgeschichte und die Ikonographie des Riechens an Blumen ist eine solche in dem Sinne, als ein geistiges sowie körperliches Begehren nach einer instantanen Vereinigung in einer Geste supplementiert wird.[23]

Die Form des Gedichts wiederum ist von Figuren der Wiederholung sowie Parallelismen dominiert. Sie sind zum Teil von der orientalischen Gedichtform Rûbai vorgegeben, die Storm verwendet. Der Rûbai besteht meistens aus einer aaba-Reimstruktur; in seltenen Fällen wird ein vierfacher Reim verwendet. Storm

---

[22] In seiner Anthologie *Deutsche Liebeslieder seit Johann Christian Günther* attestierte er ihm zum Beispiel ein außerordentliches Gespür für ‚Stimmungsgedichte'. Vgl. Detering 2007, 34.
[23] In ähnlicher Weise thematisiert das Gedicht [*Jasmin und Flieder*] das ungestillte Begehren: „Jasmin und Flieder blühen / Es ist die schönste Zeit – / Ich aber fühle schlimmer / Als je die Einsamkeit." (Storm 1987, 249)

steigert diese Gleichförmigkeit, indem er nicht nur die seltenere Variante wählt, sondern auch anstatt der vier Reime drei Mal das Wort ‚Nacht' wiederholt und nur einen Reim implementiert. Unterstützt wird dieses Schema weiter durch den Parallelismus der Versanfänge, von denen drei mit dem Interrogativadverb ‚Warum' beginnen. Die Verse zeigen somit eine Tendenz zur Identität. Allerdings wird diese zur Identität tendierende Bewegung punktgenau gestört: Drei Fragen sind auf vier Verse verteilt. Die letzte Frage teilt sich daher in einen Hauptsatz sowie eine Infinitivkonstruktion und zieht sich über zwei Verse, wodurch auch der Parallelismus der Versanfänge und -enden im dritten und vierten Vers zerstört wird. Die Form unterbricht also exakt in jenem Moment die Tendenz zur Identität, in dem die Sehnsucht thematisch wird.

Poetologische Qualität erhält diese Sehnsucht bei Storm durch die Unmöglichkeit ihrer Erfüllung, was sich ebenfalls zuerst im Levkojenduft artikuliert. Im Gegensatz zur Erlebnislyrik um 1800 wird, wie dargestellt, das eingeschriebene Begehren nach einer Einheit von Sprache und Erlebnis im Gedicht vom Textkörper auf topologischer sowie formaler Ebene unterlaufen. Mehr noch, das Riechen der Blume wird zum Sinnbild eines erzwungenen Verharrens an einer Grenze, an der auch die begehrten Lippen der Geliebten medial erfahr-, jedoch nicht verfügbar sind. Gleiches gilt für die Intertexte. Beide residieren nur noch als Spur im Gedicht.

2 *Hyazinthen*: Evokationen des Olfaktorischen

Fern hallt Musik; doch hier ist stille Nacht,
Mit Schlummerduft anhauchen mich die Pflanzen.
Ich habe immer, immer dein gedacht;
Ich möchte schlafen, aber du mußt tanzen.

Es hört nicht auf, es rast ohn Unterlaß;
Die Kerzen brennen und die Geigen schreien,
Es teilen und es schließen sich die Reihen,
Und alle glühen; aber du bist blaß.

Und du mußt tanzen; fremde Arme schmiegen
Sich an dein Herz; o leide nicht Gewalt!
Ich seh dein weißes Kleid vorüberfliegen
Und deine leichte, zärtliche Gestalt. – –

Und süßer strömend quillt der Duft der Nacht
Und träumerischer aus dem Kelch der Pflanzen.
Ich habe immer, immer dein gedacht;
Ich möchte schlafen, aber du mußt tanzen. (Storm 1987, 23)

In diesem 1852 veröffentlichten Liebesgedicht beklagt vordergründig ein Verliebter die Tanzlust seiner Angebeteten, während er schlaftrunken zu Hause sitzt. Er denkt an sie, ja gedachte ihrer immer schon in der Stille. Unterdessen wirbelt die Geliebte in fremden Armen herum, verschenkt vielleicht ihr Herz an einen anderen. Die männliche, lyrische Sprechinstanz wird somit als Melancholiker ausgezeichnet – unterstrichen durch Nacht, Gedenken, Schlaf – und erweist sich als statisch. Dagegen scheint die Geliebte lebenszugewandt und dynamisch. Die maßgebliche Storm-Ausgabe von Karl Ernst Laage und Dieter Lohmeier sowie ein Aufsatz von Gerd Eversberg führen dieses Gedicht unter anderem auf Storms Angst zurück, dass sich seine Verlobte Constanze Esmarch ohne ihn vergnügen könnte.[24] Ohne konkretes Ereignis als Auslöser gebe *Hyazinthen*, so Eversberg, „Einblick in die seelische Verfassung Storms und in den Stimmungskontext, der für ihn bei der Niederschrift des Gedichts bedeutsam war" (Eversberg 2007, 54). An die Stelle des Augenblicks in *Abends* träte in *Hyazinthen* als Erlebnis somit Storms Gemütszustand.

Diese eindeutige Disposition von melancholischem Dichter, den Sorge und Eifersucht plagen, und lebensbejahender Geliebten wird aber vom Gedicht ganz ähnlich wie in *Abends* kontrapunktiert. Trotz aller Lebensfreude scheint die Geliebte – und nicht die lyrische Sprechinstanz – kränklich, gefährdet oder sogar dem Tod nahe. Nicht nur droht ihr Gewalt, auch bleibt die Tanzende blass, während alle anderen glühen. Ihren zerbrechlichen Körper hüllt sie in ein weißes Kleid. Da es für Storm typisch ist, dass er den Tod mit Weiß statt mit Schwarz symbolisiert,[25] lässt sich die Geliebte – oder im metaphorischen Sinn vielleicht auch die Liebe zu ihr – zudem als bereits tot lesen, womit das vermeintliche Liebesgedicht recht eigentlich eine Gespenstergeschichte wird. Diese Lesart bestärkt der Text auch in den Tempora der Verben. In lediglich zwei identischen Fällen wird vom Präsens abgewichen: Die lyrische Sprechinstanz gedenkt nicht seiner Geliebten, sondern hat ihrer immer gedacht. Das stillstellende Andenken scheint trotz Ermüdung gescheitert, denn der Totentanz geht weiter.

Ohne Zweifel bietet das Gedicht zudem eine poetologische Lesart an. Wie *Abends* referiert es auf die Literaturgeschichte, was sich in diesem Fall bereits im Titel anzeigt: Die Hyazinthe gilt als beliebte Blume der Literatur, insbesondere der Romantik.[26] Wer die Geliebte als Metapher für eine im Vergehen begriffene oder kürzlich geendete Romantik setzt, erhält eine Lektürevariante des Gedichts, die gerade wegen der Blumenwahl und des nachdrücklichen Insistierens auf

---

24 Vgl. Storm 1988, 776 (Kommentar) und 53.
25 Vgl. Bouillon 2002, 121–122.
26 Vgl. z. B. Novalis' Kunstmärchen *Hyacinth und Rosenblüthe* in den *Lehrlingen zu Saïs*: Novalis 1977, 91–110.

deren Duft an Evidenz gewinnt. Nicht nur ist die Hyazinthe romantisch konnotiert, sondern ihre Etymologie ist auch eng mit einer tragisch verlorenen Liebe verbunden. In Ovids *Metamorphosen* wird erzählt, dass Apollo den von ihm geliebten Jüngling Hyakinthos mit einem missglückten Diskuswurf versehentlich tötet. Zum Andenken lässt er aus dem vergossenen Blut eine Blume erwachsen, in dessen Blütenblätter er zudem den Klageruf ‚AI AI' eingeschrieben haben soll.[27]

Dieser Klageruf kehrt als Duft in Storms *Hyazinthen* wieder. Es ist nicht die Musik als Schwesterkunst, die zur Dichtung führt, sondern der Geruch jener Pflanze, dem die Klage über den Verlust eingeschrieben ist.[28] Die Töne sind fern, der Hyazinthenduft dagegen ist gleichermaßen Auslöser der klagenden Stimmung wie der Hauch ihrer symbolischen Verkörperung. Auch die rhetorischen Figuren legen diesen Schluss nahe: Allein in jenen Versen, in denen vom Duft die Rede ist, finden sich die für die Lyrik des neunzehnten Jahrhunderts typischen Anastrophen, während der Rest syntaktisch korrekt, ja sogar prosaisch gehalten ist. Was imaginiert wird, ist somit in seinem Ton dreifach elegisch: Erstens droht die Liebe zu scheitern, zweitens könnte die Geliebte dem Tod nahe oder bereits tot sein und drittens hängen die Hyazinthen als Symbol der Romantik nur noch als Geruch in der Luft, sind jedoch nicht mehr als Blumen greifbar.

Zusätzlich zu diesen beiden naheliegenden Lesarten ist noch eine dritte Variante möglich: Trotz der offensichtlichen Eifersuchtsthematik und Todessymbolik kann dieses Gedicht auch nicht-anthropozentrisch gelesen werden. Was sich auf den ersten Blick ungewohnt anhören mag, gewinnt bei einer Deklination des Liebesszenarios als Metapher für eine weiße Hyazinthe in einem Beet roter Artgenossinnen an Plausibilität. Historisch verbürgt ist, dass die beliebte Zierblume im neunzehnten Jahrhundert in verschiedenen Farben existierte, darunter auch in rot und weiß. Im Gedicht wird zudem evident, dass die lyrische Sprechinstanz sich entweder in einem Raum am offenen Fenster oder in einem Garten befindet. Weiterhin hallt zwar fern und unsichtbar die Musik, das Brennen der Kerzen, das Teilen und Schließen der Reihen sowie der Flug des weißen Kleides werden hingegen von der lyrischen Sprechinstanz gesehen.

Wenn auf die übliche Annahme verzichtet wird, dass die lyrische Sprechinstanz sich den Tanz der Geliebten imaginiert, dafür aber ein Teil der Szene metaphorisch gelesen wird, sitzt der Melancholiker an einem Fenster oder im Garten, Kerzenlicht brennt und von Ferne, vielleicht sogar im eigenen Haus ertönt Musik. Was ohne Unterlass rast, ist der Wind, was sich teilt und schließt sind die Reihen

---

27 Vgl. Ovid: Metamorphosen, 10, 181–219.
28 Die Betonung des Musikalischen bei Eversberg erscheint insofern als zu einseitig. Vgl. Eversberg 2007, 55.

des Hyazinthenbeets, in dem alle Blumen rot sind, bis auf eine einzige Pflanze von weißer Blüte. Dass die Blumen sich bewegen, ist nicht selbstbestimmt, sondern der Imperativ des Winds: „du mußt tanzen". Die treibende Gewalt sind die Schläge anderer Blätter und Stängel, was in der Folge vorbeifliegt, die gelösten weißen Blütenblätter.[29] In diese Lesevariante lässt sich auch der Geruch nahtlos in die Handlungslogik einfügen. Das Riechen der Hyazinthen initiiert eine metaphorische Beschreibung des Gartens, in der die Blumen zu Tanzenden werden – eine Transformation, die man als genuin poetisch bezeichnen kann.

Storms Gedicht entwickelt somit eine Szene der Eifersucht, jedoch nicht *nur* zur Darstellung einer menschlichen Beziehung, sondern *auch* des Entblätterns einer weißen Hyazinthe. Selbstredend gibt es auch gegen diese – wie jede andere – Lesart im Gedicht selbst Widerstände. Zum Beispiel bleibt ungeklärt, inwiefern einer weißen Hyazinthe „immer gedacht" werden kann. Wichtig ist jedoch, dass das Gedicht die Deutungsmöglichkeiten trianguliert, die sich um das Begriffspaar Tod/Tanz winden: Die Geliebte tanzt im Sinne des letzten Aufbäumens der Lebenskraft, die Romantik kann nur durch den imaginierten lyrischen Tanz als Vergangenes reaktiviert werden und die weiße Hyazinthe, die sich im Wind wiegt, wird allmählich entblättert.

Hyazinthen steigert insofern im Vergleich zu *Abends* die Unsicherheit über das zugrundeliegende Erlebnis. Angesichts der programmatischen Unmöglichkeit, das Gedicht auf ein biographisches Erlebnis zurückzuführen, wird letztlich die Evokationskraft des Geruchs – und wegen der Nähe zum lyrischen Sprechen auch des Gedichts – in den Vordergrund gerückt. Der Duft der Hyazinthen verspricht drei Mal eine Transgression, die jedoch nicht real wird. Er wird folglich zu einer poetologischen Chiffre, die *Hyazinthen* im Grenzraum zwischen Erlebnis, gedenkendem Erinnerungsvermögen und phantastischer Einbildungskraft verortet.

3 *Frauen-Ritornelle*: Die Muskathyazinthe als Revenant einer lyrischen Zukunft

Auch der Gedichtzyklus *Frauen-Ritornelle* spielt mit dem Anspruch einer lyrischen Sprechinstanz und dem Abbruch, den ihm die Welt tut. Irmgard Roebling bezeichnet ihn wegen seiner langen Entstehungszeit und seinem artistischen Na-

---

[29] Diese zweite Lesart stützt sich auch auf die programmatischen Versanfänge, die sprechend eben gerade nicht aus ‚Ich', ‚Und' sowie ‚Du' bestehen, sondern aus ‚Ich', ‚Und' sowie ‚Es'.

turbegriff zwar als untypisches Beispiel für Storms Naturlyrik, aber sieht in den ersten drei Ritornellen auch „ein[en] Kontrast von sehnsuchtsvoller Hoffnung und Enttäuschung mittels Bildern aus der Natur, meist dem Garten" und nimmt wahr, dass „über dem Gedicht eine durchgehende sehr persönliche Stimmung, die auf Selbsterleben und Erfahrung deutet" (Roebling 2017, 72), liegt. Ich will mich im Folgenden auf das erste und das dritte Ritornell konzentrieren, in denen Gerüche und das Riechen eine implizite Relevanz besitzen.[30]

Obwohl die vier Ritornelle erst 1877 anlässlich der 5. Ausgabe von Storms Gedichten in ihrer heute bekannten Form publiziert wurden,[31] können sie insofern zur frühen Lyrik Storms gezählt werden, als er ihre ersten Fassungen kurz nach seiner Studienzeit niederschrieb. Ihr Entstehungskontext setzt zudem mindestens einige Fragezeichen hinter die persönliche Erlebnishaftigkeit, die Roebling den Ritornellen attestiert. Den Anstoß zu diesen kurzen Gedichten gab Storms Studienfreund und zeitweiliger Wohnpartner Theodor Mommsen. Jener war auf der Suche nach neuen Gedichtformen auf das Ritornell gestoßen und hatte seinem Freund aus Kieler Zeiten bald einige Fingerübungen geschickt. Dieser wiederum wurde von den Vorlagen zu Umdichtungen angeregt. Weder die Form noch die Themen der *Frauen-Ritornelle* stehen ursprünglich mit eigenen Erlebnissen Storms in Beziehung.[32]

Wie gezielt Storm die Umdichtungen in seine olfaktorische Hantologie eingliedert, vermag ein exemplarischer Vergleich mit einer von Mommsens Vorlagen zeigen:

Mommsen:

> Grüne Myrte!
> Ich liebe Viele – andre Blumen wissen's!
> Wird er auch dich noch brechen, der Verirrte? (Zit. n. Detering 2007, 32)

Storm:

> Blühende Myrte –
> Ich hoffte süße Frucht von dir zu pflücken;
> Die Blüte fiel; nun seh ich, daß ich irrte. (Storm 1987, 90)

---

[30] Gerüche werden in den 1871 veröffentlichten Ritornellen nicht ausdrücklich genannt. Es existiert aber ein Ritornell, das Storm vermutlich aus metrischen Gründen von der Publikation ausschloss, wie der Kommentar der einschlägigen Storm-Ausgabe festhält. Obwohl nicht explizit erwähnt, sind geruchliche Materialität sowie ihre Wahrnehmung dennoch maßgeblich. Vgl. Storm 1987, 868 (Kommentar).
[31] Vgl. Roebling 2017, 72.
[32] Vgl. Detering 2004, S. 31 f.

Die wichtigste Änderung, die Storm am Ritornell vornimmt, betrifft die zeitliche Signatur. Dieser Wechsel beginnt bereits im Blumenruf, genauer im ersten Wort. Ist Mommsens Myrte grün – was sie als immergrüner Strauch ohnehin ständig ist – befindet sich Storms Myrte in der Blüte. Exakter müsste gesagt werden, sie befand sich in der Blüte. Denn im Gegensatz zu Mommsen, der Präsens und Futur gebraucht, verwendet Storm in den Versen 2 und 3 das Imperfekt. Dieser Tempuswechsel basiert nicht einfach auf individuellen Vorlieben, sondern geht aus dem Thematisierten hervor. In der Blütephase, in der die Myrte übrigens intensiv riechend ist, vollzieht sich eigentlich jene Bestäubung, die zur Frucht führen soll. Auf diese Ernte hoffte die lyrische Sprechinstanz vergeblich, denn die Blüte fiel zu früh. Wie in *Abends* wird also durch eine hier allerdings implizit riechende Blüte ein Begehren nach einer Aneignung qua Inkorporierung geweckt, das enttäuscht wird.[33]

Diese Thematik erfährt im dritten *Frauen-Ritornell* nochmals eine Steigerung:

> Muskathyazinthen –
> Ihr blühtet einst in Urgroßmutters Garten,
> Das war ein Platz, weltfern, weit, weit dahinten. (Storm 1987, 90)

Im Vergleich zum ersten Ritornell wird die Zeitspanne zwischen Blumenruf und drittem Vers von einem pflanzlichen Fruchtbarkeitszyklus auf mehrere menschliche Generationen gedehnt. Zudem ist anders als im Fall der Myrten unsicher, ob die lyrische Sprechinstanz jemals die Muskathyazinthen gesehen oder gerochen hat. Urgroßmutters Garten scheint zeitlich wie räumlich weit entfernt zu liegen, wie das Temporaladverb „einst" sowie die Lokaladverbien „weit" und „dahinten" suggerieren.[34] Zudem verweist Storm auf seine eigene Urgroßmutter mütterlicherseits, Elsabe Feddersen, deren Haus auf Husum den Mittelpunkt der Großfamilie bildete und die starb, als Theodor Storm 12 Jahre alt war (Storm 2019, 150). Somit kann gefolgert werden, dass die ‚Muskathyazinthen' ein Signifikant ohne existierende Referenz[35] und somit erst recht gespenstisch sind, da sie Vergangenes in Präsenz halten.[36]

Das referenzlose Zeichen muss aber weiter gedacht werden. Wie im Fall der Myrte eröffnet sich der Duftraum implizit über den Blumenruf ‚Muskathyazin-

---

33 Storms Variation steht in dieser Hinsicht in einem Gegensatz zu Mommsens Versen, die unmissverständlich auf die möglicherweise erzwungene *défleurage* zahlreicher Frauen verweisen.
34 Thomas Boyken las die Gärten in Storms Lyrik als Erinnerungs- und Generationenort, aber auch als poetologische Chiffre. Vgl. Boyken 2020, 30.
35 Vgl. Detering 2007, 32. Ihm widerspricht Roebling im Storm-Handbuch in gewisser Weise, als sie die ersten drei Ritornelle auf ein persönliches Erleben zurückführt. Roebling 2017, 72.
36 Vgl. Detering 2007, 32.

then'. Irmgrad Roebling hält angesichts dieser Nennung zu Recht fest, dass „die ‚Muskathyazinthen' mit ihrer orientalischen Herkunft und dem starken Duft sinnlich-erotische, aber auch beinahe fremdländisch-ferne Wünsche" evozieren (Roebling 2017, 72). Sehr präzise ist die Einordnung dieser Blume jedoch nicht, denn sie unterschlägt die Mehrdeutigkeit des Wortes: Im neunzehnten Jahrhundert waren mehrere Arten von Muskathyazinthen bekannt, in Mitteleuropa heimische ebenso wie exotische, riechende ebenso wie geruchlose. Storm, der selbst über ein breites botanisches Wissen verfügte und auch selbst an der Mode des Pflanzensammelns und -klassifizierens partizipierte,[37] dürfte sich dieses Umstands bewusst gewesen sein. Auch spricht die Variation der Pflanzen in seinen prosaischen und poetischen Texten, die mehrheitlich zu den einheimischen Arten gehören und sich nicht an literarischen Topoi orientieren, für seine Sorgfalt in der Auswahl. Es ist aus diesen Gründen naheliegend, dass er die nur scheinbar präzise botanische Bezeichnung ‚Muskathyazinthe' vor allem wegen ihrer Wirkung auf das olfaktorische Vorstellungsvermögen der Lesenden wählte. Insofern ist die ‚Muskathyazinthe' zwar ohne eindeutige Referenz, jedoch nicht ohne Effekt.

Dass dieser Effekt des Imaginären entscheidend ist, zeigt sich im Blick auf eine weitere Ambivalenz des Gedichts: Der ehemalige Fundort der Muskathyazinthen scheint räumlich nicht sehr fern zu liegen, wie das letzte Lokaladverb nahelegt. Zwar existiert offensichtlich eine gewisse Entfernung zwischen der lyrischen Sprechinstanz und dem früheren Ort der Blumen, aber diese Distanz kann nicht so groß sein, dass sie nicht mit dem deiktischen „dahinten" überbrückt werden könnte.

Bedachte Geister könnten argumentieren, dass Storm dieses Adverb wegen des zweisilbigen Reims auf „Hyazinthen" gewählt hat. Diese Erklärung entbehrt nicht einer gewissen Evidenz. Nur entfaltet das Gedicht eine räumliche Binnenlogik, indem „dahinten" sich eben nicht nur auf „Muskathyazinthen" reimt, sondern im Gedichtraum auch semantisch auf sie verweist. Da diesem Gedichtraum auch eine Zeitlichkeit der Lektüre eingeschrieben ist, vollzieht sich im Text performativ das Beschriebene: Das Ende des Gedichts bringt keine Auflösung, sondern wirft zurück auf den Anfang, wo eine als referenzlos ausgezeichnete, dennoch im Imaginären wirksame Geruchsbezeichnung steht. Nicht mehr Existentes wird somit nicht allein zum Gegenstand einer Lyrik, die sich einem Begehren nach unverfügbaren Einheiten annimmt. Vielmehr wird die Unverfügbarkeit der duftenden ‚Muskathyazinthen' als Fluchtpunkt dieses Begehrens erst vom Gedicht selbst konstituiert: Ohne das Gedicht gäbe es das Begehren nicht. Im Blumenruf

---

37 Vgl. Conrad 2018, 37–55.

ist der Geruch der Muskathyazinthe gespenstisch, weil er sich als Revenant aus der lyrischen Zukunft erweist.

4 Storms olfaktorische Hantologie in der Literaturgeschichte

War in der Lyrik der Weimarer Klassik und der Romantik die Wahrnehmung von Blumengerüchen meist mit verschiedenen Erlebnissen der Einheit verbunden, nimmt Storm entscheidende Umbesetzungen vor. Gerochen wird weiterhin, auch regen die Düfte die lyrische Einbildungskraft an. Nur stehen sie nicht mehr für ein Erlebnis der Einheit. Vielmehr markieren sie ein Begehren nach der Vereinigung, das situativ intensiviert wird, aber in dem der oder das Andere nicht mehr verfügbar ist. Die Blumen liegen im Dunkeln oder in der Vergangenheit, die Geliebte ist weit weg. Die Olfaktion weist in Storms früher Lyrik also im Gegensatz zu Goethezeit und Romantik nicht nur auf eine konstitutive Absenz, sondern wird auch zur Pathosformel eines unstillbaren Begehrens, das sowohl biographische als auch literaturgeschichtliche Ursachen besitzt.

Gerade aufgrund der Materialität von Gerüchen sowie ihrer Motivgeschichte markiert die Olfaktion allerdings nicht einfach eine Leerstelle. Wie die Gerüche als materielle Spur mit affektiver Evokationskraft auch dann noch imaginativ wirksam sind, wenn ihr Ursprung längst vergangen ist, sind die Erlebnisse der Einheit in Storms früher Lyrik trotz ihrer Unverfügbarkeit präsent. Sowohl im Blumengeruch als auch im Gedicht erfahren sie eine paradoxe, gespenstische Verleiblichung mit hoher Evokationskraft. Mehr noch, wie anhand des dritten *Frauen-Ritornells* gezeigt, entspinnt sich im Gedichtraum über die Selbstreferenzialität eine komplexe Zeitstruktur, die über eine empirische Riecherfahrung hinausgeht, indem im Text selbst das Duft-Erlebnis sich als ein Revenant aus der Zukunft bildet: Der Signifikant ohne Referenz, die ‚Muskathyazinthe‘, wird zu einem genuin lyrischen Geruch, der nicht tatsächlich riecht, da keine Quelle vorhanden ist, jedoch zum Schluss des Gedichts imaginär das vom Duft stimulierte Begehren nach dem Vergangenen generiert.

Mit der kontinuierlichen Loslösung der Olfaktion vom konkreten Riecherlebnis und von der Existenz seiner Quelle stellt Storms frühe Lyrik eine Zwischenstufe auf dem Weg zum symbolistischen und ästhetizistischen Umgang mit Gerüchen dar. Storm mag den letzten Vertreter der Erlebnislyrik im neunzehnten Jahrhundert darstellen. Jedoch führen seine hantologischen Gedichte in einer Linie zu des Esseintes in Huysmans *À rebours*, der nicht nur abstrakte Parfüms entwirft, sondern auch Geruchshalluzinationen unterliegt, oder zum österreichischen Bildhauer in Hermann Bahrs *Die gute Schule*, der Wirklichkeit durch Geruchskunst zu entfliehen versucht:

> Er wollte sich aus dem Sein vertreiben, in ein anderes hinüber, von dem Denken zu schaffendes, in Träumen waltendes, durch Wünsche gelenktes. Ganz in Geist wollt er sich verwandeln, sich entwirklichen, entkörpern, entschmutzen. Darum floh er in Parfüme. (Bahr 1997, 176)

Literaturverzeichnis

Primärliteratur

Arnim, Achim von. *Werke*. Bd. 2: *Die Kronenwächter*. Berlin: Deutscher Klassiker Verlag, 1989.
Bahr, Hermann. *Die gute Schule. Seelenzustände*. Berlin: Ullstein, 1997.
Goethe, Johann Wolfgang. *Sämtliche Werke*. Band 15/1: *Italienische Reise*. Frankfurt am Main: Deutscher Klassiker Verlag, 2011.
Heine, Heinrich. „Die Harzreise". *Historisch-kritische Edition*. Band 6: *Briefe aus Berlin / Über Polen / Reisebilder I/II (Prosa)*. Hg. Manfred Windfuhr. Hamburg: Hoffmann & Campe, 1972. 81–138.
Hoffmann, E.T.A. *Klein Zaches genannt Zinnober*. Stuttgart: Reclam, 1998.
Hoffmann, E.T.A. *Der goldne Topf*. Stuttgart: Reclam, 2019.
Novalis. *Schriften. Erster Band: Das dichterische Werk*. Hg. Paul Klockhohn und Richard Samuel. Stuttgart: Kohlhammer, 1977.
Ovid: *Metamorphosen*. Hg. Michael von Albrecht. Stuttgart: Reclam, 1994.
Simansky, Johann Daniel. *Selam oder die Sprache der Blumen*. Berlin: Christiani, 1821.
Storm, Theodor. *Sämtliche Werke in vier Bänden*. Bd. 1: *Gedichte / Novellen 1848–1867*. Hg. Karl Ernst Laage und Dieter Lohmaier. Berlin: Frankfurt am Main, Deutscher Klassiker Verlag, 1987.
Storm, Theodor. *Sämtliche Werke in vier Bänden*. Bd. 4: *Märchen, kleine Prosa*. Hg. Karl Ernst Laage und Dieter Lohmeier. Frankfurt am Main: Deutscher Klassiker Verlag, 1988.
Theodor Storms „Neues Gespensterbuch". Beiträge zur Geschichte des Spuks. Hg. v. Karl Ernst Laage. Heide: Boyens, 2011.

Sekundärliteratur

Begemann, Christian. „Figuren der Wiederkehr. Erinnerung, Tradition, Vererbung und andere Gespenster der Vergangenheit bei Theodor Storm". *Wirklichkeit und Wahrnehmung. Neue Perspektiven auf Theodor Storm*. Hg. Elisabeth Strowick. Bern u. a.: Peter Lang, 2013. 13–37.
Begemann, Christian. „Nachtgespenster – Überlebsel. Zum Verhältnis von Moderne und kulturellem Imaginären bei Theodor Storm". *Konventionen und Tabubrüche. Theodor Storm als widerspenstiger Autor des deutschen Realismus*. Hg. Louis Gerrekens, Valérie Leyh und Eckart Pastor. Berlin: Erich Schmidt Verlag, 2019. 201–232.
Bouillon, Regina. „Blumen im Werk Theodor Storms". *Schriften der Theodor-Storm-Gesellschaft* 51 (2002): 117–127.

Böhme, Hartmut. „Aby M. Warburg". *Klassiker der Religionswissenschaft. Von Friedrich Schleiermacher bis Mircea Eliade*. Hg. Axel Michaels. München: Beck, 1997. 133–157.

Boyken, Thomas. „,Durch einen Nachbarsgarten ging der Weg'. Der Garten in Storms *Lyrik*". *Schriften der Theodor-Storm-Gesellschaft* 69 (2020): 26–40.

Conrad, Maren. „Trockenlegung als Kulturpraktik. Die Botanisiertrommel als Schwellenobjekt einer impliziten Wissenspoetik in den Erzählungen Theodor Storms". *Schriften der Theodor-Storm-Gesellschaft* 67 (2018): 37–55.

Derrida, Jacques. *Marx' Gespenster. Der verschuldete Staat, die Trauerarbeit und die neue Internationale*. Frankfurt am Main: Suhrkamp, 2022.

Detering, Heinrich. „,Der letzte Lyriker'. Erlebnis und Gedicht – zum Wandel einer poetologischen Kategorie bei Storm". *Schriften der Theodor-Storm-Gesellschaft* 53 (2004): 25–41.

Eversberg, Gerd. „,Bürgers trunkene Liebesphantasie'. Theodor Storm und Gottfried August Bürger". *Storm-Blätter aus Heiligenstadt* 13 (2007): 29–61.

Mückenberger, Heiner. „Storm als Jurist". *Storm Handbuch. Leben – Werk – Wirkung*. Hg. Christian Demandt und Philipp Theisohn. Stuttgart: Metzler, 2017. 28–32.

Reitz, Walter. *Die Landschaft in Theodor Storms Novellen*. Bern: A. Francke, 1913.

Roebling, Irmgard. „Naturlyrik". *Storm Handbuch. Leben – Werk – Wirkung*. Hg. Christian Demandt und Philipp Theisohn. Stuttgart: Metzler, 2017. 61–73.

Schalke, Hartmut. „Lebensausklang in Hademarschen". *Storm Handbuch. Leben – Werk – Wirkung*. Hg. Christian Demandt und Philipp Theisohn. Stuttgart: Metzler, 2017. 13–15.

Strowick, Elisabeth. „Storms Medien". *Storm Handbuch. Leben – Werk – Wirkung*. Hg. Christian Demandt und Philipp Theisohn. Stuttgart: Metzler, 2017. 345–353.

Theisohn, Philipp. „,Der Schimmelreiter': Gespenstisches Erzählen". *Theodor Storm: Novellen*. Hg. Christoph Deupmann. Stuttgart: Reclam, 2008. 104–125.

Frank Krause
Zum wilden Mann (1874) und andere Erzählungen
Geruch und Arbeit in der Prosa von Wilhelm Raabe

1 Anmerkungen zur Forschungslage

Die Epoche des bürgerlichen Realismus in der deutschsprachigen Literatur gilt als Zeitalter des olfaktorischen Schweigens (Rindisbacher 1992, 27–111, 284). Dieses Schweigen verdankt sich unter anderem den hygienischen Bestrebungen, die seit dem ausgehenden achtzehnten Jahrhundert zu einer wachsenden Vorliebe für desodierte soziale Räume beitrugen (Corbin 1984).[1] Freilich hat das Riechen als diagnostisches Mittel der Sozialhygiene den osmologischen Diskurs der Moderne auch belebt (Classen et al. 1994, 78–92), und die Forschung zur Geschichte der englischen, französischen und russischen Literatur zeigt, dass der Realismus des neunzehnten Jahrhunderts die Gerüche nicht durchgängig beschweigt. In Russland konnte der Geruch bäuerlicher Schichten als positives Anzeichen unbürgerlicher Vitalität gelten (Martin 2008, 243–274), und in einer Gesellschaft, in der die bürgerliche Neigung zur Desodorierung weniger ins Gewicht fällt, mag die stärkere Präsenz von Gerüchen nicht weiter überraschen (Rindisbacher 1992, 112–142). Dass der französische Realismus den Gestank von Großstadt und Industrie intensiver thematisiert als der deutsche (Rindisbacher 1992, 161–164; vgl. Zitzlspergers Beitrag zu diesem Band), hängt unter anderem mit der wirtschaftlichen Rückständigkeit der deutschen Staaten zusammen. Gerüche sind auch für literarische Texte bedeutsam, die der Nase bei der Welterschließung eine untergeordnete Rolle anweisen; so ist das Riechen und Gerochenwerden in asymmetrischen sozialen Begegnungen für den viktorianischen Roman von gewichtiger ethischer Signifikanz (Carlisle 2001; Carlisle 2004), und selbst in der deutschen Literatur des neunzehnten Jahrhunderts ist die Lage komplexer, als das Schlagwort vom olfaktorischen Schweigen suggeriert. Zum einen stellt der deutsche Realismus Parfums und die Düfte einer weiblich codierten Natur dar, deren Attraktion es sittlich einzuhegen gilt (Rindisbacher 1992, 77–86); zum anderen hat die Deutung von Gerüchen der Natur aus gläubiger Sicht eine lange Tradition, mit der sich Gottfried Keller und Wilhelm Raabe kritisch

---

[1] Im England des achtzehnten Jahrhunderts spielt das Riechen als Methode der hygienischen Diagnose keine zentrale Rolle; hier verdankt sich der Hang zur Desodorierung vor allem einem gesteigerten Bedürfnis nach sozialer Distanz (Tullett 2019, 207).

auseinandersetzen (Krause 2023, 163–183). Rickenbachers Beitrag zu diesem Band zeigt überdies, dass die von der literarhistorischen Geruchsforschung bisher vernachlässigte Lyrik von Theodor Storm reich an olfaktorischen Motiven ist. In neueren Studien sind zahlreiche Aspekte der Geruchskultur im Frankreich des neunzehnten Jahrhunderts facettenreich herausgearbeitet worden (Perras und Wicky 2017; Herold und Krause 2021; Perras und Wicky 2021; Savini 2022), und die Anglistik hat sich jüngst der Bedeutung des Parfums in der viktorianischen Literatur zugewandt (Maxwell 2017; Maxwell 2021); einschlägige germanistische Arbeiten sind hingegen rar, und in vorliegenden Studien ist die Relevanz des Nexus von Geruch und Arbeit zwar zugestanden (Rindisbacher 1992, 40–52), aber nicht eingehend untersucht worden. Im Folgenden soll ein Teilaspekt dieses Zusammenhangs an Beispielen aus der Prosa von Raabe genauer betrachtet werden.

2 *Zum wilden Mann* als zeitgeschichtliche Problemdiagnose

In Zentrum der Erzählung *Zum wilden Mann* steht ein unerwartetes Wiedertreffen.[2] Dreißig Jahre nach seiner Auswanderung kehrt August Mördling im Haus des Philipp Kristeller ein, dem er damals vor seiner Abreise ohne weitere Erklärungen und Bedingungen sein Vermögen vermacht hatte. Der geselligen Runde, der Kristeller zur Feier des Jahrestags dieser Schenkung gerade zum ersten Mal von der merkwürdigen Begebenheit berichtet hat, erzählt der Besucher episodisch von seinem Werdegang. Mördling ist ein gebildeter Mann, der an seinem Erbamt als Henker verzweifelte (R7, 54, 57–58). Nach der Vollstreckung seiner ersten Exekution entledigte er sich dieser Rolle: Er verschenkte sein ererbtes Vermögen, wanderte mittellos nach Amerika aus und ließ sich zunächst treiben. Unter den bedrohlichen sozialen Verhältnissen in Südamerika fand er seinen Lebenswillen wieder und brachte es als Scherge despotischer Obrigkeiten zum Oberst. Um sich die Mittel zu einem behaglichen Ruhestand zu verschaffen, ist er nach Deutschland zurückgekehrt und sucht seinen ehemaligen Bekannten auf, der mit dem Geld eine Apotheke erworben hatte. Dank der Schenkung verfügt Kristeller über einen Hausstand, der ihm damals die Heirat mit seiner geliebten Johanne ermöglicht hatte, die indessen früh verstarb. Nebenbei verkauft der Apotheker regional seinen eigenen Magenbitter.

---

2 Zur Gliederung der Erzählung vgl. Pierstorff 2022, 183.

Während Pastor Schönlank die Kaltblütigkeit des Abenteurers unangenehm berührt, sind der Förster Ulebule und der Landarzt Dr. Hanff von seiner Vitalität fasziniert; der Erzähler will sich bei diesen Allerweltsmeinungen aber nicht lange aufhalten und lenkt die Aufmerksamkeit auf Mördlings Beziehung zum Geschwisterpaar in der Apotheke (R7, 69). Der ehemalige Gönner, der sich nun Dom Agostin Agonista nennt, dringt auf Kristeller ein, das gebundene Kapital flüssig zu machen und ihm nach Brasilien zu folgen, wo sie den Magenbitter des Apothekers gemeinsam industriell herstellen und international vertreiben würden. Stattdessen erstattet Kristeller das geschenkte Geld bereitwillig verzinst zurück; der skrupellose Oberst nimmt die Summe freudig an, ohne auf den Apotheker und seine Schwester Rücksicht zu nehmen, die nun ein karges Dasein fristen müssen.

Auf den ersten Blick erscheint der sesshafte und rechtschaffene Kristeller als Gegenbild des unsteten und rücksichtslosen Agonista, doch der Name seiner Apotheke „Zum wilden Mann" verbindet seinen Hausstand ebenso mit ungezähmter Naturkraft wie seine von gestickten „Eicheln und Eichenblättern" umkränzte Hauskappe (R7, 8), die auf den Wald als Aufenthaltsort jener sagenhaften Figur anspielt, in dem er sich als Pharmazeut ebensogut auskennt wie der botanisch interessierte Mördling. Die sittliche Reinheit des pflichtschuldig für das Wohl der Anderen sorgenden Apothekers verdeckt, dass sein behaglicher Haushalt vom Erbe einer geächteten höfischen Praxis zehrt und aus dem sozialen und kulturellen Abstieg ihres Repräsentanten einen Vorteil zog. Zudem wird die krude Gewalt, auf der das Erbamt aufsaß, vom Frieden der bürgerlichen Praxis nicht wirklich überwunden, denn die Rohheit, der sich August zunächst entwinden will, regeneriert sich in seiner verwilderten Selbstbehauptung. Daher trügt die behagliche Idylle des Feierabends ehrwürdiger Bürger, und das öffentliche Urteil über den Abenteurer, das zwischen Faszination und Entrüstung schwankt, verfehlt die ambivalente Beziehung der ungleichen Akteure. Im Übrigen hat auch Kristeller eine schroffe Seite; als eine Kundin ihn beim Schwelgen in süßen Erinnerungen unterbricht und selbstmitleidig über ihre Lage klagt, wird er ungeduldig, schadenfroh und ungehalten (R7, 13); er nimmt auch auf seine Schwester Dorette, die ihm den Haushalt besorgt, keine Rücksicht, als er sich Agonista widerstandslos ausliefert.

Mit der Ankunft Agonistas in Europa wirken die archaischen Kräfte, die sich zunächst im überseeischen Raum bewährt hatten, auf das behagliche Leben der sesshaften Bürger zurück. Dass die Leiche des Opfers von Mördlings erster Exekution bedrohlich-diabolische Züge zu tragen schien und der Auswanderer seinen Lebenswillen gleichsam mit Hilfe des Teufels wiederfand, unterstreicht die Kontinuität dieser rohen Gewalt (R7, 48, 59). Mit dem Übergang vom imperialen „Herrendienste" (R7, 78) zur privaten Kapitalverwertung liquidiert der frühere Gönner die wirtschaftliche Grundlage der Lebensform, die er einst ermöglicht hatte.

Die freudige Einwilligung des redlichen Bürgers in seine eigene Ausplünderung befremdet ebenso wie die Jovialität, mit der Agonista den Apotheker zur Auswanderung animieren will und die Rückgabe seiner Schenkung annimmt. Gewiss, Kristeller war dem Rat seiner Frau gefolgt und hatte die Schenkung stets wie ein verzinsliches Darlehen betrachtet, das einmal zurückgefordert werden könnte, doch seine Haushaltsführung ist auf dieses Ereignis nicht abgestimmt (Bergengruen 2013, 229–232). Ohne sich mit diesem Widerspruch auseinanderzusetzen, gibt er die Schenkung unter gänzlicher Aufopferung seines moderaten Wohlstands verzinst zurück; Agonista wiederum, der kein Anrecht auf eine umfassende Rückgabe oder die Absicherung seines behaglichen Ruhestandes auf Kosten von Kristellers Wohlbefinden hat, nutzt Kristeller skrupellos aus. Die Erzählung stellt jedoch nicht die Defizite dieser komplementären Haltungen in den Vordergrund, sondern ihr reibungsloses Zusammenspiel. Die widerstandslose Rechtschaffenheit des Bürgers einer vorindustriellen Schicht und die rohe Selbstbehauptung des mobilen Investors, der sich in einem Welthandel bewährt, der aus der Kolonisierung Südamerikas hervorgegangen ist, gehen Hand in Hand. Die wilden und zahmen Kräfte, deren Erträge zunächst eine befriedete bürgerliche Gesellschaft zu begünstigen schienen, werden im Kontext von Industrie und Welthandel neu konfiguriert und entziehen der älteren bürgerlichen Lebensform die Grundlage.

Der wilde Mann stellt mithin eine sozialhistorische Zeitdiagnose. Die Erzählung erschien 1874, also zu Beginn einer Phase der „wachsende[n] Einbindung Deutschlands in die Weltwirtschaft" und einer fortschreitenden „Exportindustrialisierung" zwischen 1870 und 1914 (Tilly 1980, 104–105). Zu dieser Zeit betrieb Deutschland zwar noch keine Kolonialpolitik im eigentlichen Sinne, die sich ab den 1880er Jahren auf Gebiete in Afrika, China und im Pazifik bezog,[3] doch Kolonialphantasien der deutschsprachigen Literatur hatten sich schon seit dem späten achtzehnten Jahrhundert auf Südamerika konzentriert (Zantop 2008), und Kristellers bürgerlicher Wohlstand passt zur Situation in Deutschland, wo Bevölkerung, Hektarerträge und Viehbestände trotz der Auswanderung von Millionen nach „Nordamerika, Südamerika und Australien" wuchsen (Görtemaker 1989, 158–159). Die Bedenken gegenüber einem verrohenden Einfluss des Lebens in Übersee, die Raabe anklingen lässt, werden in Diskussionen der 1890er Jahre über Skandale in deutschen Kolonien wiederkehren (Speitkamp 2021, 138–139). Allerdings ist Agostina kein Kolonialdeutscher, sondern in den Diensten des Kaisers Dom Pedro im

---

[3] Zum deutschen Kolonialismus im Kontext des wirtschaftlichen Imperialismus siehe Jaeger 1988, 118–122; zum Zusammenhang von Massenemigration und Kolonialprojekten siehe Conrad 2008, 112–113.

bereits unabhängigen Brasilien; sein anfänglicher Plan, nach dem Vorbild von Fray Bentos und Liebig mit Kristellers Hilfe Fleischextrakt für den Export herzustellen, kennzeichnet ihn als anwerbenden überseeischen Unternehmer im zeitgenössischen, aus vormals kolonialen Beziehungen hervorgegangenen Welthandel. Die Erzählung demonstriert die Gefährdung einer traditionellen Lebensform im globalen wirtschaftlichen Wandel und betrachtet den historischen Prozess als veränderliches Zusammenspiel archaischer Gewalten und moralischer Haltungen.[4]

Traditionell gilt der Wilde Mann als dämonische Gestalt im bloßen Naturzustand, die einen Schatz hütet und von erschreckten Jägern angetroffen wird; bei Raabe wird der Reichtum, der sich rohen Verhältnissen verdankt, von einem friedfertigen Bürger genutzt und von einem verwilderten Schatzjäger zurückgeholt. Hans Butzmann zufolge ist in der Sage vom Wilden Mann die Vorstellung „geläufig, daß sich gelbe Blätter in Gold verwandeln, aber gelegentlich in den Händen des Finders auch wieder zu Blättern werden" (zit. n. Dunker 2011, 120). Kristeller spielt selbst darauf an, wenn er erzählt, dass die geschenkten Wertpapiere „sich nicht über Nacht in gelbe Klettenblätter verwandelten" (R7, 40), und Dunker (2011, 120–121) hat gezeigt, dass das rekurrente Motiv der Farbe Gelb in der Erzählung den wirtschaftlichen Abstieg Kristellers andeutet und unterstreicht. Insofern verweist der Name „Zum wilden Mann" symbolisch auf Mördlings Reichtum, der in der Apotheke nur auf Zeit verwaltet wird. Die Symbolik des Namens unterstreicht aber nicht nur Mördlings bzw. Agonistas Wildheit, sondern erhellt auch das Zusammenspiel der Antagonisten. Als Mördling von seinem Erbamt erfuhr, erlebte er seine Wanderungen in der Natur zwar als „Rasereien ins Wilde" (R7, 58), doch der eigentliche Ort des wilden Mannes ist die Zivilisation, die – bei allen Unterschieden zwischen höfischen, handwerklichen, söldnerischen und industriellen Akteuren – einen Reichtum hütet, der immer auch roher Gewalt entspringt und dieser nicht dauerhaft entrissen wird.[5]

---

[4] Insofern erweist sich der sozialgeschichtliche Prozess als Manifestation transhistorischer Kräfte, die Fauth (2007, 53–157) im Kontext von Arthur Schopenhauers Willensmetaphysik interpretiert hat. Dazu passt, dass Schopenhauer den Geruchssinn als „Sinn des Gedächtnisses" einstuft (Diaconu 2005, 192) und die Gerüche in *Der wilde Mann* oftmals Reminiszenzen begleiten oder auslösen, doch mit ihrer kritischen Stellungnahme zu gesellschaftlichen Fragen gehen Raabes Texte bei aller gelegentlichen Anspielung auf Schopenhauer in dessen Blick auf metasoziale Zusammenhänge nicht auf (Krause 2023, 162, 179, Fn. 60), und dem Versuch, Kristellers Handeln im Lichte von Schopenhauers Ethik zu deuten, „fehlen letzlich die Belege" (Bergengruen 2013, 232, Fn 75).

[5] Dazu passt, dass die Novelle eine „Gemeinsamkeit zwischen moralisch-wagendem Geschäftsmann und risikoorientierten Spekulanten" zu erkennen gibt (Bergengruen 2013, 227). Zudem lässt der Apothekenname an ein Gasthaus denken (vgl. dazu Pierstorff 2022, 201) und betont

3 Geruchsmotive in *Zum wilden Mann*

3.1 Geschützter Hausstand und stürmische Landschaft

Die olfaktorischen Motive verteilen sich auf die Einleitung, den Hauptteil und den Schluss der Erzählung und übernehmen dort unterschiedliche Funktionen. In den Kapiteln 1–3 heben sie den Kontrast des geschützten Innenraums mit dem stürmischen Wind in der Landschaft hervor.[6] Gleich zu Anfang stößt der Nordwind mit seiner „Nase" auf ein Gebirge „und heulte gleich einem bösen Buben, der gleichfalls mit dem erwähnten Glied auf irgendetwas aufmerksam gemacht und hingewiesen wurde". Im Haus herrscht derweil bürgerliche Ordnung: „Dass wir uns in einer Apotheke befinden, merken wir auf der Stelle auch am Geruche. […] In der pharmazeutischen Werkstätte herrschte außer dem bekannten Duft die gleichfalls wohlbekannte Ordnung und Reinlichkeit der deutschen Apotheken." Die offizinale Atmosphäre weckt gemischte Gefühle; sie verdankt sich der „hohen Kunst" der Heilung, suggeriert aber auch die „fiebernde[r] Angst und Beklemmung" der Menschen, die auf ihre Medikamente warten (R7, 3, 5–6). Der Erzähler führt die Leser vom Arbeitsraum, in dessen Duft sich ein ehrwürdiges Arbeitsethos mit der Sorge um ein gefährdetes Leben verdichtet, in eine behaglichere Atmosphäre:

> In der Offizin befand sich augenblicklich niemand; aber es fiel noch ein Lichtschein aus einem anstoßenden Zimmerchen, dessen Tür halb geöffnet stand. Und mit dem Scheine drang ein anderer Duft ein, der die apothekarische Atmosphäre einer auffälligen Veränderung und Entmischung unterwarf; *herba nicotiana* gehört freilich ebenfalls zu den offizinellen Gewächsen. Wir folgen d i e s e m Geruch und treten in das Nebengemach. (R7, 6)

Schon die Anmerkung zum Tabak deutet an, dass Arbeit und Behagen zusammengehören. So denkt der Apotheker im „aromatisch durchdufteten Raum" denn auch bei aller jahreszeitlich bedingten guten „Kasse" gütig an die Sorgen seiner Kunden (R7, 9). Die scherzhafte Äußerung des soeben eingetretenen Försters über das Wetter assoziiert den Wind mit der Gelegenheit, sich auf der Jagd der Witterung durch das Wild zu entziehen: „Das nennt man freilich auch, unterm Wind sich anschleichen; aber ein Vergnügen war es gerade nicht". Hier wird auf den

---

damit einmal mehr den Bezug des symbolischen Titels zur Vielfalt des sozialen Verkehrs. Überdies lässt Agonista sich, wie Bergengruen gezeigt hat, als Verkörperung eines auch binnenwirtschaftlich aktuellen Spekulantentums interpretieren, selbst wenn ein konkreter Bezug des Oberst zum Börsenkrach des Jahres 1873 nicht erkennbar ist (vgl. Bergengruen 2013, 231, Fn 73).

6 Damit unterstreichen die Geruchsmotive den Kontrast der bildhaft bedeutsamen Haus- und Wegmotive zu Beginn der Erzählung, wobei der Schein eines zunächst geschützt anmutenden Innenraums trügt; vgl. dazu Pierstorff 2022, 172–173, 202–203.

Spürsinn eines jagdbaren Wildes angespielt, das es zu täuschen gilt; der Förster schleicht sich freilich an Tafelfreuden an, die nicht erjagt werden müssen: „Na, Pastore, hier haben wir Überwind, und für das Übrige wird Fräulein Dorette zu sorgen wissen." (R7, 15) Kurz darauf redet er von der Witterung des Wildes als einem Symbol für den Spürsinn der Gäste für sinnenfrohe Geselligkeit; dem Physikus, auf den zu Hause eine Einladung ins Haus des Apothekers wartet, bescheinigt er: „Übrigens würde er es schon ganz aus Naturanlage gewittert haben, dass wir uns hier rudelten." Die figurativ gewendete Jägersprache stilisiert die Gäste mithin zunächst zu Jägern, imaginiert sie aber bald darauf als Wild. Zunächst dominiert freilich die behagliche Phantasie, dass die Gäste vom duftenden Abendessen angezogen werden, das bald serviert wird: „Unterdessen hatte sich das ganze Haus mit eigentümlichen, anmutigen Düften, die den Apothekendunst ihrerseits sieghaft bekämpften, gefüllt." (R7, 16) Der Erzähler, der den Wind zum herannahenden Schurken stilisiert, der mit der Nase auf etwas stößt, und der Förster, der vom Anschleichen des Jägers unter dem Wind spricht, suggerieren vage etwas Bedrohliches, gegen das der Innenraum aber abgeschirmt zu sein scheint.

3.2 Diabolische Anmutung im bürgerlichen Behagen

Erst in den Kapiteln 6–9 werden wieder Geruchsmotive eingesetzt. Als Kristeller der geselligen Runde erzählt, dass sich der unerwartete Geldbesitz nicht in gelbe Blätter verwandelt hatte, bekräftigt er: „sie gingen mir nicht vor der Nase in gespenstischem Dampfe auf" (R7, 40). Das Ausbleiben einer magischen Transmutierung des Schatzes, mit der auch Gerüche verbunden wären, scheint den Geldsegen als rein materielle Angelegenheit auszuweisen, doch mit der Ankunft Agonistas nimmt die Szene schon bald einen diabolisch anmutenden Zug an. Die Ankunft des Arztes mündet zunächst in das Lob behaglicher Gerüche; der „Landphysikus" hebt „in Ekstase nach einem langen Zuge die Nase aus dem Dampfe des Getränkes des Abends in die Höhe" (R7, 45). Die scherzhafte Rede des Försters über den Spürsinn des Doktors scheint sich zu bestätigen, denn tatsächlich taucht er bei Kristeller auf, ohne dass ihn die Einladung zur geselligen Runde erreicht hätte; der Arzt legt selbst scherzhaft nahe, dass er Speis und Trank schon von weitem riechen könne: „Mein Herr Vater verwunderte sich gleich über meine verständige Nase, als die Wickelfrau mich ihm auf die Arme legte." (R7, 47) Der Förster variiert einmal mehr seine Rede von der Witterung des Jagdwildes: „Ich sage ihnen, Doktor, es ist Jammer und Schade, dass Fräulein Dorettes Punsch Sie und den Herrn Oberst nicht ein wenig früher angeludert hat." (R7, 46) Hier suggeriert die derbe figurative Rede über Gerüche scherzhaft etwas Bedrohliches, denn beim Anludern handelt es sich um das Auslegen von Aas zum Anlocken jagdbarer Wildtiere. Der ausgebliebene gespenstische Dampf und das nur imaginäre Aas scheinen den Eindruck eines behaglich geschützten Innenraums noch zu verstärken, doch schon bald wird deutlich, dass die Motive auf eine reale Bedrohung anspielen.

Der Oberst war bei Wind und Wetter auf der Suche nach Kristeller und hat es auf dessen Geld abgesehen; dem Zufall verdankt er, dass ihn der Arzt zur Mitfahrt in seinem Gefährt einlädt und direkt ins Haus des Gesuchten führt. Die folgenden Geruchsmotive unterstreichen, dass dem Auswanderer etwas Dubioses anhaftet. Als Agonista erzählt, wie er unter widrigen Umständen seinen Lebenswillen wiedergefunden hatte, spricht er auch von Gestank:

> „[...] in diesem gottverdammten Schiffsraume, dem schwärzesten, stinkendsten Loche, das je auf dem Wasser schwamm, lernte ich einen Arzt kennen, der eine Kur an mir verrichtete, wie sie keinem europäischen Mediziner gelungen wäre –"
> „Das wäre der Teufel!", rief der europäische Physikus.
> „Der war es sozusagen auch", sprach gelassen der brasilianische Oberst [...]. (R7, 48)

Der schwarze Pirat, der Agonista geholfen hatte, sich von seinen Wunden zu erholen, geht in eine imaginäre Teufelsfigur über, der er das Wiedererwachen seiner Lebensgeister verdankt. Seine Resilienz in bedrohlichen Lagen wird durch Geruchs- und Windmotive unterstrichen: Er stammt „aus einem der anrüchigsten Geschlechter Deutschlands", und „er hatte sich allerlei um die Nase wehen lassen, was die meisten Leute für Sturm genommen haben würden, er aber nur noch für Wind hielt" (R7, 53, 60). Diese Motive passen zur anfänglichen Suggestion eines bösen Buben im bedrohlichen Wind, und die Anwesenheit des bedrohlichen Oberst fügt sich in das Bild von der geselligen Runde als Ansammlung jagdbarer Tiere, das dem Förster anfangs nur im Scherz vorschwebte.

Die realen Gerüche unterstreichen derweil den Gegensatz von bürgerlicher und diabolisch verwilderter Lebensführung. Während es in Kristellers Haus sauber, ordentlich und angenehm riecht, findet Agonista im stinkenden Schiffsbauch zu sich selbst. Nun lenkt der Erzähler die Aufmerksamkeit auf den Tabaksgeruch als Kennzeichen einer bürgerlichen Lebensform, in die Agonista bedrohlich eindringt. Kristeller hatte den Brief, in dem Mördling ihm sein Vermögen vermacht hatte, in Ehren gehalten; als Agonista sich die Pfeife anzündet, benutzt er einen Teil dieses Briefes als „Fidibus" (R7, 53). Der Oberst nimmt das Requisit einer rechtschaffenen Lebensform in Besitz und vernichtet dabei zugleich eine Spur seiner früheren Schenkung, während dem braven Förster über dem Geschichtenhören mehrfach die Pfeife ausgeht (R7, 67). Der Förster, der Pastor und der Physikus ziehen sich vor dem Unbehagen an Agonista gelegentlich in ihre Tabakswolken zurück; als sie Agonista in Augenblicken der Faszination zu nahe kommen, wehrt er sie blasend mit einer Handbewegung ab (R7, 60–62). Während der Teufel der christlichen Überlieferung den Menschen blasend Übles zufügt, belässt es

Raabes Erzähler aber bei einer suggestiven Anmutung ohne religiösen Anspruch.[7] Als die Gäste auf dem Heimweg sind, vergewissert sich der Pastor vergeblich einer göttlichen Führung:

> „Wir werden alle unsere Wege richtig geführt und sind in guten Händen", sprach der geistliche Hirte und trat leider gerade in diesem ganz unpassenden Moment in eine etwas tiefere Pfütze, in der er ohne Gnade hätte umkommen müssen, wenn sein handfester Begleiter nicht noch gerade zu rechter Zeit zugegriffen hätte. (R7, 68)

3.3 Abgeklärte Vitalität und verdrückte Kapitulation

Die dritte Gruppe von Geruchsmotiven in den Kapiteln 11–16 betont, wie der Oberst seine Interessen im Haushalt der Kristellers behauptet. Am Morgen nach der geselligen Feier weicht die Anmutung dämonischer Kräfte einer klareren Atmosphäre: „Die Dünste der Nacht waren verscheucht, das Hinterstübchen gekehrt und mit weißem Sande bestreut." (R7, 73) Als Agonista in unternehmerischen Spekulationen schwelgt, zeigt er professionellen Spürsinn: „Und vor vierzehn Tagen war ich bei Liebig in München – annähernd derselbe Geruch und Duft wie bei dir, nur noch ein bisschen metallischer [...]" (R7, 79). Eben die Atmosphäre, die eingangs das Ethos einer vorindustriellen Bürgerschicht unterstrich, gilt dem Oberst als verheißungsvolle Ressource der Kapitalverwertung. Sein Aufenthalt im Freien unterstreicht seine Vitalität: Vom Spaziergang „kam" er „heiter pfeifend und die reine, frische Herbstluft wohlig einschlürfend zurück" (R7, 84). Der Oberst und Kristeller „redeten, eingehüllt in Tabaksdampf, von ihrer Jugendzeit" (R7, 88); die Atmosphäre häuslicher Muße mischt sich mit dem Pfeifenrauch des starken Gegenspielers, und die „Leute" stellen fest: „Herr Oberst, die Luft hier scheint ihnen gottlob recht gut zu bekommen." (R7, 94) Nach seiner Ausplünderung bemerkt Kristeller zu seiner Schwester: „Fremde Nasen dürfen wir gewiss nicht in unser jetziges Dasein hineinriechen lassen" (R7, 99), und es gelingt ihm auch, die Ursache seines Vermögensverlustes vor den anderen zu verbergen. Er behält seine Apotheke, doch die Möbel und den Zierrat seines behaglichen Interieurs muss er verkaufen: „Ein kahleres Haus gab es nachher nicht im Orte. Nur der Inhalt der Büchsen und Gläser in der Offizin blieb verschont [...]." (R7, 101)

---

7 Zu säkularen Varianten des Höllengestanks in der Literatur des neunzehnten Jahrhunderts siehe auch den Beitrag von Ingo Breuer in diesem Band.

3.4 Die Prekarität würdiger Arbeit im ambivalenten sozialen Kontext

Die Geruchsmotive bringen den behaglichen Anteil der Atmosphären von Apotheke und Wohnstube, in denen die gesittete Erfüllung von Pflichten und Neigungen durch sorgende Arbeit sinnenfällig wird, zunächst mit der Witterung von Jagdwild in Verbindung, das um seine Nahrungsquelle ein Rudel bildet. Anfangs bezieht sich dieses Bild auf die Bekannten des Apothekers, die ein gutes Gespür für Gelegenheiten zu sinnenfroher Geselligkeit haben; die Ankunft des Oberst, der Gestank gelassen erträgt und sich an frischer Luft belebt, passt hingegen zur Rede vom Wind als einem bösen Buben, und Agonista hat einen guten Spürsinn für Vorteile, der ihn als eigentlichen Jäger unter dem Wind erweist. Die Stelle des Jagdwilds nimmt am Ende nicht die Schar der Gäste, sondern Kristeller ein. Das beduftete Behagen im Apothekerhaus ist nur scheinbar von den Unbilden des Lebenskampfes abgeschirmt; die Tabakswolken in der Stube des Apothekers unterstreichen, dass der Oberst immer tiefer in den bürgerlichen Raum eindringt, und am Ende markieren die Gerüche Agonistas vitale Selbstbehauptung. Insgesamt betonen die olfaktorischen Motive, dass der bürgerliche Anspruch, mit redlicher Arbeit in den Genuss eines moderaten Behagens zu gelangen, im rücksichtslosen Kampf um wirtschaftliche Vorteile auf der Strecke bleibt. Mit der Gegenüberstellung von Duft und Gestank bezeugt der Text eine gewisse Sympathie mit eben derjenigen Lebensform, deren grundsätzliche Prekarität schonungslos vor Augen geführt wird. Zugleich zeigen die Gerüche an, dass die Atmosphäre des bürgerlichen Milieus die soziale Wirklichkeit verzerrt: Diabolisch anmutender Gestank und ein figurativer Spürsinn für Aasgeruch gehören ebenso zur Zivilisation wie behaglicher Wohlgeruch und Atmosphären ordentlicher Sorgfalt. Agonistas Aneignung des Ertrags von Kristellers Arbeit wird ebenfalls mit Geruch assoziiert, denn der Oberst nimmt auch das Rezept des Magenbitters, von dem er so begeistert war, dass er sich ein „Flacon" davon für seinen Nachttisch erbeten hatte (R7, 88), mit nach Brasilien. Im neunzehnten Jahrhundert bedeutete das Lehnwort „verschließbares fläschchen für parfüm u. ä." (Grimm und Grimm 1965–2018, IX 572), und der Erzähler verwendet den Ausdruck denn auch in Anführungszeichen, weil er zum Probefläschchen für Magenbitter nur im übertragenen Sinne passt. Während die Wahrnehmung von Gerüchen in Kristellers Haus die körperliche Präsenz eines Erzählers im erzählten Raum voraussetzt, spielt die distanzierte Rede vom Flacon nur auf mögliche Gerüche an; die figurativen Geruchsmotive in der Figurenrede reflektieren den Gang der Erzählung derweil mit unfreiwilliger Ironie. Auf diese Weise verhindert Raabe eine naive Gleichsetzung der Perspektiven von Erzählen und Erleben und schafft kritische Distanz zu olfaktorisch evoziertem Sinn, dessen ambivalente Konstellation für das Verständnis der Geschichte gleichwohl instruktiv bleibt.[8]

4 Weitere Beispiele für Gerüche als Zeichen der prekären Situierung würdiger Arbeit

Der Wilde Mann interessiert sich für den Nexus von Geruch und Arbeit im Zusammenhang mit der Frage, ob die Ambivalenzen des sozialen Lebens im Milieu der Betroffenen zum Ausdruck kommen. Die Sympathie gilt der ethisch verantwortbaren Lebensführung im unausweichlichen Konflikt von berechtigter Neigung und Notwendigkeit, doch die Geruchsmotive unterstreichen auch die Prekarität solcher Lebensentwürfe. Dieses Grundmuster variiert Raabe in einer ganzen Reihe von Erzählungen.

In der Novelle *Holunderblüte* (1863) fällt dem Ich-Erzähler das Atmen auf dem Prager Jüdischen Friedhof schwer:

> Die Sonne schien wohl, und es war Frühling, und von Zeit zu Zeit bewegte ein frischer Windhauch die Holunderzweige und -blüten, daß sie leise über den Gräbern rauschten und die Luft mit süßem Duft füllten; aber das Atmen wurde mir doch immer schwerer, und sie nennen diesen Ort Beth-Chaim, das *Haus des Lebens*?! (R2, 15)

An den Grabstätten mischt sich der Fliederduft gelegentlich mit Gerüchen des Verfalls: „aus diesem Boden stieg ein Hauch der Verwesung auf, erstickender als von einer unbeerdigten Walstatt, gespenstisch genug, um allen Sonnenglanz und allen Frühlingshauch und allen Blütenduft zunichte zu machen." (R2, 15) Der alte Friedhofswärter würdigt die episodisch verstörende Atmosphäre seines Arbeitsplatzes derweil als charakterbildende Umwelt: „wer die Luft dieses Ortes atmet, der gewinnt ein mildes Auge für das Tun und Lassen seiner Mitmenschen." (R2, 33) Das jüdische Leben in Prag ist insgesamt von schlechtem Geruch als Anzeichen der Armut einer ausgegrenzten Gruppe geprägt; daher verweist die Friedhofsluft zugleich auf Ambivalenzen des städtischen Lebens. Das Arbeitsethos des Wärters ziemt sich aber nur für alte Menschen, die das Leben fast hinter sich haben; ausdrücklich rät er dem jungen Studenten, der sich mit dem erkrankten

---

8 Zu Beginn der Geschichte markieren die Gerüche Schwellen zu Perspektivwechseln und liegen quer zur Differenz von figurierter Wahrnehmung und inventarisierendem Erzählen; vgl. Pierstorff 2022, 165, 167, 176–177. Damit stimmt Raabe die Rezipienten auf eine Perspektive ein, die olfaktorische Anmutungen als bedeutsame Indizes ernst nimmt, ohne sich ihrer punktuellen Suggestionskraft hinzugeben.

jüdischen Mädchen Jemima auf dem Friedhof angefreundet hat, sich dieser Luft zu entziehen, und letzterer entschließt sich denn auch, die fragile Freundin nicht wiederzusehen und stattdessen sein Medizinstudium abzuschließen.

Die Novelle *Horacker* (1876) spielt mehrfach auf die Idylle *Luise* von Johann Heinrich Voß (Erstf. 1783–84, Ausg. l. Hd. 1825) an. Vossens Gedicht schwelgt in den Düften der Natur und lobt das aufgeklärte Arbeitsethos des Pfarrers von Grünau; dessen Haus ist vom muffigen Dunst der Vergangenheit befreit, und die duftende Apfelblüte seines Gartens suggeriert ein sündenfreies Paradies (Voß 1869, 41, 48). Raabes Pastor von Gansewinckel ähnelt dem „trefflichen[n] Pfarrherr[n] von Grünau", und ein Beamter spricht von seiner Reise nach Gansewinckel als „Exkursion in den braven Voß" (R3, 17, 146). Wie in Grünau „roch" es in Gansewinckel „angenehm nach allerhand angenehmen Dingen", und des Pfarrers „Kollege Eckerbusch sog zu verschiedenen Malen den Duft mit großem Vergnügen ein" (R3, 139). Auch das „aromatische Gewölk" aus der Pfeife, die der Konrektor im Pfarrhaus stehen hat, erinnert an die behagliche Atmosphäre der *Luise*; der Staatsanwalt, der dienstlich in der abgeschiedenen Provinz weilt, lobt den „balsamische[n] Abend", und am Ende der Geschichte „füllten" „Duft und Sommerwonne und leises Blätterrauschen die Welt", während im Garten einmal mehr die Gläser gefüllt werden (R3, 86, 162, 169). Im Unterschied zum integren Milieu, das Voß darstellt, wird die Idylle bei Raabe durch eine dörfliche Gesellschaft gestört, die von Vorurteilen gegenüber einem flüchtigen Sträfling geprägt ist; diese kommen unter anderem in der maßlosen Sorge zum Ausdruck, dem Konrektor und seinem Zeichenlehrer könnte auf ihrer Exkursion in der freien Natur etwas zustoßen, so dass „ihre verstümmelten Leichname seitab vom Pfade in der Wildnis" „nur vermittelst" des „Geruchssinns" aufzufinden wären (R3, 22). Die Sozialarbeit des menschenfreundlichen Pfarrers stellt sich den Ambivalenzen der sozialen Realität und legt Konflikte nachsichtig bei, ohne dass die wohlriechende Atmosphäre des Landlebens getrübt würde, doch die Lage der Honoratioren ist komplizierter, als es scheint. Raabe stellt sie mit einem naturkundlichen Interesse an veraltenden Formen des sozialen Lebens dar, die es wert wären, ausgestopft überliefert zu werden (R3 1980, 3). Der Pfarrer gilt als einer der Letzten seiner Art, die vom Typus des karrierebewussten Beamten zunehmend verdrängt wird. Schon Voß erging sich im nostalgischen Rückblick; mit der Anspielung auf die *Luise* betont Raabe, dass sich mit den aussterbenden Vertretern jener authentischen bürgerlichen Lebensform die Atmosphäre eines Milieus verflüchtigt, das in seinen letzten Tagen wie das Echo einer längst vergangenen Zeit anmutet.[9]

---

[9] Hier bietet sich ein Vergleich mit dem gleichsam gespenstischen Nachleben des Vergangenen in Düften bei Storm an, die Sergej Rickenbacher in diesem Band behandelt.

Der Roman *Stopfkuchen* (1891) lobt die von strengen Gerüchen gekennzeichnete Schönheit der Kleingärten im Matthäus-Viertel des „kleinen Manns" (R6, 168) als Zeichen der Würde eines einfachen, in Wahrheit schwierigen Lebens der Arbeiter, die zu Hause Subsistenzwirtschaft betreiben:[10]

> Und noch immer standen die Mütter mit den Kleinsten auf dem Arm in den Haustüren, und noch immer roch es nach Eierkuchen und Ziegenställen, und noch immer wurde Salat gewaschen. Der symbolische Begleiter des Evangelisten Matthäus ist ja eigentlich ein recht schöner Engel; aber im Sankt-Matthäus-Viertel da war und ist das nicht der Fall. Da ist es das Schwein, das Haupt-Segens- und Glückstier des ‚kleinen Manns', und man hörte es behaglich grunzen aus einem nähern oder fernern Stall. Es roch auch wohl nach ihm; aber – mir sollte einer im Viertel Matthäi am letzten mit Kölnischem Wasser und dergleichen kommen, zumal in einer Zeit, wo auch die türkische Bohne noch blühte – rot, das schönste Rot der Erde – ein Wunder von Schönheit und Nutzbarkeit, wenn sie sich zwischen den Häusern des kleinen Manns über die Zäune hängt oder hinter denselben an ihren Stangen sich aufrankt. Man muss freilich eben für dies alles riechen, sehen und fühlen können; und wer das nicht kann, der gehe hin und werde Liebhaber-Photograph. (R6, 167–168)

Der Erzähler erblickt die Gegend mit den nostalgischen Augen eines in die Kolonien ausgewanderten Farmers, der sich auf der Reise in die alte Heimat erinnert, wie er als Kind selbst in den Gassen des Viertels stand. Das proletarische Arkadien trügt aber insofern, als es auch einen unerkannten Totschläger verborgen hatte, und im sozialen Wandel setzt sich ein anderer Typus durch. Nicht der ausgewanderte Siedler, sondern der daheimgebliebene Stopfkuchen, der bezeichnenderweise Bismarck schätzt (Sprengel 1998, 339–340), beeindruckt als ambivalenter Aufsteiger, der mit Resilienz gegenüber dem Gestank der Verwahrlosung erfolgreich einen Bauernhof übernimmt und als übergewichtiger Gourmand nun in den Düften aus der Küche schwelgt. Im Vergleich mit dem Arkadien der Arbeiter trägt die Idylle dieses Hofes groteske Züge; da Stopfkuchen den Postboten Störzer aus dem Matthäi-Viertel gedeckt hatte, nachdem er ihm eine Tötung im Affekt gestanden hatte, birgt auch die bizarre Idylle ein ungelüftetes Geheimnis, das figurativ mit Gestank assoziiert wird (Krause 2023, 177–178).

In *Kloster Lugau* (1893) färbt der Geruch des Doktors Eckbert Scriewer unangenehm auf seine Umgebung ab:

> Da es hier immer noch ein bißchen nach dem jungen Gelehrten roch – nämlich nach einer süßlichen Pomade, kölnischem Wasser und ganz leicht nach Moschus, so sperrte der wür-

---

10 Zum Begriff gesellschaftlich notwendiger Arbeit, die auch eine solche Subsistenzwirtschaft einschließt, siehe Honneth (2023, 111–148).

dige, alte gelehrte Herr die Fenster so weit als möglich auf und ging schwer atmend auf und ab, von Zeit zu Zeit die zitternden Hände zusammenlegend [...] (R4, 609)[11]

Scriewer ist ein abstoßender Streber, der sich erfolgreich behauptet (R4, 621–622), zur Liebe aber unfähig ist, während der sympathische Doktor Eberhard Meyer Pflicht und Herz zu ihrem Recht kommen lässt. Dieser begibt sich auf der Suche nach einem alten Rechtsbuch in die verstaubte Bibliothek des Klosters Lugau, dessen muffige Atmosphäre mit dem Frühlingsduft der Wittenberger Landschaft kontrastiert wird: „Zu Pfingsten wittenbergscher Bücherstaub und Pergamentmoderduft, wenn wir uns lugauschen Blumenstaub, lugausche Berg- und Waldluft, wenn wir uns lugausche Blütenblätter ins Fenster wehen lassen können? Das wäre noch besser!" (R4, 502) Der gesuchte Lugauer Sachsenspiegel, ein „muffig duftendes Bündel" (R4, 612), befindet sich zwar nicht in der Bibliothek, fällt dem Dr. Meyer aber gegen Ende der Geschichte dennoch unerwartet in die Hände. Da die Nonnen des Klosters die Bücherei als Kleiderkammer nutzen, beherbergt sie den „Gestank" einer „Mottenausräucherung", doch Meyer gebietet, „zu lüften", so dass bald ein anderer „Duft" vernehmlich wird (R4, 516–517). Im Übrigen nimmt er den strengen Geruch seiner Arbeitsstätte scherzhaft gelassen hin: „Da kommt es für die Wissenschaft und die Unsterblichkeit auch auf einen schönen Tod im Kampfergeruch net an, gnädiges Fräule. Wisset sie, die Schwabe räuchert man net so bald aus [...]" (R4, 518). Der Muff der Bibliothek wird von den Sinnes- und Liebesfreuden in der Lugauer Landschaft und Klosterküche überboten:

> Ein Gott hatte ihn ergriffen in seinen Neckarbergen und ihn wie ein Vogel Roch auf diesem Berge abgesetzt, wahrlich nicht jener vergilbten, muffigen Urväter-Schwarten wegen, sondern um ihn auf die lebendige Blutverwandschaft im ganzen deutschen Volke, auf Kepplershöhe, die Tanten Euphrosyne und Augustine Kleynkauer und zwei blaue Augen, die schönsten Spiegel – „net bloß in Sachse und Schwabe, sondern auch in Franke, Bayern und bei dene Alemanne rechts und links vom Rhein" aufmerksam zu machen! (R4, 563)

Mit seiner Gesinnung, die über die deutsche Kleinstaaterei erhaben ist, scheint Meyer kurz vor der Reichseinigung politisch auf der Höhe seiner Zeit zu sein, und die Gerüche der Natur, die er schätzt, verbinden sich zwanglos mit Motiven der romantischen Poesie von Uhland und – mit leiser Ironie – auch mit Versen von Wilhelm Müller (R4, 516). Die Verhältnisse, unter denen er sich als Historiker und – im Unterschied zu Scriewer – auch als Liebhaber bewährt, bleiben aber zwiespältig, denn letzterem, der die Revision der Lugauer Bibliothek als parfümierter Gelehrter anging, steht im frisch geeinten Reich eine glänzende politische

---

[11] Zur negativen Bewertung des Moschusdufts im neunzehnten Jahrhundert siehe auch Ingo Breuers Beitrag zu diesem Band.

Karriere bevor. Die Sympathie gilt Meyers authentischem Streben in ambivalenten Verhältnissen, die auch im Zusammenspiel des Muffs von Dokumenten einer kleinstaatlich verzweigten Tradition mit dem Frühlingsduft und den säkularen Pfingstkuchenaromen sinnenfällig werden, während Scriewer seinen Opportunismus mit Parfums übertüncht.

In der Fragment gebliebenen Erzählung *Altershausen* von 1899–1902 weckt der Geruchssinn, den der pensionierte Arzt Friedrich Feyerabend in seinem Berufsleben kultiviert hatte, auf einer Feier für den Jubelgreis seine Erinnerung an die Jugend. Feyerabend reist spontan in seine frühere Heimatstadt, wo es scheint, als ob ihn der Geruch in die Vergangenheit zurückversetze:

> Und der Geruch! ... der Geruch von Altershausen! ...
> [...]
> Je berühmter der Arzt, desto mehr Erdengerüche muß er kennengelernt haben, gute und schlimme; denn nicht nur in den Dachstuben und Kellerwohnungen der Menschheit, sondern auch aus ihren Wonneburgen gehen von den Kranken- und Sterbebetten allerlei Düfte aus, die er wiedererkennen muß, wenn sie ihm von neuem in die Nase kommen. Den Geruch seiner Kindheitsheimatstadt hatte Wirklicher Geheimer Obermedizinalrat Professor Doktor Fritz Feyerabend seit zwei Menschenaltern nicht in der Nase gehabt, und nun – wenn ihn etwas dazu hätte bringen können, vor der Tür des Ratskellers von Altershausen seinem Freund Ludchen gegenüber sein Inkognito fallen zu lassen, so wäre er es gewesen – der Geruch von Altershausen! (R1, 41–42)

Die Gerüche des Orts stiften zunächst ein Gefühl ungebrochener Kontinuität (R1, 41–42), doch eben der Sinn, der dem Arzt bei der Arbeit nutzte, weckt im von Kuchen- und Kaffeeduft durchwehten Ruhestand den vergeblichen Wunsch, auf der Reise in die alte Heimat ganz ins Lebensgefühl der Jugend einzutauchen, und mit dem Scheitern dieses Wunsches gerät auch das Arbeitsleben in den Sog eines umfassenden Sinnverlusts. In einem Traum erkennt Feyerabend, dass er nur zum Schein in die Jugend zurückkehrt; als „Nußknacker vom vorigen Jahr", der die Lösung geistiger Aufgaben von gestern verkörpert, verbringt er das Weihnachtsfest mit anderen, noch jungen Holzfiguren im „glänzenden, duftenden, leuchtenden Gedränge edelsten Puppentums" und erlebt doch nur „unseres Herrgotts ganze Nürnberger-Tand-Schöpfung" (R1, 101–102). Die Balance zwischen dem Genuss eines würdigen Altersruhestands und der nostalgischen Jugenderinnerung bleibt prekär. Die Gerüche der Atmosphären, die der pensionierte Arzt genießt, verdecken die Kluft zwischen Alter und Jugend, und der Versuch, diese Kluft im sozialen Leben zu überbrücken, führt in die Irre und höhlt am Ende auch den berufsbezogenen Selbstwert aus. Nur sein Jugendfreund Ludchen Bock kommt in den zweifelhaften Genuss einer ewigen Jugend, da er infolge eines Unfalls auf dem geistigen Stand eines Heranwachsenden verharrt.

Raabe zeigt immer wieder, dass Versuche, Konflikte von Zwängen und Neigungen mit Arbeit ethisch überzeugend auszuhandeln, im unausweichlichen sozialen Wandel prekär bleiben: Der Apotheker wird im Kontext des modernen Spekulantentums zum Opfer seines redlichen Anspruchs; der Bildungswert der Arbeit als Friedhofswärter lässt sich im Generationenwandel nicht weitergeben; die Sozialarbeit der Honoratioren bleibt mit dem Übergang zum modernen Beamtentum auf der Strecke; die sogenannten kleinen Leute sind verrohenden Verhältnissen ausgesetzt; das patriotische Ethos des Gelehrten bleibt im Vorhof der politischen Macht; und der Selbstwert des Arztes im Ruhestand scheitert an der Obsoleszenz der eigenen Generation. Die Akteure, die einem überzeugenden Arbeitsethos folgen wollen, können sich nur bedingt gesellschaftliche Anerkennung verschaffen; soziale Geltung sichern sich diejenigen, die – wie Agonista, der nicht-jüdische Medizinstudent, die modernen Beamten, der Aufsteiger Stopfkuchen oder Scriewer – auf dem Weg zum Erfolg auch Skrupel überwinden. Feyerabend entfremdet sich hingegen von der Mitwelt, die ihm soziale Anerkennung zollt. Gerüche unterstreichen in diesen Zusammenhängen die Ambivalenzen der sozialen Wirklichkeit.

Dieser Befund passt auch zu Raabes Erzählung *Pfisters Mühle* (1884), deren Geruchsmotive bereits gut erforscht sind (Rindisbacher 1992, 99–112; Krause 2023, 43–44). Hier fällt ein idyllisch gelegenes Gasthaus in einer alten Mühle am Fluss einer wachsenden Industrie zum Opfer, deren Abwässer die Uferlandschaft in eine stinkende Kloake verwandeln, so dass die Gäste ausbleiben. Der redliche Mühlenwirt gewinnt zwar den Rechtsstreit gegen den Verschmutzer, doch der Ärger über den Fall entmutigt ihn derart, dass er sein Lebensziel, die Mühle als Familienerbe zu bewahren, entmutigt aufgibt (R5, 174, 180–181) – die Verletzung seines Anspruchs auf soziale Anerkennung als Mühlenwirt wiegt zu schwer. Erfolg ist unterdessen dem jungen Adam Asche beschieden; er stellt dem Wirt seine Expertise als Chemiker zur Verfügung, macht aber zugleich Karriere in der Industrie.

5 Anmerkungen zum literarhistorischen Kontext

Der Nexus von Geruch und Arbeit interessiert Raabe also mit Blick auf die Spielräume und Grenzen sozialer Anerkennung, und damit schreibt er sich in eine Tradition ein, die bis in die Frühaufklärung zurückreicht. So preist Albrecht von Hallers Gedicht *Die Alpen* (1729) die Düfte der Natur unter anderem im Zusammenhang mit der Landarbeit; sie unterstreichen die ethische Grundüberzeugung, dass die Mühen der tugendhaften Arbeit zugleich Freude am Reichtum der Natur bereiten:

> Aus ihrem holden Reich wird Flora nun verdränget,
> Den Schmuck der Erde fällt der Sense krummer Lauf,
> Ein lieblicher Geruch, aus tausenden vermenget,
> Steigt aus der bunten Reih gehäufter Kräuter auf [...] (Haller 2017, 11)

Die Bewohner der Alpenregion werden als Gemeinschaft freier und gleicher Menschen vor Augen geführt, die den moderaten Tugendlohn einer redlichen, von Gott gesegneten Arbeit genießen.

In der deutschen Literatur von der Spätaufklärung über die Klassik bis zum Realismus wird das Scheitern von Ansprüchen auf Bildung durch Arbeit auch mit Geruchsmotiven markiert. Der spätaufklärerische Roman *Anton Reiser* (1785–1790) von Karl Philipp Moritz wirft am Anfang des vierten und letzten Teils die Frage auf, „*inwiefern ein junger Mensch sich selber einen Beruf zu wählen imstande sei*" (Moritz 1980, 382). Weder der Verfasser noch der Protagonist Anton, der sich Illusionen über seine Begabung zum Schauspieler macht, finden eine Antwort; Antons Theaterleidenschaft steht im Bann einer Einbildungskraft, die seine realistische Selbsteinschätzung trübt. Sein Rückzug in die Einbildung wurde durch eine sinnenfeindliche Mitwelt ausgelöst; schon seine Lehre bei einem Hutmacher nötigte ihn zur Selbstverleugnung. Sein Lehrherr war ein Quietist, der nach der Lösung von den Sinnen und der inneren Ertötung aller Eigenheiten strebt, und sein Haus war entsprechend karg. Seine quietistische Sinnesfeindlichkeit machte er mit unfreiwilliger Ironie anschaulich, indem er eine Darstellung der fünf Sinne auf einer Zimmerwand regelmäßig übertünchen ließ (Moritz 1980, 57). Für Anton bringt der Firnisgeruch in der frisch gestrichenen Stube eine traumatisierende Frömmigkeit zum Ausdruck. Die Intoleranz des Lehrherrn „erstreckte sich bis auf jedes Lächeln, und jeden unschuldigen Ausbruch des Vergnügens, der sich in Antons Mienen oder Bewegungen zeigte: denn hier konnte er sie einmal recht nach Gefallen auslassen, weil er wußte, daß ihm nicht widersprochen werden durfte." (Moritz 1980, 63)

> Während der Zeit wurden die ganz verblichnen fünf Sinne an dem schwarzen Getäfel der Wand wieder neu überfirnißt – die Erinnerung an den Geruch davon, welcher einige Wochen dauerte, war bei Anton nachher beständig mit der Idee von seinem damaligen Zustande vergesellschaftet. Sooft er einen Firnisgeruch empfand, stiegen unwillkürlich alle die unangenehmen Bilder aus jener Zeit in seiner Seele auf; und umgekehrt, wenn er zuweilen in eine Lage kam, die mit jener einige zufällige Ähnlichkeiten hatte, glaubte er auch, einen Firnisgeruch zu empfinden. (Moritz 1980, 63–64)

Bestandteile frischer Farbanstriche im achtzehnten Jahrhundert rochen unangenehm (Tullett 2019, 17–18); das regelmäßige Übertünchen einer Wand im Haus zeigt eine negative oder zumindest indifferente Haltung zu den Sinnen an. Antons Arbeit bildet nicht, sondern deformiert seinen Charakter.

Im klassischen Bildungsroman *Wilhelm Meisters Lehrjahre* (1796) wird der Geruchssinn gleich zu Anfang als tierischer Spürsinn eingestuft. Kinder spüren mit ihm „verbotene[s] Naschwerk" auf, dessen von Furcht begleiteter Genuss „einen großen Teil des kindischen Glücks ausmacht" (Goethe 1965, 19). Im Rückblick schildert Wilhelm seine kindliche Freude an den Düften der Speisekammer:

> Die aufgehäuften Schätze übereinander umfingen meine Einbildungskraft mit ihrer Fülle, und selbst der wunderliche Geruch, den so mancherlei Spezereien durcheinander aushauchten, hatte so eine leckere Wirkung auf mich, daß ich niemals versäumte, sooft ich in der Nähe war, mich wenigstens an der eröffneten Atmosphäre zu weiden. (Goethe 1965, 20)

Wilhelms Theatromanie entstammt dieser Atmosphäre, denn die Kinder nutzen die Kammer zum Puppenspiel: „Ich fühlte täglich mehr Anhänglichkeit für das enge Plätzchen, wo ich so manche Freude genoß; und ich gestehe, daß der Geruch, den die Puppen aus der Speisekammer an sich gezogen hatten, nicht wenig dazu beitrug." (Goethe 1965, 24) Hier nähren *gute* Gerüche die Illusion einer Berufung zur Schauspielkunst, die Wilhelms Bildungsprozess nachhaltig belastet, und während der Firnisgeruch im *Anton Reiser* auf eine traumatisierende Mitwelt verweist, markiert er im *Wilhelm Meister* den Eintritt in einen sozialen Raum, der auf eine heilsame Entsagung von illusionären Ansprüchen vorbereitet (Goethe 1965, 442). Auch in Gustav Freytags Roman *Soll und Haben* (1855), der von der Erziehung zum Kaufmann handelt, gehört das Gespür für die Poesie der Düfte zur Lebensphase des Kindes, dessen Hang zu trügerischen Träumen im Erwachsenenalter zu überwinden ist (Rindisbacher 1992, 40–52). Gottfried Kellers realistischer Roman *Der grüne Heinrich* (1854–1855) handelt ebenfalls vom Misslingen eines künstlerischen Bildungsprozesses. Der titelgebende Protagonist lässt sich bei der Wahl des Berufs, in dem er scheitern wird, vom Geruchssinn leiten. Die Gelegenheit zur Ausbildung in einer Fabrik nimmt er nicht wahr: „Ein häßlicher Vitriolgeruch drang mir in die Nase und bleiche Kinder arbeiteten innerhalb und lachten mit rohen Grimassen hervor." (Keller 2019, 304) Den entscheidenden Anstoß zum Entschluss, Landschaftsmaler zu werden, gibt eine Ausstellung, deren positive Wirkung auf den jungen Mann durch den Geruch der Gemälde gesteigert wird:

> Der erste Eindruck war ganz traumhaft, große klare Landschaften tauchten von allen Seiten, ohne daß ich sie vorerst einzeln besah, auf und schwammen vor meinen Blicken […]. Dazu verbreiteten die frischen Firnisse der Bilder einen sonntäglichen Duft, der mir ange-

nehmer dünkte, als der Weihrauch einer katholischen Kirche, obschon ich diesen sehr gern roch. (Keller 2019, 305)

Der feiertäglich anmutende Geruch der Bilder wird nicht ohne Ironie dargestellt. Der Eindruck passt zu Heinrichs naturfrommem Glauben an die Allgegenwart von Gottes Geist in der Welt (Keller 2019, 396), doch die sakramentale Aura der Bilder entspringt keiner geistigen Tiefe ihres Inhalts, sondern dem profanen Schutz ihrer materialen Oberfläche. Zudem wird Heinrich an der selbstgestellten Aufgabe scheitern, Formen der Natur so nachzuahmen, dass ihr Wesen in der Komposition anschaulich wird. Der auratische Schein einer traumhaft überwältigenden Fülle vereinzelter Eindrücke deutet diese Problematik bereits an; hier markiert der Firnisgeruch keinen Raum der verderblichen oder heilsamen Askese, sondern eine kunstreligiöse Illusion.

Während Anton, Wilhelm und Heinrich von der Spätaufklärung bis zum Realismus auf unterschiedliche Weisen mit ihrem illusionären Anspruch kämpfen, Arbeit und Neigung in der schöpferisch-expressiven Praxis zu versöhnen, arbeiten sich Raabes Protagonisten des Spätrealismus an einer Mitwelt ab, die auch pragmatisch ernüchterten Entwürfen eines sinnstiftenden Arbeitslebens nicht mehr ohne weiteres entgegenkommt. Diese ersten Einblicke in einen Ausschnitt des Nexus von Geruch und Arbeit in der deutschen Literatur bleiben kursorisch, stützen aber die These, dass sich eine Reihe gewichtiger literarischer Texte seit der Aufklärung für das Thema im Hinblick auf Spielräume der sozialen Anerkennung interessiert, wobei Geruchsmotive starke emotionale Wertungen markieren. Axel Honneth unterscheidet drei philosophische Zugänge zum Thema der Anerkennung (Honneth 2019). In den Augen des Anderen als eben die Person bejaht zu werden, die im eigenen Handeln zum Ausdruck kommen soll, kurz: anerkannt zu werden, wird von einer ganzen Reihe frankophoner Denker als problematische Spielart der Wertschätzung betrachtet, die von den sozial unteilbaren Ansprüchen des Selbst ablenkt. Einer zweiten, in anglophonen Ländern stark ausgeprägten Tradition zufolge ist die wechselseitige Anerkennung von Akteuren als moralisch selbstbestimmten Personen eine unverzichtbare Voraussetzung von Freiheit. Und eine dritte, vor allem in deutschsprachigen Diskussionen bedeutsame Richtung begreift die reziproke Gewährung des Rechts auf den Versuch, Pflicht und Neigung in den Schranken der moralischen Vernunft zu versöhnen, als unverzichtbare Bedingung der Möglichkeit von Authentizität. Die Frage, ob diese Traditionen tatsächlich kulturspezifische Varianten der philosophischen Ideengeschichte abbilden, kann in unserem Zusammenhang ausgeklammert werden; für die literarhistorische Forschung zum Thema Arbeit ist Honneths typologische Unterscheidung in jedem Fall instruktiv (siehe dazu auch Krause 2025). Haller verweist auf die anerkennungswürdige Arbeit in einer Gesellschaft moralisch selbstbestimmter Akteure; die irreführenden beruflichen Neigungen in den Romanen von Moritz, Goethe und Keller entspringen der Suche nach öffentlich anerkannter Authentizität (zu Goethe vgl. auch Habermas 1990, 67–69); und Raabe lotet die Abstände zwischen persuasiven Werten und sozialer Geltung aus. Die Geschichte der Fragen und Probleme, denen jene Modelle ihren Einsatz verdanken, wäre erst noch genauer zu bestimmen; die Dienste, welche die Nase als Sitz eines Spürsinns für Werte leistet, variieren mit den Zugängen zu diesen Problemen.[12] Bei Haller fügt sich die Freude am Duft noch in die vernünftige Ordnung der Schöpfung, während gute Gerüche bei Goethe, Freytag und Keller zu problematischen Träumen verführen; bei Moritz erschließt die Nase die Lebensfeindlichkeit der Mitwelt, während Raabes literarischer Spürsinn die Ambivalenzen sozialer Welten vernimmt, die sich der Deutung *sub specie aeternitatis* entziehen (Krause 2023, 167–183).

Literaturverzeichnis

Siglierte Quellen

R1 Raabe, Wilhelm. *Altershausen* [1899–1902]. Stuttgart: Reclam, 1981.
R2 Raabe, Wilhelm. *Holunderblüte* [1863]. Hg. Dieter Arendt. Stuttgart: Reclam, 1996.
R3 Raabe, Wilhelm. *Horacker* [1876]. Stuttgart: Reclam, 1980.
R4 Raabe, Wilhelm. *Kloster Lugau* [1893]. Sämtliche Werke. Dritte Serie. Bd. 3. Berlin: Hermann Klemm, 1916. 387–624.
R5 Raabe, Wilhelm. *Pfisters Mühle. Ein Sommerferienheft* [1884]. Stuttgart: Reclam, 2015.
R6 Raabe, Wilhelm. *Stopfkuchen. Eine See- und Mordgeschichte* [1891]. Stuttgart: Reclam, 2011.
R7 Raabe, Wilhelm. *Zum wilden Mann. Eine Erzählung* [1874]. Hg. Axel Dunker. Stuttgart: Reclam, 2011.

Andere Literatur

Bergengruen, Maximilian. „Ökonomisches Wagnis/Literarisches Risiko. Zu den Paradoxien des Kapitalerwerbs im Poetischen Realismus". *Literatur als Wagnis / Literature as Risk*. Hg. Monika Schmitz-Emans. Berlin / Boston: De Gruyter, 2013. 208–238.
Carlisle, Janice. „The Smell of Class. British Novels of the 1860s". *Victorian Literature and Culture* 1 (2001): 1–19.

---

12 Die Rolle des Spürsinns in der Kulturgeschichte wäre auch für die Komparatistik interessant; so wird der „Flair" der Kunstsammler im Frankreich des ausgehenden neunzehnten Jahrhunderts positiv bewertet (Wicky 2021, 197–209).

Carlisle, Janice. *Common Scents. Comparative Encounters in High-Victorian Fiction*. Oxford: Oxford University Press, 2004.
Classen, Constance, David Howes und Anthony Synnott. *Aroma. The Cultural History of Smell*. London / New York: Routledge, 1994.
Conrad, Sebastian. *Deutsche Kolonialgeschichte*. München: C.H. Beck, 2008.
Corbin, Alain. *Pesthauch und Blütenduft. Eine Geschichte des Geruchs* [frz. 1982]. Berlin: Wagenbach, 1984.
Diaconu, Mădălina. *Tasten – Riechen – Schmecken. Eine Ästhetik der anästhesierten Sinne*. Würzburg: Königshausen & Neumann, 2005.
Dunker, Axel. „Nachwort". Wilhelm Raabe. *Zum wilden Mann. Eine Erzählung* [1874]. Hg. Axel Dunker. Stuttgart: Reclam, 2011. 116–128.
Fauth, Søren R. *Der metaphysische Realist. Zur Schopenhauer-Rezeption in Wilhelm Raabes Spätwerk*. Göttingen: Wallstein, 2007.
Görtemaker, Manfred. *Deutschland im 19. Jahrhundert. Entwicklungslinien*. Opladen: Leske und Budrich, 1989.
Goethe, Johann Wolfgang. *Wilhelm Meisters Lehrjahre* [1796]. Hamburger Ausgabe, Bd. 7: Romane und Novellen. Zweiter Band. Hamburg: Christian Wegner, 1965.
Grimm, Jacob und Wilhelm Grimm. *Deutsches Wörterbuch. Neubearbeitung*. Stuttgart: S. Hirzel, 1965–2018.
Habermas, Jürgen. *Strukturwandel der Öffentlichkeit. Untersuchungen zu einer Kategorie der bürgerlichen Gesellschaft* [1961]. Frankfurt am Main: Suhrkamp, 1990.
Haller, Albrecht von. *Die Alpen und andere Gedichte*. Hg. Adalbert Elschenbroich. Stuttgart: Reclam, 2017.
Herold, Katharina und Frank Krause (Hg.). *Smell and Social Life. Aspects of English, French and German Literature (1880–1939)*. München: iudicium, 2021.
Honneth Axel. *Anerkennung. Eine europäische Ideengeschichte*. Berlin: Suhrkamp, 2019.
Honneth, Axel. *Der arbeitende Souverän. Eine normative Theorie der Arbeit*. Berlin: Suhrkamp, 2023.
Jaeger, Hans: *Geschichte der Wirtschaftsordnung in Deutschland*. Frankfurt am Main: Suhrkamp, 1988.
Keller, Gottfried. *Der grüne Heinrich*. Hg. Jörg Drews. Stuttgart: Reclam, 2019.
Krause, Frank. *Geruch und Glaube in der Literatur. Selbst und Natur in deutschsprachigen Texten von Brockes bis Handke*. Berlin / Boston: dup / De Gruyter, 2023.
Krause, Frank (Hg.). *Work and Smell. Literature in Comparison*. Leiden: Brill, 2025.
Littérature 2 (2017): *Sociabilités du parfum*. Hg. Jean-Alexandre Perras und Érika Wicky.
Martin, Alexander M. „Sewage and the City. Filth, Smell, and Representations of Urban Life in Moscow, 1770–1880". *The Russian Review* 2 (2008): 243–274.
Maxwell, Catherine. *Scents and Sensibility. Perfume in Victorian Literary Culture*. Oxford: Oxford University Press, 2017.
Maxwell, Catherine. „‚Bringing the Perfume out of Everything'. Vernon Lee, Scent, and Memory". *Smell and Social Life. Aspects of English, French and German Literature (1880–1939)*. Hg. Katharina Herold und Frank Krause. München: iudicium, 2021. 178–196.
Moritz, Karl Philipp. *Anton Reiser. Ein psychologischer Roman* [1785–1790]. Stuttgart: Reclam, 1980.
Perras, Jean-Alexandre und Érika Wicky (Hg.). *Mediality of Smells / Médialité des Odeurs*. Oxford: Lang, 2021.
Pierstorff, Cornelia. *Ontologische Narratologie – Welt erzählen bei Wilhelm Raabe*. Berlin / Boston: De Gruyter, 2022.
Rindisbacher, Hans J. *The Smell of Books. A Cultural-Historical Study of Olfactory Perception in Literature*. Ann Arbor, MI: University of Michigan Press, 1992.

Savani, Giacomo. „Sensing the Past. Sensory Stimuli in Nineteenth-Century Depictions of Roman Baths". *The Smells and Senses of Antiquity in the Modern Imagination*. Hg. Adeline Grand-Clément und Charlotte Ribeyrol. London: Bloomsbury, 2022. 119–137.

Speitkamp, Winfried. *Deutsche Kolonialgeschichte*. Stuttgart: Reclam, 2021.

Sprengel, Peter. *Geschichte der deutschsprachigen Literatur 1870–1900. Von der Reichsgründung bis zur Jahrhundertwende*. München: C.H. Beck, 1998.

Tilly, Richard H. *Vom Zollverein zum Industriestaat. Die wirtschaftlich-soziale Entwicklung Deutschlands 1834 bis 1914*. München: dtv, 1980.

Tullett, William. *Smell in Eighteenth-Century England. A Social Sense*. Oxford: Oxford University Press, 2019.

Voß, Johann Heinrich. *Luise. Ein ländliches Gedicht; Idyllen*. Leipzig: F.A. Brockhaus, 1869.

Wicky, Érika. „A Good Eye, Taste and Flair. The Sensory Skills of the *Fin-de-siècle* Collector". *Smell and Social Life. Aspects of English, French and German Literature (1880–1939)*. Hg. Katharina Herold und Frank Krause. München: iudicium, 2021. 197–209.

Zantop, Susanne. *Colonial Fantasies. Conquest, Family, and Nation in Precolonial Germany, 1770–1870*. Durham, NC: Duke University Press, 1997.

Charlotte Coch
„120 Beleckungen; 370 Beriechungen; 500 Schweifwedeleien" – Der Geruchssinn als Domäne hündischer Erzählperspektiven

Im Kontext eines stark gewachsenen theoretischen Interesses an den Verflechtungen des Menschen mit nicht-menschlichen Akteur:innen organischer wie anorganischer Art wird auch die vermeintliche Ur-Menschlichkeit des Erzählens auf den Prüfstand gestellt. Graham Swifts Bestimmung des Menschen als „story-telling animal" im Roman *Waterland* (1983) illustriert diese gewandelte Sicht auf das Erzählen. Sie lässt sich zwar als Grenzziehung zwischen dem Menschen und anderen Tieren im Sinne des *homo narrans* verstehen, allerdings gleichermaßen auch als Re-Animalisierung und damit als Betonung der vernetzenden und verknüpfenden Qualität des Erzählens, zumindest in Bezug auf andere Spezies (Bracke 2018). Die narratologische Forschung folgt dieser Lesart: Mehr-als-menschliche Erzählwelten und Erzähl-‚Stimmen', insbesondere im Kontext der *animal* und *plant studies*, erfreuen sich einer weiter zunehmenden Aufmerksamkeit (Herman 2018; Jacobs 2020; Middelhoff 2020; Ryan, Vieira und Gagliano 2021; Middelhoff und Peselmann 2023). Der Anspruch von David Hermans 2018 erschienener Monographie *Narratology beyond the Human. Storytelling and Animal Life* ist es etwa, eine Theorie des Erzählens ‚at Species Scale' zu entwickeln.

Im Folgenden geht es mir um die Funktion des Geruchs für eine solche Erzähltheorie ‚at Species Scale', genauer: zunächst einmal für eine Erzähltheorie des Hundes. Ich werde verschiedene Erzählweisen mit und aus hündischer Perspektive zwischen 1879 (dem Erscheinungsjahr von Ranzonis *Zoddel. Lebensgeschichte eines Hundes*) und 1933, dem Erscheinungsjahr von Virginia Woolfs *Flush. A Biography*, aus der Linse einer methodisch noch genauer zu konturierenden mehr-als-menschlichen Narratologie betrachten. Hier nimmt die erzählerische Ausgestaltung und Funktionalisierung des Geruchssinns als Vehikel für spezifische Erfahrungen in den zu betrachtenden narrativen Praktiken selbst wie in ihrer theoretischen Beobachtung eine besondere Stellung ein. Der erste Abschnitt wird näher auf diesen Zusammenhang von Erzählverfahren aus der Sicht von Hunden, dem Geruchssinn und der Methodik einer mehr-als-menschlichen Narratologie eingehen. Anschließend werden im zweiten Abschnitt insgesamt vier erzählende und erzählte Hunde aus dem neunzehnten und frühen zwanzigsten Jahrhundert – neben den beiden bereits erwähnten Texten, welche den zeitlichen Rahmen darstellen, handelt es sich um den Protagonisten in Franz Kafkas 1922 entstandener und posthum veröffentlichter Kurzgeschichte *Forschungen eines*

Hundes sowie die ebenfalls aus der Perspektive eines Hundes sprechende Erzählstimme in Oskar Panizzas *Aus dem Tagebuch eines Hundes* von 1892 – vorgestellt. Die hündischen Erzählfigurationen werden in zwei Gruppen eingeteilt: in Hunde, die im Kontext ihres Erzählens und Erzähltwerdens schnuppern und damit durch ihren besonderen Geruchssinn eine Differenz zum Menschen aufmachen, und solche, die zunächst schnuppern und dies dann – aus verschiedenen Gründen – nicht mehr tun. Hier ist keine Differenz zwischen hündischer und menschlicher Perspektive zu erkennen, sondern vielmehr eine radikal zugespitzte Darstellung der Zivilisationsgeschichte. In einem dritten Abschnitt möchte ich die beiden Gruppen der schnuppernd bzw. nicht-schnuppernd erzählenden und erzählten Hunde auf einer Skala der Möglichkeiten mehr-als-menschlichen Erzählens verorten, aus der sich auch die zentralen Herausforderungen einer mehr-als-menschlichen Erzähltheorie ergeben. Ein vieldiskutiertes Problem bzw. Konzept ist das der Anthropomorphisierung bzw. des Anthropomorphismus, das ich abschließend mit Bezug auf den Geruch und die hierin erkennbare Differenz von hündischen und menschlichen Perspektiven spezifizieren und, mit Rückgriff auf die Thesen des brasilianischen Ethnologen Eduardo Viveiros de Castro, als produktives Konzept einer interspeziellen Narratologie beschreiben möchte.

1 Hündische Erzähler, der Geruch und die Narratologie

Der Anthropozentrismus des strukturalistischen narratologischen Modells, das insbesondere mit dem Namen Gérard Genette verbunden ist, ist immer wieder herausgestellt und kritisiert worden. Die anthropomorphisierende Qualität der mehr oder weniger unvermeidbaren, stets metaphorisch verfahrenden (De Man 1973) Kategorie ‚Stimme' liegt auf der Hand und ist in der Forschung wiederholt thematisiert worden (Jongeneel 2006; Blödorn und Langer 2006). Weniger stark im Fokus stand die ebenfalls metaphorische Qualität des Begriffs der ‚Fokalisierung', der gerade nicht auf menschliche Sinne, sondern auf deren Erweiterung bzw. Transformation durch technische Hilfsmittel verweist. Die Indifferenz gegenüber der technomorphen Metapher spiegelt sich auch in einer Indifferenz gegenüber technischen Medien des Erzählens insgesamt: „It [the narratological discourse] has seldom problematized the relationship between the technological representation or reproduction of voice in narrative and what Fludernik calls 'embodied' voice, frequently assuming that the one can be practically identified with the other." (Gibson 2001, 654) Die Spannung von Körperlichkeit und technischer Medialität ist der strukturalistisch-narratologischen Metaphorik also schon eingeschrieben, die Präsentation der Begriffe als neutrale Analyseinstrumente hat eine produktive Auseinandersetzung mit dieser Spannung und auch mit der konkreten Performativität von Erzählvorgängen jedoch lange verhindert.

Natürlich ist die strukturalistische Narratologie zumindest in der Forschung, wenn auch nicht in der Lehre, schon lange beständiger Kritik ausgesetzt. Die ganz verschiedenen Absetzungsbewegungen wurden schon vor über 20 Jahren als ‚postclassical narratology' (Herman 1999) beschrieben und in mehreren Sammelbänden kategorisiert und systematisiert (Fludernik und Alber 2010; Alber und Heinze 2011).

Eine wichtige Kritik am strukturalistischen Modell ist die auf Monika Fludernik zurückgehende Mahnung, den Körper bei der Produktion und Rezeption von Erzählungen nicht aus den Augen zu verlieren (1996). Die hieran anschließenden und sich interdisziplinär entwickelnden narratologischen Ansätze beschäftigen sich mit ebendiesem Zusammenhang von Körper und Erzählung, etwa im Ernstnehmen von körperlichen Vorgängen insbesondere in der Rezeption von Erzählungen. Gerade dieser Ansatz ist in letzter Zeit weiterverfolgt worden, insofern etwa phänomenologische Ansätze narratologisch fruchtbar gemacht werden im Sinne einer ‚enaktivistischen Narratologie' (Caracciolo 2014; Söffner und Schomacher 2017) oder Erkenntnisse aus dem Bereich der Kognitionswissenschaften, genauer der ‚embodied cognition', mit narratologischen Ansätzen verknüpft werden (Caracciolo und Kukkonen 2021). Auch wenn dieser Ansatz sich nicht direkt mit mehr-als-menschlichen Erzählfiguren beschäftigt, sondern sämtliche Formen des Erzählens in den Blick nimmt, öffnet der Blick auf die körperliche Seite des Erzählens auch den Blick auf besondere Verkörperungen. So lassen sich insbesondere die eingangs bereits erwähnten Studien zu den tierischen Erzählinstanzen (Herman 2018; Middelhoff 2020) als spezifische Anknüpfungen an die Vorstöße zu einer verkörperten Erzähltheorie auf der Rezeptionsseite wie auch an die bereits 1995 erschienene Studie zu den *Beasts of Modern Imagination* verstehen, welche auf der Produktionsseite „a small group of thinkers, writers, and artists" in den Blick nimmt, „who create as the animal – not like the animal, in imitation of the animal – but with their animality speaking" (Morris 1995, 1).

Der Blick auf Tiere als Agenten des autobiographischen oder eben zoographischen Erzählens lenkt den Blick auf die identitätspolitischen, ethischen und epistemologischen Implikationen solcher ‚nicht-menschlichen' Erzählperspektiven; es geht jedoch auch darum, die in der strukturalistischen Narratologie unsichtbar bleibenden Prämissen sichtbar zu machen, nämlich die Frage, welche konkreten körperlichen Prozesse für das Erzählen eigentlich notwendig sind und was passiert, wenn diese Körper nicht nur menschliche, sondern eben, wie im vorliegenden Falle, auch hündische Gestalt annehmen bzw. das Erzählen sich in und durch hündische Verkörperungen bewegt und äußert. Interessanterweise ist in beiden

Ansätzen der Geruchssinn bisher, bis auf wenige Erwähnungen, merkwürdig unterbelichtet geblieben. Er kommt in den nicht explizit auf mehr-als-menschliche Erzählfiguren gerichteten Untersuchungen der körperlichen Dimension von Erzählen nur kursorisch vor, etwa in okkasionellen Erwähnungen des Geruchs von Kaffee als „low-level, sensory experience" (Caracciolo 2014, 4), wird aber auch in den Ansätzen zu einer *animal narratology* nicht systematisch analysiert; so fehlt er etwa im Glossar von Herman (2018) vollständig.

Das finde ich insofern erstaunlich, als es gerade der Geruch ist, der in der philosophischen Tradition als besonders ‚tierisch' gilt und insofern eine zentrale Rolle für die Aufrechterhaltung der Mensch-Tier-Distinktion spielt (Le Breton 2022). Aus diesem Grund wird er bzw. die explizite Thematisierung des Geruchssinns und konkreter Gerüche im Verlauf des achtzehnten Jahrhunderts mehr und mehr aus der menschlichen Zivilisation verdrängt (Skrandies 2024). So weist eine Studie etwa eine deutliche Verminderung des Geruchswortschatzes im achtzehnten Jahrhundert gegenüber dem Mittelalter nach (Kutzenigg 1984). Gerade diese Verdrängung des Geruchssinns in der Phase der bürgerlich-humanistischen Gesellschaft hat ihn in verschiedenen Ansätzen einer posthumanistischen Ethnographie besonders in den Vordergrund gerückt. Anna Lowenhaupt-Tsings ethnologische Analyse (oder auch faktuale Erzählung) *The Mushroom at the End of the World* schreibt dem Geruch eine zentrale Rolle zu: „What is the story of a smell? Not an ethnography of smelling, but the story of the smell itself, wafting into the nostrils of people and animals and even impressing the roots of plants and the membranes of soil bacteria? Smell draws us into the entangled threads of memory and possibility." (2015, 45)

Es ist also gerade der Geruch, in dem die beiden oben skizzierten Stränge postklassischer narratologischer Analyse, der posthumanistische Strang und der verkörpernde Strang, zusammenkommen. Geruch funktioniert auf einer organischen Ebene, und er dezentriert den Menschen zu einem Wahrnehmungsapparat unter vielen anderen: „And what is smell but a particular form of chemical sensitivity? In this interpretation, trees too are touched by the smells of matsutake, allowing it into their roots." (Lowenhaupt-Tsing 2015, 45) Geruch ist aber gleichzeitig eine Herausforderung für sprachlich konzipierte Erzählungen, wie Lowenhaupt-Tsing weiter ausführt: „Smell is elusive. Its effects surprise us. We don't know how to put much about smell into words, even when our reactions are strong and certain. Humans breathe and smell in the same intake of air, and describing smell seems almost as difficult as describing air." (2015, 46) Dennoch gibt es eine andere, grundlegendere Ebene, auf der Geruch und Narrativität wunderbar zusammengehen: die Ebene der Metamorphosen, die immer wieder als zentral für die Praxis und die kulturelle Funktion von Erzählen herausgehoben wurden. Lowenhaupt-Tsing betont die verändernde Qualität des Geruchs, die gerade nicht einer vorhersehbaren Linearität folgt, sondern in neue, andere Gefilde führt:

> But smell, unlike air, is a sign of the presence of another, to which we are already responding. Response always takes us somewhere new; we are not quite ourselves any more – or at least the selves we were, but rather ourselves in encounter with another. Encounters are, by their nature, indeterminate; we are unpredictably transformed. Might smell, in this confusing mix of elusiveness and certainty, be a useful guide to the indeterminacy of encounter? (Lowenhaupt-Tsing 2015, 46)

Es ist also eigentlich verwunderlich, dass der Geruch für diejenigen erzähltheoretischen Versuche, die sich explizit einer posthumanistischen Erzähltheorie verschrieben haben, noch nicht als entscheidende Ressource entdeckt worden ist, gerade insofern das Erzählen selbst auch im neunzehnten Jahrhundert sich immer wieder an der Schilderung von Gerüchen versucht und die identitätsstiftende Dimension des Geruchs von der philosophischen Forschung bereits hervorgehoben wurde (Diaconu 2022). Diese eher auf den Menschen zentrierte Perspektive wäre auf das Mensch-Tier-Verhältnis und auf die Frage nach der Produktivität von nichtmenschlichen Erzählfiguren zu erweitern.

Wie Lowenhaupt-Tsing ausführt, scheint es gerade der Geruch zu sein, welcher die posthumanistischen Erzählweisen zugeschriebene Dialektik von Defamiliarisierung und Empathie, oder anders ausgedrückt „the ability to acknowledge similarity and otherness at the same time" (Bernaerts et al. 2014, 74), besonders gut umsetzen kann. Es bedarf daher, so denke ich, eines Zusammenspiels von narratologischen Ansätzen, welche die körperlichen Dimensionen des Lesens und die Perspektive auf die Besonderheit tierischer Erzählinstanzen zusammennehmen. Hier ist es dann gerade die Aufmerksamkeit auf Gerüche und die Erforderlichkeit der Beschreibung von Gerüchen, welche die Differenzqualität gegenüber einer menschlichen Erzählperspektive bilden und damit zum Aushandlungsort für Empathie und Defamiliarisierung, für Identifikation und Abgrenzung bilden. Ich möchte im Folgenden zwei verschiedene Möglichkeiten des Umgangs mit der Differenz ‚hündischer / menschlicher Geruchssinn' vorstellen, die von der jeweils entgegengesetzten Seite her diesen Gegensatz umkreisen, in Frage stellen und produktiv machen für die oben beschriebene Gleichzeitigkeit von Identität und Abgrenzung.

2 Von schnuppernden und nicht schnuppernden Hunden

Wie zuvor beschrieben, wird der Geruchssinn als besonders tierischer Sinn betrachtet, und damit liegt es nahe, dass auch die Wahl von tierischen, insbesondere hündischen Erzählperspektiven eine besonders eingehende Beanspruchung des Geruchssinns, also eine umfangreiche Schilderung olfaktorischer Eindrücke erwartbar macht. Diese Erwartungen werden von den Erzähltexten, in denen hündische Erzählinstanzen vorkommen, jedoch auf sehr unterschiedliche Weise eingelöst. Es lassen sich zwei Gruppen der erzählenden und erzählten Hunde ausmachen. In der Erzählung hündischer Erfahrungswelten wird innerhalb der einen Gruppe gerade von der besonderen Qualität und Funktionsweise ihres Geruchssinns berichtet, während in der anderen Gruppe das Ausfallen des Geruchssinns zum Thema gemacht wird. Zunächst möchte ich zwei Hunde vorstellen, bei denen tatsächlich besonders viele Geruchseindrücke geschildert werden, und dann die anderen, nicht mehr schnuppernden hündischen Perspektivierungen vorstellen.

2.1 Schnuppernde Hunde

Bei den schnuppernden Hunden handelt es sich zunächst um den homodiegetisch erzählenden Hund aus Oskar Panizzas *Aus dem Tagebuch eines Hundes* von 1892. Dieser schildert aus der Ich-Perspektive seinen hündischen Erfahrungsraum und betont direkt zu Beginn seiner Eintragungen den fundamentalen Unterschied im sensorischen Weltzugang, der zwischen Mensch und Hund besteht.

> Ueber was ich mich noch immer über alle Maaßen wundern muß, ist, daß ihnen, der durch ihre Häuser-Aufwürfe und Straßen-Ausschaufelungen scheinbar hochstehenden Species, die Begabung gegenseitiger Orientierung gänzlich abgeht. Ich meine die Möglichkeit, sich gegenseitig zu verstehen. Was soll dieses schreckliche Luft-Verpuffen in die Luft? Diese Zahn- und Schnalz-Geräusche? Diese vertrackten Gesticulationen? Welche mühselige Arbeit! – Sieht man zwei Hunden zu, die sich zufällig treffen und sich gegenseitig ausforschen, in wenigen Minuten ist Alles gethan. Wir wissen, er klagt über Frost, er hungert, er ist geschlagen worden, er hat eine weiche Seele, er ist trotzig, er ist mißtrauisch; der Hauch sagt uns Alles; seine Seele liegt offen vor unserer Nase. Nun betrachte man aber zwei Menschen! Ja, wer das nicht gesehen, dem werde ich kaum einen Begriff geben. Dieser Embarras! Dieser Aufwand von Geräuschen und Bewegungen! [...] Da ihnen das feinste aller Orientierungs-Organe, die Nase, fast abgeht, – ein kleiner höckriger Vorsprung ist Alles, was sie davon besitzen, – so müssen sie zu Ersatz-Mitteln ihre Zuflucht nehmen. Zuckungen, Explosionen, Verrenkungen. (Panizza 1977, 159–160)

Während die Menschen auf unverständliche und umständliche Laute zurückgreifen müssen, genügt den Hunden dank ihrer ‚unendlich feinen Geruchsorgane' ein Schnuppern, um den Zustand des Gegenübers in Gänze zu verstehen, um dessen Seele zu erfassen.

Die Ironie liegt hier auf der Hand. Es ist gerade die in der bürgerlich-humanistischen Tradition spätestens ab der Strömung der Empfindsamkeit Mitte des achtzehnten Jahrhunderts emphatisch aufgeladene ‚Seelenkommunikation' (Koschorke 1994; Koschorke 1999), das gegenseitige Verstehen, das hier als eigentliches Gebiet des sich gegenseitig Beriechens und eben nicht des Gesprächs ausgewiesen wird. In Folge der Verkümmerung des Riechorgans bei den sogenannten Menschen müssen diese zu Ersatzmitteln Zuflucht nehmen. Es ist also der Hund, der die eigentliche Seelenkommunikation pflegt und sich in der vergleichenden Betrachtung gegenüber den ‚Menschen' als das Original bzw. als Maß aller Dinge betrachtet. Und nicht nur die Seelenkommunikation, auch das rein geistige Philosophieren wird im Medium des Geruchssinns perfektioniert, so etwa, wenn Panizzas Hund einen neuen Geruch entdeckt.

> Ich muß sagen, ein solcher Geruch erschüttert meine ganze Seele. Frische Gerüche sind gut; jeder derselben hat seinen bestimmten Gedankengehalt und, aufgesogen, leben sie in unserem Kopfe weiter als das, was sie sind. Aber was in diesen Geruchsstraßen seit Monden abgelagert liegt, ist nichts Einfaches mehr. Das sind Componenten, die gegenseitig ihren Gedankengehalt austauschen, sind Constellationen, die eine ganze Vergangenheit erzählen, und die, aufgenommen, wie ein Geruchsrätsel, wochenlang in unserem Kopfe spuken. (Panizza 1977, 208)

Es ist hier nicht nur die inhaltliche und emphatische Aufladung, die den riechenden Hund als den eigentlichen Philosophen auszeichnet, sondern auch die Wahl der Begrifflichkeiten. Der Begriff der ‚Constellationen' verweist im Zusammenbringen von Himmelsbetrachtung und menschlichem Erinnerungsvermögen auf eine ganze philosophische Tradition von der Antike bis zu Walter Benjamin (Blumenberg 1965; Pethes 2017), die die hündische Erzählinstanz hier wie selbstverständlich in den Mund nimmt. Wenn der Psychoanalytiker Sandor Ferenczi Recht hat damit, dass die Olfaktorik der Prototyp der Ideenbildung ist, dann sind Hunde in der Tat die besseren Philosophen, und dies wiederum wäre die „Rehabilitierung des durch Diogenes Laertios kompromittierten Kynikers als ‚Hundephilosophen'" (Diaconu 2005, 222).

Nicht nur die hündische Erzählinstanz im *Tagebuch*, auch die sich in die hündische Perspektive eines Spaniels einfühlende Erzählinstanz in der Biographie *Flush* von Virginia Woolf erlebt eine Vielfalt von Geruchseindrücken, was – obwohl es sich um die neben Kafkas hündischem Erzähler in der Forschung wohl am meisten beachtete Hundegeschichte handelt (Ziolkowski 1983; Smith 2002;

Snaith 2002; Monk 2007; Dubino 2012; Herman 2013), in der Forschung bislang kaum thematisiert wurde:[1]

> Then what a variety of smells interwoven in subtlest combination thrilled his nostrils; strong smells of earth, sweet smells of flowers; nameless smells of leaf and bramble; sour smells as they crossed the road; pungent smells as they entered bean-fields. But suddenly down the wind came tearing a smell sharper, stronger, more lacerating than any – a smell that ripped across his brain, stirring a thousand instincts, releasing a million memories – the smell of hare, the smell of fox. (Woolf 1983, 12)

Der immersive Reiz dieser Geruchssinfonie liegt in dem weitgehenden Verzicht auf sprachlich distanzierende Mittel (vgl. auch Herman 2018), was besonders auffällig wird durch die heterodiegetische Erzählsituation, die das Hineingleiten in die hündische Perspektive und die dadurch hervorgerufenen Probleme des Ausdrucks stärker betont: „Just as she does in texts like *Mrs. Dalloway*, in *Flush* Woolf uses third person or heterodiegetic narration but filters events through a particular character's vantage point on the storyworld." (Herman 2013, 554)

Es sind im Falle der erzählerisch vermittelten Einblicke in die Perspektive von Flush vielmehr hastig wirkende Aufzählungen, die hier sowohl die Unmittelbarkeit des Geruchseindrucks wie auch die Kluft zwischen Geruch und stets inadäquatem sprachlichen Ausdruck deutlich machen. Die zutage tretende Ironie lässt sich so nicht nur auf zeitgenössische Genres und Schreibweisen, etwa des Biographischen, beziehen, sondern auch als Ausdruck der unauflösbaren Differenz zwischen Erfahrung und Sprache verstehen, die damit bei aller Freude am Spielerischen einen durchaus schmerzlichen Unterton erhält. Wie etwa Smith (2002) argumentiert, lässt sich die Erzählung damit als literatursprachliches Experiment im Kontext des Modernismus verstehen, das sich gerade an der Sprache unzugänglichen Sinneseindrücken erprobt. Angezeigt wird in der Aufzählung allerdings die kausale Beziehung zwischen riechendem Gegenstand und Geruch, welche die sich bewegende Hundenase stets auf lokale Eindrücke reagieren lässt. So wird deutlich, dass der Geruch, wie bei Lowenhaupt-Tsing beschrieben, eine verknüpfende Kraft zwischen erzählender Instanz, dem Prozess des Erzählens und der Umwelt entwickelt. Die riechende Hundenase lässt sich führen von den Gerüchen der Erde, der Blumen und sich irritieren von den Elementen, wie der vom Wind herübergetragenen Fährte des Fuchses; sie ist nicht immun gegenüber den sie umgebenden Gerüchen, wie das für die menschliche Zivilisation spätes-

---

[1] Interessant ist jedoch, dass sich der Geruch plötzlich als Metapher in der Beschreibung der Forschungslage wiederfindet. So attestiert Smith (2002) den spärlichen Forschungskommentaren zu Woolfs Hunde-Erzählung „a faint odor of professional embarrassment regarding Woolf's project" (359).

tens seit dem neunzehnten Jahrhundert zu beobachten ist (Le Breton 2022). Damit wird auch das Erzählen selbst zu einer verorteten, körperlichen, prozessualen Tätigkeit, die nicht ironisch-reflektierend über den Dingen schwebt – wie dies durchaus in anderen Passagen auch der Fall sein kann – sondern in räumlich-materiell-organische Netze verstrickt ist. Gegenüber solchen komplexen Geruchskonstellationen ist nicht nur die menschliche Fähigkeit des Riechens, sondern auch der menschliche Geruch selbst eintönig und uninteressant – und dies durchaus im ästhetischen Sinne. So beklagt sich der tagebuchschreibende Hund bei Panizza:

> Die ganze Menschheit riecht nach Stiefelwichs! Ich will nicht bestreiten, daß edlere Gerüche vorkommen, aber immer ein Gemisch mit dieser ranzigen Qualität. Seit den paar Monaten meines Stadt-Aufenthaltes sind wohl an die zehntausend Exemplare dieser Menschen-Race mir an der Nase vorübergegangen und es ist immer dieselbe Geschichte. Eigentümlich bleibt, daß dieser geistige Extract – schwer und plump wie er ist – sich aus dem ganzen Individuum in die Füße senkt, und dort, wie von einer Drüse ausgeschieden, als schwarzer Saft zu Tage tritt. Und wir ewig zwischen den Füßen der Menschen einherwandernden Hunde müssen mit unseren unendlich feinen Geruchsorganen diese pestilenzialischen Gerüche dort einatmen. Ist denn das der höchste Ausdruck Euerer Individualität, Beinzeiger und Beinverstecker, das Beste, was aus Euch herauskommt, unten Stiefelwichs, oben Mundsalven und Gesticulation?! (Panizza 1977, 170)

Die Individualität des Menschen, die aber eigentlich keine Individualität ist, insofern sie die gesamte Rasse betrifft, das ‚geistige Extrakt' des Menschengeschlechts also, besteht in einem ewig gleichen pestilenzialischen Geruch, der in seiner Monotonie und Langweiligkeit eine Beleidigung für die zartere Hundenase darstellt. Darüber hinaus wird hier in der Perspektive des hündischen Individuums auf die menschliche Rasse als Ganze der Blick des ‚othering' umgekehrt – hier deutet sich schon an, was im dritten Abschnitt weiter ausgeführt werden wird: Nicht nur die Grenze zwischen Mensch und Tier wird hier verunklart, sondern auch die Rollen des Menschlichen und des Tierischen selbst. Es kommt bei Abgrenzungen und Kategorisierungen auf das Kriterium an, und insofern hier das Kriterium eindeutig die Verfeinerung des Geruchssinns ist, ordnen sich die Hierarchien neu an.

Es ist nicht zufällig gerade die Stiefelwichse, die als universales olfaktorisches Kennzeichen des Menschen beschrieben wird. Der Stiefel steht symbolisch für die ambivalenten Ideen des Humanismus, nämlich der Abgrenzung und Abschottung vom irdischen Boden, von den von *Flush* so direkt wahrgenommenen olfaktorischen Reizen der Umgebung, wie auch für die Unterwerfung aller anderen Wesen. Dem Zusammenhang von Monotonie, Gewalt und vermeintlicher ‚Zivilisation' entspricht auch die für den Aufsatz titelgebende Aufzählung des Hundes über den letzten Monat:

> Aus dem letzten Monat finde ich beim Zusammenzählen: 12 Stockhiebe; 25 Fußtritte; 6 mal Prügel und Püffe mit der Faust oder Hand, 3 mal furchtbaren Durst leiden müssen; 1 mal steinharte abgenagte Knochen; 35 mal „Ei di di di di di di das schöne Hunderl!" ca. 40 mal „A dä dä dä dä dä dä dä das schwarze Dackerl!". Auf meiner Seite, der Leistungen, stehen: 120 Beleckungen; 370 Beriechungen; 500 Schweifwedeleien, und an die 699 Speichelleckereien. – Ein jeder schlägt sich eben durch, wie er kann! – (Panizza 1977, 178)

Die beschriebenen schnuppernden Hunde zeigen über die Beschreibung ihres Geruchssinns und der damit erschnupperten olfaktorischen Qualitäten die begrenzten sinnlichen Fähigkeiten des Menschen, sowohl aus der Perspektive der *animal studies* bzw. der *animal narratology* wie aus der Perspektive der *embodied narratology*, insofern in Bezug auf die Rezeption sowohl die Diskrepanz zwischen möglichen Geruchswelten als auch die eigene Unzulänglichkeit, diese nachzuempfinden, mitvollzogen werden. Die unauflösbaren Differenzen zwischen den konstruierten hündischen Perspektiven, ihrem sprachlichen Ausdruck und ihrer Rezeption durch die menschlichen Leser:innen werden durch Ironie zum Ausdruck gebracht, die aber gleichzeitig einen dringlichen Ton bzw. eine nicht-aus-der-Welt zu schaffende Herausforderung markieren. Im Folgenden möchte ich nun die andere Seite, die nicht (mehr) schnuppernden Hunde beleuchten.

2.2 Nicht (mehr) schnuppernde Hunde

In den beiden anderen hündischen Erzählungen, die ich hier kurz vorstellen möchte, Ranzonis *Zoddel* von 1879 und Kafkas *Forschungen eines Hundes*, entstanden 1922, posthum von Max Brod in den *Erzählungen* veröffentlicht, finden sich deutlich weniger Passagen, in denen die olfaktorische Expertise der Hunde ausgestellt, zelebriert oder auch nur diskursiv angekündigt wird. Das hat seinen Grund darin, dass die oben beschriebene Dualität aus Differenz und Verfremdung hier nicht interspezifisch, also zwischen hündischer und menschlicher Perspektive verläuft, sondern quer durch die hündische Perspektive selbst.

Ranzonis *Zoddel* führt sich selbst wiederum in einer homodiegetischen Erzählsituation als alten und kranken Hund ein, der auf sein Leben zurückblickt. In diesem zum autobiographischen Standardrepertoire gehörenden, also topischen Anfang des Erzählens, das hier mimetisch nachvollzogen wird (Middelhoff 2020, 470), wird bereits der Verlust des Geruchssinns deutlich gemacht:

> Ich bin alt und krank und mürrisch, ich höre schlecht, meine Augen triefen, meine Nase taugt zu nichts mehr, meine einst schöne Gestalt, welche alle Dianen und Lady's von der

Berliner Hasenhaide bis zum Marchfeld fieberkrank machte, ist abgemagert, ich leide an der fliegenden Gicht, an einem bösen Ohr […]. (Ranzoni 1879, 7)

Das Leiden des Hundes wird nicht nur diskursiv behauptet, sondern auch in den Illustrationen von Ludwig Volz deutlich gemacht. In zwei Illustrationen sieht man Zoddel in identisch gebeugter Haltung, beim zweiten Mal allerdings mit Schreibzeug im Hintergrund (siehe Abb. 1).

Abb. 1: Bild von Zoddel am Schreibpult.

Zoddels Schreiben, seine Position als autobiographischer oder eben autozoographischer Erzähler und sein Leiden sind eng miteinander verzahnt (Middelhoff 2020).

Direkt zu Beginn der Erzählung wird der Akt des Zur-Feder-Greifens ausführlich motiviert und als kausale Herleitung einer spezifischen (im literalen wie übertragenen Sinne des Wortes) hündischen Persönlichkeit beschrieben:

> Also seien wir nicht sentimental, gestehen wir, daß wir die Feder nicht um Moral zu predigen ergreifen, sondern um unsere Galle auszulassen, um die Menschen in ihrer brutalen Grausamkeit, die Hunde aber in ihrer Erbärmlichkeit zu zeigen [...].
> Ich thue das nicht, um allerlei Streiche, von denen der geneigte Leser später hören wird, zu entschuldigen, sondern nur um zu erklären, wieso es kam, daß ich der wurde, als welcher ich nun meine Confessiones „sine ira et studio" aufzeichne. (Ranzoni 1879, 8f.)

Dass Zoddel in diese Lage versetzt wurde, ohne Zorn und Eifer, also vollkommen interesselos und neutral seine Erlebnisse aufzuzeichnen, wird mit leidvollen Erlebnissen seiner Jugend begründet, die ihn dazu zwingen, seine ‚eigentliche' Natur und damit insbesondere auch den Geruchssinn als sowohl direkte Wirkung wie auch Symbol des Einklangs zwischen Körper, Geist und Natur aufzugeben. Zoddel ist als junger Hund, da er „aus der Art geschlagen" (die konkrete Formulierung ist wichtig für die in Kapitel 3 zu entfaltende inter- bzw. intraspezifische Variante der Anthropomorphisierung) zu sein scheint, einem Tötungsversuch durch seine Mutter ausgesetzt und entkommt nur knapp. Dieser ersten Entfremdung von der Familie folgt eine zweite Entfremdung im Hund-Mensch-Verhältnis:

> Am nächsten Morgen schon begann mich der Förster in die Cur zu nehmen, und zwar verstand er es, mit einer empörenden Schlauheit gerade solche Künste mit mir zu üben, welche absolut wider meine Natur waren. Niemals durfte ich das tun, wozu Neigung und Temperament mich antrieben; wollte ich nicht halbtot geschlagen werden oder durch Hunger zu einem Skelett abmagern, so mußte ich mein eigentliches Wesen stets verleugnen. (Ranzoni 1879, 15)

Sicherlich ist es erhellend, solche Passagen auch als im Laufe des neunzehnten Jahrhunderts erwachende und sich stärker äußernde Kritik am grausamen Verhalten gegenüber Hunden und anderen Haustieren zu verstehen, dazu hat Frederike Middelhoff (2020) in ihrer Dissertation Entscheidendes zusammengetragen. Diese Passage und die allgemeine Positionierung des hündischen Erzählers in Zoddel lässt sich allerdings auch als Metareflexion auf die Möglichkeit und Unmöglichkeit eines nichtmenschlichen Erzählens begreifen, das hier dezidiert – und in Gegensatz zu den beiden Erzählungen der ersten Kategorie – als schriftliches ausgeflaggt wird. Zentrale Topoi gerade des literarischen Schreibens, die Entfremdung, der Tod und das Leiden, die eigentlich dem männlich codierten Geniediskurs vorbehalten sind, werden hier auf den hündischen Erzähler übertragen und damit derart universalisiert, dass sie gleichzeitig in ihrer Kontingenz und Topik sichtbar werden. Der Naturalisierung und Verkörperlichung des Denkens, die ich zuvor beschrieben habe, wird hier eine universale Poetik der Entfremdung gegenübergestellt, die eng mit dem (autobiographischen bzw. autozoographischen) schriftlichen Erzählen verknüpft ist.

Dies geschieht auch und vielleicht noch deutlicher in Kafkas Erzählung, deren homodiegetische hündische Erzählinstanz neben Woolfs *Flush* wohl die meiste literaturwissenschaftliche Aufmerksamkeit erhalten hat (Winkelmann 1967; Nicolai 1978; Ossar 1987; Fickert 1993; Wiehl 2015; Suchoff 2020).

Auch hier beginnt das Erzählen mit einer grundlegenden Entfremdung sowie einem darin möglichen Rückblick auf das Leben:

> Wenn ich jetzt zurückdenke und die Zeiten mir zurückrufe, da ich noch inmitten der Hundeschaft lebte, teilnahm an allem was sie bekümmert, ein Hund unter Hunden, finde ich bei näherem Zusehn doch, daß hier seit jeher etwas nicht stimmte, eine kleine Bruchstelle vorhanden war, ein leichtes Unbehagen inmitten der ehrwürdigsten völklichen Veranstaltungen mich befiel, ja manchmal selbst im vertrauten Kreise, nein, nicht manchmal, sondern sehr oft, der bloße Anblick eines mir lieben Mithundes, irgendwie neu gesehn, mich verlegen, erschrocken, hilflos, ja mich verzweifelt machte. (Kafka 2004, 411)

Anders als Zoddel wird Kafkas Hund nicht passiv de-naturalisiert, sondern de-naturalisiert sich selbst, insofern er sich systematisch – um seine Forschungen voranzutreiben – jegliche sinnliche Neigung und jedes hündische Dasein abtrainiert – die hündische Erzählinstanz agiert „in anything but a canine fashion" (Suchoff 2020, 176): „Ein junger Hund, im Grunde natürlich gierig und lebenslustig, verzichtete ich auf alle Genüsse, wich allen Vergnügungen im Bogen aus, vergrub vor Verlockungen den Kopf zwischen den Beinen und machte mich an die Arbeit." (Kafka 2004, 427)

Der Geruch wird auf diese Art zu einem verlorenen Paradies, zur Simulation oder zum Traum eines Einklangs mit sich selbst, der nur in nostalgischen Kindheitserinnerungen noch zu haben ist, nicht aber in der Auseinandersetzung mit einer als lebendig empfundenen Gegenwart.

> Und da es nun zu arg wurde, schien der Taumel auch meine Natur zu ergreifen, sie machte sinnlose Rettungsversuche, ich begann Speisen zu riechen, auserlesene Speisen, die ich längst nicht mehr gegessen hatte, Freuden meiner Kindheit, ja ich roch den Duft der Brüste meiner Mutter; ich vergaß meinen Entschluß Gerüchen Widerstand leisten zu wollen oder richtiger, ich vergaß ihn nicht, mit dem Entschluß, so als sei es ein Entschluß der dazu gehöre, schleppte ich mich nach allen Seiten, immer nur ein paar Schritte und schnupperte, so als suchte ich die Speisen nur, um mich vor ihnen zu hüten. Daß ich nichts fand, enttäuschte mich nicht, die Speisen waren da, nur waren sie immer paar Schritte zu weit, die Beine knickten mir vorher ein. (Kafka 2004, 449)

Hier haben wir also eine andere Spielart des nichthumanen Erzählens im Medium des Geruchssinns. Die hündische Perspektive verspricht hier gerade nicht die natürliche, ungebrochene sinnliche Erfahrung; vielmehr potenziert sich in ihr das vermeintlich dem Menschen vorbehaltene Bewusstsein der Individualität und der Differenz zwischen sich und den anderen als Bürde und Freiheit zugleich, als fundamentale Diskrepanz zwischen verschiedenen Stufen des objektivierbaren Wissens, das je perspektivisch begrenzt ist, sei es intra- oder interspezifisch. Dies zeigt sich in den quälerischen Selbstzweifeln, die der forschende Hund Kafkas sich entgegenhält:

> Du beschwerst dich über deine Mithunde, über ihre Schweigsamkeit hinsichtlich der entscheidenden Dinge, Du behauptest, sie wüßten mehr als sie eingestehn, mehr als sie im Leben gelten lassen wollen und dieses Verschweigen, dessen Grund und Geheimnis sie natürlich auch noch mitverschweigen, vergifte das Leben, mache es Dir unerträglich, Du müsstest es ändern oder verlassen, mag sein, aber Du bist doch selbst ein Hund, hast auch das Hunde-Wissen, nun, sprich es aus, nicht nur in Form der Frage, sondern als Antwort. Wenn Du es aussprichst, wer wird Dir widerstehen? Der große Chor der Hundeschaft wird einfallen, als hätte er darauf gewartet. Dann hast Du Wahrheit, Klarheit, Eingeständnis, soviel Du nur willst. Das Dach dieses niedrigen Lebens, dem Du so Schlimmes nachsagst, wird sich öffnen und wir werden alle, Hund bei Hund, aufsteigen in die hohe Freiheit. (Kafka 2004, 425)

Im folgenden Abschnitt wird diese Differenz einer intra- und interspezifischen Perspektive noch weiter ausgefaltet und auf die hier vorgestellte Differenz von schnuppernden und nicht schnuppernden Hunden bezogen. Dies soll dazu beitragen, eine positive Lesart des Anthropomorphismus-Problems zu entwickeln, das im Bereich der nicht-menschlichen Erzählinstanzen häufig und teilweise unbefriedigend diskutiert wird.

3 Die Skala nichthumaner Erzählverfahren und das Problem der Anthropomorphisierung

In den vier hier vorgestellten Erzählungen aus – mit Blick auf Woolf zumindest teilweise – hündischer Perspektive sowie in den beiden skizzierten Typen der schnuppernden bzw. nicht (mehr) schnuppernden Erzählinstanzen markiert der Geruch und der Geruchssinn auf zentrale Weise die jeweils verfolgte Poetik und die damit einhergehenden narratologischen Herausforderungen. Eine dieser Herausforderungen fungiert unter dem Begriff des Anthropomorphismus und wird in den Animal Studies und insbesondere in der mehr-als-menschlichen Erzähltheorie schon seit längerem sehr kritisch diskutiert. Die Ergebnisse der Diskussion sind allerdings bisher eher ernüchternd. So enthält etwa die Einleitung der bereits erwähnten Studie von David Herman ein vielversprechendes Kapitel mit dem Titel „Reassessing Anthropomorphism" (2018, 5). Herman gibt hier einen Überblick über verschiedene Standpunkte zum Anthropomorphismus, die sich hauptsächlich um die Frage drehen, ob es sich hierbei um ein im Sinne der Animal studies und der hier verfolgten Ziele einer Vervielfältigung der schematischen Mensch-Tier-Opposition sowie der Überwindung des Anthropozentrismus nützliches oder schädliches erzählerisches Verfahren handelt. Herman beendet das Kapitel mit einer grundsätzlichen Absage an das begriffliche Konzept selbst, die er mit unklaren Abgrenzungen begründet:

> As already suggested by this sketch of some of the conceptual problems bound up with (accusations of) anthropomorphism, further difficulties arise when it comes to teasing out the relationship between anthropomorphism and anthropocentrism. [...]
>
> Considerations such as these have led me to avoid using the descriptor anthropomorphic as much as possible in the present study. Instead, I rely on periphrastic formulations, that, unlike a term that has functioned ambiguously and sometimes incoherently in discourse about cross-species encounters, may be able to provide leverage for coming to grips with the relational, co-constitutive interplay between the various forms of creatural life in a more-than-human world. (Herman 2018, 7)

Diese Schlussfolgerung ist meines Erachtens etwas enttäuschend. Ist es nicht gerade die Mehrdeutigkeit und Ambiguität des Begriffs Anthropomorphismus, die zu einer Neubewertung der Erzählpraxis aus tierischer Perspektive führen könnte? Das grundlegende Problem scheint darin zu liegen, dass die Bedeutung des Begriffs offenbar als unstrittig festgelegt ist. Die Frage, die zu Hermans Einschätzung des Begriffs als mehrdeutig und ambig führt, ist nicht: Was ist Anthropomorphismus? Die Frage, welche die von Herman zitierten Forscher:innen und auch ihn selbst bewegt, lautet vielmehr: Wie nützlich ist Anthropomorphismus bei der Erzählung von mehr-als-menschlichen Welten und bei der Einfühlung in andere Perspektiven? Wäre es nicht interessanter, mit dem Begriff selbst zu beginnen und zu fragen, was eine anthropomorphe Praxis beinhaltet?

Eine vollkommen andersartige Definition des Konzepts ‚Anthropomorphismus' findet sich etwa in den verschiedenen Texten des brasilianischen Anthropologen Eduardo Viveiros de Castro (2019; de Castro und Danowski 2019).

De Castro beschreibt mit dem Konzept des Anthropomorphismus die perspektivische Weltanschauung der Indigenen brasilianischen Völker:

> Die stets anthropomorphe Seele ist der Aspekt des Existierenden, den sie [die amerindischen Völker] sehen, wenn sie andere Seiende derselben Spezies anschauen oder mit ihnen interagieren – es ist dasjenige, was in Wahrheit den Begriff der ‚gleichen Spezies' definiert. Die äußerliche Körperform einer Spezies (zumeist beschrieben als ‚Kleid') ist die Weise, in der letztere von anderen Spezies wahrgenommen wird. Demzufolge sieht ein Jaguar, wenn er einen anderen Jaguar anschaut, einen Menschen, einen Indio; aber wenn er einen Menschen anschaut – sprich denjenigen, den die Indios als einen Menschen betrachten –, sieht er ein Pekari (ein Nabelschwein) oder einen Affen, da dies das von den amazonischen Indios am meisten geschätzte Wild ist. Entsprechend sieht alles, was es gibt auf der Welt, sich selbst als menschlich an, andere Spezies jedoch nicht [...]. Die ‚Menschheit' ist sowohl eine

universelle Bedingung als auch eine strikt deiktische und autoreferenzielle Perspektive. Verschiedene Spezies können den Gesichtspunkt des ‚Ich' nicht im gleichen Moment einnehmen, und zwar aufgrund der deiktischen Restriktion: In jeder hier und jetzt stattfindenden Begegnung zwischen zwei Spezies legt notwendigerweise eine der anderen ihre ‚Humanität' auf, das heißt, sie veranlasst ihr Gegenüber dazu, die seine zu ‚vergessen'. (Danowski und de Castro 2019, 89–90)

Dieses Konzept des Anthropomorphismus ist für de Castro mit einer völlig anderen Erkenntnistheorie verbunden, die er ‚Perspektivismus' nennt (de Castro 2019, 30–55). Wissen bedeutet hier nicht zu objektivieren, wie im westlichen Paradigma, sondern zu subjektivieren, einer Entität eine Persönlichkeit zuzuschreiben, sei es ein Tier, ein Stein, ein Baum oder ein Virus. Insofern ist diese Vorstellung von Anthropomorphismus der westlichen anthropozentrischen Perspektive diametral entgegengestellt. Anthropomorphismus ist nicht Ausdruck einer anthropozentrischen Perspektive, sondern das radikal Andere von ihr:

> Wir definieren also die ‚animistischen' Ontologien (oder vielleicht auch die ‚Kontra-Ontologien') der Indigenen und ihnen ähnlicher Völker als solche, die ein anthropomorphes Prinzip manifest machen, das fähig ist, sich jenem anthropozentrischen Prinzip entgegenzustellen, das uns als eine der tiefsten Wurzeln der westlichen Metaphysik erscheint [...]. In diesem Sinne erweist sich der Anthropomorphismus als totale ironische (dialektische?) Umkehr des Anthropozentrismus. Zu sagen, dass alles menschlich sei, ist das Gleiche, wie zu behaupten, dass die Menschen keine besondere Spezies seien, ihr Erscheinen kein außerordentliches Ereignis, das auf grandiose oder zutiefst tragische Weise den monotonen Verlauf der Materie im Universum durchbricht. (Danowski und de Castro 2019, 91)

Eine ebensolche ironische, dialektische Umkehr leisten auch die hier vorgestellten hündischen Erzählungen. In allen Erzählungen, sei es bei den ungestört riechenden erzählenden Hunden oder bei den das Riechen aus Gründen der Selbstentfremdung nicht mehr auf hündische Weise praktizierenden Hunden, wird die hündische Perspektive totalisiert. Dies spricht Kafkas forschender Hund am deutlichsten aus: „Denn was gibt es außer den Hunden? Wen kann man sonst anrufen in der weiten leeren Welt? Alles Wissen, die Gesamtheit aller Fragen und aller Antworten ist in den Hunden enthalten." (Kafka 2004, 424)

Während allerdings die ungestört riechenden Hunde eher den fremdreferentiellen Blick üben und in der Erzählung interspezifischer Begegnungen zwischen Hund und Mensch die ungebrochene Identität zwischen Körper und Perspektive zelebrieren, insofern sie sich Geruchsfähigkeit zuschreiben und die nicht riechfähigen Wesen ‚othern', üben die nicht mehr schnuppernden Hunde den selbstreferentiellen Blick und begreifen sich in der intraspezifischen Begegnung, in der gefühlten Differenz zwischen sich und den anderen Hunden, seien es die abwesenden Familienmitglieder, wie bei Zoddel, oder die anwesenden, aber anders unzugänglichen anderen Hunde bei Kafkas hündischer Erzählinstanz, als anthropomorphes Individuum. Hier zeigt sich deutlich das „Spannungsverhältnis zwischen Individuum und Art, an dem sich literarische Autozoographien", wie Frederike Middelhoff (2020) gezeigt hat, abarbeiten. Wie auch Josefine in Kafkas anderer animalischer Erzählung (Norris 1995, 122: „If Josefine can be distinguished from the mouse folk [...] she becomes anthropomorphized, individualized, significant, and her story can be told.") werden sowohl Zoddel als auch der ungenannte Hund Kafkas anthropomorphisiert, insofern sie sich ihrer Individualität bewusst werden. Diese Individualität realisiert sich über Differenz gegenüber den anderen Hunden sowie – insbesondere im Falle von Zoddel – über gewaltsame Unterwerfung, was an die insbesondere von Foucault herausgestellte Verbindung zwischen Subjektwerdung und Gewalt denken lässt (z. B. Foucault 1992). In den beiden Fällen realisieren sich so sehr unterschiedliche Perspektiven des Mensch-Seins bzw. Mensch-Werdens, die mit Eduardo Viveiros de Castro nicht in einem kritischen, sondern vielmehr in einem dezidert dem westlichen Anthropozentrismus entgegengestellten Sinne als anthropomorphisch beschrieben werden können. Eine zentrale Rolle für die Unterscheidung der beiden verschiedenen anthropomorphisierenden Perspektiven spielt, wie gezeigt, der Geruchssinn bzw. der Geruch – gerade in der Unbestimmtheit gegenüber Begegnungen, die Anna Lowenhaupt-Tsing hervorgehoben hat. Der Geruch bzw. die Abwesenheit des Geruchssinns markiert das Verhältnis und demarkiert die Grenze von Tierischem und Menschlichem, sowohl in der intraspezifischen wie auch in der interspezifischen Betrachtungsweise.

Die von Bernaerts et al. (2014, 89) aufgestellte These zur Dialektik nichtmenschlicher Erzähler muss also in de Castros Sinne modifiziert werden. „Human and non-human experientiality are always caught up in a dialectic, so that their boundaries are constantly renegotiated as a result of complex historical and cultural dynamics", schreiben die Autoren. Mit de Castro lässt sich sagen, dass selbst die Zuschreibungen von Mensch und Tier, nicht nur deren Grenzen immer wieder neu verhandelt werden. Die ethnologischen Einblicke bieten insofern eine Chance, die auch in der Lektüre von literarischen Texten und Erzählungen herangetragenen alltäglichen Kategorien und Vorurteile (im hermeneutischen Sinne, nach Gadamer 1975) zu hinterfragen und sich stattdessen vom Geruch und den in ihm und durch ihn ermöglichten Wegen und Begegnungen leiten zu lassen.

Literaturverzeichnis

Alber, Jan und Rüdiger Heinze (Hg.). *Unnatural Narratives – Unnatural Narratology*. Berlin / Boston: De Gruyter, 2011.
Blödorn, Andreas und Daniela Langer. „Implikationen eines metaphorischen Stimmenbegriffs: Derrida – Bachtin – Genette". *Stimme(n) im Text. Narratologische Positionsbestimmungen*. Hg. Andreas Blödorn, Daniela Langer und Michael Scheffel. Berlin / New York: De Gruyter, 2006. 53–82.
Bracke, Astrid. „,Man is the Story-Telling Animal': Graham Swift's Waterland, Ecocriticism and Narratology". *Interdisciplinary Studies in Literature and Environment* 25.2 (2018): 220–237.
Caracciolo, Marco und Karin Kukkonen. *With Bodies. Narrative Theory and Embodied Cognition*. Columbus, OH: The Ohio State University Press, 2021.
Caracciolo, Marco. *The Experientiality of Narrative. An Enactivist Approach*. Berlin / Boston: De Gruyter, 2014.
Danowski, Deborah und Eduardo Viveiros de Castro. *In welcher Welt leben? Ein Versuch über die Angst vor dem Ende*. Aus dem brasilianischen Portugiesisch von Clemens und Ulrich van Loyen. Berlin: Matthes & Seitz, 2019.
De Castro, Eduardo Viveiros. *Kannibalische Metaphysiken. Elemente einer post-strukturalen Anthropologie*. Aus dem Portugiesischen von Theresa Mentrup. Berlin: Merve, 2019.
De Man, Paul. „Semiology and Rhetoric". *Diacritics* 3.3 (1973): 27–33.
Diaconu, Mădălina. „Being and Making the Olfactory Self. Lessons from Contemporary Artistic Practices". *Olfaction. An Interdisciplinary Perspective from Philosophy to Life Sciences*. Hg. Nicola Di Stefano und Maria Teresa Russo. Cham: Springer, 2022. 55–73.
Diaconu, Mădălina. *Tasten – Riechen – Schmecken. Eine Ästhetik der anästhesierten Sinne*. Würzburg: Königshausen & Neumann, 2005.
Dubino, Jeanne. „The Biospecies Environment, Coevolution and Flush". *Contradictory Woolf. Selected Papers from the Twenty-First Annual International Conference on Virginia Woolf*. Hg. Derek Ryan und Stella Bolaki. Clemson: Clemson University Press, 2012. 150–157.
Fickert, Kurt: „Kafka's Search for Truth in ‚Forschungen eines Hundes'". *Monatshefte* 85.2 (1993): 189–197.
Fludernik, Monika und Jan Alber (Hg.): *Postclassical Narratology. Approaches and Analyses*. Columbus: The Ohio State University Press, 2010.
Fludernik, Monika. *Towards a ‚Natural' Narratology*. London: Routledge, 1996.
Foucault, Michel. *Sexualität und Wahrheit*. Erster Band: *Der Wille zum Wissen*. Frankfurt am Main: Suhrkamp, 1992.
Gadamer, Hans-Georg. *Wahrheit und Methode. Grundzüge einer philosophischen Hermeneutik*. Tübingen: Siebeck, 1975.
Gibson, Andrew. „,And The Wind Wheezing Through That Organ Once in a While'. Voice, Narrative, Film". *New Literary History*, 32.3 (2001): 639–657.
Herman, David. *Narratology beyond the Human. Storytelling and Animal Life*. New York: Oxford University Press, 2018.
Herman, David. „Modernist Life Writing and Nonhuman Lives. Ecologies of Experience in Virginia Woolf's *Flush*". *Modern Fiction Studies* 59.3 (2013): 547–568.
Jacobs, Joela. „Preface to Animal Narratology". *Animal Narratology*. Hg. Joela Jacobs. Basel: MDPI, 2020. https://doi.org/10.3390/books978-3-03928-349-1. XI–XVIII.
Jongeneel, Els. „Silencing the Voice in Narratology. A Synopsis". *Stimme(n) im Text. Narratologische Positionsbestimmungen*. Hg. Andreas Blödorn, Daniela Langer und Michael Scheffel. Berlin / New York: De Gruyter, 2006. 9–30.

Kafka, Franz. „Forschungen eines Hundes". *Die Erzählungen und andere ausgewählte Prosa.* Hg. Roger Hermes. Frankfurt am Main: Fischer, 2004. 411–455.

Koschorke, Albrecht. *Körperströme und Schriftverkehr. Mediologie des 18. Jahrhunderts.* München: Fink, 1999.

Koschorke, Albert. „Alphabetisation und Empfindsamkeit". *Der ganze Mensch. Anthropologie und Literatur im 18. Jahrhundert.* Hg. Hans-Jürgen Schings. Stuttgart: Metzler, 1994. 605–628.

Le Breton, David. „Smell as a Way of Thinking About the World: An Anthropology". *Olfaction. An Interdisciplinary Perspective from Philosophy to Life Sciences.* Hg. Nicola Di Stefano und Maria Teresa Russo. Cham: Springer, 2022. 3–20.

Middelhoff, Frederike und Arnika Peselmann. „The Stories Plants Tell. An Introduction to Vegetal Narrative Cultures". *Narrative Culture* 10.2 (2023): 175–188.

Middelhoff, Frederike. *Literarische Autozoographien: Figurationen des autobiographischen Tieres im langen 19. Jahrhundert.* Stuttgart: Metzler, 2020.

Monk, Ray. „This Fictitious Life: Virginia Woolf on Biography and Reality". *Philosophy and Literature* 31 (2007): 1–40.

Nicolai, Ralf R. „Wahrheit als Gift: Zu Kafkas ‚Forschungen eines Hundes'". *Modern Austrian Literature* 11.3/4 (1978): 179–197.

Norris, Margot. *Beasts of the Modern Imagination. Darwin, Nietzsche, Kafka, Ernst, & Lawrence.* Baltimore / London: The John Hopkins University Press, 1995.

Ossar, Michael. „Kafka and the Reader: The World as Text in ‚Forschungen eines Hundes'". *Colloquia Germanica* 20.4 (1987): 325–337.

Panizza, Oskar. *Aus dem Tagebuch eines Hundes.* Mit einem Vorspann für Leser von Martin Langbein und mit Zeichnungen von R. Hoberg. München: Matthes & Seitz, 1977.

Pethes, Nicolas. „Reihe, Konstellation, Exzerpt. Benjamins diskontinuierliche Historiographie und die Epistemologie des Experiments". *Aura und Experiment. Naturwissenschaft und Technik bei Walter Benjamin.* Hg. Kyung-Ho Cha. Wien: Turia + Kant, 2017. 46–60.

Ranzoni, Emerich. *Zoddel. Lebensgeschichte eines Hundes.* Illustriert von Ludwig Voltz. Wien: R. v. Waldheim, 1879.

Ryan, John C., Patrícia Vieira und Monica Gagliano (Hg.): *The Mind of Plants. Narratives of Vegetal Intelligence.* New Mexico: Synergetic Press, 2021.

Skrandies, Wolfgang. *Geschmack und Geruch. Faszinierende Sinne – Funktion, Psychologie, Philosophie, Literatur, Alltag.* Heidelberg: Springer, 2024.

Smith, Craig. „Across the Widest Gulf: Nonhuman Subjectivity in Virginia Woolf's *Flush*". *Twentieth Century Literature* 48.3 (2002): 348–361.

Snaith, Anna. „Of Fanciers, Footnotes, and Fascism: Virginia Woolf's *Flush*". *Modern Fiction Studies* 48.3 (2002): 614–636.

Söffner, Jan und Esther Schomacher. „Die Kehrseite des Wissens. Körperarbeit am Text – und was sie für die Narratologie bedeutetet". *Diegesis* 6.1 (2017): 58–75.

Suchoff, David. „Heretical Canines: Kafka's ‚Forschungen eines Hundes'". *Canonization and Alterity. Heresy in Jewish History, Thought, and Literature.* Hg. Gilad Sharvit und Willi Goetschel. Berlin / Boston: De Gruyter, 2020. 175–193.

Wiehl, Klaus. „Die Poetologie der Biologie. Franz Kafkas ‚Forschungen eines Hundes' und Jakob von Uexkülls Umweltforschung". *Kafkas narrative Verfahren.* Hg. Harald Neumeyer und Wilko Steffens. Würzburg: Königshausen & Neumann, 2015. 205–225.

Winkelmann, John. „Kafka's ‚Forschungen eines Hundes'". *Monatshefte* 59 (1967): 204–216.

Ziolkowski, Theodore. *Varieties of Literary Thematics.* Princeton: Princeton University Press, 1983.

Eva-Maria Siegel
Über Geruch und Geschmack und das Glück der Völker
Synästhesie im Werk von Georg Forster

1 Einleitung und Voraussetzungen

In der Wissensproduktion über außereuropäische Räume und Völker nimmt das Werk von Georg Forster eine singuläre Stellung ein. Dieser diskursive Wert schließt wenig bekannte Erkenntnisse über die Beziehung zwischen sinnlicher Erfahrung und sprachlichem Ausdrucksvermögen mit ein. Insbesondere Forsters essayistische Arbeiten sind ein Beleg dafür, wie stark seit dem Beginn der Aufklärung die Geschichte der Reiseliteratur und die Historie der Sinneserfahrung miteinander verbunden sind.

Zu letzterer gehört auf spezifische Weise auch die Wahrnehmung von Gerüchen. Spezifisch deshalb, weil bereits ein erster Blick darauf zeigt, dass, anders als heutzutage, die symbolischen Botschaften des Geruchssinns in der Regel noch nicht eindeutig besetzt sind: ‚Das stinkt mir', ‚ich kann ihn/sie nicht riechen', ‚die Chemie stimmt nicht' – die Interpretation von Sinneswahrnehmungen, wie sie von den Rezeptoren der Nase und nachgeordneten Geruchsorganen an den Denkapparat geleitet werden, gibt heutzutage sprachlich einiges her für die Umcodierung konkreter Geruchszeichen in sprachliche Wertungen. Der Ausgang des achtzehnten Jahrhunderts lässt sich als jener bevorzugte Zeitraum ausmachen, in dem derartige Übertragungen auf Sachen, Personen oder Beziehungsverhältnisse ihren Ausgang genommen haben. Eine besondere Bedeutung kommt dabei dem Sensualismus zu, der – zumindest in seiner Forsterschen Spielart – als Wahrnehmung- und Erkenntnismodus agiert und somit der Sinneserfahrung, anders als Immanuel Kants „Sinnenempfindung" (Kant 1790, 222) vom Grundsatz her eine aktive Rolle zuschreibt. Diese Lesart wiederum ist nicht unabhängig von Forsters Reisen und den vielfältigen Berichten darüber zu denken, wobei letztere als ein Wissensspeicher fungieren, der sich immer wieder der Herausforderung einer Verknüpfung von Wahrnehmungsresultat und Schriftzeichen stellt.

Geruchswelten, so meine These, erscheinen zu jener Zeit noch recht konkret. Sie verbinden sich nicht zuletzt mit der Welt der Gewürze, und um diese soll es in meinem Beitrag gehen, genauer gesagt: Im Zentrum steht das Zusammenspiel der Sinneserfahrungen von Riechen und Schmecken, am Beispiel eines Textes von Georg Forster und einiger weiterer Ausflüge in sein Werk. Bei der Definition von Synästhesie greife ich dabei auf eine geläufige Bestimmung zurück, die besagt: Unter Synästhesie ist ein „Grenzfall" der Kommunikation zwischen den Sinnen zu verstehen; er schließt die „spontane Verknüpfung von heterogenen Sinnesqualitäten" ein oder betrifft „das Auftreten einer zweiten Empfindung in einem *anderen* Sinnesbereich, der nicht äußerlich gereizt wird" (Diaconu 2005, 58; vgl. auch Hauskeller 1995, 55).

Zunächst zu den Bedingungen der Reise: Als Teilnehmer an der zweiten Weltumseglung von James Cook gehört Georg Forster zu den wenigen Weltreisenden, die das ‚lange neunzehnten Jahrhundert' aufzuweisen hat. Johann Reinhold Forster, der Vater, war als Botaniker erst wenige Tage vor Beginn der Reise an Bord eines der beiden Schiffe des Befehlshabers, der *Resolution*, beordert worden – anstelle von Sir Joseph Banks, der sich über den Abriss einer der von ihm veranlassten Umbauten beschwert hatte. Sie drohten, zugunsten des Komforts das Schiff in den Augen des Kapitäns seeuntauglich zu machen. Johann Forster nahm seinen damals 17-jährigen ältesten Sohn als Assistenten und Zeichner mit auf die Reise. Das von Cook befehligte Schiff – sein Begleitschiff, die *Adventure*, stand unter dem Kommando von Tobias Furneaux, der bereits an der Weltumseglung von Samuel Wallis beteiligt war, auf der Tahiti entdeckt wurde – stach am 13. Juli 1772 von Plymouth aus in See und beendete die Reise drei Jahre später. Bis zum Juli des Jahres 1775 also drang Cook mit seinen beiden Besatzungen und mit ihnen die Forsters in Richtung Südpol vor – weiter, als es jemals zuvor einem menschlichen Wesen gelungen war. Dreimal überquerten sie den Südpolarkreis bei Eisgang, Nebel und stürmischem Wind und folgten damit dem von der britischen Admiralität vorgegebenen Ziel, den Mythos von einem bewohnbaren Kontinent in dieser Region zu bestätigen oder aber zu widerlegen. Australien oder besser Neu-Holland, wie der Landstrich damals genannt wurde, war bereits im Jahr 1770, auf der ersten Cookschen Reise, für die britische Krone in Besitz genommen worden. So verschob sich der Ablauf der Fahrten auf die Region um das Kap der guten Hoffnung, auf die Route in Richtung Neuseeland, die Tonga-Inseln, Tahiti, die Marquesas-Inseln oder auch die Osterinsel, wo sie „dank der nachweisbaren ersten Kontakte [auf] das Bild einer noch von Europa unberührten Kultur stießen" (Heintze 2019, 193).

Die deutschsprachige Ausgabe von Georg Forsters *A Voyage Round the World* erschien in zwei Bänden 1778 und 1780, nachdem die englische Fassung aus dem Jahr 1777, herausgegeben in drei Bänden und auf den Tagebuchaufzeichnungen von Johann Reinhold Forster beruhend, kaum einen publizistischen Erfolg zu verzeichnen hatte. Sie war nur wenige Wochen vor Cooks offiziellem Reisebericht erschienen und im Gegensatz zu Forsters Darstellung enthielt Cooks Band, zum gleichen Preis, dreiundsechzig Kupferstiche, von denen nicht wenige auf Zeichnungen Georg Forsters zurückgingen. Dessen späteres Eintreten für die Ziele der Französischen Revolution, für die er als Mitglied des Rheinisch-deutschen Nationalkonvents einstand, im März 1793 aus allgemeinen Wahlen hervorgegangen, lässt es angemessen erscheinen, den Namen Forsters am Vorabend der Makro-Epoche des ‚langen neunzehnten Jahrhunderts' zu platzieren.

So weit zu den Voraussetzungen von Forsters Erkundung der Sinneserfahrungen. Mit dem wissenschaftlichen und öffentlichen Ertrag der *Reise um die Welt*, in geschliffener Prosa verfasst, hat sich die Literaturforschung ausführlich beschäftigt (vgl. z. B. Georg-Forster-Studien 1997–2022; Uhlig 2004; Goldstein 2015; Klenke et al. 2018). Freilich gilt dies nur bedingt für den Umstand, dass Georg Forster sich nach seiner Rückkehr intensiv mit dem gustatorischen und olfaktorischen Reichtum der Welt, vor allem am Beispiel der Südsee, auseinandergesetzt hat (vgl. aber Ewert 2000). Meine wissenschaftliche Darlegung widmet sich daher dem Unterfangen, diese Lücke noch etwas weiter zu schließen. Der Beitrag fokussiert dabei die exemplarische Darstellung zweier miteinander eng verbundener Sinnesbereiche, den Geschmack und den Geruch – wenngleich in Teilen meiner Untersuchung ebenso vom Verschweigen wie von der Entdeckung dieser Verbindung die Rede sein wird.

2 Von Zungen und Nasen. Die Leckerhaftigkeit Europas

Glaubt man dem Glücksversprechen der europäischen Aufklärung, mit dem sich wohl am intensivsten der französische Militärstratege und Schriftsteller François-Jean de Castellux auseinandergesetzt hat, ist „Glückseligkeit der Völker" (de Castellux 1780, 21) kaum eine Frage des Ortes oder des Raumes. In Beantwortung seiner Grundfrage: „Werden Menschen immer Feinde der Menschen sein?" (de Castellux 1780, 21) kommt der zunächst anonym bleibende Verfasser zu dem Schluss, das Glück sei eine Sache der Zeit. Vor allem aber scheint ihm seine Anwesenheit eine Angelegenheit der Vergangenheit zu sein: Der rechte Moment lässt sich im Altertum der Griechen vermuten. Aus diesem Blickwinkel, rückwärtsgewandt, erschließt sich gegen Ende des achtzehnten Jahrhunderts das Bild von der irdischen Seligkeit des Glücks auf grundsätzliche Art: „Ordnung, Friede, Ueberflus, Freiheit" machen demnach „das Wol der Voelker" (de Castellux 1780, 41) in erster Linie aus, schreibt de Chastellux, der im Amerikanischen Unabhängigkeitskrieg auf Seiten von George Washington kämpfte und sich anschließend in Paris niederließ, wo er sich dem literarischen Schaffen zuwandte. Erst einige Jahre später, 1780, wurde seine Schrift ins Deutsche übersetzt, ebenso anonym. Offensichtlich erwies sich auch unter hiesigen Bedingungen die Beschäftigung mit dem Glück der Völker als subversive Tätigkeit.

Die Moralphilosophie des späten Kant lehnte derartige eudemische Vorstellungen weitgehend ab, die in der Regel auf Aristoteles' Ethik zurückgingen. In Forsters *Reise um die Welt* hingegen gehört das Verlangen nach angemessener Nahrung zur Natur des Menschen, zu seiner Animalität gewissermaßen, und zu den Voraussetzungen für die „Glückseligkeit" – „auch wenn die Vorstellungen", die man sich von ihr mache, „bey unterschiedenen Völkern eben so sehr verschieden sind, als die Grundsätze, Cultur und Sitten derselben" (AA III, 90). An Bord regierte meist der Mangel. Wo hingegen Überfluss zu herrschen schien, an Land, wurde die Fülle zum Faszinosum. Forsters Variante des *Nature Writing* erkundet daher keineswegs allein „Repräsentationen von ‚Wildnis'" (Dürbeck und Kanz 2020, 2), wie sie etwa Rousseau oder Thoreau entwarfen. Es setzt sie vielmehr mit vertrauten Genusslandschaften ins Verhältnis und verschiebt damit die Frage nach Glück und Seligkeit auf Erden gleichsam ins Räumliche, in die Horizontale. Nicht wann, sondern vor allem wo das Glück zu finden ist, interessiert den reisenden Botaniker. Die Naturbeschreibung rückt für den Wissenschaftler damit in den Kontext einer Gattung, die philosophisch reflektierte Elemente subjektiver Wahrnehmung durchaus mit historischen Rückbezügen verknüpft, sie aber stärker als bei anderen Autoren seiner Zeit üblich durch Kulturvergleiche ergänzt. In dieser Möglichkeit der Gegenüberstellung von Verhaltensweisen, die der unmittelbaren Beobachtung unterliegen, und Wertsystemen, die daraus lediglich analytisch entschlüsselt werden können, liegt die Wurzel für Forsters Zweifel an einer Eigenschaftstheorie der Völker, wie sie im Verlauf des neunzehnten Jahrhunderts weite Teile der wissenschaftlichen Diskursordnung erobern wird.

Fragen des Verkostens und der Geschmäcker behandelte Forster bereits in seiner Dissertation, die er 1785 an der Universität zu Halle unter dem Titel *De plantis esculentis insularum oceani australis commentatio botanica* einreichte. *Über die essbaren Pflanzen der Südsee-Inseln* also schrieb er, um zum Doktor der Medizin promoviert zu werden. Popularisierte Darstellungen, in Form von Essays, folgten der wissenschaftlichen Beschreibung seiner auf der Reise gewonnenen Erkenntnisse, so zum Beispiel über den Nutzwert des Brotbaumes (AA VI/I, 61). In besonderem Maße finden sie sich jedoch in einem Aufsatz gebündelt, der, drei Jahre später, im Jahr 1788, im *Goettinger Taschen-Calender* veröffentlicht wurde, herausgegeben von Georg Christoph Lichtenberg. Forster und Lichtenberg kannten sich bereits aus London, wo letzterer mit Georg III., seinerzeit König von Großbritannien, Kurfürst von Braunschweig-Lüneburg in Hannover und Befürworter seiner Professur in Göttingen, zusammengetroffen war. Bereits zehn Jahre zuvor hatte Lichtenberg Georg Forster zu Ehren ein Gastmahl mit prominenten Teilnehmern veranstaltet, als dieser auf seiner Rundreise durch die deutschen Fürstentümer nach Kassel auch in Göttingen Station machte (vgl. Uhlig 2004, 31, 79, 110; Forster 2019, 24). Unter dem Titel *Über Leckereyen* geht Forsters Beitrag zum Kalendarium, ganz im Sinne von *Nutzen und Vergnügen*, wie der Untertitel es versprach, der Frage nach, was in der Welt denn als ‚lecker' gilt.

Der Appetit der Europäer auf die Welt ist übermäßig zu dieser Zeit. Das zeigt sich bereits daran, dass der Verfasser sich gleich zu Beginn bemüßigt fühlt, seinen Essay vom Genre des Kochbuchs abzugrenzen. Um die Verschiedenheit geschmacklichen Urteilens zu betonen, heißt es dort gleich auf der zweiten Seite:

> Die Organisation des Menschen erscheint nämlich bey verschiedenen Völkern in einer so wesentlichen Abänderung, daß derselbe Gegenstand ganz entgegengesetzte Eindrücke verursachen kann. Auch der Kalmyke, der Tunguse und der Kamtschadale, wie nicht weniger der Neger [sic!] und Amerikaner, hat gewisse Nahrungsmittel, die er für lecker hält, und die wir nicht dafür gelten ließen. (AA VIII, 165)

Ganz im Gegensatz zu Flora und Fauna verfügt die „Menschheit" allein über die seltene „Fähigkeit zu unterscheiden und zu vergleichen" (AA VIII, 165). Sie einzusetzen und zu kultivieren, tritt das Menschengeschlecht Forster zufolge bevorzugt in Gestalt des Europäers auf. Denn nur dieser reist über weite Entfernungen und sieht also und schmeckt und riecht die Dinge nebeneinander. Wesentlich für das Genussmoment ist demnach nicht die einzelne Sinneserfahrung selbst, sondern vielmehr ihre Koppelung. Das analytische Zerteilen der Empfindungen, zu denen der menschliche Körper fähig ist, in verschiedenartige Sinne – samt ihrer Hierarchisierung – ist zu diesem Zeitpunkt zwar bereits im Gange. Für Forsters sensualistischen Ansatz spielt es dennoch nur eine geringe Rolle. Es zählt vielmehr vor allem zu den Folgen einer Wissensentwicklung im späten neunzehnten Jahrhundert, die vor allem die naturwissenschaftliche Methode der Beobachtung und des Erkennens in der Medizin weiter voranzutreiben sucht. Die Wahrnehmung, zumindest was die Aufnahme von Nahrung betrifft, ist also *per se* noch synästhetisch, auch wenn der Begriff selbst erst nach 1800, von Joseph Marie Degérando, in Gebrauch genommen worden ist (Diaconu 2005, 58). Das *Crossover* der Sinne dient Forster zufolge vor allem dazu, die „verschiedenen Arten des Geschmacks" (AA VIII, 165) zu würdigen und sie zu einer „Vollkommenheit im Gleichgewicht der Kräfte" (AA VIII, 172) zu führen – für ihn das Maß jedes, bevorzugt aber des europäischen Geschmacksurteils:

> Er allein unterscheidet und klassifiziert die verschiedenen Arten des Geschmacks, nicht bloß nach dem Eindruck auf seiner Zunge, sondern nach der Verschiedenheit der Bestandtheile einer jeden Substanz, die er kostet, und nach deren Beziehung auf die Ernährung und Gesundheit des Körpers. (AA VIII,168–169)

Zu diesen Kräften gehört neben dem Seh- und Tastsinn auch der weithin unterschätzte Sinn der Nase. Seine Ausbildung führt der Verfasser auf den „Gang der

Entwicklung unserer Sinnlichkeit" zurück und stellt ihn darüber hinaus in den Kontext einer *human condition* des Genießens:

> Das Gesicht, der Geruch und der betastende Sinn, der in den Fingerspitzen wohnt, sind in der Folge nur Diener dieses mächtigen Triebs, dessen Gegenstände sie auskundschaften und gleichsam ihm zuführen müssen. Nicht umsonst sind daher die meisten Früchte mit lebhaften Farben geziert; ihr lieblicher Duft ladet schon von ferne zum Genuß, und das Gefühl, das den Grad der Reife erforscht, spannt oft die Begierde so hoch, daß man eigentlich sagen darf, sie ströme dem Genuß entgegen. (AA VIII, 173)

Im Rahmen dieser „im deutschen Kontext äußerst selten Form einer sensualistischen Aufklärung" (Ewert, in: Forster 2019, 34) dient das Strömen und Locken der Gerüche vor allem dazu, aus der Ferne das Objekt des Genießens und die Vorstellung des Genussaktes selbst vorwegzunehmen – oder aber beides zu verwerfen. Diese präskriptive Funktion tritt also bereits in Kraft, noch bevor der Blick das begehrte Objekt in Augenschein genommen hat oder Finger und Hand es auch nur berühren können. Die Gerüche der Nahrung regen die „Vorstellungskraft" des potenziellen Genusses an. Das orthonasale Riechen greift voraus, wohingegen dem Geschmackssinn, verbunden mit der retronasalen Olfaktion, eher die Rolle einer Nachhut zukommt. Von daher ist die titelgebende ‚Leckerei' in Forsters Darstellung keineswegs eine Sache der Zunge allein. Sie ist vielmehr eingebunden in die Reflexion des Genussmoments selbst – und diese braucht den Geruch. Er allein gibt im Vorfeld des Genießens zu erkennen, ob die Sache der Zunge munden wird – oder eben nicht. Sie ist in Forsters Darstellung zwar der eigentlich bewegende Teil jener Sachen, die dem Mund zugeführt werden. Im mechanischen Wortsinn stellt sie die „Feder" dar, die das Ganze bewegt. Forster lässt an dieser Stelle, wie so oft, die Gelegenheit nicht an sich vorüberziehen, einen „Zusammenhang" herzustellen zwischen dem Konkretum des Geschmacksorgans und dem Abstraktum des „großen politischen Räderwerk[s]". Er nimmt damit, so seine Rede, auf die „Leckerhaftigkeit" eines „ganzen Welttheils" Bezug, auf den Expansionsdrang Europas, der darauf ausgerichtet ist, zu seinen eigenen Zwecken „Geschäftigkeit und Betrieb im ganzen Menschengeschlechte" (AA VIII, 174) zu unterhalten. Dies geschehe vor allem vermittels steigender Anforderungen bezüglich des Konsums sowie des stetig sich ausweitenden Verbrauchs von Wirtschaftsgütern:

> Der ganze Handel von Westindien und Afrika, und ein großer Theil des Handels im mittelländischen Meere beruht auf der ungeheuren Consumtion von ausländischen Leckereien im Norden; und es ist ein ebenso zuverlässiges, als für die Zukunft bedenkliches Faktum,

daß das Gold und Silber, welches die Bergwerke von Peru und Mexiko liefern, für Theeblätter nach China geht. (AA VIII, 174)[1]

Damit ist das Handelsimperium angesprochen, das europäische Kolonialmächte zu dieser Zeit errichteten und in dessen Zwecke letztlich auch die geographisch-wissenschaftlichen Entdeckungsreisen eingebunden waren. Forsters Erörterung bevorzugter Nahrungsmittel kreist daher in erster Linie um die Möglichkeiten des Exports in den europäischen Raum – betreffend Duftstoffe, Früchte und Gewürze sowie die Anpflanzung von Zuckerrohr in den Tropen. Gerüche von Weihrauch für die Kulthandlungen in den Kirchen oder die Verwendung der „Myrthe" für die Reinigung des Blutes, um „alle scorbutischen Symptome zu vertreiben" (AA II, 126),[2] sind im Alltag der Seefahrer noch weitgehend unbekannt. Der Grad der Süßigkeit importierter Stoffe und Produkte stellt aber bereits einen geschmacklichen und ökonomischen Mehrwert dar. Alle Völker beziehungsweise Kulturen mögen das Süße, führt Forster aus, sei es in Gestalt von Honig, Datteln oder Zucker. Das ist eine seiner Grundeinsichten. Der Geruch aber nimmt den Genuss vorweg. Weil jedoch die Sinne nicht getrennt voneinander wirken, findet das Genießen gleichsam als ein Gesamtkunstwerk statt. Riechen, Tasten und Sehen spielen im Geschmacksurteil zusammen und leisten ihren Beitrag zum Genuss. Maßstab dafür ist das Wohlgefallen, jenes Glücksmoment, das Forster zufolge ein Gleichgewicht zwischen den Sinnen voraussetzt. Wenn jedoch einzelne „Elemente" miteinander „streiten" oder sich ihre Grund- und Duftstoffe bevorzugt „durch die Auflösung entwickelt" haben, kann es nicht schmecken. Als „lecker" gilt demnach, was eine harmonische Verträglichkeit mit dem Süßem eingeht oder in eine ausgewogene Verbindung mit „milden Säure[n], Mittelsalze[n], Fettigkeiten und [den] flüchtigen Öle[n] des Gewürzes" (AA VIII, 176) eintritt.

---

1 Schon in der Abhandlung über den Brotbaum heißt es zu Beginn: „Seit mehr als drittehalb hundert Jahren zieht Europa durch seinen alles verschlingenden Handel die asiatischen Naturgeschenke und die des vierten und fünften Welttheils an sich, und giebt ihnen durch neue Arten der Anwendung einen Werth, den sie in ihrem Vaterlande nicht hatten." (AA VI/I, 61)
2 Unter Georg Forsters fast einhundert Zeichnungen der Tier- und Pflanzenwelt, die in der von Frank Vorpahl eingerichteten Georg-Forster-Ausstellung im Schloss des „Gartenreiches" Dessau-Wörlitz zu sehen sind, befindet sich auch eine Darstellung der „Neu-Seeländische[n] Thée-Myrthe".

3 Klima und Brillen

Wie unschwer zu erkennen ist, zählt Forster zur Zeit der Abfassung dieser Studie zu den Anhängern der Klimatheorie. Das zeigt sich bereits 1786 in seiner Auseinandersetzung mit Immanuel Kant, dem „naserümpfenden Philosophen" (Diaconu 2005, 229), der mit der Veröffentlichung seiner Schrift *Ueber den Begriff der Menschenrassen*[3] einen heftig geführten Disput der Gelehrten auslöste. In den von verschiedensten Seiten kommentierten Diskurs, der heute als „Wendepunkt" (Diop 2012, 179) in der Wahrnehmung des afrikanischen Kontinents gilt, schaltete sich auch Forster ein. In seinem Beitrag *Noch etwas über die Menschenraßen*[4] zieht er einen Vergleich zwischen den Gegebenheiten der Pflanzenwelt und den Einflüssen auf die Veränderbarkeit der menschlichen Physis:

> Die vor den Lichtstrahlen sorgfältig verwahrte Pflanze ist von bleichgelber Farbe; wird aber, nachdem sie an das Licht gestellt worden ist, in wenigen Tagen völlig grün. Ganz anders verhält es sich mit der *allmählgen* Einwirkung des Klimas, welche viele Generationen erfordert, ehe sie sichtbar und bemerklich wird. Ihr Gang ist langsam, aber unausbleiblich. Die späten Enkel der in warme Länder versetzter Weißen, erlangen eine dunklere Farbe, und werden endlich im heißen Erdgürtel nach Verlauf von Jahrhunderten beynahe völlig schwarz. Umgekehrt, wenn Schwarze über die Grenzen des Wendekreises hinaustreten, verliert sich unter ihrer Nachkommenschaft die schwarze Farbe [...] Die Beyspiele dieser langsam bewirkten Veränderung der Farbe sind so auffallend, so unbezweifelt an ganzen Nationen erweislich, daß man sich billig wundern muß, wie immer noch darüber hinweggesehen wird. (AA VIII, 137)

Auch der Essay *Über Leckereyen* zeigt sich nicht frei von mehr oder minder launigen Anspielungen auf diese Kontroverse; auch er zeichnet sich durch die Zurückweisung jenes Siegeszuges der „naturwissenschaftlich-mathematischen Logik" aus, der um 1800 einzusetzen beginnt und dessen „Systemrationalität" (Ewert 2000, 22) für lange Zeit die Traditionsbildung in der deutschen Philosophie beherrschen wird. Im Beharren auf der Abhängigkeit der Färbung der Haut von den Klimazonen – und nicht von moralischen Wertsetzungen – arbeitet Forsters Essay in seiner polemischen Stoßrichtung ein „fehlerhaftes Princip" vordergründig aufgeklärten Denkens heraus. Seine innere Logik wird in der Neigung aufgesucht, stets „den Gegenständen die Farbe seiner Brille zu leihen" (AA VIII, 133). Noch hat jene Diskursordnung ihren Siegeszug nicht angetreten, die spezifische Grade des Menschlichen mit Graduierungen des Weißseins verbinden wird. Im

---

[3] Forster antwortete mit mehreren Texten und Entwürfen, von denen der Aufsatz „Noch etwas über die Menschenraßen" als der bedeutendste gilt.
[4] Ursprünglich erschienen in *Der Teutsche Merkur* 1786, 4 [Okt. u. Nov.]: 57–86 und 150–166.

Kontext dieser elementaren Weichenstellung deutscher Geschichte sind auch die Überlegungen Forsters angesiedelt und sie beziehen sich im vorliegenden Falle gerade auf den Zusammenklang der Sinneserfahrungen. In diesem elementaren Begriffs- und Bezugsfeld geht es um nichts weniger als das Recht auf Verschiedenheit. Dafür zieht der Essay die Autorität unmittelbarer Wahrnehmung heran.

Die Verschiedenheit der wahrgenommenen Objekte und die Vielfalt ihrer Zusammensetzung bilden das Gravitationsfeld einer Zusammenschau, die sich gegen herrschaftliche Vorstellungen von Einheit entschieden zur Wehr setzt:

> Weder Zwang noch Blendwerk, weder Gesetzgebung noch Glaube, und nicht einmal die Allgewalt der überredenden Philosophie, vermag zu sammeln, was die Natur zerstreute, oder Theile gleichartig zu machen, die eben unter sich verschieden seyn mußten, um ein vollendetes Ganzes zu bilden. (AA VIII, 172)

Die Teile müssen verschieden sein, damit sie ein harmonisches Ganzes bilden können; und sie sind es nur, indem sie im Gleichgewicht sind. Das ist ein kulturphilosophischer Grundgedanke Forsters. Er leitet auch zur Antwort auf die Frage nach dem Glück der Völker über – und nach dem, was „das Pflanzenreich" darüber hinaus an „ausgesuchtesten Ingredienzien" liefert, um den Reiz des Neuen immer wieder anzufachen. Allzu leicht lässt Gewohnheit die Begierde erlöschen. Zu den Stimulanzien des Geschmacks gegen die Gewöhnung zählt er, neben den Alkoholika, bevorzugt auch die Geruchswelten:

> Gegohrne Säfte und Getränke, Aufgüsse aller Art, abgezogene und gebrannte Wasser, wohlriechende Essenzen, Pflanzenmilchen aus Öl und Gummi gemischt, einheimische, aromatische Kräuter, und jene im heißen Erdstrich mit Feuer gesättigten Gewürze, wie Zimmt und Vanille, Nelken und Muskaten, Cayenne, Pimento und Pfeffer; Säuren von mancherley Art und Geschmack aus dem Saft der Traube, aus dem Wein der Palmen, und aus so vielen Früchten; milde Fettigkeiten und Öle, nahrhafte Saleps [d.s. Verdickungsmittel], Soyas, Sagus, Schampignons-Extrakte und Schokolade; dies alles sind lauter Produkte des Pflanzenreichs, zu denen wir sogar das einzige genießbare Mineral, das Kochsalz selbst noch zählen können, indem in mehr als zwanzigerley Pflanzen vorhanden ist. (AA VIII, 178)

Während der Verfasser dieser Studie, Jörn Garber zufolge, in seiner Reisezeit als „der Pflanzen und Tiere sammelnde und zeichnende Botaniker" auftritt, sogar auf „eine Art Hilfsassistenz von Cook" (Garber 2000, 4) reduziert wird, gelangt er in der Nachlese seiner Erkundungen zu einer Betrachtung der Sinneswelten, die „Natur- und Zivilisationsphilosophie" (Garber 2000, 5) auf singuläre Weise miteinander ins Verhältnis setzt. Zugleich versuchen Stil wie Gegenstand seines essayistischen Schreibens der Strömung eines simplifizierenden „Positivismus innerhalb des Empirismus" zu widersprechen, indem zuvorderst der Nachweis geführt wird, dass „jede Aussage über einen Gegenstandsbereich von einem bestimmten Standort des Beobachters abhängt" (Garber 2000, 7). In Forsters Diktion ist das eben die ‚Farbe' seiner Brille und keineswegs das Ergebnis einer wie immer gearteten physiologischen Realität. Freilich impliziert die Beschaffenheit dieser Tönung weit mehr als die Wiedergabe eines subjektiven Meinungsbildes. Vielmehr zielt, um noch einmal Jörn Garber anzuführen, diese Metapher auf die Methodik der wissenschaftlichen Auseinandersetzung selbst – vor allem auf die Konstruiertheit von Deutungsverfahren für jene „empfundenen' Objektbereiche" (Garber 2000, 8), deren Wahrnehmung wiederum an ein doppeltes Erkenntnisvermögen geknüpft ist: an die Sinnlichkeit und den Verstand zugleich. Ihr Zusammenspiel funktioniert demnach idealerweise auf eine Art und Weise, dass die Sinne die Gegenstände als gegeben annehmen und der Verstand sie als Resultat von Denkprozessen vorstellt – wobei sich Sinnlichkeit auf die Anschauungsformen von Raum und Zeit bezieht, der Verstand hingegen auf deren Ordnungsmuster: auf Kategorien, auf Werte, auf Begriffe.

4 Licht, Flüchtigkeit und noch etwas über Schiffsreisen

In Forsters doppeltem Register ist die Erfahrung nicht losgelöst von Räumlichkeit und Zeitlichkeit zu denken. Diese Voraussetzung schließt auch das Olfaktorische mit ein. Mit großer Entschiedenheit bevorzugt seine essayistische Erkundung das Pflanzenreich vor dem Tierreich; geradezu hymnisch wird die Vielfalt betörender Gerüche und der Anblick botanischer Exklusivität gefeiert. Passagenweise gibt sich die Wortwahl geradezu poetisch. Aus „Sonnenlicht und Ätherfeuer gewebt" scheint das Grün der Wälder zu sein; „im Zucker selbst, wenn man zwey Stücke aneinander reibt, [verräth] ein Phosphorglanz das innewohnende Licht" und im „unendlich zarten Geäder der Blumenkronen und der reifenden Früchte glüht der siebenfache Lichtstral, und ziert die Pflanzenschöpfung mit seinem mannigfaltigen Farbenspiel." (AA VIII, 179) An dieser Stelle bezieht sich Forster dezidiert auf die Untersuchungen des niederländischen Arztes und Physikers Jan Ingenhousz, der mit Hilfe eines Lichtmikroskops die Anfänge der Fotosynthese entdeckte. „Licht und Feuerstoff, zu Körpern verdichtet, kostet auch die Zunge in der Süßigkeit und im Öl der Gewächse" (AA VIII, 179), fährt Forster fort. Luft und Licht – damit sind Kernelemente aufgeklärten Denkens im Werk von Georg Forster gekennzeichnet. Es ist ihr Einfluss, der sich in besonderem Maße in der Süßigkeit verdichtet und der zudem auch den flüchtigen Ölen der Gewächse in der tropischen Zone Substanz verleiht. Sie vor allem gelten als „wohlriechend"; sie sind, besonders, wenn sie sich durch die Eigenschaft des Ätherischen auszeichnen, kostbar und teuer, vor allem, weil sich ihre Luftigkeit allzu rasch, wie Forster beschreibt, zum ‚Urquell' des Lebens wieder zurückflüchtet:

> Wo die Sonnenstrahlen senkrecht fallen, wo jene überirdischen Elemente mit stärkerem Moment die Pflanzen durchströmen, in den heisseren Gegenden des gemäßigten Erdstrichs und in der brennenden Zone, dort prangt daher die Erde mit den meisten und edelsten Früchten; dort bilden sich in der Rinde, im Blüthenkelch und im Samen der Bäume jene flüchtigen wohlriechenden Öle, die man ihres Urquells wegen ätherisch nennen muß; dort scheidet sich Kampher aus den mit Brennstoff überfüllten Säften, um schnell wieder zurück, in seinen Limbus zu entfliehen. (AA VIII,179–180)

Der Duft von Kampfer wird hier nicht ohne Grund favorisiert – es handelt sich dabei um jenen durch Destillation mit Wasserdampf gewonnenen Duftstoff, der aus dem Holz eines in Asien beheimateten Baumes gewonnen wird und der seit dem 16. Jahrhundert erfolgreich zur Heilung oder Linderung von Atemwegserkrankungen eingesetzt wurde. Die hohe Wertschätzung von gesundheitsförderlichen Duftstoffen und Aromen kommt hier zum Ausdruck. Nicht zuletzt lässt sie sich auf jene spezifischen Bedingungen zurückführen, die Forsters eigene ‚Brille' eingefärbt haben. Vor dem neunzehnten Jahrhundert begleitete jede Schiffsreise der so genannte Scharbock, die Krankheit Scorbut. Der Mangel an Vitaminen ging mit an Bord. Forster widmete aber nicht nur den Gegenmitteln Aufmerksamkeit. In der Vergegenwärtigung kostbarer Düfte hebt sein Text implizit auch die Bedeutung traditioneller Wissenssysteme hervor, denen im pazifischen Raum, in Lateinamerika und in Südafrika noch immer, und unter heutigen Bedingungen verstärkt, „eine herausragende Bedeutung für die Erhaltung und Pflege der biologischen Vielfalt" (Willenborg 2011, 2) zukommt. In seiner Reisebeschreibung hingegen steht die heimische Welt der Gerüche noch ganz und gar im Bezugsraum der Funktionalität, im Kontext des „Räucherns" an Bord, der Reinigung der Luft unter Deck, um „ungesunde, faule Ausdünstungen und Feuchtigkeit" (AA II, 31) zu zerteilen und unschädlich zu machen. Schmerzhaft wird es da, wo das flüchtige Element der Luft in Gestalt des Windes gesättigt ist von arktischer Kälte, wenn es sich zum Sturm erhebt, der, wie auf der Suche nach dem „südlichen Grönland", in „diesem eiskalten Clima" Forster II, 95, 98) unter den Bedingungen der „Kälte des Himmelsstriches" (AA II, 102) über das Schiff und seine Besatzung herfällt.

Vor allem am Tafelberg hoch über Kapstadt sucht die Nase daher der „kalten und scharfen Luft" (AA II, 80) zu entkommen. Wonach sie sucht und was sie an seinen Abhängen findet, sind „aromatische Gerüche", welche „durch eine sanftwehende Luft von den Seiten dieses Erdrisses zugeführt wurden", hervorgerufen durch „wohlriechende Kräuter", die auf „guter fruchtbarer Erde" (AA II, 79) gedeihen. Sie stehen ganz im Gegensatz zu dem als Gestank identifizierten Odem jener

Mischung aus Ocker und Öl, mit der sich die jungen Frauen von Long-Eyland nahe des Charlotten-Sunds von Neuseeland der Wirkung ihrer Schönheit zu versichern suchten. Doch diese Geruchsmischung ist von Menschen fabriziert, und noch heute gehören solche ölhaltigen Substanzen zu den Grundstoffen jeder Gesichtskosmetik, auch und gerade in Europa. Kurzum, an Bord und gelegentlich auch an Land herrschen schlechte Gerüche vor. Eine Ausnahme aber gibt es, jenseits des Kaps: die Südsee. Sogar die Metropole „Engellands" kommt nicht eben gut weg, wenn Forster sie mit dem „gemächliche[n], sorgenfreye[n] Leben in dem herrlichsten Clima der Welt" (AA II, 86) vergleicht.

Diese Gegenüberstellung der beiden Welten schrieb sich in eine Szene auf besondere Weise ein, die den „Südseemythos" (vgl. Dürbeck 2007; Simo und Miguoué 2021, 150) mit begründen half und die den Abschluss meines Beitrags bilden soll. Forster schildert in seiner *Reise um die Welt*, wie bei der Abfahrt von Tahiti einer der Schiffsleute über Bord sprang, um wieder zurückzuschwimmen. Einige einheimische *Canots*, deren Navigierkunst er sogleich den Fähigkeiten der Griechen gleichstellte (AA II, 86) suchten den Entflohenen aufzunehmen. Cook ließ eines seiner eigenen Boote ins Wasser, holte den Flüchtling zurück und legte ihn „zur Strafe für diesen Versuch vierzehn Tage lang in Ketten." (AA II, 86) Der Augenzeuge der *Reise um die Welt* reflektierte im Anschluss an die Schilderung dieses Vorfalles ausgiebig über die Arbeitslast der untersten Schichten, die der Matrose an Bord und auch in den heimatlichen Gefilden zu erwarten hatte. Zu jenen „Vorstellungen, die man sich von Glückseligkeit macht" und die bei den verschiedensten Völkern ebenso verschiedenartig ausgeprägt sind, gehört in diesem Zusammenhang zuvorderst auch die Vielfalt der Produkte der Natur. Es ist allein ihr Füllhorn, das „in den verschiednen Gegenden der Welt, ihre Güter bald freygebig, bald sparsam ausgetheilt" (AA II, 90) hat – wobei der teilnehmende Beobachter die „Beschwerlichkeit" der damit verbundenen Aufwände dann doch wohl etwas unterschätzt, wie das berühmte Beispiel des Brotbaums erweist: „Die ganze Kunst und Mühe, einen Brodbruchtbaum anzuziehen, besteht darinn, daß man einen gesunden Zweig abschneidet und in die Erde steckt." (AA VI/I, 61)

Zu diesen von der Natur gegebenen Gütern zählte er die wohltuenden Gerüche. Das Wissen um ihre Wirkung allerdings erweist sich als sprachförmig, das zeigt nicht nur der Essay *Über Leckereyen*. Doch diese aisthetische Besonderheit, die literarische Beschreibungsmodi sinnlicher, körperlicher Wahrnehmung und Empfindungen mit begründet, teilt die Olfaktorik mit allen anderen Sinneserfahrungen (vgl. Konersmann 1997, 9). Dennoch beruht die physische Wahrnehmung von Gerüchen in Forsters Text gewissermaßen auf einem Akt des Misstrauens: Denn bei der Verarbeitung olfaktorischer Reize durch unsere Sinne zeigt sich die Zeitlichkeit reduziert (vgl. auch Menzel 2019). Die Wirkung von Gerüchen und Duftstoffen ist flüchtig. Sie verschwindet in der Regel bereits nach kurzer Zeit.

Diese Flüchtigkeit lässt ihre Anwesenheit umso kostbarer erscheinen. Da die Sinne aber aus Forsters Sicht nur künstlich und mühselig voneinander zu trennen sind, stellt die vorausschauende Wirkung von Umweltreizen aus der Perspektive des untersuchten Essays das herausragende Merkmal des Olfaktorischen dar. Die räumliche Ausdehnung menschlicher Wahrnehmungsfähigkeit, im Vergleich zu anderen Lebewesen eher gering, spielt dabei eine glücksverheißende Rolle.

Siglenverzeichnis

AA *Georg Forsters Werke*. Hg. Berlin-Brandenburgische Akademie der Wissenschaften. 18 Bände. Berlin: Akademie-Verlag, 1958–2003. (Die daraus verwendeten Texte sind zusätzlich im Literaturverzeichnis nachgewiesen.)

Literatur

[Chastellux, François-Jean de]. *Ueber die Glückseligkeit der Völker oder Betrachtungen über das Schicksal der Völker in den verschiedenen Epochen der Geschichte*. Aus dem Frz. [Anonym]. Leipzig: Weygandsche Buchhandlung, 1780. [Originaltitel: De la félicité publique, ou considérations sur le sort des hommes dans les différentes epoques de l'histoire. Erstausgabe Holland 1772]
Deutschsprachiges Nature Writing von Goethe bis zur Gegenwart. Kontroversen, Positionen, Perspektiven. Hg. Gabriele Dürbeck und Christine Kanz. Berlin: J.B. Metzler, 2020.
Diaconu, Mădălina. *Tasten, Riechen, Schmecken. Eine Ästhetik der anästhesierten Sinne*. Würzburg: Königshausen & Neumann, 2005.
Diop, El Hadji Ibrahima. „Die Kant-Forster-Kontroverse über Menschenrassen als Wendepunkt der europäischen Afrikadiskurse". *Klopffechtereien – Mißverständnisse – Widersprüche. Methodische und methodologische Perspektiven auf die Kant-Forster-Kontroverse*. Hg. Rainer Goedel und Gideon Stinning. Leiden: Brill, 2012. 179–189.
Dürbeck, Gabriele. *Stereotype Paradiese. Ozeanismus in der deutschen Südseeliteratur 1815–1914*. Tübingen: Niemeyer, 2007.
Ewert, Michael. „Literarische Anthropologie. Georg Forsters *Leckereyen*". *Wahrnehmung – Konstruktion – Text. Bilder des Wirklichen im Werk Georg Forsters*. Hg. Jörn Garber. Tübingen: Niemeyer, 2000. 20–30.
Forster, Georg. *Reise um die Welt*. Hg. Gerhard Steiner. Frankfurt am Main: Insel, 1983.
Forster, Georg. *A Voyage Round the World in His Britannic Majesty's Sloop* Resolution, *Commanded by Captain James Cook, during the Years 1772, 3, 4, and 5*. Bd. 1 u. 2. London: B. White, 1777.
Forster, Georg. *Georg Forsters Werke. Sämtliche Schriften, Tagebücher, Briefe*. Bd. I. Hg. Akademie der Wissenschaften der DDR / Brandenburgische Akademie der Wissenschaften. Bearb. Robert L. Kahn. Berlin: Akademie-Verlag, 1968.
Forster, Georg. „Reise um die Welt" [1778/80]. *Georg Forsters Werke. Sämtliche Schriften, Tagebücher, Briefe*. Bd. II und III. Hg. Berlin-Brandenburgische Akademie d. Wiss. Bearb. Gerhard Steiner. Berlin: Akademie-Verlag, 1965 und 1966.

Forster, Georg. „Vom Brodbaum". *Georg Forsters Werke. Sämtliche Schriften, Tagebücher, Briefe.* Bd. VI/1. Hg. Berlin-Brandenburgische Akademie d. Wiss. Bearb. Klaus-Georg Popp. Berlin: Akademie-Verlag, 2003. 61–92.

Forster, Georg. „Noch etwas über die Menschenraßen". *Georg Forsters Werke. Sämtliche Schriften, Tagebücher, Briefe.* Bd. VIII. Hg. Berlin-Brandenburgische Akademie d. Wiss. Bearb. Siegrid Scheibe. Berlin: Akademie-Verlag, 1974/1991. 130–156.

Forster, Georg. „Über Leckereyen" [1788]. *Georg Forsters Werke. Sämtliche Schriften, Tagebücher, Briefe.* Bd. VIII. Hg. Berlin-Brandenburgische Akademie d. Wiss. Bearb. Siegrid Scheibe. Berlin: Akademie-Verlag, 1974/1991. 164–181.

Forster, Georg. *Über Leckereyen und andere Essays.* Hg. Tanja van Hoorn. Hannover: Wehrhahn, 2004.

Garber, Jörn. „Statt einer Einleitung: ‚Sphinx' Forster". *Wahrnehmung – Konstruktion – Text. Bilder des Wirklichen im Werk Georg Forsters.* Hg. Jörn Garber. Tübingen: Max Niemeyer, 2000. 1–19.

Georg-Forster-Studien. Hg. Georg-Forster-Gesellschaft, I (1997) bis XXIII (2022).

Georg Forster. Die Südsee in Wörlitz. Hg. Frank Vorpahl und Kulturstiftung Dessau-Wörlitz. München: Hirmer, 2019.

Goldstein, Jürgen. *Georg Forster – zwischen Freiheit und Naturgewalt.* Berlin: Matthes & Seitz, 2015.

Hauskeller, Michael. *Atmosphären erleben. Philosophische Untersuchungen zur Sinneswahrnehmung.* Berlin: Akademie-Verlag, 1995.

Heintze, Dieter. „Oxford, Göttingen – und auch Wörlitz. Zur Renaissance alter Südseesammlungen". *Georg Forster in der Südsee.* Hg. Frank Vorpahl und Kulturstiftung Dessau-Wörlitz. München: Hirmer, 2019. 190–199.

Klenke, Claus-Volker (Hg.) mit Jörn Garber und Dieter Heintze. *Georg Forster in interdisziplinärer Perspektive.* Berlin / Boston: De Gruyter, 2018.

Konersmann, Ralf. „Die Augen der Philosophen. Zur historischen Semantik und Kritik des Sehens". *Kritik des Sehens.* Hg. Ralf Konersmann. Leipzig: Reclam, 1997. 9–48.

Menzel, Susanne. *Wie aufmerksam können wir riechen? Eine klinische Studie zum Vergleich olfaktorischer und visueller Reizwahrnehmung im ‚Change Detection test'.* Med. Dissertation. Dresden 2019, https://www.uniklinikum-dresden.de/de/das-klinikum/kliniken-polikliniken-institute/hno/forschung/interdisziplinaeres-zentrum-fuer-riechen-und-schmecken/downloads/doktorarbeiten/Susanne_Menzel_2019.pdf (18.05.2024).

Simo, David und Jean Bertrand Miguoué. „Südsee-Projektionen in der deutschen Gegenwartsliteratur. Transnationale Imaginationen ferner Welten in ausgewählten Texten von Buch, Capus und Kracht". *Zeitschrift für interkulturelle Germanistik* 12.01 (2021): 149–167.

Uhlig, Ludwig. *Georg Forster. Lebensabenteuer eines gelehrten Weltbürgers (1754–1794).* Göttingen: Vandenhoeck & Ruprecht, 2004.

Willenborg, Kristina. „Indigene Völker und Gesundheit – die Bedeutung traditioneller Wissenssysteme im Gesundheitskontext". *Impulse.* Hg. Landesvereinigung für Gesundheit und Akademie für Sozialmedizin 71.2 (2011): 2–4.

Mădălina Diaconu
Kulturelle Anosmie in exotischen Geruchswelten
Ida Pfeiffers Weltreisen

Als Alexander von Humboldt Ida Pfeiffer einen Empfehlungsbrief für ihre letzte Reise mitgab, schrieb er:

> Diese Frau ist nicht bloß berühmt durch die edle Ausdauer, welche sie inmitten so vieler Gefahren und Entbehrungen zweimal um die Welt geführt hat, sondern vor Allem durch die liebenswürdige Einfachheit und Bescheidenheit, die in ihren Werken vorherrschen, durch die Wahrheit und Reinheit ihres Urteiles und durch die Unabhängigkeit und zu gleicher Zeit Zartheit ihrer Gefühle. (Zit. n. Pfeiffer 1999, 14)

Von Humboldt war nicht der einzige Zeitgenosse, der von der „unbezähmbaren Energie" und „unbesiegbaren Leidenschaft" (Pfeiffer 1999, 15), mit der Ida Pfeiffer die Natur und verschiedene Kulturen erforschte, beeindruckt war. Die Wienerin hatte bereits fünf große Reisen zur See und zu Lande unternommen, darunter in den Nahen Osten, nach Nord- und Südamerika und in den Fernen Osten, und laut den Stereotypen des neunzehnten Jahrhunderts bildeten Frausein, Orient und Exotik allgemein drei gute Voraussetzungen, um reichhaltige olfaktorische Beschreibungen in ihren Reiseberichten zu erwarten. Dass diese Erwartungen durch die Lektüre nicht bestätigt werden, bedarf einer Erklärung, für die die feministische Wissenschaftstheorie, insbesondere Analysen der epistemischen Ungerechtigkeit und die sogenannte Epistemologie der Ignoranz, gute Ansätze bietet.

1 Zur Erforschung der Reiseberichte Ida Pfeiffers

Wie auch das Schreiben von Humboldts beweist, genoss Ida Pfeiffer in der Tat bereits zu Lebzeiten Wertschätzung, vielleicht – wie sie nicht ohne Bitterkeit in einem Brief anmerkte – sogar mehr im Ausland als im eigenen Land (Pfeiffer 2008, 98). Ihre Reiseberichte wurden wiederholt aufgelegt und sehr früh ins Englische und Holländische übersetzt, sie wurde zum Mitglied von zwei geographischen Gesellschaften gewählt und erhielt die Goldene Medaille für Wissenschaft und Kunst des Königs von Preußen. Ihre Kühnheit – als erste Frau, die die Welt umrundete – machte sie auch in internationalen Medien bekannt. 1870 wurde ihr ein Eintrag im *Biographischen Lexikon des Kaiserthums Österreich* (Theil 22) gewidmet (Zienteck 1995, 37), und ihre Gebeine wurden 1892 in ein Ehrengrab am Wiener Zentralfriedhof verlegt.

Auch im zwanzigsten Jahrhundert riefen sie immer wieder Zeitungsartikel und Kurzbiographien in Erinnerung,[1] doch zu einem regelrechten Hype der Pfeiffer-Forschung kam es erst in den 1990er-Jahren, als innerhalb weniger Jahre ihre Reiseberichte neu ediert wurden (Pfeiffer 1991, 1992, 1995, 1999, 2008), ihre Reisen in Sachbüchern nacherzählt wurden (Donner 1997) und Wissenschaftlerinnen Pfeiffers Leistungen im feministischen Kontext neu gewichteten. Außer der Rekonstruktion ihrer Biographie (Jehle 1989, Habinger 1997) richtete die Pfeiffer-Exegese die Aufmerksamkeit auf Geschlechterrollen und frauenspezifische Merkmale von Reiseliteratur (Felden 1993, Pelz 1993) sowie auch auf die gesellschaftlichen Rahmenbedingungen für die „Reisendinnen" (Habinger 2004). Sie wurde mit anderen reisenden Frauen im Orient verglichen (Hodgson 2005), und ihre Schriften wurden mit Blick auf Selbst- und Fremdbilder erforscht, um „‚weibliche' Sichtweisen des Fremden" und der Zivilisation zu identifizieren (Habinger 2004, 18) oder um mit der Erfahrung der „Ortlosigkeit und Dezentrierung" verbundene Fragen zu klären (Pelz 1993, 225). Feministische Studien zur Reiseliteratur von Frauen entwarfen das Bild eines „Ahasver der Frauenwelt" (Levitschnigg, zit. n. Pelz 1993, 225), anders gesagt, einer rast- und ruhelos die Welt durchquerenden Frau,[2] die außerdem ohne männliche Begleitung als Schutz zu reisen wagte.[3] Gelegentlich wurden ihre Berichte auch wegen ihres ethnographischen Wertes geschätzt: So hob Karl Wernhart die Fülle ihres ethnographischen Materials zu Tahiti und ihre scharfe Beobachtung von Sitten hervor, so sehr er eine gewisse eurozentrische Perspektive bedauerte, die die Reisende dazu verführte, „rein subjektive Werturteile" (etwa über die Schönheit der Lokalbevölkerung) zu fällen (Wernhart 2012, 37). Eine Untersuchung der Reiseaufzeichnungen Ida Pfeiffers aus der Perspektive der Sensory Studies und insbesondere der Geruchslandschaften, die ihr weltweit begegnet sind, blieb meines Wissens bislang aus.

Wer war aber diese unermüdliche Frau mit einer unstillbaren Neugier, die jeweils nur mit Widerwillen nach Hause zurückkehrte und sich vorgenommen hatte, „so lange zu reisen, als [ihre] Casse aushält" und es ihr das Alter gestatte (Pfeiffer 2008, 92)? Ida Pfeiffer wurde 1797 als Tochter eines wohlhabenden Kaufmanns in Wien geboren; sie war das einzige Mädchen unter sechs Geschwistern.

---

[1] Zur Literatur- sowie auch Quellenlage s. Habinger 2004.
[2] In Zahlen ausgedrückt unternahm Pfeiffer fünf große Reisen, davon zwei um die Welt, innerhalb von nur 16 Jahren, und legte „nicht weniger als rund 300.000 Kilometer zurück, damit hätte sie etwa sieben bis acht Mal die Erde umrunden können" (Habinger 2004, 56).
[3] Barbara Hodgson kennzeichnete Ida Pfeiffer als „Musterbild einer ‚Frau ohne männlichen Schutz'" (Hodgson 2005, 53).

In ihrer Kindheit trug sie gerne Jungenkleider und spielte „mit Trommeln, Säbeln, Gewehren und dergleichen", zumal ihr der Vater im Scherz eine Ausbildung zum Offizier versprach.[4] Auch nach dem Tod ihres Vaters, als sie nur neun Jahre alt war und die Mutter versuchte, sie als Mädchen zu kleiden, wehrte sie sich so heftig dagegen, dass sie krank wurde. Erst als Jugendliche kam sie durch die Bemühungen ihres Hauslehrers Trimmel (in den sie sich auch verliebte) „zu der Einsicht der Pflichten [ihres] Geschlechtes", und es wurde „aus dem wilden Jungen eine bescheidene Jungfrau" (Pfeiffer 1861, XV). Dazu trug eine „spartanisch strenge Erziehung" bei, ohne die sie die „stärksten Strapazen oft bei der erbärmlichsten Nahrung" während ihrer langen Reisen nicht hätte ertragen können (Pfeiffer 1861, VIII–IX). Die Flucht in die Ehe mit einem um 24 Jahre älteren Rechtsanwalt verlief nicht gerade glücklich, weil sie in ärmlichen Verhältnissen leben musste, bevor es ihr ein Erbe ermöglichte, sich von ihrem Mann zu trennen. Erst mit 45 Jahren, nachdem ihre Söhne aus dem Haus waren, konnte sich Ida Pfeiffer endlich ihren seit jeher gehegten Wunsch nach Reisen erfüllen. Trotz aller Warnungen ihrer Verwandten und Freunde und dank ihrer Ersparnisse brach sie im März 1842 auf einem Donauschiff nach Konstantinopel auf und reiste weiter bis ins Heilige Land. Und bereits auf dieser ersten Reise entsteht ein Verhaltensmuster, das sich in den nächsten Jahren wiederholen sollte: Jeder neue Ort weckte in ihr den Wunsch, noch fernere, zum Teil vorher nicht geplante Ziele zu erreichen. Als sie sechs Monate später nach Wien zurückkehrte, hatte sie auch noch den Libanon und Ägypten besucht. Nach einigem Zögern gab sie danach ihre privaten Reisetagebücher zur Veröffentlichung frei – mit großem Erfolg. Vor allem die Verlagshonorare eröffneten ihr die Perspektive, weitere Reisen finanzieren zu können: zunächst nach Skandinavien und Island, dann 1846 um die Welt, nach Südamerika, China und Indien. Eine dritte Reise führte sie 1848 nach Georgien, Armenien, Odessa, Griechenland und Triest. Drei Jahre später brach sie zu ihrer zweiten Weltreise auf, die vier Jahre dauern sollte und die diesmal auch durch einen Reisevorschuss von der österreichischen Regierung unterstützt wurde. Nach Kapstadt folgten Borneo, Singapur, Sumatra und Java, dann Kalifornien, New Orleans, Peru, Ecuador usw. Ihre letzte Reise unternahm Ida Pfeiffer nach Madagaskar, damals noch keine Kolonie. Dort ließ sie sich in eine Verschwörung gegen die Königin verwickeln, die allerdings scheiterte. Daher wurde sie des Landes verwiesen und kehrte krank nach Wien zurück, wo sie 1858 einer vermutlich seit Jahren bestehenden Malariaerkrankung erlag. Sie hinterließ nicht weni-

---

4 Constant von Wurzbach: „Pfeiffer, Ida", in: *Biographisches Lexikon des Kaiserthums Österreich*, T. 22, 1870, hier zit. n. Zienteck 1995, 37.

ger als 13 Bände mit Reiseberichten und einen nur teilweise erhaltenen Briefnachlass.[5]

Ida Pfeiffer reiste allein, nur mit ihrem Glauben als „Schutzgeist" (Pfeiffer 2008, 113). Sie wagte sich zu menschenfressenden Stämmen, nahm an Jagdpartien teil und kostete Schlangenfleisch im Urwald, besuchte indigene Völker, fiel in Flüsse mit Krokodilen, wurde von entflohenen Sklaven attackiert und sah Vulkanausbrüche usw. Immer wieder reiste sie in der Begleitung von Männern, die sie unterwegs kennenlernte, und Empfehlungsschreiben halfen ihr, Gastfreundschaft bei Fremden zu empfangen. Für ihre Reisen und auf diesen lernte sie verschiedene Fremdsprachen sowie auch das Daguerrotypieren; mehr noch, sie lernte zu reiten, sogar tagelang barfuß zu gehen und auf dem Boden zu schlafen. Mit der Zeit begann sie, Naturalien und ethnographische Gegenstände zu sammeln, deren Erlös ihr die weitere Freiheit zu reisen garantierte. Eine Zeit lang eröffnete sie sogar ein „Naturalien- und Kunstcabinet" für alle „Neugierigen und Wissenschaftsmenschen" (zit. n. Zienteck 1995, 54).

Was bewegte sie dazu, die Strapazen der Reisen auf sich zu nehmen? Ob es die Suche nach Freiheit und Anerkennung war, die sie als weiße bürgerliche Frau in den Kolonien mehr als im Wien des Biedermeiers erfuhr,[6] ob ein „Eroberungshabitus" (Habinger 2004, 132), den sie dem „zivilisierten" Westen entnahm, oder „Arbeit an sich selbst wie in Auseinandersetzung mit der (Männer-)Welt, mit der eigenen wie der fremden Kultur" (Potts 1995, 23) – die Reisen boten ihr jedenfalls die Gelegenheit, sich ein praktisches, soziales und wissenschaftliches Wissen anzueignen, über gesellschaftliche Zustände, einschließlich über Geschlechterrollen, Erziehung, Arbeit, Menschenwürde und Ungerechtigkeit zu reflektieren und sich eigene Meinungen zu bilden. Hinzu kam die dadurch gegebene Möglichkeit, sich durch den Kontakt mit fremden Sitten und aus der Distanz mit der eigenen Biographie auseinanderzusetzen.

Ida Pfeiffers Reiseberichte erzählen nicht nur abenteuerliche Geschichten, sondern sind ebenso aufschlussreich in Bezug auf Gesellschaftsordnungen und Bräuche. Ihre Aufzeichnungen gehen auf das Aussehen von Menschen und ihre

---

5 Die Liste ihrer Reiseberichte enthält: *Reise einer Wienerin in das Heilige Land* von 1842 (2 Bde., Wien 1844), *Reise nach dem scandinavischen Norden und der Insel Island im Jahre 1845* (2 Bde., Pesth 1846), *Eine Frauenfahrt um die Welt* von 1846–1848 (3 Bde., Wien 1850) (Brasilien, Chile, Tahiti, China, Ost-Indien, Persien und Kleinasien), *Meine Zweite Weltreise* von 1851–1853 (London, Cap der guten Hoffnung, Singapur, Borneo, Java, Sumatra, Celebes und die Molukken; 4 Bde., Wien 1856) und *Reise nach Madagaskar* von 1856–1858 (Madagaskar und Mauritius; 2 Bde., 1861).
6 „Ida Pfeiffer fand bei den Frauen der Welt das, woran es ihr in der eigenen Ehe mangelte" (Zienteck 1995, 45–46), etwa in Brasilien, wo Männer ihren Ehefrauen Sklav*innen zur Verfügung stellten.

Kleidung ein, auf die Architektur, das Stadt- und Straßenleben, die Gärten und Landschaften, auf Lebensmittel und die Essenzubereitung, auf Gesellschaftsverhältnisse, Arbeit und Wirtschaft sowie auch nicht zuletzt auf die Reisebedingungen. Ihre Neugier war unersättlich, ihr Wunsch, alles getreu wiederzugeben, überwog die Scheu, nicht „gut" genug schreiben zu können. Wahrhaftigkeit war ihr Ideal und sie sorgte sich deshalb, dass ihre Erzählungen als nicht glaubwürdig genug erscheinen könnten. Einmal merkte sie an: „Ich schildere alles, wie ich es finde, wie es meinen Augen erschien, ungeschmückt, aber wahr" und nicht entsprechend „den oft so poetisch schönen Beschreibungen" (Pfeiffer 1995, 28). Daher verbergen ihre Tagebücher auch nicht etwaige Enttäuschungen. Die Reiseberichte Pfeiffers zeigen sie als eine scharfe Beobachterin und Moralistin, die rohe Bräuche und Sittenlosigkeit nicht weniger als Ungerechtigkeit und Unterdrückung verurteilt. Sinnlichkeit war allerdings nicht ihre Stärke und sie neigte dazu, „im Gegensatz zu männlichen Weltreisenden, aber in Übereinstimmung mit Missionaren, alle ihr ungewohnten Formen der Sinnlichkeit und Körperlichkeit" – ob Tanz, Nacktheit, Sexualität oder nähere Körperkontakte – sofort als „abgrundtiefe Sittenlosigkeit, moralische Verderbtheit und Verkommenheit" zu verdächtigen (Zienteck 1995, 48). Das wirft gleich die Frage nach der Komplexität des olfaktorischen Materials in Pfeiffers Reiseberichten auf, um sie auf ihre Relevanz für die Smell Studies hin zu untersuchen.

2 Eintauchen in Geruchslandschaften: zwischen Entzückung und Ekel

Mit Stolz konnte Ida Pfeiffer ihrer Schwester bereits 1847 in einem Brief aus Ceylon berichten: „Ich sah mehr als es bisher einer europäischen Frau vergönnt war zu sehen" (Pfeiffer 2008, 52). Sie hatte in der Tat viel gesehen, gehört und vermutlich auch gerochen, was auch die Erwartung der Leserschaft weckt, Spuren dieser olfaktorischen Erfahrungen in ihren Reiseaufzeichnungen zu finden. Eine auf sinnliche Eindrücke gerichtete Lektüre zeigt allerdings, dass ihre Sensibilität und Aufmerksamkeit eher auf das Sehen und Hören fokussiert waren. Landschaften werden stets auf reizvolle Bilder reduziert, die – dem Zeitgeist entsprechend – Gemälden gleichen, und sie schien häufiger unter Lärm- als unter Geruchsbelästigung zu leiden. Als sie sich etwa in Hamburg nach Rio de Janeiro einschiffte, vergleicht sie die Reisebedingungen auf ihrem Segelschiff mit jenen auf einem Dampfschiff, wo „alles luxuriös und bequem" sei (Pfeiffer 1992, 8). Zwar behaupteten viele, dass „das ewig gleichmäßige Erzittern sowie der üble Geruch des Öles und der Steinkohlen [auf Dampfschiffen] unerträglich sei", aber – so fügt sie hinzu – „ich fand dies nicht" (Pfeiffer 1992, 8). Die Unbequemlichkeit der Schlafkabine und das schlechte Essen störten sie mehr – geschweige denn die „despotische Macht" der Kapitäne, die sie auch später häufig kritisierte (Pfeiffer 1992, 65). Manchmal beklagte sie sich über den Lärm hantierender Handwerker auf dem Schiff, andere Male über das Geschwätz ihrer Mitreisenden, die ihre Aufmerksamkeit beim Tagebuchschreiben ablenkten, über die „unleidliche" Kälte (Pfeiffer 1995, 21) oder die ermattende feuchte Schwüle, und bei einem stundenlangen Ritt nach Jerusalem wurde ihr übel wegen der Hitze. Gerüche schien sie weniger wahrzunehmen oder zu beachten – oder zumindest als erwähnenswert zu betrachten. Daher muss die Leserschaft unterscheiden zwischen dem von Ida Pfeiffer tatsächlich Erwähnten und dem von ihr unerwähnt Gelassenen, das aber doch als Material für die Rekonstruktion fremder Geruchslandschaften dienen kann.

Der Wassergeruch zum Beispiel gehört zur letzteren Kategorie, denn nichts lässt vermuten, dass der Geruch des Meeres der gebürtigen Wienerin überhaupt aufgefallen wäre. Die Seelandschaften erschienen ihr eher langweilig und dienten ihr zur Erholung der von den Besuchen am Lande ermüdeten Augen. Auch andere Gerüche sind damals auf Schiffen zu vermuten, zumal Ida Pfeiffer preisgünstig reisen musste. Unterwegs nach Konstantinopel wurde etwa das Schiff mit „Geflügel aller Art beladen" (Pfeiffer 1992, 36). Ein anderes Mal musste sie den Raum mit zwei Hunden teilen, aber sie merkte nur an, dass sie „immerwährend heulten" (Pfeiffer 1992, 219). Und auf einem kleinen Schiff in der Chinesischen See reisten mit an Bord „drei Pferde, ein Hund, einige Schweine, Hühner, Gänse und Kanarienvögel [...]. Das wieherte, bellte, grunzte, gackerte und sang wie auf einem Meierhofe" (Pfeiffer 1992, 90). Deren Gerüche scheint sie nicht bemerkt zu haben. Ausdünstungen menschlicher Mitgefährten müssen einer der Gründe zur Empörung gewesen sein, wenn sich das ‚Volk' aus der dritten Klasse unter die zweite mischte. Nicht zuletzt wird das Essen auf dem Schiff – das Ida Pfeiffer bei fast jeder Gelegenheit aufzählt – zur Geruchslandschaft eines Schiffs beigetragen haben, obwohl die Reisende hauptsächlich dessen Menge und Qualität bewertete. Einmal zeigte sie sich allerdings angenehm überrascht, und zwar als sie vor der Ankunft in Rio de Janeiro der Steuermann auf den „herrlichsten Blütenduft" aufmerksam machte, der vom Land kam.[7] Bereits die Tatsache, dass der Hinweis von einem Mann kam, relativiert das Klischee von der feineren Nase der edlen

---

7 „Der Steuermann führte mich an die Schiffswand und hieß mir, den Kopf darüber hinauszuhalten und die Luft einzuatmen; – ich sog den herrlichsten Blütenduft ein. Überrascht blickte ich umher und meinte das Land sehen zu müssen. Es lag jedoch noch weit entfernt, und nur der Sturm wehte den zarten Duft vom Lande her. Sonderbar war es, daß er innerhalb des Schiffes ganz verlorenging." (Pfeiffer 1992, 20)

Damen. Diese Erfahrung ließ sie später, vor der Küste von Ceylon, dasselbe erwarten:

> Auch die Luft sog ich begierig ein – ich hoffte, gleich andern Reisenden, die balsamischen Düfte der reichen Gewürzpflanzungen einzuatmen. [...] Die aromatischen Düfte aber blieben aus, und es roch auf unserm Schiffe wie zuvor nur nach Teer, Steinkohlen, Dampf und Öl. (Pfeiffer 1992, 130)

Gerüche finden alles in allem nur dann in ihren Reiseberichten Platz, wenn sie zu intensiv sind, wenn sie überraschen oder aber Erwartungen enttäuschen.

Noch auffälliger ist die karge Anführung von Gerüchen am Land. Zwar bemerkte Ida Pfeiffer in Brasilien die üppige Vegetation in „unaufhörlicher Frühlingspracht", aber angesichts des schwülen Klimas zöge sie vor, „etwas Winter zu haben", um mehr Vergnügen am „Wiederkehren der balsamischen Frühlingsdüfte" zu verspüren (Pfeiffer 1992, 30). Sogar der Urwald und der Dschungel boten ihr bloß „reizende Ansichten" (Pfeiffer 1992, 37). Gänzlich unsensibel für angenehme Düfte war sie jedoch nicht. Auf Singapore suchte sie „häufig [...] nach den Muskatnuß- und Gewürznelken-Plantagen und erquickte [s]ich an den balsamischen Düften" (Pfeiffer 1992, 121). Ebendort beschreibt sie den Kolimbaum in den Urwäldern, der „einen außerordentlich starken Geruch von Knoblauch [verbreitet], durch welchen er sich schon von einiger Entfernung bemerkbar macht" (Pfeiffer 1992, 125). Seine Frucht schmecke ebenfalls nach Knoblauch und werde von den Einheimischen genossen, doch „dem Europäer ist ihr Geruch und Geschmack zu stark. Ich berührte nur ein Stück frischer Baumrinde, und noch am folgenden Morgen roch meine Hand danach" (Pfeiffer 1992, 125).

Wenn Ida Pfeiffer bei ihren Ausflügen in die ‚Wildnis' Abstriche bei Komfort und Hygiene machen musste, so bewertete sie die Orte umso mehr nach ihrer Bequemlichkeit, Sauberkeit und Ordnung und zeigte sich angetan, wenn die Straßen breit waren, die Innenräume groß und hell, sodass man „luftig und rein wohnen" konnte (Pfeiffer 1995, 87–88). Zwar lässt sie gelegentlich Bemerkungen über ihren Ekel vor schmutzigen Stuben fallen, aber meistens nur, um die Misere der armen Leute zu bedauern. Berührungsängste mit dem Volk (besser gesagt: mit den Völkern) kannte sie allerdings nicht. Ihr Scharfsinn galt gleichermaßen üppigen Banketten, Volksfesten und den „Garküchen" der Armen. Immer wieder listet sie die Gerichte auf und beschreibt die Nahrungszubereitung, manchmal auch ihren Geschmack; selten verliert sie allerdings ein Wort über Essensgerüche, außer sie waren zu stark[8] oder exotisch, wie bei einem „orientalischen Gastmahl" in Jaffa,

---

[8] So bei der Beschreibung der Durian-Frucht auf ihrer Reise in Südostasien. Diese habe die Größe und Form einer Melone und eine „sehr rauhe Schale, die dermaßen nach Knoblauch

wo der Pilaw zu gewürzt für ihren „Gaumen" war und der Milchreis dermaßen viel Rosenöl enthielt, dass sie „schon der Geruch allein übersättigte" (Pfeiffer 1995, 105). Von der Geruchslandschaft von Basaren erfährt die Leserschaft ebenso wenig[9] wie über die Aromen des Rauchens – weder in den osmanischen Kaffeehäusern noch bei einem Fest in Konstantinopel, wo „mehrere hundert Damen" „mit wahrer Götterlust" rauchten (Pfeiffer 1995, 41), noch in der Begleitung von Opiumrauchern auf Schiffen oder auf einer kleinen chinesischen Dschonke, wo Chinesinnen aus winzigen Pfeifen „dampften" (Pfeiffer 1992, 95).

Gelegentlich erwähnt Ida Pfeiffer auch Straßengerüche, so im kontrastreichen Konstantinopel:

> So sehr ich von der himmlischen Lage Konstantinopels entzückt war, in eben dem Grade mißfiel mir das Innere. Der Schmutz und Gestank, den man überall trifft, die engen, häßlichen Gassen, das ewige Bergauf- und Bergabsteigen auf den schlechtesten Wegen verleidet nur zu schnell den Aufenthalt in dieser Stadt. (Pfeiffer 1995, 46)

So sehr sie etwa die malerischen Panoramaaussichten vom Turm von Galata aus und die opulente Eleganz der Eliten bewundert, vergisst sie nicht, die „vielen herrenlose[n] Hunde" zu erwähnen, die auf den Straßen herumlaufen und „sich von den ekelhaftesten Exkrementen, die sie im Überfluß auf allen Straßen finden, [nähren], da jeder Unrat aus den Häusern hinausgeworfen und hinausgeschüttet wird" (Pfeiffer 1995, 46). Das Leben in der zivilisierten Welt sei nicht unbedingt besser, schreibt Pfeiffer, wenn sie sich an Londons Massengedränge und „steifes Benehmen" der Vornehmen, vor allem aber an die „garstige Witterung", „trübe, kohlenstinkende Luft" und kalten Zimmer erinnert (Pfeiffer 2008, 75). Schlechte Straßengerüche sind für sie jedoch einigermaßen verzeihlich, sobald sie auf den Fleiß der Bevölkerung schließen lassen, wie etwa in Kanton, wo zahlreiche Menschen „gewisse übelriechende Gegenstände in großen Kübeln davonschleppen". Dahinter steckte die Notwendigkeit der Chinesen, „jedes Exkrement lebender Wesen" für die Landwirtschaft zu nutzen (Pfeiffer 1992, 114).

Eine weitere Kategorie von aufgezeichneten Gerüchen betrifft die Sitten und Gebräuche. Hierzu zwei Beispiele: Bei der Leichenfeier eines wohlhabenden Chinesen auf Singapore, nachdem der Sarg zu Grabe gelassen und die Grube mit Erde gefüllt worden war, legte man Lebensmittel aufs Grab, die später an Arme verteilt wurden, und der älteste Sohn erhielt „sechs glimmende, wohlriechende Papierkerz-

---

stank, daß man die Frucht schon roch, als sie dreißig bis vierzig Schritte entfernt war" (Pfeiffer 1993, 274).

9 Einiges lässt sich allein indirekt, vermittels nebensächlicher Bemerkungen über die dort ausgestellten Waren, rekonstruieren, wie bei dem mit Zitrusfrüchten übervollen Basar von Galatz (heutzutage Galați, Pfeiffer 1995, 33).

chen", die er „einigemale in die Luft schwang und dann zurückgab"; dasselbe taten dann auch seine Verwandten (Pfeiffer 1992, 128). Trauerrituale müssten jedenfalls vollzogen werden, solange die Leiche selbst noch nicht zu riechen beginnt. Während ihres Besuchs bei einem Stammesführer auf einer polynesischen Insel nahm Ida Pfeiffer an den Begräbnisfeierlichkeiten seines drei Tage zuvor verstorbenen Sohnes teil. Die Leiche lag in einer Hütte, umgeben von Geschenken. Der Vater „kam alsbald in die Hütte, hielt sich aber nur einige Augenblicke auf, da der Tote schon ganz abscheulich roch, und kehrte ins Freie zurück", während sich die in der Hütte aufhaltenden weiblichen Verwandten und Nachbarinnen „ganz gemütlich unterhielten und dabei aßen und rauchten" (Pfeiffer 1992, 87). Wie lange Ida Pfeiffer den Leichengestank aushalten musste, um die Szenen in der Hütte zu beschreiben, verrät sie allerdings nicht.

Außer den expliziten olfaktorischen Erlebnissen und jenen, die sich aufgrund der Nennung von Geruchsquellen rekonstruieren lassen, finden sich in den Reiseberichten auch Episoden, in denen die Reisende Geruchserfahrungen bei *anderen* vermutet. Manchmal gibt sie nur das wieder, was die Kolonisten über die feine Nase der Einheimischen berichten:

> Die Puris [Indigene von Brasilien] sollen ganz vorzüglich zum Aufspüren entflohener Neger [sic!] zu gebrauchen sein, da ihre Geruchsorgane besonders ausgebildet sind. Sie riechen die Spur des Entflohenen an den Blättern der Bäume, und gelingt es dem Neger [sic!] nicht, einen Strom zu erreichen, in welchem er eine große Strecke gehen oder schwimmen kann, so soll er dem ihm nachspürenden Indianer [sic!] nur äußerst selten entkommen. (Pfeiffer 1992, 54)

Auf Polynesien erfährt sie, dass die Insulaner „das echte Gold vom falschen durch den Geruch zu unterscheiden verstehn" (Pfeiffer 1992, 76), was sie wie etwas Exotisches erzählt. Solche Stellen bestätigen die damaligen Klischees vom überdurchschnittlichen Geruchsvermögen der ‚Wilden', und Ida Pfeiffer positioniert sich im selben Kontext unmissverständlich auf der Seite der Kolonisatoren: Bevor ihr Schiff in Tahiti ankert, wird es von Kähnen mit „Indianern" [sic!] umgeben, die Früchte und Muscheln anbieten, „aber nicht wie einst gegen rote Lappen oder Glasperlen – diese goldenen Zeiten für die Reisenden sind vorüber – sie verlangten Geld und waren in ihrem Handel so gewinnsüchtig und geschickt wie die zivilisiertesten Europäer" (Pfeiffer 1992, 75).

Solche und weitere Stellen beweisen, dass Ida Pfeiffer sehr wohl Gerüche auf ihren Reisen bemerkte und dabei „Entzückung" oder aber „Ekel" empfand, wie sie schreibt, doch ihre Reiseberichte zeigen sie in erster Linie als Moralistin, Sozialbeobachterin und pragmatische Person und nicht als Ästhetin oder Genießerin. Gerüche finden meistens nur am Rande Erwähnung – sogar dann, wenn sie sich in Weltgegenden aufhält, die in Europa traditionell mit Gerüchen assoziiert wurden und die tatsächlich sowohl klimatisch als auch durch ihre eigenen Geruchskulturen eine unerschöpfliche Quelle für olfaktorische Beschreibungen hätten sein können. Daher muss im Folgenden den Gründen dieser olfaktorischen Zurückhaltung nachgegangen werden.

3 Schweigen und Verschweigen von Gerüchen

Alain Corbin verfolgte in *Pesthauch und Blütenduft* (1984) die Veränderungen der olfaktorischen Sensibilität im Paris des achtzehnten und neunzehnten Jahrhunderts, insbesondere wie die olfaktorische Toleranzschwelle sank und das Interesse an angenehmen Gerüchen wiederum stieg. Ida Pfeiffer hatte vermutlich noch eine relativ hohe Toleranzschwelle, und Unannehmlichkeiten wie starker Lärm, mangelnder Komfort, schlechtes Essen und die Unhöflichkeit der europäischen Zeitgenossen schienen sie mehr zu belästigen als Gerüche. Außerdem musste sie widerliche Gerüche unterwegs ignorieren, um überhaupt weiterzukommen, und sie hatte wohl wichtigere Gründe, entmutigt zu sein als diese vergleichsweise geringeren Unannehmlichkeiten. Auch waren ihre Interessen anders gerichtet.

Die Diversität der Geruchskultur(en) avancierte erst in den letzten Jahrzehnten zu einem ernst zu nehmenden Forschungsthema, das auch mediales Interesse weckt. Sehenswürdigkeiten, Feste und das Alltagsleben, die Esskultur, verschiedene Beschäftigungen, das Familien- und Sozialleben, Machtverhältnisse und Sklaverei, all das hatte verständlicherweise Priorität für Ida Pfeiffer – und für ihre Leserschaft. Nach dem Erfolg ihres ersten Reisetagebuchs musste sie wohl auch bewusst für ein Publikum geschrieben haben, das sie nicht brüskieren und dessen Erwartungen sie nicht enttäuschen durfte. Außerdem mag sie sich an anderen Reiseberichten orientiert haben, die ebenfalls die Geruchslandschaften fremder Welten ignorierten.[10] Zwar begab sie sich reisend bewusst auf die Suche nach Andersheit und Exotik,[11] aber – so wie ihre Zeitgenossen – konnte sie sich wahrscheinlich kaum vorstellen, dass komplexe Geruchslandschaften eine spezifische epistemische Relevanz haben. So sehr einzelne Gerüche intensive Erfahrungen auslösen können, bleiben sie nichtsdestotrotz flüchtig und vermeintlich nebensächlich. Auch hatte Ida Pfeiffer keine literarischen Ambitionen und konnte

---

10 Zu der von Pfeiffer gelesenen Reiseliteratur s. Jehle 1989, 267.
11 „Alles ist anders: Natur, Kunst, Menschen, Sitten, Gebräuche und Lebensart. Hieher muß man kommen, wenn man etwas anderes als das Alltägliche der europäischen Städte und ihrer Bewohner sehen will." (Pfeiffer 1995, 51)

sie auch nicht hegen. Sie wollte in erster Linie ihrer Reiseleidenschaft frönen, und schriftstellerischer oder sonstiger Ruhm – über den sie sich dann dennoch freute, obwohl sie bekanntermaßen öffentlichkeitsscheu war – zählte nicht zu ihren Zielen. Sie selbst schätzte die Sachgemäßheit des Urteils mehr als das Stilbewusstsein und weigerte sich, die Authentizität ihrer Berichte durch literarische Ausschmückungen zu kompromittieren.

Weitere mögliche Gründe für die Geruchsarmut in ihren Schriften wären weniger überzeugend. So erscheinen weder die biologische Adaption der Geruchsrezeptoren, die zu einer schnellen Gewöhnung an die Gerüche der Umgebung führen, noch eine altersbedingte Geruchsabschwächung plausibel. Eher ist hier eine *kulturelle Anosmie* am Werk, denn Gerüche wurden im Biedermeier des Wiens zu Beginn des neunzehnten Jahrhunderts wenig geschätzt;[12] sie galten als nicht salonfähig und daher auch nicht als erwähnenswert. Auch Ida Pfeiffers spartanische Erziehung und strenge christliche Moralvorstellungen, die damals in bürgerlichen Kreisen „vor allem Frauen jedes Recht auf sinnlichen Genuß" absprachen (Zienteck 1995, 48), mögen eine Rolle gespielt haben.[13] Ihren Kindheitstraum, Offizier zu werden, hat sie im Grunde genommen nie abgelegt: Auf ihre Weise hat sie die Welt erobert, und am Körper schätzte sie nur seine Genügsamkeit, Ausdauer und Leistung. So sehr sie aus feministischer Perspektive als Rebellin gefeiert wurde, war sie in ihrem Verhältnis zur Körperlichkeit ein Kind ihrer Zeit und ihrer Gesellschaft. Dadurch kann sie zwar keine prominente Gestalt für die literarischen Smell Studies werden, aber umso zeittypischer ist ihre kulturelle Anosmie.

Die Einstellung zu Gerüchen im Europa des neunzehnten Jahrhunderts wurde ausführlich kulturhistorisch untersucht. Daher wird stattdessen im Weiteren Ida Pfeiffer als epistemisches Subjekt betrachtet und ihre Marginalisierung olfaktorischer Erfahrungen mithilfe der feministischen Wissenschaftstheorie gedeutet. Diese hinterfragt das moderne Ideal der Objektivität und betont die unvermeidliche Situiertheit des Subjekts, die zu variierenden Wirklichkeitskonstruktionen führt. Sowohl die Wissensproduktion als auch ihre Artikulation sind weder anonym noch wertfrei oder interesselos; mehr noch, die gesellschaftliche Validierung des Wissens unterliegt Kriterien, die bestimmte Kategorien von Subjekten bereits aus strukturellen Gründen eher als andere erfüllen können. Was zu einem bestimmten Zeitpunkt in einer Gesellschaft als Wissen und zu wissen würdig gilt, welche epistemischen Akteure ernstgenommen werden und welche nicht, welche überhaupt Zugang zu epistemischen Ressourcen wie Bildungs- und

---

12 „Geruchlosigkeit wird allmählich in allen Lebensbereichen zur Norm erhoben." (Payer 1997, 34)
13 Vgl. in diesem Sinne ihre Kritik der Erziehung amerikanischer Mädchen, die deren Drang nach Emanzipierung auf Kosten ihrer Weiblichkeit fördere.

Forschungsinstitutionen erhalten und sich an der „epistemic labor" beteiligen dürfen (Pohlhaus 2017, 18), all das ist historisch und kulturell bedingt. Daraus entstehen Hierarchien von epistemischen Subjekten und Wissensformen, etwa im Verhältnis zwischen Empirie und Vernunft, zwischen Intuition und messbarem Wissen, aber auch innerhalb der Wahrnehmung. Die westliche Metaphysik spaltete die Sinnlichkeit in „höhere" Sinne (Sehen und Hören) und „niedere" Sinne, zu denen auch das Riechen gehört und die in der Moderne mit Frauen und „Primitiven", beide Kategorien, die vermeintlich der Natur näherstehen, assoziiert wurden (Diaconu 2005, 239–247).

Die feministische Wissenschaftstheorie weist nicht nur darauf hin, dass die Produktion, Artikulation und Rezeption von Wissen spezifischen gesellschaftlichen Bedingungen unterliegen, sondern nimmt sich auch vor, „den Arten und Intentionen des Schweigens bzw. Verschweigens nachzugehen" (Klinger 1993, 11). Insbesondere die „epistemologies of ignorance" (Sullivan und Tuana 2007) interessieren sich für das, was in der Forschung ausgelassen wird, als Unwissen gilt oder in Vergessenheit geraten ist – anders gesagt, für das, was übersehen, unterdrückt, verdrängt, vergessen oder zu untersuchen verboten ist –, sowie für die Gründe dieses Nicht-Wissen-Wollens oder -Dürfens. Einen Schritt weiter stellt sich die Frage, welche Kategorien von Subjekten von dieser epistemischen Ungerechtigkeit oder gar Gewalt profitieren und wer ihre Opfer sind, wer zur Wissenschaft beitragen darf und wer von ihr ausgeschlossen wird. So unterschied Pohlhaus zwischen drei Typen von „epistemic injustice":

> [...] *epistemic agential injustices*, those that directly and unfairly thwart epistemic labor; *epistemic labor invalidation*, those that disregard or systematically fail to acknowledge the epistemic labor of some; and *epistemic exploitation*, those that unjustly exploit epistemic labor. (Pohlhaus 2017, 21)

Zu den angeführten „epistemic agential injustices" gehört auch, was Kristie Dotson (2014, 125) als „testimonial injustice" bezeichnete: Manchen Erkennenden wird weniger Glaubwürdigkeit geschenkt und ihre Kompetenz wird angezweifelt aufgrund von Vorurteilen gegen ihre Identität, weshalb sie auch daran gehindert werden, vollständig an epistemischen Systemen teilzunehmen. In solchen Fällen sollen bestehende Möglichkeiten (etwa zu forschen) verwirklicht werden, um Vorurteile zu entkräften. Das ist aber genau, was Ida Pfeiffer tat, als sie sich entschied, ihre Reiseaufzeichnungen der Öffentlichkeit zugänglich zu machen, wenn auch vielleicht ihre Motivation eine Mischung aus Reiselust, persönlicher Neugier und Verantwortung, das Erfahrene an die Gesellschaft zurückzugeben, gewesen sein musste.

Außer diesen epistemischen Exklusionen erster Ordnung[14] kann jedoch das epistemische System selbst strukturelle Probleme enthalten, wenn es etwa defizitär über bestimmte Erfahrungen oder Phänomene Rechenschaft gibt oder diese überhaupt als epistemisch belanglos betrachtet. So werden Zeugnisse selektiv oder unpassend epistemisch verarbeitet, oder das Publikum zeigt kaum Interesse an diesen. Das gesellschaftliche Ignorieren mancher Expertisen schafft wiederum eine „hermeneutical injustice", um einen Ausdruck Miranda Frickers (2007, 154–155) zu verwenden. In diesem Fall müssen die epistemischen Ressourcen angepasst und erweitert bzw. die Zeugnisse korrekt (d. h. auch vollständig) aufgenommen werden; andernfalls bleiben ganze Erfahrungsfelder unbeleuchtet und verfügbare epistemische Ressourcen werden nicht ausreichend genützt. Diese Ausführungen zu den epistemischen Ausschlüssen zweiter Ordnung werfen nicht nur ein neues Licht auf die späteren Wiederauflagen der Schriften Ida Pfeiffers – die wohlgemerkt zum Teil auch selektiv sind und somit aktuelle epistemische Interessen widerspiegeln –, sondern auch auf das strukturelle Problem des mangelnden Interesses an der Erforschung der Olfaktorik in den modernen europäischen Geistes- und Kulturwissenschaften.[15]

Die benachteiligten epistemischen Agenten reagieren wiederum auf diese Diskriminierung, Ignorierung, Marginalisierung oder Exklusion durch die Entwicklung einer „culture of justification" (Dotson 2012, 6). Damit ist eine Form von Praxis gemeint, (sich) die eigenen Ideen als kongruent zur Tradition einer Disziplin vorzustellen. Auch Ida Pfeiffers Bestätigungen ethnisch-rassischer Vorurteile – etwa in Bezug auf die überdurchschnittliche Sinnlichkeit der Schwarzen, die die Moral in Brasilien verderbe (Pfeiffer 1992, 34) – und ihre Überzeugungen von den ‚rohen' Sitten der ‚rückständigen' Völker verorten ihre Reiseaufzeichnungen in einer Tradition, zu der sie gerne gehörte und mit der sie sich identifizierte.

In der Tat bemühte sich Ida Pfeiffer, ernst genommen zu werden, und deshalb betonte sie, das Erlebte möglichst getreu wiederzugeben, um – im Geiste des neunzehnten Jahrhunderts – das *objektive* Wissen über andere Kulturen zu bereichern. Die Erfahrung allerdings wird sozial, kulturell und historisch gefiltert und konstruiert; das gilt für die Wahrnehmung selbst und umso mehr für die Ausle-

---

14 Dotson unterschied zwischen drei Ebenen epistemischer Ungerechtigkeit, die unterschiedliche Maßnahmen zu ihrer Beseitigung erforderlich machen.
15 Schließlich geschehen epistemische Exklusionen dritter Ordnung laut Dotson, wenn ein epistemisches System bestimmte Wissensaufgaben nicht erfüllen kann, was radikale Änderungen verlangt. Das trifft allerdings weniger im Falle Ida Pfeiffers zu.

gung und Bewertung des Wahrgenommenen. Was die angeführte Rechtfertigungskultur anbelangt, so gewinnt diese eine neue Dimension in der damaligen Reiseliteratur von Frauen mit ihren zahlreichen Genres.[16] Häufig litten die Autorinnen unter mangelndem Selbstvertrauen, vor allem als es darum ging, literarische und wissenschaftliche Ansprüche zu erheben.[17] Manche hatten Schwierigkeiten, in der ersten Person zu berichten, andere verfassten „apologetische Vorworte", in denen sie sich für ihr „doppeltes Vergehen, als Frau zu reisen und als Frau zu schreiben", rechtfertigten und „präventiv" ihre eigenen Verdienste herunterspielten (Felden 1993, 14, 41).

Das gilt auch für Ida Pfeiffer, deren Vorreden zu mehreren Bänden Brüche im epistemischen Selbstvertrauen zum Ausdruck bringen: Mal schiebt sie Kolonialbeamten und -offiziere als „eigentliche Urheber" vor,[18] mal betont sie, dass sie zu Reisen aufgebrochen sei, erst nachdem sie ihre mütterlichen Pflichten erfüllt habe, mal deutet sie ihr Alter an, um mögliche Vorwürfe der Sittenlosigkeit zu entkräften und begründet ihre erste Reise (nach Jerusalem) mit ihrem Glauben. Damit bemüht sich Pfeiffer darum, sich der „eigenen ‚Normalität' und Harmlosigkeit" zu versichern, gerade um ihren Verstoß gegen die weiblichen Rollenmodelle zu kompensieren (Felden 1993, 43). Eine solche „Courtoisie" und Bitte um Nachsicht, geschweige denn die Bitte um Nachsicht für mögliche Fehler, wären für männliche Autoren schlechterdings undenkbar gewesen. Aus heutiger Perspektive muss daher eine ‚Hermeneutik des Verdachts' (mit einem Ausdruck Paul Ricœurs) angewendet werden: Gabriele Habinger sieht in der Aussage Pfeiffers, dass ihr die nötige Bildung fehle, um wissenschaftliche Ansprüche zu erheben, eher „Lippenbekenntnisse" und eine in der damaligen Reiseliteratur von Frauen nicht ungewöhnliche Strategie, die keineswegs auch als „Handlungsmaxime" diente (Habinger 2004, 128). Vielmehr bezeugen biographische Details, dass Ida Pfeiffer sehr wohl wissenschaftliche Ambitionen hegte.

---

16 Die weiblichen Reisenden hinterließen nicht nur Reiseberichte, Tagebücher und Briefe, sondern auch Autobiographien, Romane, Erzählungen und sogar wissenschaftliche Arbeiten. Von manchen stammte auch gezeichnetes oder gemaltes, später auch fotografiertes Bildmaterial.
17 Um nicht allzu hohe Erwartungen in Bezug auf die Qualität ihrer Berichte zu wecken, präsentierten sie sich „nicht als Schriftstellerinnen oder Autorinnen, sondern jeweils als Reisende, die unterwegs Tagebücher oder Briefe schreiben" (Felden 1993, 44). Zu ihrer Angst, die Leserschaft zu enttäuschen, konnten auch die ‚Apodemiken' (die Schriften über die Kunst des Reisens) des siebzehnten und achtzehnten Jahrhunderts beigetragen haben, denn diese hatten hohe Ansprüche an die Kompetenzen der Reisenden sowohl in Bezug auf physische Fertigkeiten als auch auf Sprach-, Musik- und Zeichenkenntnisse und naturwissenschaftliches und technisches Wissen.
18 Pfeiffer, Widmung und Vorrede zu *Meine zweite Weltreise*, zit. n. Felden 1993, 42.

So sehr sie aber in ihrem bürgerlichen Leben zu Hause unter ihrem Frausein leiden musste, ermöglichte ihr das Reisen, als Vertreterin der Zivilisation (wenn sie diese auch gelegentlich kritisierte) aufzutreten und als weiße Frau aus der vornehmen Gesellschaft ‚rückständigen' Fremden aus einer Überlegenheitsposition heraus zu begegnen. Ihr Geschlecht erwies sich manchmal als Vorteil, weil es ihr Zugang auch zu exklusiv weiblichen Räumen verschaffte; andere Male musste sie vielmehr ihre Schwächen als Frau verbergen oder überwinden, um physisch anspruchsvolle Reisen in Begleitung von Männern zu absolvieren und von diesen überhaupt als Begleitung akzeptiert zu werden. Überhaupt hatte sie ihre Sinnlichkeit zu disziplinieren, um sie hauptsächlich als Erkenntnismittel einzusetzen.

Ida Pfeiffer war zwar neugierig und lernbegierig, jedoch nicht in Bezug auf Gerüche. Eine feinere Nase verriet ihr vielmehr einen sogenannten Primitiven – und von einem solchen habe sie nichts zu lernen, denn Gerüche seien bloße Zusätze zum eigentlichen Wissen, muss sie gedacht haben. In die Begrifflichkeit der feministischen Wissenschaftstheorie übersetzt, gehörte sie laut dem „Racial Contract" (Mills 2022) der „höheren" epistemischen Klasse (Pohlhaus 2017, 17) an und entwickelte in der Tat eine Art „epistemic arrogance" und „epistemic laziness" oder „willful hermeneutic ignorance" (Pohlhaus 2017, 17), indem sie die Kultivierung ihres Geruchssinns als nutz- und wertlos ausschloss. Damit stand sie ganz im Einklang mit ihrer Zeit, wenn man die spärlichen olfaktorischen Bemerkungen anderer zeitgenössischer österreichischer Forscher berücksichtigt. So startete ein Jahr vor dem Tod Ida Pfeiffers die Novara-Expedition (1857–1859) der Österreichischen Marine, deren Ergebnisse mehrere Forschungsbände umfassen. Es reicht allerdings, die von Bernhard von Wüllerstorf-Urbair verfassten Teile zur Zoologie, Botanik und Medizin aufzuschlagen, um die eklatante Absenz von Gerüchen festzustellen.[19]

Zwanzig Jahre später notierte dagegen der Arzt und Afrikaforscher Emil Holub häufiger Gerüche in seinen Memoiren. Holub erinnert sich an die „penetranten Dünste" des Fischmarktes in Kapstadt (Holub 1881, 8), an die „dichte[n] Staubwolken" der Diamantenfelder, die vom „Gesicht und Geruch des Besuchers" leicht identifiziert werden (58), an den „äußerst penetranten und übelriechenden Saft" von Heuschrecken, deren Geruch gleichsam an den Händen klebt (88), an den „penetrante[n] Fäulnißgeruch" einer Kiste mit präparierten Fellen (245), an den „angenehmen Heugeruch" (316) oder aber an den ekelhaften Geruch eines Kürbisgefäßes, aus dem er hätte trinken sollen (431) usw. Noch weniger sparte Holub an Aufzeichnungen über angenehme Düfte von Gärten, Wildwiesen und

---

19 Siehe z.B. den ersten Band des „Botanischen Teils" von Wüllerstorf-Urbair (1864) zu den „Sporenpflanzen", in dem Gerüche insgesamt nur zweimal erwähnt werden.

der Au, über den „duftende[n] Honig" (30) oder „duftenden Kaffee's" (91).[20] Anders als Ida Pfeiffer war sich Holub des kognitiven Beitrags des Geruchssinns bewusst (das Geruchsorgan vermag „Räthsel" zu lösen (88)) und schenkte auch der Annehmlichkeit oder Unannehmlichkeit seiner Wahrnehmungen mehr Aufmerksamkeit. Dieser Vergleich reicht wohl nicht aus, um daraus zu schließen, dass sich der gesellschaftliche und epistemische Ruf des Geruchs innerhalb von zwei Generationen verbessert hätte.[21] Auch wäre die Vermutung reine Spekulation, dass sich Ida Pfeiffer vorsichtiger in Bezug auf die Wissenschaftsstandards zeigen musste, denen sie als Frau um die Mitte des neunzehnten Jahrhunderts ausgesetzt war als Holub, der seine Afrika-Expeditionen explizit in den Dienst der Wissenschaft stellte und – nochmals anders als die Privatperson Ida Pfeiffer, die laut eigenen Angaben von österreichischen Diplomaten im Ausland eher schlecht behandelt wurde – seine Expeditionsberichte selbstbewusst Kaiser Franz Josef widmete. Auch als Sohn eines Arztes und selbst Arzt muss Holub ein lockereres Verhältnis zur Körperlichkeit gehabt haben als Ida Pfeiffer. Nicht zuletzt ist hier eine stärkere olfaktorische Sensibilität zu vermuten, was allenfalls genügen könnte, um das Stereotyp zu entkräften, dass Frauen besser als Männer riechen können oder sich zumindest mehr für Gerüche interessieren.

Um aber bei Ida Pfeiffer zu bleiben, ihre Reiseaufzeichnungen sind von Interesse für die Smell Studies wegen der Gerüche, die sie erwähnt, und vielleicht noch mehr wegen jener, die sie verschweigt. Die Gründe für diese olfaktorische Leerstelle mögen sowohl ein unterdurchschnittliches Geruchsvermögen als auch ein kulturell geprägter Mangel an Interesse sein. Als ‚anständige' Frau aus der zivilisierten und noch dazu christlichen Welt, die sich um Anerkennung seitens des bürgerlichen Publikums und der männlichen Forschungswelt bemühen musste, hätte sie sich auch nicht leisten können, viel über Gerüche zu erzählen, die zu ihrer Zeit als animalisch, primitiv und epistemisch wertlos galten. Außerdem verlangt die Versprachlichung olfaktorischer Erfahrungen ein feineres Sprachgefühl, das Ida Pfeiffer vielleicht zu anspruchsvoll erschien. Dabei greifen Schweigen und Verschweigen ineinander, insofern in der (Wissenschafts-)Kultur des Wiener Biedermeier die kognitive Relevanz der Gerüche ignoriert wurde und daher auch die entsprechende Sensibilität nicht kultiviert wurde.

---

20 Im Kontrast dazu freute sich Ida Pfeiffer, wenn sie im Orient „fränkische" Cafés fand, in denen man „sich einer angenehmen Musik erfreu[en] und sich dabei mit Gefrorenem laben" konnte (Pfeiffer 1995, 67).
21 Holub war genau 50 Jahre jünger als Ida Pfeiffer und leitete mehrere Expeditionen in Afrika zwischen 1873 und 1887.

Literaturverzeichnis

Corbin, Alain. *Pesthauch und Blütenduft. Eine Geschichte des Geruchs*. Berlin: Wagenbach, 1984.
Diaconu, Mădălina. *Tasten, Riechen, Schmecken. Eine Ästhetik der anästhesierten Sinne*. Würzburg: Königshausen & Neumann, 2005.
Donner, Eka. *Und nirgends eine Karawane: die Weltreisen der Ida Pfeiffer (1797–1858)*. Düsseldorf: Droste, 1997.
Dotson, Kristie. „How is this paper philosophy?" *Comparative Philosophy* 3.1 (2012): 3–29.
Dotson, Kristie. „Conceptualizing epistemic oppression", *Social Epistemology* 28.2 (2014): 115–138.
Felden, Tamara. *Frauen Reisen. Zur literarischen Repräsentation weiblicher Geschlechterrollenerfahrung im 19. Jahrhundert*. New York / Berlin / Wien: Lang, 1993.
Fricker, Miranda. *Epistemic Injustice: Power and the Ethics of Knowing*. New York: Oxford, 2007.
Habinger, Gabriele. *Eine Wiener Biedermeierdame erobert die Welt. Die Lebensgeschichte der Ida Pfeiffer (1797–1858)*. Wien: Promedia, 1997.
Habinger, Gabriele. *Ida Pfeiffer. Eine Forschungsreisende des Biedermeier*. Wien: Milena Verlag, 2004.
Hodgson, Barbara. *Die Wüste atmet Freiheit. Reisende Frauen im Orient. 1717 bis 1930*. Hildesheim: Gerstenberg, 2005.
Holub, Emil. *Sieben Jahre in Süd-Afrika. Erster Band*. Wien: Alfred Hölder, 1881.
Jehle, Hiltgund. *Ida Pfeiffer. Weltreisende im 19. Jahrhundert*. Münster / New York: Waxmann, 1989.
Klinger, Cornelia. „Was ist und zu welchem Ende betreibt man feministische Philosophie?" *Feministische Perspektiven in der Wissenschaft*. Hg. L. Blattman, A. Kreis-Schinck, B. Liebig und K. Schafroth. Zürich: Verlag der Fachvereine, 1993. 7–22.
Mill, Charles W. *Der Racial Contract*. Frankfurt am Main / New York: Campus, 2022.
Payer, Peter. *Der Gestank von Wien. Über Kanalgase, Totendünste und andere üble Geruchskulissen*. Wien: Docker, 1997.
Pelz, Annegret. *Reisen durch die eigene Fremde. Reiseliteratur von Frauen als autogeographische Schriften*. Köln / Weimar / Wien: Böhlau, 1993.
Pfeiffer, Ida. *Reise nach Madagaskar. Nebst einer Biographie der Verfasserin, nach ihren eigenen Aufzeichnungen*. Wien: Carl Gerold's Sohn, 1861.
Pfeiffer, Ida. *Eine Reise nach Skandinavien und Island im Jahre 1845*. Wien: Ed. Spuren, Promedia, 1991.
Pfeiffer, Ida. *Eine Frau fährt um die Welt. Die Reise 1846 nach Südamerika, China, Ostindien, Persien und Kleinasien*. Hg. Gabriele Habinger. Wien: Promedia, 1992.
Pfeiffer, Ida. *Abenteuer Inselwelt. Die Reise 1851 durch Borneo, Sumatra und Java*. Hg. und Vorwort Gabriele Habinger. Wien: Promedia, 1993.
Pfeiffer, Ida. *Reise in die neue Welt. Amerika im Jahre 1853*. Hg. Gabriele Habinger. Wien: Promedia, 1994.
Pfeiffer, Ida. *Reise in das Heilige Land: Konstantinopel, Palästina, Ägypten im Jahre 1842*. Hg. Gabriele Habinger. Wien: Promedia, 1995.
Pfeiffer, Ida. *Verschwörung im Regenwald. Die Reise nach Madagaskar*. Mit einer biographischen Skizze von Hiltgund Jehle. [o.O.]: Lenos Verlag, 1999.
Pfeiffer, Ida. „Wir leben nach Matrosenweise". *Briefe einer Weltreisenden des 19. Jahrhunderts*. Hg., bearbeitet und kommentiert von Gabriele Habinger. Wien: Promedia, 2008.
Pohlhaus, Gaile, Jr. „Varieties of epistemic injustice". *The Routledge Handbook of Epistemic Injustice*. Hg. Ian James Kidd, José Medina, Gaile Pohlhaus, Jr. London: Routledge, 2017. 13–26.
Potts, Lydia. „Einleitung". *Aufbruch und Abenteuer. Frauen-Reisen um die Welt ab 1785*. Hg. Lydia Potts unter Mitarbeit von Uta Fleischmann und Marianne Kriszio. Frankfurt am Main: Fischer, 1995. 9–23.

Sullivan, Shannon und Nancy Tuana. *Race and Epistemologies of Ignorance*. New York: SUNY Press, 2007.
Wernhart, Karl R. „Eine Wienerin auf den Gesellschaftsinseln: Ida Pfeiffers Aufenthalt in Tahiti im Jahre 1847". *Österreicher in der Südsee. Forscher, Reisende, Auswanderer*. Hg. Hermann Mückler. Wien: Lit, 2012. 31–55.
Wüllerstorf-Urbair B., von. *Reise der österreichischen Fregatte Novara um die Erde in den Jahren 1857, 1858, 1859 unter den Befehlen des Commodore B. von Wüllerstorf-Urbair. 3. Botanischer Teil*. Erster Band. *Sporenpflanzen*. Wien: Kaiserlich-Königliche Hof- und Staatsdruckerei, in Commission bei K. Gerold's Sohn, 1864.
Zienteck, Heidemarie. „Ida Pfeiffer: 1797–1858". *Aufbruch und Abenteuer. Frauen-Reisen um die Welt ab 1785*. Hg. Lydia Potts unter Mitarbeit von Uta Fleischmann und Marianne Kriszio. Frankfurt am Main: Fischer, 1995. 37–57.

Martin Roussel
„durch höllische Dünste und Miasmen hindurch" – Gerüche bei Karl May

I

Karl May ist kein einschlägiger Autor im Dunstkreis des Themenfeldes ‚Gerüche in der Literatur':[1] Bei aller Liebe zum Detail, die seine „Reiseerzählungen" auszeichnet, stammt deren erzählerischer Reichtum und die Intensität ihrer Anschaulichkeit nicht aus einer mit der Nase aufgesogenen Erfahrung, sondern aus der Beobachtungsgabe von papiernen Reiseberichten, von denen aus sich Gerüche in der sprachlichen Abstraktion schnell in die topischen Konturen schematisierter Abenteuerliteratur einfügen. Zwei Linien einer Einordnung in olfaktorische Kontexte lassen sich für meine Überlegungen dennoch als Fluchtpunkte ausmachen: die olfaktorischen Nuancierungen im Orientalismus der zweiten Hälfte des neunzehnten Jahrhunderts als eine Folie auch für Mays Beschreibung islamischer Religionsbewegungen und die qua Genre codierten Geruchsnuancierungen moderner Abenteuerliteratur, insbesondere der Kolportage. Vor allem letztere stehen einer eigentlichen Phänomenalität des Geruchs entgegen bzw. etablieren den Geruch bei May, so meine kleine Ausgangsthese, in einer Spannung zwischen Genrestereotypen und einem Versuch, diese Stereotype in einem Modus personalisierter Erfahrung auszugestalten. Im Ergebnis variiert May damit die genrebedingte Topik des Geruchs, die – ähnlich wie bei der für Fragen der Moral leitgebenden Physiognomik – einer Devianzlehre des Geruchs folgt, nach der extreme Gerüche auch das Abjekte, das aus dem sozialen Gefüge Herausfallende anzeigen. „Du duftest mir [...] sehre nach Geruch" (1887, S. 347r), urteilt der Hobble-Frank einmal.[2] Für die Konzeption des in der Regel aller Geruchsmarkierungen enthobenen Helden in Mays „Reiseerzählun-

---

[1] In Schmiedts Übersicht zum Abjekten bei Karl May wird der „ideologische[ ] Stellenwert des Prinzips Sauberkeit" hervorgehoben, der zu einer Relativierung in der Darstellung extremer Sinnlichkeit führe (Schmiedt 2004, 114).
[2] Dass diese Einschätzung dem Schwarzen Bob (in *Der Sohn des Bärenjägers*) gilt, nachdem dieser Kontakt mit einem *Skunk* hatte, codiert die Devianz in diesem Fall als ein rassistisches Klischee. Umgekehrt herrscht in der ‚Natur' ein in aller Regel harmonisches Geruchsmilieu, dessen Störung (wie z. B. der Rauch eines unvorsichtigerweise angezündeten Feuers) wichtige Indizien liefert. Old Shatterhand beispielsweise hat deshalb stets sein Pferd im Blick, dessen Nüstern als Sensorium für die Balance der Geruchswelt dienen.

gen" ergeben sich folglich gravierende Konsequenzen, sobald dieser selbst in eine Welt der ‚Miasmen' eintaucht und das Olfaktorische zum intensivierten Modus seiner erzählten Existenz wird. Es handelt sich hierbei um eine zentrale Passage im Orientzyklus mit dem Titel „Die Todes-Karavane", in der der Held an der Pest erkrankt. Eine Krise und die Neuausrichtung seines Erzählens lassen sich hieran im Folgenden diskutieren.

Für die Spannungen in Mays Konzeption der Abenteuerliteratur lassen sich Koordinaten angeben, die sich aus dem konfligierenden Diskursgefüge ergeben, in dem sich Mays Schreiben in den 1880er Jahren bewegt und in dem es seine für die Rezeption vor allem des zwanzigsten Jahrhunderts prägende Form – die vom Karl May Verlag bis heute in annähernd unveränderter Ausstattung mit grünem Einband und Goldprägung auch gestalterisch vermarktet wird – erhalten hat. Trotz einer auch immer wieder massenmedial präsenten Charakterisierung als „Old Lügenbold" (so etwa *Der Spiegel*, Seethaler 2012) hat sich hierüber vor allem die Grundfigur des (vermeintlichen) Reiseberichts der Suggestion nach (wenn auch zunehmend im Feld der Kinder- und Jugendliteratur) bewahren können – sei es ex negativo in der Betonung von Mays scheinbar beispielloser *Macht der Phantasie* (Schmiedt 2011), die, wenn schon nicht zu ‚authentischer', so doch zu ‚quasi-authentischer' Darstellung im Stande sei. Nicht aus der Anschauung schreibe May, sondern für sie. Karl-May-Erzählungen fangen, dies eins ihrer Markenzeichen, immer in medias res an, das heißt niemals mit der Reise des Ich-Erzählers und Alter-Ego-Helden aus Sachsen bzw. Deutschland in die Ferne, vor allem die bekanntesten Schauplätze Nordamerikas (an der Seite seines ‚Blutsbruders' Winnetou) und des Orients (an der Seite seines Dieners und Freundes Hadschi Halef Omar): Die ‚Fremde' ist das Naheliegende in diesen Erzählungen, das was im Gewand fremder Namen, Geografien, kultureller Gegebenheiten und historischer Rahmungen (wie etwa der Erzählung vom ‚Untergang' der indianischen Völker) die Abenteuer-Staffage abgibt für eine deutsche Stubengemütlichkeit. „Das mutete einen so heimatlich an [...], als ob ich mich in einer thüringischen oder bayerischen Bauernstube befände" (May 1894, 253),[3] wird einmal ein Rancho in den Weiten der Pampas Südamerikas charakterisiert. – In einer heuristischen Suggestion mehr als einer biographischen Rekonstruktion ist es deshalb durchaus plausibel, zum Einstieg die Perspektive umzukehren und von Mays Schreibsituation aus den Blick auf seine Erzählwelten zu werfen, das heißt dem Schreiben selbst eine Anschauung zu geben.

---

3 Dass die dort lebende deutsch-schweizerische Familie den Namen Bürgli trägt, verweist auf ihren Status als exemplarische Bürger der (kleinen, in die projektierte Ferne verlegten) Welt Mays, in der sich allen Unwahrscheinlichkeiten zum Trotz beständig deutschsprachige Exilanten begegnen.

II

Frühjahr 1883: Karl May arbeitet zeitgleich an seinem *Waldröschen*-Roman und an einer Serie von Erzählungen für den *Deutschen Hausschatz* in Wort und Bild, die ab den frühen 1890er Jahren zusammengelesen den sogenannten Orientzyklus bilden, neben den Winnetou-und-Old-Shatterhand-Geschichten in Nordamerika der bis heute bekannteste Erzählzusammenhang innerhalb von Mays sogenannten „Gesammelten Reiseerzählungen". Friedrich Pustet hatte, mit päpstlichem Segen, 1874 in Regensburg ein katholisches Gegenstück zur protestantischen *Gartenlaube* geschaffen, und May wurde rasch zum vielgelesenen und von einer beständig wachsenden Leserschaft geforderten Hauptautor.[4] Weder Mays protestantische Taufurkunde waren hier bekannt noch seine zeitgleiche Tätigkeit für den Leipziger Kolportage-Verlag von Heinrich Gotthold Münchmeyer, wo May als Redakteur sein Handwerk gelernt hatte und nun mit dem *Waldröschen* unter Vertrag stand, das zwischen Dezember 1882 und August 1884 auf 2610 Seiten erschien – und zwar unter Pseudonym als Capitain Ramon Diaz de la Escosura. Münchmeyer verlegte beispielsweise so einschlägige wie schon bald von der Zensur verbotene Werke wie *Die Geheimnisse der Venustempel aller Zeiten und Völker* sowie *Die Geschlechtskrankheiten des Menschen und ihre Heilung*. Als deren Ersatz kam May zu seinem ersten eigenverantworteten Werk, dem 1876 erschienenen *Buch der Liebe. Wissenschaftliche Darstellung der Liebe [...]. Geschrieben und herausgegeben nur für erwachsene und wissenschaftlich gebildete Leute*. Von einem solchen Werk herkommend, das irgendwo zwischen Kulturgeschichte und (zumindest der Suggestion von) pornografischen Inhalten angesiedelt ist, landete May bei Pustets katholischem Programmverlag. Rasch eignete er sich hier das nötige christliche Kolorit an, das insbesondere in etwas ermüdenden Religionsgesprächen zwischen dem Helden Kara Ben Nemsi und seinem Diener und Gefährten Hadschi Halef Omar zum Tragen kommt.

Pustet wie seine Leserschaft waren aber auch sonst ahnungslos, wer ihr neues Zugpferd war: May schrieb nämlich Ich-Erzählungen im Stile von Reiseerlebnissen, die so sehr für bare Münze genommen wurden,[5] dass noch sein späterer Verleger Fehsenfeld das Angebot einer Werkausgabe im festen Glauben an

---

4 Zu May und dem *Hausschatz* vgl. Klußmeier 1973 (und folgende).
5 „Weit spannt sich der Bogen vom ersten zaghaften ‚Das können wir Ihnen wirklich nicht sagen, wieviel Selbsterlebtes und wieviel dichterische Zuthaten an May's Reiseabenteuern sind.' (1880) bis hin zum Bildkommentar ‚Das Kostüm ist dasselbe wie Karl May es auf seinen Reisen getragen hat' (1896)." (Klußmeier 1973, 18)

ein humanistisches, auf tiefer Erfahrung aufbauendes Werk machte[6] – und daran womöglich noch glaubte, als May gegen Ende des Jahrhunderts unter erbitterten Angriffen nicht zuletzt von katholischer Seite – bis hin zu zahlreichen juristischen Auseinandersetzungen – litt und sich schließlich um die Jahrhundertwende tatsächlich auf Orientreise begab, im Übrigen auf schon damals touristisch erschlossenen Pfaden (Wollschläger und Bartsch 1971). 1897, auf dem Höhepunkt der May-Mania in Deutschland, wurde May auf einer Lesereise frenetisch gefeiert, als er zum Beispiel hunderten von Besuchern in mehreren Audienzen in München versprach, ‚seinen', das heißt Old Shatterhands, 25-schüssigen Henry-Stutzen Kaiser Wilhelm II. und dem deutschen Militär zur Verfügung zu stellen.[7]

So kurios ein Kapitel ‚May im Kontext' der 20 Jahre gegen Ende des neunzehnten Jahrhunderts aus heutiger Sicht anmuten mag, darf man nicht vergessen, dass es auch für May komplizierte Zeitumstände und Diskurswechsel gewesen sein müssen. Das autofiktionale Narrativ, das May selbst seinem Werk unterlegt hat, beschreibt sein Schreiben als eine Art Münchhausiade, in der er sich gewissermaßen an den eigenen Haaren aus dem (moralischen) Sumpfland empor ins ‚Reich des Edelmenschen', in Geistesland ‚Dschinnistan' oder zum ‚Frieden auf Erden' heben wollte (wie verschiedene einschlägige Formeln des Spätwerks lauten). Oktober 1882 hatte er für den *Hausschatz* seine Erzählung über „Die Todes-Karavane" abgeschlossen, bis März 1883 dann noch zwei inhaltlich anschließende Erzählungen „Damaskus und Baalbek" sowie „Stambul", die beide kaum mehr den erwarteten Umfang erfüllten und, ungewöhnlich für den Orientzyklus, durch größere, nicht näher geschilderte Schauplatzwechsel einen in Teilen erratischen Charakter besitzen. Anschließend kam von May, der mit dem *Waldröschen* äußerst produktiv blieb, für eineinhalb Jahre keine Zeile mehr für den *Deutschen Hausschatz*. Offensichtlich war er in eine (auch) erzählerische Sackgasse gelangt. Dass diese Sackgasse für das Thema des Bandes gleichwohl einen Weg weist, liegt an den „höllische[n] Dünste[n] und Miasmen" (1978a, 86B),[8] denen Mays Held im Umfeld der schiitischen Todeskarawanen ausgesetzt ist. Es sind im Kontext sowohl von Unterhaltungsliteratur als auch einer katholischen Erbauungsliteratur

---

[6] Ab wann Fehsenfeld Zweifel an der ‚Old-Shatterhand-Legende', das heißt der behaupteten Personalunion von Autor und Figur, kamen (eventuell ab 1893), ist nicht ganz klar. Vgl. hierzu Sudhoff und Steinmetz 2006, Bd. I, 457.

[7] Eine knappe, aber aktuelle und pointierte Schilderung von Mays mitunter abenteuerlicher Biografie liefert Schmiedt 2011.

[8] Als Text liegt hier nicht die (eher geringfügig abweichende) Buchausgabe im Rahmen der „Gesammelten Reiseerzählungen" zugrunde, sondern die Zeitschriften-Erstausgabe des *Deutschen Hausschatz* von 1881/82. Die entscheidenden Kapitel „Die Todes-Karavane" sowie die Folgekapitel „In Damaskus und Baalbeck", „Stambul" und „Der letzte Ritt" im Reprint des Erstdrucks bietet May 1978a.

ungewöhnlich düstere Passagen, in denen weder die christliche Religion noch das ansonsten geradezu demonstrativ eingesetzte Heldenschema einen Ausweg weisen.

Am 7. April 1883 war May nach Dresden-Blasewitz umgezogen und hatte hier mit seiner Frau Emma und dem Ehepaar Münchmeyer, glaubt man den Biografen, einen „Schauplatz ausgedehnter Kolportage-Romanzen" (Wollschläger 2004, 72) geschaffen. Insgesamt fünf jeweils rund zweieinhalbtausendseitige Kolportage-Romane entstehen hier für Münchmeyer, und erst im Frühjahr 1887 gelingt es May nach einem erneuten Wohnungswechsel, sich von Münchmeyer zu lösen – auch dank Joseph Kürschner, der *Spemanns Illustrierte Knaben-Zeitung: Der Gute Kamerad* herausgab. Mit seiner Doppelerzählung „Der Sohn des Bärenjägers" und „Der Geist des Llano estakado" konnte May sich hier als souveräner Erzähler – das heißt in einer Rolle, die seinen fortgeführten Ruhm im zwanzigsten Jahrhundert bestimmen sollte, als Kinder- und Jugendautor – neu erfinden.

Wie kein zweites Mal befindet sich Mays Abenteuer-Mythologie in dieser Zeit in einer Krise, die sich unmittelbar auf die Konzeption des Helden Kara Ben Nemsi alias Old Shatterhand auswirkt. Man kann das auf die Frage zuspitzen, wie ernst es May mit der Idee von „Reiseerzählungen" war – irgendwo zwischen genretypischer Abenteuergeschichte und suggeriertem realistischen Erlebnisbericht. Die zentrale Passage dieser Krise stellt „Die Todes-Karavane" dar, die in Buchform als Teil des Orientzyklus den Mittelteil des dritten Bandes der „Reiseerzählungen" füllt, *Von Bagdad nach Stambul*. Es handelt sich um, so weit ich sehe, die einzige Passage in Mays Werk, in der der Geruchssinn in einem längeren Erzählgeschehen zentral wird, in der Mays Anthropologie der Sinne den aufklärerischen Gesichts- und Orientierungssinn gewissermaßen verliert oder eintrübt und den Helden in die Unausweichlichkeit olfaktorischer Körpererfahrung verwickelt.

Diesem „zweifellos düsterste[n] und beklemmendste[n] Teil der Orienterzählungen" (Wiegmann 1996, 166) nähere ich mich gewissermaßen von der Seite. Denn Gerüche und Karl May – das scheint nicht so recht zusammenzugehen. Mays Erzählwelten entfalten sich in der Durchwanderung offener Landschaften sowie einer dramaturgisch genutzten Engführung durch Talschluchten und -kessel hinauf auf Gebirgsspitzen: Es sind ebenso sehr Freiheits- wie Sehnsuchtsmotive mit hoher Suggestivität. Gemäß einer traditionellen Anthropologie der Sinne jedoch steht der Geruch „der Freiheit zuwider", wie es in Immanuel Kants *Anthropologie in pragmatischer Hinsicht* heißt, denn, so Kant: „Geruch ist gleichsam ein Geschmack in der Ferne, und andere werden gezwungen, mit zu genießen, sie mögen wollen oder nicht" (Kant 2000, § 21, S. 52–53). Insbesondere in Mays Freiheitspathos des Wilden Westens hat der Geruch seine Funktion vor allem in einer Störung der natürlichen Ordnung, die Old Shatterhand aufmerksam am Geruchssinn seiner Pferde erkennt, die etwa einen feindlichen Anschleicher wittern. Der Orientzyklus, insbesondere die Reisen durchs Osmanische Reich liefern reichere Geruchsfelder, die insgesamt im Zeichen des verfallenden Großreiches stehen, den „Geruch von Strömen vergossenen Blutes zum Himmel" (1977, 229A) steigen sehen oder, Mays persönlicher Leidenschaft fürs Rauchen folgend, etwa den „alten, weithin stinkenden Tschibuk" (1978b, 239B) des Konakdschi, eines Verbündeten des Oberschurken Schut feststellen.

Wie dieses Freiheitspathos bei May indirekt das olfaktorische ‚Gefängnis' des Geruchs voraussetzt, erfährt man am Besten aus Mays Spätwerk, das sich als eine Art vergeistigte Auslegung der früheren „Reiseerzählungen" zu lesen gibt. *Ardistan und Dschinnistan* heißt der fürs Spätwerk, in diesem Fall 1909 vollendete, zentrale Roman, der die aus Mays Orientzyklus geläufigen Helden, den Ich-Erzähler Kara Ben Nemsi und seinen Diener und Gefährten Hadschi Halef Omar, zu einem – der Idee nach auch einmal außerterrestrisch imaginierten – fiktiven Ort namens Sitara führt. Im niederen Landschaftsteil, Ardistan genannt, ersteigen die beiden Helden einen Tempel, um von dort aus die Berglandschaft Dschinnistans und damit das Ziel ihrer Reise zu erspähen. Als jedoch zu einer Einsegnung ein Fackelzug in den Tempel hineinzieht, sammelt sich

> der Rauch und Qualm von über sechshundert Fackeln, die im Innern des Tempels brannten. Dieser böse dicke Dunst gelangte [...] heraus ins Freie [...], indem er sichtbar rund um uns aufstieg, einen fast erstickenden Ring um uns [bildete] [...]. Aber die hartnäckigsten und stinkigsten Schwaden legten sich grad unter unsern Füßen an, und es war nicht tröstlich, uns sagen zu müssen, daß wir uns da hindurchzuatmen hatten, um dorthin zu gelangen, wo man uns erwartete. (1909a, 432–433)

Das eigentlich Interessante an diesem bezeichneten Weg durch „fürchterliche[n] Brodem von Ruß und Pech" (1909a, 433) ist jedoch eine allegorische Deutung der Szene und der Funktion ihres Geruchs, die dem sogenannten Dschirbani in den Mund gelegt wird, dessen Charakter und Figurenanlage in der folgenden Aussage selbst in nuce enthalten ist:

> „Das ist schlimm!" lächelte der Dschirbani. „Hoffentlich ersticken wir nicht! So wie uns jetzt, muß es dem Gott zumute sein, wenn er aus dem Paradiese tritt, um nach Ardistan zu gehen! Und so muß es jedem reinen Geiste und jedem edlen Menschen grauen, in die Atmosphäre derer, die in Stickluft leben, hinabzusteigen. [...]." (1909a, 433)

Wir brauchen die bedeutungsüberladenen Register des Kitsches und der May'schen Privatmythologie hier nicht im Detail aufzuarbeiten, um in dieser knappen Parabel den Versuch zu erkennen, eine Essenz von Mays Botschaft zu formulieren. Der Gott, der zu den Menschen hinabsteigt, um ihren ‚Stickluft-Brodem' zu reinigen, ist der geläuterte Alt-Schriftsteller Karl May, der sein gesamtes Werk von hier aus in einen Läuterungsprozess hineinliest, als Teil einer Befreiung, die zunächst einmal das Gefängnis durchsteigt, es zu ‚durchathmen' hat.

In den vor der Jahrhundertwende entstandenen „Reiseerzählungen" hingegen besteht der genuin mythologische Erzählzusammenhang in einer symbolischen Textur, die ihre Herkunft, ihre eigentliche Aufschlüsselung gezielt verbirgt: Kara Ben Nemsi alias Old Shatterhand, auch wenn sie als Alter Ego des Autors auftreten, starten ihren Abenteuer-Kursus immer in der Ferne, das medias in res ist Modus vivendi, der Sprung in die deutsche Heimat immer nur ein gedachter oder zu denkender, mithin die Erzählungen gelebter Wunschtraum, der den Ursprung des Wunsches, die Herkunft des Traums im Ungefähren belässt. Die „Reiseerzählungen" kennen daher den „Brodem" des Spätwerks nicht – oder genauer: Sie kennen ihn nur als ihr Ausgeschlossenes, als den unbestimmt bleibenden Ort des Wunsches, der sich mit dieser Literatur seinen Erfüllungstraum geschaffen hat.

Dass diese Abenteuer keine kriseologische Anthropologie der Sinne insinuieren und auch für das Feld der Gerüche weithin unproduktiv bleiben, lässt sich auch durch genrespezifische Traditionslinien erklären, einem Exotismus mit der Begegnung indigener Völker, der in die Tradition der Robinsonade gehört, hier in deren Prägung durch James Fenimore Coopers *Lederstrumpf*, dessen Typus der amerikanischen Erzählung – einschließlich des Deutungsmusters der Robinsonade – zu Mays Zeit populär adaptiert wurde.[9] Im Falle Mays lässt sich eine für die sich formierende bürgerliche Gesellschaft des neunzehnten Jahrhunderts typische dialektische Figur der Sinnesfeindlichkeit konstatieren, die – wie der Hegel-Schüler Karl Rosenkranz in seiner *Ästhetik des Häßlichen* (1853) pointiert – eine Suche nach dem ‚Rohen', einer Befreiung der Sinnlichkeit hervortreibt, die als Bedürfnisfiktion allerdings ihren Ort in genau dieser Gesellschaft erhält.[10] Es ist eine literarische Funktion. Was May hinzunimmt, ist das Moment persönlicher Erfahrung, das etwa die Mississippi-Erzählungen Friedrich Gerstäckers oder Balduin Möllhausens bestimmt. Diese beiden Genretraditionen führt May in der Ich-Erzählform zusammen und bringt sie in die dritte Tradition ein, das ist die der Kolportage in der Nachfolge von Eugène Sues *Les Mystères de Paris* (1842/43). Die Kolportage lässt sich von der Idee einer Wunscherfüllungsphantasie aus im sozia-

---

9 Ein zeitgenössisches Beispiel „nach Cooper für die Jugend wiedererzählt" bietet Berger 1882. Als „der verspätete Nachfahr Coopers" (Lowsky 1987, 63) erzählt May in „Fragmente[n] [...] eine[r] kurzatmige[n] Rationalität", das heißt schon als Zitat einer nicht mehr präsenten Vorstellungswelt und ihrer Funktion, ein folglich „ideologisch entsubstantialisierte[s] Abenteuer" (Ueding 2012, 102).

10 Zu den Hintergründen von Mays sinnesunterdrückenden Sozialisierungserfahrungen (bis hin zum Zuchthaus Waldheim) wie auch zur Bedeutung von Rosenkranz vgl. Graf 1993.

len Gefüge des neunzehnten Jahrhunderts verorten und ist konzipiert mit den „Merkmalen des städtischen Ferngeheimnisses", wie der Philosoph Ernst Bloch es genannt hat (Bloch 1985, 171), die ein soziales Netz spinnen, in dem Vertauschungen, Enthüllungen, sozialer Auf- und Abstieg wie in einer Art Druckkessel verdichtet erzählt werden. Wichtig hieran ist mir, die gefügten Genrekonventionen zu betonen, nach denen Wohlgerüche und Gestank einem symbolischen Motivraster folgen, das Gut und Böse klar unterscheiden lässt, so dass der Geruchssinn im eigentlichen Sinn aus der Sphäre des Helden ausgeschlossen oder jedenfalls an seiner Peripherie bleibt, präsent bei May vor allem im topischen Tabakgenuss all seiner Helden.

III

„Die Todes-Karavane" markiert einen auch innerhalb der Gesamterzählung des Orientzyklus durch nichts angekündigten Sonderfall. Hierzu passt auch, dass die erzählerische Rahmung anders als dem dominierenden Schema gemäß – einschlägig etwa in *Der Schatz im Silbersee*, dem Südamerika-Roman oder *Der Sohn des Bärenjägers*, aber auch etwa *Winnetou I* passt hierzu – nicht schrittweise ins Gebirge emporführt, sondern einen Abstieg aus der Gebirgswelt Kurdistans in die Ebenen des Zweistromlandes vorgibt. „Diese abwärts führende Reise ist in ihrem fallenden Verlauf ohne Parallele in Mays Werk [...]." (Lowsky 1980, 84)[11] In der Buchfassung der Orienthandlung, die den Helden Kara Ben Nemsi mit seinem Diener und Gefährten Hadschi Halef Omar zunächst *Durch die Wüste* und anschließend *Durchs wilde Kurdistan* geführt haben, folgt, in der Einteilung der Buchausgabe, ein etwas unentschlossen mit *Von Bagdad nach Stambul* betitelter Übergangsband. Kara Ben Nemsi hat hier zwischenzeitlich seinen ansonsten untrüglichen Spür- und Fährtensinn verloren und findet erst nach jener Passage, die mit der eineinhalbjährigen Schreibblockade verknüpft werden kann, wieder Spuren, die ihn die Verfolgung der gesuchten Verbrecher aufnehmen lassen. Für die Handlung, so kann man pointieren, wäre nichts verloren, wenn die „Todes-Karavanen"-Erzählung gestrichen würde. Sie führt den Helden durch eine Wüstenlandschaft um den Birs Nimrud, die Ruinenstätte der antiken babylonischen Stadt Borsippa im heutigen Irak, die May, nicht auf der Höhe des archäologischen Wissens der Zeit, mit den Ruinen von Babylon durcheinanderbringt. Das Ziel der Reise sind die schiitischen Pilgerstädte Kerbela und Nedschef Ali, wo Kara Ben Nemsi das Kunststück wiederholen will, was ihm einst in Mekka gelang: als Christ

---

[11] Mit Verweis auf Klotz 1962, 359–360.

heimlich in die verbotene Stadt einzudringen. Unterwegs nach Kerbela sind jedoch auch die sogenannten „Todes-Karavanen", mit denen teilweise bereits verwesende Leichen zur Bestattung an die heiligen Stätten gebracht werden sollen, um von dort aus gewiss in den Himmel aufsteigen zu können. Der Ritt durch die Wüste wird hier zu einem durch „höllische Dünste und Miasmen" hindurch, die May eindringlich schildert. Mit den ‚höllischen Dünsten' definiert May dabei einerseits einen religionshistorischen Schauplatz, mit der Idee christlicher Nächstenliebe des Helden als einem Pol und den gleichsam der Hölle entstiegenen schiitischen Eiferern als Gegenpol; andererseits indiziert die Rede von „Miasmen" ein schon zu Mays Zeit nicht mehr ganz zeitgemäßes vor-Pasteur'sches Biologie- und Krankheitsverständnis, nach dem der Geruch selbst für die Ansteckungen verantwortlich ist:[12]

> Die Leichen liegen oft schon monatelang vor dem Aufbruche bereit; der Weg der Karavane ist ein weiter und höchst langsamer; die Hitze des Südens brütet mit fürchterlicher Glut auf die Strecke hernieder, welche durchzogen werden muß, und so gehört keine übermäßige Anstrengung der Phantasie dazu, sich den entsetzlichen Geruch zu denken, den eine solche Karavane verbreitet. Die Todten liegen in leichten Särgen, welche in der Hitze zerspringen, oder sie sind in Filzdecken gehüllt, die von den Produkten der Verwesung zerstört oder doch durchdrungen werden; und so ist es denn kein Wunder, daß das hohläugige Gespenst der Pest auf hagerem Klepper jenen Todeszügen auf dem Fuße folgt. Wer ihnen begegnet, weicht weit zur Seite aus, und nur der Schakal und der Beduine schleichen herbei: der Eine, angezogen von dem Geruche der Verwesung, und der Andere, herbeigelockt von den Schätzen, welche die Karavane mit sich führt, um sie am Ende der Wallfahrt den Händen der Grabeshüter zu übergeben. (1978a, 77B)

Auch ohne Mays wissenschaftliche Kenntnisse im Detail einschätzen zu können, kann man schlussfolgern, dass der Tatbestand von ‚Krankheit', von ‚Verwesung' über den Geruch, das heißt als Miasmen, zu einem sozialen und mithin nicht mehr nur körperlichen Befund wird. Wir haben mit dieser ‚Hölle' einen Endzustand vor uns, der im Übrigen folgerichtig aus den Erlebnissen zuvor hervorgeht: Nach fürs Abenteuergenre ikonischen Erfolgshandlungen erscheint Kara Ben Nemsi im Vorgängerband *Durchs wilde Kurdistan* als omnipotenter Krieger und Feldherr, der zudem zutiefst humane und christliche Qualitäten bewiesen hat, zuletzt durch seine Freundschaft mit der christlichen Fürstin Marah Durimeh, die einen tiefen Eindruck hinterlässt, dem May in seinem Spätwerk zu entsprechen versucht, wo sie als eine Art „Menschheitsseele" auserzählt wird.[13] Es folgen auf

---

12 Zu dieser älteren Miasmentheorie vgl. Corbin 1984, 9.
13 „Wer meine Bücher gelesen hat, der kennt meine Freundin Marah Durimeh, die über hundertjährige Kurdin, das Bild der Menschheitsseele", schreibt May in *Und Friede auf Erden!* (1904, 552).

dem Weg ins Niemandsland zwischen Bagdad und Stambul, dem heutigen Istanbul, eine Reihe an Tiefschlägen: Fehlentscheidungen, Uneinigkeit unter den Gefährten, die schließlich die eigentlich bei May fraglose Führungsautorität Kara Ben Nemsis in Frage stellen; schließlich der Tod seines väterlichen Freundes Mohammed Emin. Als Zu-Ende-Führung einer Serie von als sich steigernde Depression dargestellten Negativerfahrungen scheint nun alle negative Energie vom Helden selbst auszugehen. Der Nucleus des zu bestehenden Abenteuers hat sich ins Gravitationszentrum des Helden und Ich-Erzählers verlagert; die Krise ist hier seine eigene, die zudem kein eigentliches Ziel, sondern dessen Verlust beschreibt. Dass nun unweit von Birs Nimrud „ein unüberwindlicher Ekel" schließlich „wie eine Schraube" den Helden und Ich-Erzähler einschließt (86B) – Vorzeichen seiner eigenen Pesterkrankung –, indiziert deshalb eine grundlegendere und wie mir scheint poetologische Krise, die über die Depraviertheit des Helden hinaus auch erzähllogisch nicht (ohne Weiteres) in den Gang der Handlung zurückführt. Hierzu passt im Übrigen auch noch die folgende, ja noch vor der Unterbrechung am Orientzyklus geschriebene Fortsetzung in und um Damaskus, die wieder in einer Leere endet, als das Schiff mit dem schon seit mehreren 100 Seiten gesuchten Abrahim Mamur den Hafen verlässt und die Helden ohne Anschluss zurücklässt.

Während in der Forschung die durchgängige Allegorik der Pest-Episode mit einer Parallelisierung von körperlichem und ‚inneren', ‚seelischen' Leiden gelegentlich auf Konstellationen der Autorbiografie (Zuchthausaufenthalt, Komplexe als Kolportageautor) zurückgeführt wurde (Ilmer 1985),[14] scheint es mir sinnvoller, die „Todes-Karavanen"-Episode als Teil einer erzählerischen Neuorganisation zu bewerten, in deren Rahmen May das Format seiner „Gesammelten Reiseerzählungen" entwirft, also jener 33-bändigen Saga um die Ich-Helden Old Shatterhand (Nordamerika) und Kara Ben Nemsi (Orient), die den Autor als dezidierten Fluchtpunkt aller Erlebnisse dachte. Entscheidend hierfür ist die Vertiefung der Perspektive des Ich-Erzählers, der einerseits im „Mut seines Zölibats" (Bloch 1985, 172) an klassische Heldenfiguren des Abenteurergenres anschließt, andererseits aber diese Abenteuer als ‚wahres' Erlebnis darstellen soll. May sucht also keinen Anschluss an eine im Kontext der hereinbrechenden literarischen Moderne denkbare Ästhetik des Ekels, sondern nach einer Vereinbarkeit von Genrekonvention und legitimatorischer Verfassung des ‚Ich'. Die „schlagartige Zunahme olfaktorischer Motive in der Literatur seit dem ausgehenden neunzehnten Jahrhundert"[15]

---

14 Vgl. auch jüngst die Diskussion bei Zeilinger 2024; einschränkend zu den „zweifellos vorhandenen biographischen Einflüsse[n]" vgl. Wiegmann 1996, 163.
15 So fasst Krause 2023, 1 den Forschungsstand zusammen.

zwischen Baudelaires *Fleurs du mal* und Gottfried Benns Morgue-Gedichten, von Nietzsches *Menschlich, Allzumenschlichem* bis zum phänomenologischen Interesse am Ekel als einer Grenzfigur der Wahrnehmung etwa bei Aurel Kolnai lässt sich als Horizont für Mays Todeskarawanen allenfalls im Sinne eines kontextuellen Parallelgeschehens skizzieren. Dennoch stellt – wie in der „Todes-Karawane" – seine Projektion der Geruchsmetaphoriken aus dem Orientalismus-Diskurs auf die Erfahrungsdimension des Ich-Helden eine für sich interessante Brücke zwischen den Geruchssemantiken aus der ‚Reiseliteratur' seiner Zeit und einer literarischen Erschließung von Geruchsphänomenen dar.

Was May hingegen gelesen hatte, war (aller Wahrscheinlichkeit nach)[16] der 1. Jahrgang der *Deutschen Rundschau für Geographie und Statistik* aus dem Jahr 1879, hier insbesondere einen Beitrag über „Zwei Pilgerwege durch Arabien" von Amand von Schweiger-Lerchenfeld, einem österreichischen Reiseschriftsteller und Kenner der Balkanländer und des Nahen Ostens.[17] Für Schweiger-Lerchenfeld beispielsweise macht Medina, die Grabstätte Mohammeds, „auf einen Europäer den Eindruck einer Hölle auf Erden" (Schweiger-Lerchenfeld 1879, 522). Über den für Mays Schilderungen maßgeblichen schiitischen Pilgerweg heißt es in einer Erläuterung, die in einer Art olfaktorischen Orientalismus dezidiert die Miasmen der Pest – als den Europäern unbekannte Phänomene – und ihren schiitischen ‚Ansteckungsherd' beschreibt:

> Und auch die Karawanen, die ihn zurücklegen, haben im Orient nicht ihres Gleichen. Es sind Todten- oder Leichenkarawanen ... [...] Es sind die theuren Reste reicher und angesehener Perser, welche laut letztwilliger Verfügung die lange Reise aus ihrer Heimat bis Kerbela im Sarge vollbringen. [...] Ein Pesthauch bezeichnet den Weg, den die Todtenkarawane einschlägt. Man kann sich einigermaßen vorstellen, was es heißen will, wenn durch Wochen und Wochen die unheimliche Karawane in der Sonnengluth Mesopotamiens dahinschleicht. [...] Zwar heißt es, daß die Dünste, welche den Särgen ausströmen, in welchem solch' gottgeliebte Männer modern, nur dem Jasmin- und Rosendufte zu vergleichen seien; gleichwohl verbinden sich die Kameeltreiber die Nasen oder halten sich vollends abseits des Zuges. Und in der Ferne lauern Schakale – und Beduinen. Die ersteren zieht der Leichengestank, die letzteren die reiche Beute, die sie wittern, an. (Schweiger-Lerchenfeld 1879, 600)

Die Stichworte von der Hölle über die Schilderung der Wüstenglut bis hin zu den Ausdünstungen der Leichen und dem Pesthauch hat May ziemlich getreu übernommen. Und auch der Kontrast zum behaupteten „Jasmin- und Rosendufte" taucht in der „Todes-Karavane" wieder auf, hier aber in eine instruktive Dialog-

---

16 Den Hinweis auf Schweiger-Lerchenfeld gibt Augustin 1996, 186.
17 Zu weiteren Quellen für den Orientzyklus – darunter auch Schweiger-Lerchenfelds *Der Orient* (1882), das sich in Mays Privatbibliothek befand – vgl. Wiegmann, 154.

szene transformiert, bei der May wohl an die katholische Leserschaft gedacht haben muss:

> „Sak – Hund," rief er, „warum verhüllst Du Dir die Nase?"
> Da Halef das Persische nicht verstand, so übernahm ich die Antwort:
> „Glaubst Du, die Ausdünstung dieser Leichen sei ein Geruch des Paradieses?"
> Er sah mich verächtlich von der Seite an und meinte:
> „Weißt Du nicht, wie der Kuran sagt? Er sagt, daß die Gebeine der Gläubigen duften nach Amber, Gul, Semen, Musch, Naschew, und Nardjin." [1] Ambra, Rosen, Jasmin, Moschus, Wachholder und Lavendel]
> „Diese Worte stehen nicht im Kuran, sondern in Ferid Eddin Attars Pendnameh; merke Dir das! Warum übrigens habt Ihr Euch denn selbst die Nase und den Mund verhüllt?" (1978a, 78A)

May verwendet mit den angeblichen Wohlgerüchen Verstorbener „ein altes religiös olfaktorisches Motiv",[18] das in der Moderne häufig wie auch hier in einer Umkehrfigur anklingt – so etwa in Dostojewskis ziemlich zeitgleich erschienenen *Brüdern Karamasow*. Es ist also die Rolle eines modernen Aufklärers, die Kara Ben Nemsi hier einnimmt, der aber zugleich Züge einer miasmischen Variante des ‚unschuldigen' Kindes in Andersens Märchen von *Des Kaisers neuen Kleidern* zugesprochen bekommt, das als einziges *ausspricht*, was doch alle *sehen* müssten: dass der Kaiser nackt ist. Interessanterweise übt Kara diese Funktion des Wahrsprechens jedoch nicht im Zeichen einer Entkleidung kulturell bedingter Sinnes-Codierung aus, sondern im Zeichen einer höheren Schriftkundigkeit, auf deren Implikationen, einschließlich der Bedeutung Fariduddin Attars, noch zurückzukommen sein wird.

Als er in der Folge an der Pest erkrankt, scheint Kara selbst vom „Todeshauch der Verwesung" (1978a, 80B) gezeichnet zu sein. Ausdrücklich verzichtet er auf jede Art von Medizin und erwartet „Rettung nur vom Wasser und von der freien Luft" (1978, 90A), die er und Halef in der Nähe an einem etwas überraschend auftauchenden Wasserlauf finden. Dem offenkundig falschen, sogar tödlichen Paradies der Schiiten wird hier ein paradiesischer *locus amoenus* entgegengesetzt, der tatsächlich Heilung bringt. Die Heilung wird aber nicht, was nahegelegen hätte, als eine religiöse Erzählung ausgeformt, die eine Art Neugeburt einläutet, obgleich der „dicht bebartete[ ] Todtenkopf" (1978a, 90B) Kara Ben Nemsis das Schema von Tod und Neugeburt unterstützt. Denn der Held überlebt auch deshalb, weil Halef ihn gesundpflegt, sich um Nahrung kümmert und Feinde abwehrt. Dass es sich hier um eine spiegelbildliche Erzählanlage handelt, wird daran deutlich, dass anschließend Halef selbst an der Pest erkrankt und der

---

18 Annik Le Guérer, zit. nach Kalman 2015, o.S.

kaum genesene Kara ihn wiederum pflegt. Dass beide die offensichtliche Pesterkrankung als Abschreckungswaffe gegen räuberische Feinde einsetzen können, treibt eine Spannung in der „Todes-Karavanen"-Handlung hervor, die schon im Perser-Dialog oben unterschwellig eine Rolle spielte: dass nämlich die Ausdünstungen der Pest nicht – so Mays Pointierung des schiitischen Diskurses – in Paradiesesdüfte der Leichen ‚Rechtgläubiger' umzudeuten sind, sondern jeglicher Codierung widerstreiten und in diesem Sinn ‚unannehmbar' sind. Es ist daher der *Körper* des Helden, der als re-entry, in einer Doppelung eingeführt wird, um *aus sich heraus* (das heißt sich selbst als seiner reflexiven Figur) erneute *agency* zu gewinnen. Was den ‚Totenkopf' Kara Ben Nemsi rettet, ist – unmittelbar vor seinem „ersten Ausgang" (1978a, 90B) nach der Erkrankung – symbolisch ein Blick ins spiegelnde Wasser, der Handlung nach aber seine Spiegelungsfigur Halef: Als der noch geschwächte Kara von Arabern gefangengenommen wird, kommt ihm der pestkranke Halef zu Hilfe: „Der Anblick dieses Kranken mußte den Arabern sofort beweisen, daß ich vorhin die Wahrheit [über die Pesterkrankung] gesagt hatte. / ‚Es ist die Pest! Allah schütze uns!' riefen sie." (1978a, 91B)[19]

So endet die Pestepisode vergleichsweise unvermittelt, indem die Feinde verschwinden und die Handlung mit einem Sprung erneut einsetzt. In der auf „Die Todes-Karavane" folgenden *Hausschatz*-Episode betreten Kara und Halef Damaskus, und zwar mit einem kundigen Reiseführer-Zitat, das von der Stadt als der „Königin der Düfte" (1978a, 92A) spricht. Es ist dies nur ein kleines Wischen mit dem Finger auf der Landkarte aus der Pestwüste in die Duftstadt. Und mit der intensivierten Doppelfigur Kara/Halef – mit Halef, der im gesamten „Todes-Karavanen"-Kapitel auch die Abenteueraufgaben des eigentlichen Helden übernimmt: also anschleichen, belauschen, Gefahr wittern, Umsicht gegenüber den Gefährten usw. – bietet sich ein neuer übergreifender Handlungsbogen an, der Kara und Halef alsbald wieder zu Halefs Beduinenstamm, den Haddedihn, nach Hause bringt, wo inzwischen Halefs Sohn geboren wurde, der den passenden Namen Kara erhalten hat. Auch dieser Erzählgang stellt eher eine Abschweifung dar, die zudem unbeholfen als Einschub eingerückt wird, da der Reiseführer-Tonfall bereits Damaskus angekündigt hatte. Man muss nun gar nicht die – im Übrigen evidente – Selbstdeutung Mays vertreten, dass Halef, so May in seiner späten Autobiografie *Mein Leben und Streben* (1910), „meine eigene Anima, jawohl, die Anima von Karl May!" sei (May 1910, 211), um in der Engführung der beiden Figuren eine Umakzentuierung der Ich-Figuration zu erkennen: Kara Ben Nemsi, das ist ja zugleich der Ich-Erzähler im Orient-Zyklus, die mit Old Shatterhand identische persona, die zugleich

---

[19] Dass Gerüche immer schon zur Kategorisierung und zum Ausschluss von Menschengruppen geführt haben, betont etwa Raab 2001, 53.

auch Karl May sein soll. Wie genau diese Personalunion von Figur und Autor auszuerzählen ist, bleibt den zunehmend wahnwitzigen Manövern der historischen Person, des Autors Karl May, seinen Stellungnahmen und Prozessen in eigener Sache vorbehalten,[20] gelegentlich dann in den spätesten der klassischen Reiseerzählungen, ab 1897 auch den literarischen Werken selbst, etwa wenn Winnetou aus dem Wilden Westen nach Sachsen reist, um Old Shatterhand alias Karl May dort vom Schreibtisch ins Abenteuer, in diesem Fall in den Orient, abzuholen.[21] So weit geht der Orientzyklus nicht, aber er öffnet diese Tür, indem er den genrebedingten Superhelden Kara Ben Nemsi in seiner Ich-Struktur vertieft und ihn, für den Moment der Pesterkrankung, in der Unausweichlichkeit der ‚höllischen Dünste und Miasmen' um seine Körperlichkeit, um den Geruch kreisen lässt, um den als Doppelfigur Kara/Halef neu vergewisserten Körper weiter in die May'sche Mythologie auf Reise schicken zu können. „Dann lud ich Halef auf das Pferd" (1978a, 91B), heißt es am Ende der „Todes-Karavane", und das heißt auch, dass der Ich-Erzähler von hier an ein anderes Gepäck hat, die Dialektik nun nicht mehr die – dem Komödienfach zugehörende wie noch zu Beginn des Orientzyklus – zwischen Herr und aufschneiderischem Diener, Don Quijote und Sancho Pansa ist, sondern zwischen Wunschfigur und Lernendem. In dieser erzählerischen Neuausrichtung liegt nicht zuletzt ein Grund dafür, dass May bis weit ins zwanzigste Jahrhundert hinein als ‚Volksschriftsteller' vermarktet wurde, als ein (wenn auch zu allen Zeiten nicht unumstrittener) Erzieher der Deutschen.

Schließlich, und auch das gehört hierher, spielten finanzielle Gründe, jedenfalls einstweilen, eine Rolle. Sie gehören keinesfalls nur in die Biografie des Autors, sondern gehören zur – im skizzierten Sinn: ‚realistischeren' – Ausprägung der Reiseerzählungen. „Pekuniäre Schwierigkeiten" (1978a, 92B), heißt es nämlich in einem erneuten, deutlich der Plausibilisierung dienenden Rückblick aus dem Damaskus- auf das Todes-Karavanen-Kapitel, hatten den Aufbruch der kaum Genesenen nach Damaskus verzögert. Marah Durimeh allerdings hatte Kara ein Amulett geschenkt, das ihn aus großer Not retten könne. Dies fällt ihm erstaunlicherweise erst nach der überwundenen Pesterkrankung – dem Autor wohl, als das Kapitel schon gedruckt war – ein. Tatsächlich enthält das Amulett, in einer dezidiert profanisierenden Wendung, „zwei Noten der Bank von England", „ein

---

20 Zu insbesondere den Gerichtsprozessen um seine kriminelle Jugend und Hochstapelei vgl. Seul 2024 [2009].
21 So der Handlungsauftakt im zweiten Band der Trilogie *Satan und Ischariot* (May 1897, 247–263). Man mag auch in diesem Bruch mit dem regelhaften Erzähleinsatz in der Fremde noch eine Art In-medias-res-Erzählen erkennen können, insofern Mays Thema hier der Besuch der Romanfigur beim Autor ist, das heißt die erzählerische Identifizierung des Autors mit dem Helden Old Shatterhand alias Kara Ben Nemsi.

Umstand," so wird denkbar treffend in jeder Hinsicht hinzugefügt, „der mich von einer nicht geringen Sorge befreite." (1978a, 93A)

IV

In diesem Sinn hat May fortan den Gestank, der gelegentlich von verwesenden Kadavern in die Traumgebilde der Erzählung eindrang, behandelt: als eine Art Einstiegs-Szenario ins Abenteuer, als ein Verwickeltwerden, für das die Nicht-Distanzierbarkeit des Geruchs dann ein willkommenes Motiv ist – so wie beispielsweise in Band 4 des Orientzyklus, *In den Schluchten des Balkan* (in der hier zitierten *Hausschatz*-Fassung befinden wir uns im Kapitel „Der letzte Ritt"), wo Kara und Halef in einem ehemaligen Taubenschlag unter dem Dach liegen, um eine Gruppe Schurken unten in der Stube zu belauschen. Der „hier herrschende Geruch" tut jedoch schon bald „seine Wirkung. Ich merkte, dass kein Mensch hier zwei Minuten bleiben könne, ohne eine ganze Sebastian Bach'sche Fuge herunter zu niesen." (1978a, 269A/B) In einer burlesken Szene entwickelt sich das Konzept des Orientzyklus: Halef, der Lernende, muss niesen, der Boden des Taubenschlags bricht und er landet mitten unter den Schurken, während Kara sich – und in der Folge auch Halef – mit ein paar akrobatischen Klimmzügen rasch retten kann. Sein sardonischer und im wörtlichen Sinn korrekter Kommentar aber lautet: „Ich [...] hustete und nieste, als ob ich es bezahlt bekäme." (1978a, 272A)

Es ist nur wenig weiter in der Erzählung, als ein Streit zwischen Kara und Halef die Wechselspannung der beiden Figuren noch einmal pointiert – der Tonfall einer Humoreske erinnert hier zwar noch an Halef, den Aufschneider, überlagert aber nicht mehr die enge Zusammengehörigkeit beider Figuren, die weniger einen psychologischen Konnex formt, sondern das Konzept des Orientzyklus, wenn man will: die Idee, dass Halefs Hochstapelei die zwar uneingestandene, aber doch unaufhebbar mit ihr gekoppelte Kehrseite des Helden ist. Im Zorn überlegt Kara, Halef wegen einer angeberischen Lüge fortzujagen, der ihm jedoch entgegenhält:

> „Effendi, du weißt, daß ich dir doch nachlaufen würde. Ich bin dein Diener. Wir haben zusammen gehungert und gedürstet, geschwitzt und gefroren, geweint und gelacht — Sihdi, zwei solche Leute sind nur schwer zu trennen." (1978b, 21B)

Was in dieser Konzeption nicht mehr anklingt, ist die „Todes-Karavanen"-Episode, in der abjekte Gerüche – Miasmen – in für Mays Werk singulärer Weise die Seite gewechselt haben, auf die Seite des Helden, der seine Pesterkrankung, die miasmisch gedachten Erreger nur im Verzicht auf das ihm sonst eigene semiotische

Wissen („Medizin") überwindet und das eigene ‚Totenkopf'-Bild reflexiv (spiegelbildlich) bannt, indem er die ‚fehlerhafte' Spiegelfigur Halefs an seine Seite holt. Der Held wird vom zeitenthobenen Superhelden zum ‚Lernenden': ein Thema, das vor allem die in den Folgejahren entstehenden Winnetou-Erzählungen prägen wird, in der beständig variierten Figur des Greenhorns und des beständig abzuwehrenden Verdachts, der Held müsse hinter der Fassade seiner äußerlich zweifelhaften Erscheinung allererst als solcher erwiesen werden.

Zugespitzt findet sich dieser Konflikt in der Erzählung von Old Death, die May in den Roman *Winnetou II* (1893) eingefügt hat. Old Death ist mütterlicherseits ein Deutscher, sein *nom de guerre* verdankt sich seiner dürren Gestalt wie ein „Gerippe" oder „Skelett[ ]" (May 1909b, 14). Bei ihrer ersten Begegnung hält er Old Shatterhand für ein solches Greenhorn. In der scharfen Antwort des Helden klingt die Bedrohung durch dieses Todes-Spiegelbild – „wahrhaftig, es war ein Todtenkopf, über den man sich entsetzen konnte" – an: „Wenn Ihr mich für einen German haltet, so habt Ihr das Richtige getroffen, Master; die Bezeichnung Dutchman aber muß ich mir verbitten, sonst sehe ich mich gezwungen, Euch zu beweisen, daß ich eben kein Greenhorn bin. Man kann höflich und doch dabei ein alter Schlaukopf sein." (May 1909b, 14) Old Death verkörpert das Schicksal eines Westmanns bis zu seinem beiläufigen Tod durch eine versehentlich abgeschossene Kugel, wobei dieser Tod einmal mehr im May'schen Erzählkosmos von ‚geldwertem Vorteil' ist (in diesem Fall in Form von Bankanweisungen und dem Situationsplan einer Bonanza). Nimmt man die Einschätzung des Erzählers bei der ersten Begegnung der beiden ‚Olds' wörtlich, dann war das tragische Schicksal von Old Death nicht nur im Namen und Aussehen vorgezeichnet, sondern bereits im Geruch: „[I]ch glaubte, die Dünste der Verwesung, den Odeur von Schwefelwasserstoff und Ammoniak zu riechen. Es konnte Einem dabei der Appetit zum Essen und Trinken vollständig abhanden kommen." (1909b, 16)[22]

In dieser Konstellation der beiden berühmten Westmänner, deren Sinnlichkeit in entgegengesetzte Richtungen zu driften scheint – in Richtung des Todes der eine, in der Bedrohung weg vom Tod hin zum Leben der andere – liegt auch eine grammatologisch-bibliologische Dimension.[23] Anders als im ersten Winnetou-Band wird der Held in *Winnetou II* gleich zu Beginn aufgrund seiner Helden-

---

22 Mays Literatur wird auf dieses konzeptuelle Folgeproblem mit einer schrittweise vollzogenen Wende ins Symbolische reagieren, wonach – wie etwa in *Ardistan und Dschinnistan* anstelle einer Parole der Tat, die das Wort affirmiert, die Parabel selbst tritt.
23 Dieser Übergang von Verwesungsgerüchen zum Leben und seinen ‚appetitanregenden' Gerüchen erinnert wohl nicht zufällig an das Ende der „Todes-Karavane" und den Wechsel von den Miasmen der Pest zur „Königin der Düfte", das heißt der mit Blick in den Reiseführer geschilderten Stadt Damaskus.

taten als Old Shatterhand benannt: „Seid ein Westmann geworden, wie er im Buche steht! [...] Die Krone hat Euch Winnetou aufgesetzt." (May 1909b, 3)[24] Denn dass ‚Scharlieh', wie Winnetou den Vornamen seines ‚Blutsbruders' ausspricht, ein Westmann ‚wie im Buch' geworden ist, ist ja im wörtlichen Sinn wahr. Wenn ihm Winnetou ‚die Krone aufsetzt', tritt eine fiktive Figur den Beweis der Inkarnation der Ich-Figur als Old Shatterhand an, der „sogar die Würde eines Häuptlings [der Apachen] erhalten" habe. „Was? Wie? War er denn da?", lautet die erstaunte Rückfrage des ‚Ich', die man also gleichfalls über das Erstaunen hinaus als wörtliche Verwunderung darüber verstehen kann, wie eine fiktive Figur ‚da' sein kann: „Natürlich war er da – natürlich!" (May 1909b, 4) Das doppelte „natürlich", unterbrochen durch den verbindend-trennenden Gedankenstrich, öffnet im ‚Natürlichen' den Raum der Frage, der hier der Raum der Affirmation ist. Old Death, der vom Tode schon zu Lebzeiten Gezeichnete, stirbt den Tod, den die *dark and bloody grounds* erwarten lassen, während sich gegen diesen Tod die Welt des Buches erhebt und *natürlicherweise* – im Sinne der Wiederholung als einer Naturalisierung – ihre eigene Existenz verifiziert.[25]

Auch als May 1893 mit dem ersten Band der *Winnetou*-Reihe erstmals einen vollständigen Roman – der zudem für die „Gesammelten Reiseerzählungen" insgesamt einführenden Charakter erhalten sollte – schrieb, hat er die Vita seines Helden auf der in der „Todes-Karavane" entworfenen Idee eines Helden aufgebaut, der sich in einer Umschlagsfigur – vom Todeshauch der Pest zum Reiseführer-Duft, von der existentiellen Erfahrung zur Omnipotenz, vom (natürlichen) Ich zum (‚natürlichen') ‚Ich' – konstituiert: Es ist die Geschichte eines *Greenhorns*, das – in genau dieser Spannung – sowohl lernbedürftig ist als auch unbezwingbarer Held, dessen Meisterschaft in jedem Abenteuerkursus eigens zu beweisen ist. Immerhin mag man von hier aus glauben (oder nicht), dass seine Kennerschaft auch des indianischen Tabaks in eine topische Beschreibungssprache durchaus einen komplizierteren olfaktorischen Kontext hineinzuweben versucht, der mit dem Geruch von abgeschnittenen oder auch abgekauten Fingernägeln noch einmal an den Autor an seinem Schreibtisch, in seiner Welt, erinnert:

---

24 Hier ausgelassen eine Passage, die die Brücke schlägt zwischen den beiden ersten Winnetou-Bänden, indem an die Landvermesser-Tätigkeit des Helden in *Winnetou I* erinnert wird: „Mr. White, der Ingenieur von der nächsten Sektion, war der erste, welcher Nachricht brachte; war voll des Lobes über Euch; das muß ich sagen." Auch die Figur White als „implicitly metaleptic figure" ist in grammatologischen Differenzierungen um sein ‚Wissen' für das Schreiben des (zu bewahrheitenden) Textes, seine Genese zwischen ‚autorlicher' Schreibstube und dem aus der Fiktion gedachten ‚Erfahrungsbericht' nuanciert. Vgl. Roussel 2024, 191.
25 In ähnlicher Pointierung hat Gerhard Neumann in Bezug auf den Roman „*Weihnacht!*" von einem „bibliologischen Kunstgriff" gesprochen (Neumann 1987, 79).

Ich hatte nämlich gelesen, daß die Indianer [sic!] ihren Mischtabak Kinnikinnik nennen, und brachte diese Kenntnis heut schleunigst am richtigen Platz an. Nun sog ich mir den Mund zum zweitenmal voll von Rauch und blies denselben gegen die vier Himmelsgegenden. Der Geruch war noch voller und komplizierter als vorhin; ich glaubte ganz bestimmt, daß noch zwei weitere Bestandteile anzuführen seien, nämlich Kolophonium und abgeschnittene Fingernägel. (May 1909b, 154)

Literaturverzeichnis

Augustin, Siegfried. „Mit Karl May auf fremden Pfaden. Literarische Quellen und Vorbilder". *Karl May. Leben – Werk – Wirkung. Ein Handbuch*. Hg. Heinrich Pleticha und Siegfried Augustin. Stuttgart: Edition Stuttgart, 1996. 175–201.
Berger, Otto. *Marks Riff oder der amerikanische Robinson*. Reutlingen: Enßlin & Laiblin, [o. J.] [1882].
Bloch, Ernst. „Die Silberbüchse Winnetous" (1926). *Erbschaft dieser Zeit*. Frankfurt am Main: Suhrkamp, 1985 (1962). 169–173.
Corbin, Alain. *Pesthauch und Blütenduft. Eine Geschichte des Geruchs*. Aus dem Französischen von Grete Osterwald. Berlin: Wagenbach, 1984.
Graf, Andreas. „Abenteuer und Sinnlichkeit – Ein Versuch". *Jahrbuch der Karl-May-Gesellschaft* 1993: 338–355.
Ilmer, Walther. „Von Kurdistan nach Kerbela. Seelenprotokoll einer schlimmen Reise". *Jahrbuch der Karl-May-Gesellschaft* 1985: 263–320.
Kalman, Anat. *Die Duftwelten der Literatur. Zimtstraßen, Veilchenworte und Moschusgedanken*. https://www.deutschlandfunkkultur.de/die-duftwelten-der-literatur-zimtstrassen-veilchenworte-und-100.html. Deutschlandfunk Kultur, 5. April 2015 (14. November 2024).
Kant, Immanuel. *Anthropologie in pragmatischer Hinsicht* (1798). Werkausgabe in 12 Bänden, Bd. XII. Frankfurt am Main: Suhrkamp, 2000.
Klotz, Volker. „Durch die Wüste und so weiter". *Akzente, Zeitschrift für Dichtung* 4 (1962): 356–383.
Klußmeier, Gerhard. „Karl May und *Deutscher Hausschatz*. Bibliographische Dokumente aus 3 Jahren". *Mitteilungen der Karl-May-Gesellschaft* 16 (1973): 17–20; 17 (1973), 17–20; 18 (1973), 17–20; 19 (1974), 17–20; 20 (1974), 17–20; 21 (1974), 17–20; 22 (1974), 17–20; 23 (1975), 17–20; 24 (1975), 19.
Krause, Frank. *Geruch und Glaube in der Literatur. Selbst und Natur in deutschsprachigen Texten von Brockes bis Handke*. Berlin / Boston: dup / De Gruyter, 2023.
Lowsky, Martin. „Der kranke Effendi. Über das Motiv der Krankheit in Karl Mays Werk". *Jahrbuch der Karl-May-Gesellschaft* 1980: 78–96.
Lowsky, Martin. *Karl May*. Stuttgart: Metzler, 1987.
May, Karl. *Am Rio de la Plata*. Freiburg i. Br.: Fehsenfeld, 1894.
May, Karl. *Ardistan und Dschinnistan*. 1. Band. Freiburg i. Br.: Fehsenfeld, 1909a.
May, Karl. *Durch das Land der Skipetaren. Reise-Erinnerungen aus dem Türkenreich*. Reprint. Hg. Karl-May-Gesellschaft und Buchhandlung Pustet, Regensburg. Radebeul: Karl-May-Gesellschaft, o. J. [1978b].
May, Karl. *Mein Leben und Streben. Selbstbiographie*. Band 1. Freiburg i. Br.: Fehsenfeld, 1910.
May, Karl. *Giölgeda padiśhanün. Reise-Abenteuer in Kurdistan*. Hg. Karl-May-Gesellschaft und Buchhandlung Pustet, Regensburg. Radebeul: Karl-May-Gesellschaft, o. J. [1977].
May, Karl. *Satan und Ischariot*. 2. Band. Freiburg i. Br.: Fehsenfeld, 1897.

May, Karl. „Der Sohn des Bärenjägers". *Der Gute Kamerad. Spemanns Illustrierte Knaben-Zeitung* 1 (1887), Nr. 1–39: 1–4, 17–19, 33–36, 49–52, 65–68, 81–85, 105–108, 120, 122–124, 135, 137–139, 153–155, 172–174, 187–189, 203–205, 220–222, 235–237, 245–247, 266–268, 281–283, 297–299, 313–315, 329–331, 345–347, 361–364, 378–379, 393–395, 407, 409–412, 425–427, 441–444, 457–460, 465–467, 489–492, 505–507, 522–524, 529–531, 553–555, 569–571, 585–587 und 600–603.

May, Karl. *Die Todes-Karavane. In Damaskus und Baalbeck. Stambul. Der letzte Ritt.* Reprint. Hg. Karl-May-Gesellschaft und Buchhandlung Pustet, Regensburg. Radebeul: Karl-May-Gesellschaft, o. J. [1978a].

May, Karl. *Und Friede auf Erden!* Freiburg i. Br.: Fehsenfeld, 1904.

May, Karl. *Winnetou II*. Freiburg i. Br.: Fehsenfeld, 1909b [1893].

Neumann, Gerhard. „Das erschriebene Ich. Erwägungen zum Helden im Roman Karl Mays". *Jahrbuch der Karl-May-Gesellschaft* 1987: 69–99.

Raab, Jürgen. *Soziologie des Geruchs. Über die soziale Konstruktion olfaktorischer Wahrnehmung.* Konstanz: UVK Verlagsgesellschaft, 2001.

Roussel, Martin. „Old Shatterhand's Sardine Can. The Wounded Hero and His *Pharmakon* in *Winnetou I*". *Adventure At Arms. On the Narrative Formation of Violence*. Hg. Martin von Koppenfels und Manuel Mühlbacher. Paderborn: Brill Fink, 2024. 175–204.

Schmiedt, Helmut. *Karl May oder Die Macht der Phantasie*. München: Beck, 2011.

Schmiedt, Helmut. „Von Trauerrändern, Kamelexkrementen und Verwesungsgeruch. Karl Mays Umgang mit einer anderen Seite des abenteuerlichen Lebens". *Jahrbuch der Karl-May-Gesellschaft* 2004: 105–119.

Schweiger-Lerchenfeld, Amand von. „Zwei Pilgerwege durch Arabien". *Deutsche Rundschau für Geographie und Statistik* I (1879): 518–522, 598–602.

Seethaler, Karin. „Karl May. Old Lügenbold". *Der Spiegel*, 30. März 2012, https://www.spiegel.de/geschichte/karl-may-old-luegenbold-a-947534.html (3. März 2025).

Seul, Jürgen. *Old Shatterhand vor Gericht. Die 100 Prozesse des Schriftstellers Karl May.* Bamberg: Karl-May-Verlag, 2024 [2009].

Sudhoff, Dieter und Hans-Dieter Steinmetz. *Karl-May-Chronik. Bd. I–V.* Bamberg: Karl-May-Verlag, 2006.

Ueding, Gerd. *Utopisches Grenzland: Über Karl May; Essays.* Tübingen: Klöpfer und Meyer, 2012.

Wiegmann, Hermann. „Der Orientzyklus". *Karl-May-Handbuch*, 2. erw. u. bearb. Aufl. Hg. Gert Ueding. Würzburg: Königshausen & Neumann, 1996. 153–174.

Wollschläger, Hans und Ekkehard Bartsch. „Karl Mays Orientreise 1899/1900. Dokumentation". *Jahrbuch der Karl-May-Gesellschaft* 1971: 165–215.

Wollschläger, Hans. *Karl May. Grundriß eines gebrochenen Lebens.* Göttingen: Wallstein, 2004 (1965).

Zeilinger, Johannes. „Karl Mays Todeskarawane. Dramatisches Seelenprotokoll oder koloniale Propaganda?" *Jahrbuch der Karl-May-Gesellschaft* 2024: 63–96.

Ulrike Zitzlsperger
Gerüche als topographische Wegweiser durch Berlin im neunzehnten Jahrhundert

Zwischen Molkenmarkt und Rotem Rathaus, Spreeinsel und Alexanderplatz befindet sich Berlins ältestes Wohngebiet. Zwei Museen stehen hier für die Widersprüche der ab Mitte des neunzehnten Jahrhunderts stetig wachsenden Metropole. Das Knoblauchhaus präsentiert Berliner Leben im Biedermeier – bürgerliche Wohnverhältnisse von Kaufleuten im frühen neunzehnten Jahrhundert, die der Industrialisierung aufgeschlossen gegenüberstanden und von ihr später ebenso profitierten wie die Stadt von ihren Entrepreneuren. Einige Häuser weiter, im Nicolaiviertel, befindet sich das Zille-Museum. Der Fotograf und Zeichner Heinrich Zille war der Chronist des fünften Standes, des Milljöhs, das mit Ende des neunzehnten und Anfang des zwanzigsten Jahrhunderts für die Schattenseiten der Metropolisierung, für Verarmung, Slums, Prostitution und vernachlässigte Kinder steht. In enger Nachbarschaft finden sich hier also zwei Museen, die für die Vielfalt der Gesellschaft und damit auch grundverschiedene Geruchslandschaften stehen. Waren dem Bürgertum großzügig angelegte Wohnräume zugänglich, zeigen Zilles Bilder die verwahrlosten Hinterhöfe der Mietskasernen, Straßenszenen und die gedrängten Verhältnisse in Räumen, die sich verarmte Familien oft mit Schlafburschen teilen mussten (Grosskopf 2018, 15–43). Gerüche als topographische Wegweiser Berlins orientierten sich mit Beginn der Industrialisierung an diesen Polen: einem aufstrebenden Mittelstand, der vor allem ab dem Dreikaiserjahr 1888 von den Ambitionen Wilhelm II. inspiriert wurde, und der Proletarisierung der ungelernten Arbeiter, die hier, oft aus verarmten Regionen Deutschlands kommend, auf eine bessere Zukunft hofften. Ab 1871, als Berlin Hauptstadt des Deutschen Reiches wurde, war das auch der prägende Widerspruch zwischen einer fortschrittsgläubigen, kaiserlichen, auf Repräsentation ausgerichteten Hauptstadt und der auf die sozialen Verhältnisse konzentrierten Sozialdemokratie.[1] Solchen Entwicklungen wurde sogar in den Informationen über die Stadt Rechnung getragen. Im letzten Drittel des neunzehnten Jahrhunderts führten opulente Stadtpläne Einheimische und Besucher zu den wichtigsten Sehenswürdigkeiten

---

[1] In neueren Museen Berlins spielen Gerüche bei der Evokation von Reaktionen auf historische Entwicklungen eine besondere Rolle. Neben dem *Deutschlandmuseum* (2023) und dem *Dokumentationszentrum Flucht, Vertreibung, Versöhnung* (2021; hier der Geruch von Heimat) sind vor allem auch *Berlin Global* im Humboldt-Forum (2021) und die Geruchsstation im stadtgeschichtlichen Museum Ephraim-Palais (BerlinZEIT) von Interesse: zu den interaktiven Installationen gehört die Auseinandersetzung mit spezifischen urbanen, teils historisch bedingten Gerüchen.

https://doi.org/10.1515/9783111396040-011

in der Stadtmitte. Vor allem aber veränderten nun die auf diesen Plänen klar markierten Trassen des Schienenverkehrs und die zahlreichen Bahnhöfe die Binnendifferenzierung der Stadt und markierten auf diese Weise die Unterscheidung von Vierteln aufgrund ihrer ökonomischen und damit auch sozialen Strukturen.

Die Armenviertel waren, obwohl Berlins Metropolisierung mit Zeitverzögerung einsetzte, kein neues Phänomen. Im Verlauf des Vormärz und dann vor allem nach der gescheiterten Revolution von 1848/49 war das Interesse an sozialen Fragen gewachsen und Literatur und Kunst wurden zum Mittel der Visualisierung von sozialem Elend. Dabei ging es häufig um die Information der Öffentlichkeit, aber auch darum, Emotionen, Anteilnahme und politische Konsequenz zu wecken. Implizit und explizit wurde zu diesem Zweck auf Gerüche verwiesen, die die Metropole prägten. Diese Gerüche sind das Pendant der sichtbar veränderten Stadtlandschaft, etwa der wachsenden Zahl der Fabriken oder heruntergekommener Wohnviertel. Das zunehmend verdichtete Panorama der Stadt und das Straßenleben im Kontrast mit dem Rückzug in private Räume im neunzehnten Jahrhundert sind hinreichend gewürdigt worden.[2] Das wirkungsmächtige Nebeneinander von Wohlgerüchen und Gestank im urbanen Berliner Alltag in der Literatur bleibt aber weitestgehend unbeachtet. Die Besonderheit des Geruchs, sich unmittelbar auf die Befindlichkeit auszuwirken, rückt im urbanen Kontext die Frage nach dem Alltag und der sozialen Differenzierung in den Vordergrund. In *Urban Smellscapes* verweist Victoria Henshaw darauf, dass ein Forschungsschwerpunkt, der sich auf die negativen Folgen des Gestanks konzentriert, potenziell zu einer Verengung der Perspektive führt (Henshaw 2014, 23). Es ist jedoch auffallend, wie ernst Autoren des neunzehnten Jahrhunderts Gestank nahmen – für die Masse der Bevölkerung die Norm, nicht das Außerordentliche.[3]

Alltag ist ein Thema, das den Berliner Schriftsteller Georg Hermann zeitlebens beschäftigte. In seiner Anthologie zum Berliner Biedermeier (1913) rückt die programmatische Beobachtung des Alltags als Spiegel der Lebenswirklichkeit in den Vordergrund. Die Eigenheiten vor Ort erweisen sich dabei häufig als gewichtiger als die großen historischen Entwicklungen. Hermann geht es nicht um „die ganze Zeit", sondern er will als Schriftsteller „Unmittelbarkeit, Lebensatem, absolute Nähe der Geschehnisse" (Hermann 1965, 13). Ueli Maeder hingegen, der für eine Soziologie des Alltags argumentiert, wertet diesen als Dokumentation gesellschaftlicher Verhältnisse (Maeder 2017, 7–23). Beide Ansätze, der literarische und der soziologische, rücken auch bei der Auswahl der Beispiele in diesem Beitrag in den Vordergrund: Es geht vor allem um grundlegende Erfahrungen, die gesellschaftliche Dispositionen und ihre Genese in der Metropole reflektieren.

---

2 Vgl. hierzu beispielsweise Ladd 2020.
3 Vgl. zur historischen Perspektive solcher Erfahrungswelten Mark M. Smith (2019, 20).

Im folgenden sollen drei Phasen im Zuge der Metropolisierung Berlins unterschieden werden, in denen Geruch in der Literatur unter sozialkritischen Vorzeichen ins Spiel kommt. Um die Mitte des neunzehnten Jahrhunderts wuchs das Interesse am Leiden der Armen, deren Leben nun anhand von Fallbeispielen anschaulich und obrigkeitskritisch berücksichtigt wurde. Angesichts der Industrialisierung Berlins rückte dann die soziale Frage mitsamt der langfristigen Folgen für die Topographie der Stadt in den Vordergrund: Es entstanden Geruchslandschaften, die „soziale Konstrukte" darstellen und damit auch die kritische Wahrnehmung der Stadt lenken (Endreß 2022, 2). Zum Ende des neunzehnten Jahrhunderts blieben die prinzipiellen Widersprüche in der Aufteilung der Stadt bestehen: In einer Großstadt mit einer distinktiven Mitte, zunehmend erschlossenen Vororten und genau eingegrenzten Armenvierteln war Geruch ungebrochen ein Indiz sozialer Dispositionen. Doch er verdeutlichte nun auch differenziertere Wahrnehmungen, sei es im Umgang mit der marginalisierten Natur oder die Erfahrung der Heimat.

1 Geruch, Armut und soziale Hierarchien (Bettina von Arnim, Ernst Dronke)

Die Anfänge der Industrialisierung und die Armut um die Mitte des neunzehnten Jahrhunderts gehen mit ersten, vornehmlich dokumentarischen Verweisen auf olfaktorische Besonderheiten in der zunehmend politisierten Stadt Berlin einher. 1843 veröffentlichte Bettina von Arnim *Dies Buch gehört dem König* – fiktive Dialoge zwischen der Mutter Goethes und der des preußischen Königs. Von Arnim hatte sich schon während der Choleraepidemie in Berlin 1831 für soziale Maßnahmen in den Armenvierteln eingesetzt. Als Beilage zur *Sokratie der Frau Rat* beschließen das Buch die „Erfahrungen eines jungen Schweizers im Vogtlande" (von Arnim, 257–288). Der Name Vogtland, der sich auf das Umfeld der heutigen Acker- und Chausseestraße bezog, war schon um 1800 auf Wunsch der Anwohner durch Straßennamen ersetzt worden. Das Vogtland blieb aber synonym mit massenhafter Verelendung. Hier fanden sich militärische Einrichtungen, das Invalidenhaus, hier wurden Fremde angesiedelt, eine Infrastruktur war praktisch nicht existent und die Polizei unterrepräsentiert.[4] Von Arnims Bericht geht auf den Schweizer Studenten Heinrich Grunholzer zurück, der ab 1842 in Berlin studierte.

---

4 In dem Slum standen 2500 Menschen offene Latrinen mit 48 Sitzen zur Verfügung (Bleek 2019, 241). Solche Verhältnisse lösten in Berlin ab dem neunzehnten Jahrhundert immer wieder Mieterstreiks aus.

Sie lernte ihn bei Jacob und Wilhelm Grimm kennen und kaufte ihm die von ihr in Auftrag gegebene Reportage ab (Bäumer und Schultz 1996, 102–103).

Die „Erfahrungen" beschreiben akribisch die Einkommens-, Familien- und Wohnstrukturen in der Armenkolonie. Der Verweis auf Sauberkeit dient nicht nur dazu, die Assoziation von Verwahrlosung mit Kriminalität aufzubrechen, sondern macht deutlich, dass im Vogtland die meisten unverschuldet in Not geraten sind. Über den Invaliden Bischoff in der „Stube Nr. 141" heißt es:

> Heute haben Mann und Frau außer einem Hering, den sie für sechs Pfennig kauften, noch nichts gegessen. Anstatt des Bettes ist ein Lager von Stroh im Winkel. Das Benehmen der Leute, die Reinlichkeit der Stube und eine Borderie auf einem alten Stuhle ließen mich vermuten, daß Bischoff schon in besseren Umständen gelebt habe. (von Arnim 1921, 466–467)

Auch in der „Gartenstraße 92 a, Stube 71" herrscht Sauberkeit, „der Boden [ist] gefegt; die Bettdecken sind weiß" (467), während in „92b, Stube Nr. 8 (Kellerwohnung)" „die Stube nicht aufgeräumt" ist, und „das Bett sah schmutzig aus" (471). Der Bericht verweist auf feuchte Wohnungen, die Folgen der Cholera, von Bandwürmern und Leberkrankheit, darauf, dass sich die Ärmsten durch die Suche nach Knochen und Papier notdürftig Geld verdienen. Die Armut im Vogtland wird nicht nur visuell angesichts des allgegenwärtigen Mangels greifbar, sondern Schmutz und Feuchtigkeit bestimmen den spezifischen, hier impliziten Geruch des Umfelds.

Drei Jahre später, 1846, erschien Ernst Dronkes exemplarische Bestandsaufnahme städtischen Lebens: *Berlin*. Die sozialpolitische Misere in den deutschen Ländern wird hier am Beispiel des öffentlichen Lebens in der Großstadt analysiert; als Quellen dienten ihm vor allem Zeitungen und Journale, aber im sechsten Kapitel zum Thema „Proletariat" geht der Autor auf die von Grunholz für von Arnim erschlossenen Daten ein. Über diese Quellen vor Ort hinaus wurde Dronkes Wahrnehmung von Eindrücken aus London (Charles Dickens) und Paris (Eugène Sue) beeinflusst (Frost 1989, 75–100).[5]

Dronke kritisiert die „Sinneslust des vornehmen Publikums" und stellt sie dem Leben der verarmten Massen gegenüber. Angesichts der Kinderarbeit in den Fabriken beobachtet er:

---

[5] Weitere Autoren, die auf die sozialen Konstellationen Berlins im neunzehnten Jahrhundert eingingen, waren beispielsweise Adolf Glassbrenner, Theodor Mundt und August Brass.

> In den Bleiweißfabriken unter anderen werden sie durch das Einatmen der giftigen Dünste total ruiniert, denn selbst ein kräftiger Mann kann den Aufenthalt in denselben kaum einige Jahre ertragen. Und doch senden die Mütter ihre Kinder hierher, obwohl sie wissen, daß die Kinder dem sicheren Tode entgegengehen. (Dronke 1974, 18)

Armut ist nicht pittoresk, sondern grausam – ein Ansatz, der dann in der Großstadtliteratur immer wieder aufgegriffen werden sollte.

Nicht nur die Arbeitsstätten sind von Gestank und Giften geprägt, sondern auch die überfrequentierten „schlechten stinkenden Höhlen" (236), die der Masse als Unterkünfte zur Verfügung stehen. Das gilt auch für die städtischen Gefängnisse, in denen Gestank gezielt eingesetzt wird, um Hierarchien zu konsolidieren:

> Hier herrscht völlige Gleichheit [...] in einer scheußlichen, ekelhaften Unsauberkeit. [...] Die Höhlen selbst sind voller Ungeziefer; [...] auf den Gängen und in den Gemächern herrscht ein pestilenzialischer Geruch, vor welchem selbst die Gefängniswärter bei der Morgeninspektion den tiefsten Ekel empfinden. Für die Bedürfnisse der sämtlichen Gefangenen ist ein großer Nachteimer bestimmt, welchen der zuletzt Angekommene herauszutragen hat. (309)

Dronkes Wortwahl („pestilenzialisch") erinnert an den engen Zusammenhang zwischen Gestank und Krankheit, der im Bewusstsein der Öffentlichkeit vorherrschend war. Die Hausordnung erlaubt den Inspektoren des Gefängnisses, das Öffnen von Fenstern zu unterbinden – Gestank kann sowohl unter den Gefangenen als auch in der Hierarchie der Institution wider besseren Wissens angesichts der Folgen als Macht- und Kontrollmittel eingesetzt werden. (310)

Von Arnim und Dronke erheben beide Anklage gegen die sozialen Missstände. Verweist Dronke explizit auf den Gestank, sind diese Verweise bei Grunholzer und von Arnim indirekt, wenn sie auf die Reinlichkeit eines Zimmers eingehen und das mit der Vor- und Verlustgeschichte der Bewohner assoziieren. Krankheit, Armut, Verwahrlosung und unzureichende Erwerbsmöglichkeiten werden, wo immer möglich, mit Zahlen verifiziert. Beide Autoren verweisen auf die Orte in der Stadt, an denen sich sozial Benachteiligte und andere Gruppen ballen – und wo ihre Misere sinnlich erfahrbar wird.

Die Revolution 1848/49 führte zu nur wenigen Verbesserungen für die Unterschichten Berlins. Sie schuf aber zumindest unter den liberalen Kräften ein neues Bewusstsein für die Notwendigkeit von Reformen. Die Maschinisierung der Herstellungsprozesse trug im letzten Drittel des neunzehnten Jahrhunderts zunehmend zur Pauperisierung des traditionellen Handwerks bei, ein Prozess, der schon in den vierziger Jahren eingesetzt hatte (Mieck 2002, 593 und 598–599). Eine zunehmende Verdichtung des Verkehrsnetzes und die wachsende Zahl von Fabriken waren dann zwangsläufig beides: eine Erfolgsgeschichte für die Stadt auf dem Weg zur Metropole, eine weitere Niederlage für alle, die Teil eines Überangebots an Arbeitskräften waren und für die es, Männer wie Frauen, kaum berufliche Alternativen gab.

Zwischen 1859 und 1862 wurde der Hobrechtplan realisiert. Neben zahlreichen versorgungstechnischen und hygienischen Verbesserungen wurde Hobrecht zum Schöpfer des umstrittenen „steinernen Berlin" (Hegemann 1930), einschließlich der Kellerwohnungen und Gewerbehöfe in den Mietskasernen.[6] Im Jahrzehnt vor der Reichsgründung 1871 hatte, so stellt Jürgen Wetzel (2015, 50) fest, „die Stadt den kleinbürgerlich-handwerklichen Charakter [...] überwunden" – eine Entwicklung mit Folgen. Der Übergang von der Stadt zur industriell geprägten Großstadt, die zunehmend auch von Einwanderung geprägt war, sollte sich als kompliziert erweisen.

Zu den augenfälligen Merkmalen der Moderne gehörten in Berlin die raumgreifenden Fabriken. Sie veränderten die Berliner Topographie und traditionelle soziale Strukturen grundlegend – zwei Themen, mit denen sich der Schriftsteller Max Kretzer auseinandersetzte und der damit indirekt auch zur Debatte um die Moderne, die, so Brunn, „ab 1871 bis 1918 in Berlin stattfand" (Brunn 1992, 3), beitrug. Diese Debatte produzierte auch eine Fülle von Topoi und Bildern und profitierte von der kontrastiven Diskussion von Geruchslandschaften in der Literatur, die diese Themen einer weiteren Öffentlichkeit unterhaltsam vermittelte.

2 Industrialisierung, Proletarisierung: Metropolitane Geruchswelten (Max Kretzer)

Kretzer war ein populärer Autor, der seine sozialdemokratischen Überzeugungen in seine Romane integrierte, bevor er Jahrzehnte später zunehmend von nationalsozialistischem Gedankengut eingenommen wurde. Seine Romane und Kurzgeschichten wiederholen bestimmte Muster und Klischees, einschließlich prekärer Vater-Sohn-Verhältnisse und Frauenfiguren, die wenig Potential zur Selbstbestimmung haben. Solche Vereinfachungen spiegeln bis zu einem gewissen Grade grundlegende zeitgenössische Herausforderungen, die den Konflikt zwischen den Generationen verstärkten. Sind Kretzers junge Männer der Moderne gegenüber aufgeschlossen, lassen sie sich oft von Eigeninteressen leiten und stehlen sich aus der Verantwortung, wenn es um die traditionelle *Gemeinschaft* (Tönnies 1887)

---

[6] Die Polemik gegen die Mietskasernen wurde tatsächlich erst in den 1920er Jahren lauter, als unter anderen Franz Hessel und die *Arbeiter-Illustrierte Zeitung* die Wohnverhältnisse im Detail beschrieben. Vgl. Hochmuth 2024, 50–51.

geht. Frauen sind von den Konventionen der Zeit geprägt: Das Schicksal des schönen gefallenen Mädchens gehört dazu ebenso wie mütterliche Souveränität und selbständige, dann oft manipulative und gewinnorientierte Klein(st)unternehmerinnen. Kretzers Romane spielen im Zentrum der expandierenden Hauptstadt; er war von Gerhart Hauptmann und vor allem auch Charles Dickens beeinflusst und setzt sich in seinen Werken häufig mit den Beiträgen naturalistischer Maler auseinander.[7] Im Vergleich von Autoren, die sich mit Berlin im späten neunzehnten Jahrhundert beschäftigten, stellt Hinrich Seeba zur stadträumlichen Distribution von Wohlstand und Armut in der Literatur fest:

> Während die Arrivierten in den Berliner Westen ziehen (Paul Lindau) und im Tiergartenviertel den Berliner Osten ignorieren (Fontane), gehen die verdrängten Modernisierungsopfer im Osten zugrunde (Max Kretzer) und kehren die im Westen gescheiterten Parvenüs in den Osten zurück (Paul Lindau). (Seeba 2019, 13)

Meister Timpe (1887) gehörte zu Kretzers populärsten Romanen. Am Beispiel der Familie Timpe beschreibt er über drei Generationen das schrittweise Scheitern individueller Handwerker und die Mechanismen der Industrialisierung. Ein Leitmotiv des Romans ist der Bau der Berliner Stadtbahn, die ab 1880 über zwölf Kilometer den Osten mit dem Westen der Stadt verband – ein Fortschritt vor allem für die Pendler, der aber in der Innenstadt zu Lasten traditioneller Wohnbezirke erfolgte.

In der morgendlichen, noch menschenleeren Stadt fallen zuerst die Fabriken auf. Hier nimmt die Metropole als zunehmend vereinnahmender Moloch ihren Anfang; die Fabriken sind mit allen Sinnen erfahrbar, obwohl sie den Stadtraum noch nicht dominieren:

> Nur an einzelnen Stellen stieß der tausendköpfige Koloß seinen Atem aus. Dunkler, zu gewaltigen Ringen geballter Qualm entstieg, von Feuergarben begleitet, den geschwärzten Schloten; wie der Gigantenlunge eines unsichtbaren Ungeheuers entstoßen, strömte der dem graublauen Äther zu, verwob er sich allmählich mit der Dunstwolke, die den Horizont noch verschleierte. (Kretzer 1949, 5)

---

[7] Julius Eichkloss urteilt 1905: „Während aber im politischen und sozialen Leben Namen wie Marx, Engels, Lassalle dem Publikum längst geläufig waren, gab es in der Literatur noch niemand, der daran dachte, den Roman der Großstadt, den Roman des Volkes, den wirklichen Zeitroman zu schreiben." Eichkloss nennt Kretzer den „Schöpfer des sozialen Romans", der wie Zola in Frankreich angesichts seiner photographischen Wiedergabe des Elends in Berlin angefeindet worden sei (Eichkloss 1905, 6, 7 und 10). Kritischer urteilt Ende der 60er Jahre Tschörtner über Kretzer aus der Perspektive der Deutschen Demokratischen Republik; er beschreibt ihn als „sozialkritisch orientierte[n] Naturalist[en]", als „Arbeiterschriftsteller", aber auch als „Kleinbürger" (Tschörtner 1969, 61–63).

Kretzer geht auf die Schneisen, die die Stadtbahn schlägt, ein, die Kaschemmen, in denen die hoffnungslosen Handwerker Ablenkung suchen, und immer wieder auf die qualmenden Schlote. Der eigentliche Prozess der Industrialisierung bleibt vage – nicht aber die Auswirkungen der Maschinisierung: Während die Betriebe und Häuser der Handwerker zu Beginn gepflegt sind, verfallen sie im Verlauf der Zeit aus Mangel an Geld und Energie. Ein der Industrialisierung eigener Geruch dringt unaufhaltsam in die vormalige Idylle ein; Natur und Kultur werden in diesem Prozess gegeneinander ausgespielt. Natur wird auf einen *locus amoenus* reduziert:

> Die Aprilsonne lag erwärmend auf den Bäumen und Sträuchern, an denen das erste Grün sich bemerkbar machte, und ein frischer Erdgeruch entstieg dem keimenden Boden und würzte die Luft. Nur wie ein leises Brausen drang das Branden und Wogen des Berliner Lebens über die Dächer hinweg in diese abgeschlossene Idylle ein. (126)

Die Schornsteine werden zum Symbol des Konflikts zwischen den stilisiert redlichen Handwerkern der ersten und zweiten Generation und gewinnorientierten Kaufleuten der dritten. Jede Generation bleibt stur in ihrer Sicht der Welt verfangen. An den Schornsteinen machen sich die revolutionären und systemkritischen Kommentare der Älteren fest – ein Akt der auf das Sichtbare reduzierten Hilflosigkeit, der wenig mit politischer Einsicht zu tun hat.

Im Laufe der Zeit verändert sich die alltägliche Perspektive auf die Stadt; die Fabriken werden übermächtig und dominieren in jeder Hinsicht. So beobachtet Johannes Timpe von seiner Warte vom Dach des Hauses aus die neue Infrastruktur, die ihn und das alte Berlin zum Rückzug zwingt:

> Rechts am diesseitigen Ufer tauchte das langgestreckte, schwarze Gebäude einer Eisengießerei auf; links davon in einiger Entfernung die Riesengasometer einer Gasanstalt, die sich wie Festungsbollwerke ausnahmen; und hinter ausgedehnten Holzplätzen eine Zementfabrik, deren ewig aufwirbelnde weiß-gelbe Staubwolken die Luft durchzogen und einen scharfen Kontrast zu den sich auftürmenden Kohlenbergen der Gasanstalt bildeten. (60)

Entlang der Spree ist noch das Nebeneinander von Wohnhäusern, Gärten, Betrieben, Landungsbrücken und Badeanstalten charakteristisch – doch auch sie werden dominiert von der Monokultur der „alles überragenden Schornsteine der Fabriken, die den Rauch immer schwächer und schwächer entsteigen ließen", bis sie am Abend gleich „Obelisken der Arbeit dunkel und schweigsam zum Himmel starrten" (61). Die Übergänge sind fließend: Die Natur hat dem Fortschritt wenig entgegenzusetzen, die Mahnmale der Arbeit sind noch nicht die zelebrierten Kathedralen der Moderne.

Gerüche nimmt auch der Sohn Franz wahr, wenn er die Sehnsucht nach dem Bürgerlichen und die Ablehnung gegenüber seiner Herkunft bestätigt findet. Solche Wahrnehmungen sind – in diesem Fall von Walzerklängen untermalt – Männern vorbehalten: „Ein eigentümlicher Duft berührte Franz: es war die Atmosphäre der Wohlhabenheit und bürgerlichen Genußsucht, die ihn zu berauschen begann." (105) Bezeichnenderweise haben diese Gerüche nichts mit Natur zu tun, sondern es geht um Genuss schlechthin. Sein Elternhaus riecht für Franz unangenehm, vordergründig aufgrund seiner Ablehnung gegenüber manueller Arbeit, tatsächlich aber, weil er diesen Ort nicht länger als Heimat wahrnimmt. Der Fortschritt hingegen wird mit der Reinheit deodorierter Luft assoziiert und Zugehörigkeiten werden entsprechend verschoben – allerdings geht es hier nun um private Räume, die sich gegen die Außenwelt erfolgreich abgrenzen:

> Und vor seinen schweren Augenlidern zog die bescheidene Häuslichkeit seiner Eltern vorüber: mit ihren vorväterlichen, abgenutzten Möbeln, der Entbehrung jeglichen Luxus, der verkörperten Beschränktheit gutmütiger, aber in der Entwicklung der Gesellschaft zurückgebliebener Leute. Ein Geruch von Arbeit, von herabfallenden Spänen, Staub und Schweiß, der das ganze Haus durchzog, stieg vor ihm auf ... Und hier – wie anders die Luft, wie rein, verheißungsvoll ... (105–106)

Die Wahrnehmung des Geruchs und des städtischen Panoramas wird von persönlichen Perspektiven beeinflusst; Kretzer bringt in diesem Kontext die spezifische Disposition verschiedener Generationen ins Spiel: Die Natur wird von Franz willigst gegen ein luxuriöses Leben eingetauscht, der individuelle Handwerkerbetrieb wird durch die qualmenden Schornsteine ersetzt. Die Konkurrenz von Fortschritt und Tradition fällt, auch wenn die Sympathien des Autors der älteren Generation vorbehalten bleiben, zugunsten des sichtbaren, vermeintlich zivilisierten Fortschritts aus.

Kretzer hebt die Grenzen des sozialdemokratischen Umdenkens des alten Johannes Timpe hervor. Als dieser im Zorn fordert, dass „die Schornsteine gestürzt werden [müssen], denn sie verpesten die Luft ... Schleift die Fabriken ... zerbrecht die Maschinen ... " (248), offenbart das seine Hilflosigkeit, kein tiefgreifendes revolutionäres Denken. Die Proletarisierung der Handwerker ist nicht zu stoppen. Wenn zum Schluss die Stadtbahn durch Berlin braust, ist der damit einhergehende Gestank als Teil des Inventars der Industrialisierung ein Beitrag zur veränderten Stadterfahrung. Statt der Handwerkerbetriebe, in denen das Zuhause und die Arbeit eins sind, werden in der Industriestadt neue olfaktorische Grenzen nachvollziehbar: Die Häuser der gut Situierten sind geräumig und wohlriechend, während die Bleibe der Arbeiterfamilien zur überfüllten und oft verwahrlosten Behausung der Massen wird.

1904 veröffentlichte Kretzer *Der Mann ohne Gewissen*. Waren für *Meister Timpe* die Wahrnehmung und Wertung der Gerüche generationsspezifisch, sind sie hier ein Indiz für die Aspiration der Neuankömmlinge in der Stadt einerseits, für die Realität der sozialen Umstände nach der Gründerzeit andererseits. August Gläser ist der Mann, der sich Ende der 1870er Jahre wie so viele auf den Weg von der östlichen Provinz in die Hauptstadt macht, um hier mit allen Mitteln erst Reichtum und dann Anerkennung zu erwerben.[8] Gelingt ihm das eine dank seiner Skrupellosigkeit, bleibt ihm das andere versagt: Die angestrebte Gesellschaftsschicht kann ihn im wahrsten Sinne des Wortes nicht riechen.

Gläser erreicht Berlin mit dem Zug und macht erste Bekanntschaften; selbst unter den Emigranten dienen die Gerüche der sozialen Differenzierung:

> Den ganzen Wagen durchzog der Geruch von Armut, den die Wärme noch aufgerüttelt hatte. Dolinsky zog ein kleines Fläschchen aus der Westentasche, öffnete es und hielt es gegen die Nase. [...]. „Wollen Sie auch einmal? Es ist Salmiakgeist", sagte er dann. „Wenn man auf dem Lande in die Bauernstuben kommt, ist es immer gut, wenn man so was bei sich hat. Na, und hier riecht's noch schlimmer." (Kretzer 1905, 27–28)

Die trostlose Einfahrt nach Berlin – eine Trope der Literatur, die mit dem Zuzug nach Berlin im späten neunzehnten Jahrhundert und hier vornehmlich aus dem Osten zusammenhängt – erinnert an die Bilder von Hans Baluschek, der das Wohnumfeld der ärmeren Stadtbewohner behandelte: die Schlote der Fabriken, die Mietskasernen der Vororte und die ‚Menschenherde', die gebückt von der Arbeit zurückkehrt. Die Armut durchdringt jede Facette des Daseins. Die Stadt der Arbeiter ist freudlos, zermürbend und ärmlich; sowohl die Wohn- als auch die Arbeitsverhältnisse sind von Mangel gekennzeichnet.

Es sind von Anfang an die Gerüche, die Gläser mangels Zugehörigkeit zur richtigen Klasse nicht einzuordnen weiß, die aber seinen Aufstiegswillen anspornen, so etwa das „scharfe, süßliche Parfüm, das merkwürdige Vorstellungen in ihm erweckte" (47). Gläsers Bedürfnis nach Anerkennung trennt ihn zwangsläufig von den Massen – die er konsequent ablehnt, so etwa an einem Sonntag im Zoo. Die Wahrnehmung der Menschenmengen, nicht die der Tiere steht im Vordergrund. Er lehnt die Menschen instinktiv ab, weil er sich ansonsten mit seiner Herkunft auseinandersetzen müsste:

> Gläser schluckte den Staub und atmete die Ausdünstungen dieses vielköpfigen Ungeheuers ein, das etwas Widerwärtiges für ihn hatte, weil er selbst keinen Sinn für Harmlosigkeit besaß. Alle diese lachenden und schwatzenden Menschen, die den Schweiß der vergangenen Woche noch mit sich schleppten, erschienen ihm wie seine persönlichen Feinde, die er bekämpfen müsse und denen er auszuweichen habe. (85)

---

[8] Es war nicht zuletzt aufgrund des permanenten Zuzugs von Einwanderern mit Hoffnung auf ein besseres Leben, dass Karl Scheffler in *Berlin – Ein Stadtschicksal* (1910) die deutsche Hauptstadt als Kolonialstadt charakterisierte, die sich mit ihrem Metropolenstatus im Vergleich zu anderen Städten schwertat.

Die Gerüche, die das Leben in der Stadt prägen, versinnlichen Gläsers Vorbehalte. Gestank steht für die Herkunft, die Gläser ablehnt, die Armut, die er fürchtet. „The queasiness apparent in the new sensitivity to smells", beobachtet Brian Ladd, „expressed a barely conscious aversion to bodily contact that may not have been entirely new but was certainly becoming more apparent." (Ladd 2020, 151) Der instinktorientierte Gläser ist ein Kind seiner Zeit.

Wohlgerüche assoziiert er undifferenziert mit dem, was er zu erreichen sucht. Dazu gehört der Duft eines Parfums der von ihm begehrten Frau, das ihn überwältigt. Der Aufenthalt an der Börse kommt seinen Fähigkeiten eher entgegen: „Die Nüstern der mächtigen, scharfen Vogelnase blähten sich, und er witterte schon die frische Zukunftsluft, die den Goldregen verkündete." (92) Gläser handelt ohne die nötige Einsicht in gesellschaftliche Bedingungen. Seine Versuche, durch Kleidung zu blenden, lässt Kretzer wiederum am Geruch scheitern – hier machen Kleider keine Leute, sondern sie legen Motivationen bloß:

> Er roch förmlich nach dem Laden, nach jener eigentümlichen scharfen Tuchausdünstung, die den billigen Modemagazinen entströmt. Trotzdem sah er sehr patent aus, weil ihm alles glatt saß und er sich darin mit Kommisschick zu bewegen wußte. (102)

Während der Augenschein trügt, erlaubt der Geruch keine Kompromisse. Gläser kauft nicht in Fachgeschäften oder den neuen großen Warenhäusern wie etwa Wertheim, sondern in namenlosen ‚Magazinen' ein. Während die großen Warenhäuser die ihnen zur Verfügung stehenden Wohlgerüche sorgfältig kuratier(t)en, bleibt Gläsers billigere Ware ihrem Ursprung verhaftet.

Mit wachsendem Erfolg ist Gläser in der Lage, sich Wohlgerüche zu kaufen, die er aber nicht zu handhaben weiß, und die dadurch wiederum eher Assoziationen mit Gestank auslösen als mit einem wohlparfümierten Ambiente: „Wenn er jetzt sein blaugerändertes Seidentuch aus der Tasche zog, dann verbreitete sich starker Resedaduft um ihn, den drei Salonlöwen sich hätten teilen können." (145) Status und der Anspruch auf Status sind nicht miteinander in Einklang zu bringen; Geld hingegen riecht nicht – und öffnet dem zunehmend maßlosen Gläser schließlich scheinbar den Zugang zu den ersehnten Kreisen.

Auch andere Wohlgerüche blenden – so die Tinktur, die Gläser mit Hilfe eines gescheiterten Apothekers zu Beginn seiner Karriere in Berlin auf den Markt bringt. Der Apotheker verweist auf den Mechanismus, der hinter dem Erfolg seiner ansonsten einfachen Formel steht:

> Es war mein zehnmal verdünnter Extrakt, durchsickert mit zwei Tropfen Lavendelöl. Ja, siehst du, wenn nur die Nase etwas Angenehmes hat, dann duftet auch die Seele der Dummen mit. Vanitas vanitatum! (158)[9]

Kretzer betont die animalischen Instinkte Gläsers, der weiß, was für ihn vorteilhaft ist, und doch seine Grenzen nicht kennt: „Jeden Schwindel witterte er schon von weitem, wie Leute mit feinen Geruchsnerven Düfte einziehen, die andere kaum verspüren." (169) Gläsers Schwäche für Wohlgerüche wirkt sich für ihn anfangs vorteilhaft aus, weil er auf vertrautem Terrain agiert: „Wo es etwas zu verdienen gab, umschwirrten sie ihn, wie die Schmeißfliegen den Honig. Er lachte, wenn er daran dachte, daß Geld nicht riecht." (213) Es ist ein Projekt, das den Massen vordergründig Zugang zu frischer Luft verspricht und ihm den endgültigen Einstieg in die bessere Gesellschaft, das zu seinem Scheitern führt.

Berlin expandierte nach der Reichsgründung Richtung Westen. Gläsers geplante Landhausstadt ist ein Echo der riskanten Manöver, die die Expansion der Stadt nach dem Krieg mit Frankreich vorantrieben. Die neuen Stadtteile im Westen sind es dann, in denen Schriftsteller wie Theodor Fontane und Georg Hermann müde Dienstmädchen, ehrgeizige Bürger und scheiternde Kleinadelige ein Zuhause suchen lassen; die Ärmsten unter ihnen sind gezwungen, die neuen Wohnungen trocken zu wohnen. Gläser verkauft das Versprechen auf Natur, obwohl er für Natur keinen Sinn hat. Berlinend – in Anspielung auf Westend für Teile von Charlottenburg und Wilmersdorf – bietet günstigen Baugrund, doch der Untergrund ist (eine Metapher für Gläsers dubiose Herkunft) versumpft, und mit der Zeit lassen sich die Todesfälle unter den Arbeitern nicht mehr verbergen. Gläsers Projekt, das von Anfang an mit Gerüchen assoziiert wird, scheitert und legt damit sein Gewordensein, das ihm die Gesellschaft ankreidet, bloß:

> Man hatte den einstigen „Tütenkleber" entdeckt, den „glorreichen Generalvertrieb des Haarbalsams" ausgegraben und das „Versandhaus für Magolin" mit allen Geheimnissen aus der Versenkung hervorgeholt. Die lieblichen Düfte aus Apotheker Dähnes Laboratorium wehten Gläser in der Einbildung wieder entgegen, die aber einen üblen Geruch annahmen, als man von der „Seuchen-Kolonie" sprach, die den Keim der Zerstörung in sich trage und deren leichtfertiger Ausbau würdig der Vergangenheit ihres Schöpfers sei, der seiner „schwindelhaften Höhe" nicht zu sehr trauen solle, weil ihm bald die Luft ausgehen könnte. (290–291)

---

9 Apotheker waren im neunzehnten Jahrhundert in Deutschland für die Herstellung und den Vertrieb von Hygieneprodukten maßgeblich. Lingner (Odol) und Schwarzkopf (Shampoo) gehörten zu den ersten spezialisierten Großbetrieben. Vgl. hierzu Thoms 2009, 98, 106.

Auch im modernen Berlin der Kaiserzeit bleibt die wirkungsmächtige Assoziation von schlechten Gerüchen mit Krankheiten prävalent.

Nicht nur Gläsers Scheitern, sondern auch das seiner Frau vollzieht sich über den Wandel von Wohlgerüchen zu Gestank; Gestank und gesellschaftliche Disqualifikation gehen Hand in Hand. Hier mag es eigentlich die Widersacherin sein, die ein billiges Parfum verwendet, denn Klothilde hat standesgemäß gelernt, mit Gerüchen umzugehen – ihr moralischer Anspruch aber ist, nachdem sie ihren Mann betrogen hat, hinfällig und jede Verurteilung anderer fällt auf sie zurück:

> Eine zertrümmerte Welt lag vor ihr, das sah sie, und aus diesen Resten stieg der scharfe Geruch von Moschus auf, der ihr widerlich in die Nase drang und umso ekler ward, als er sich mit den Speiseüberbleibseln vermischte. Ihr feines Parfüm war verdrängt durch das betäubende einer besseren Dirne. (298)

Was bleibt, ist ein „dumpfer Geruch", „stockige Ausdünstung" (337). In der Kolonie, die aus leeren Versprechungen und Geldgier erwachsen ist, dominiert der „Verwesungsduft", bis der Typhus beim Namen genannt wird (344).[10] Zeitgenössische Leser fanden genug Anhaltspunkte, um Bezüge zu jenen Entrepreneuren herzustellen, deren Finanzpraktiken in den späten sechziger und frühen siebziger Jahren des neunzehnten Jahrhunderts zur Expansion Berlins beitrugen. Zu ihnen gehörte Barthel Heinrich Strousberg, der nach ersten Erfahrungen in England und den Vereinigten Staaten nach Berlin zurückkehrte, schließlich aber an finanziellen Spekulationen scheiterte.[11]

Kretzer geht es um die sozialen Verhältnisse in Berlin und um jene, die die Situation ausnutzen. Er gibt geographische Anhaltspunkte – die Stadtbahn, Westend, die Bahnhöfe –, vor allem aber beschreibt er den Prozess der Metropolisierung, den er mit Hilfe der Gerüche erschließt. Dabei stellt er auch Bezüge zur zeitgenössischen Kunst her. In *Die Betrogenen* heißt es über den Maler Oswald Freigang, dass Menzels Gemälde *Eisenwalzwerk* eine „Radikalwandlung" ausgelöst habe und er sich deshalb mit neuen Themen auseinandersetze, einschließlich der Orte, wo „die Luft durch Schnapsdunst und üblen Tabakgeruch den Aufenthalt eines gebildeten Menschen unmöglich mache" (Kretzer 2016, 4). Menzels Gemälde war zwischen 1872 und 1875 entstanden; es macht die Industrialisierung

---

10 Im Erscheinungsjahr des Romans grassierten Krankheiten europaweit und wurden nicht nur literarisch, sondern auch künstlerisch verarbeitet. Arnold Böcklins alptraumhafte Repräsentation des Todes in einer Stadt spiegelt seine eigenen Erfahrungen mit Typhus und Cholera (*Die Pest*, 1898). Neben der Thematisierung in der Kunst sind auch die Anzeigen in zeitgenössischen Zeitungen und Zeitschriften bezeichnend, die häufig auf Kosmetik und Wohlgerüche verweisen.
11 Das Palais Strousberg, nach den Wünschen Strousbergs konzipiert, mag im Roman als Vorbild für Gläsers Villa gedient haben.

und die dazugehörige Maschinerie zum Thema. In Hans Baluscheks gleichnamigem Gemälde aus dem Jahr 1910 rücken die Menschen deutlicher in den Vordergrund. Beide Maler konzentrieren sich auf ein Berlin, das von der Moderne und ihren Folgen geprägt ist. Kretzer spielt, gleichermaßen mit der Realität der Stadterfahrung beschäftigt, mit olfaktorischen Oppositionen: der Gestank, der von den modernen Fabriken ausgeht, kontrastiert mit traditionellen, aber unhaltbaren Produktionsweisen; der authentische Geruch der Natur wiederum steht in Opposition zu den künstlichen Essenzen, mit denen unter anderem erotische Reaktionen forciert werden; fehlgeleiteter Ehrgeiz findet ein Echo in den Gerüchen, auf die Kretzer eingeht, während Warmherzigkeit und Authentizität für sich stehen und nicht mit Gerüchen in Verbindung gebracht werden. Der Bezug zu Menzel unterstreicht aber vor allem Kretzers Anliegen, Berlins soziale Realität so zu schildern, wie sie vor allem die ärmeren Bewohner erfuhren.

Im Verlauf des letzten Drittels des neunzehnten Jahrhunderts tritt ein neues Thema in der Berlinliteratur in den Vordergrund, das deutlich macht, dass mit der rapiden Expansion der Stadt auch neue Lebensformen und damit Wahrnehmungsräume entstanden: die Stadt als Heimat, als Ort kindlicher Erfahrungen, die sich später nur noch mit Mühe nachvollziehen lassen. Die Stadträume erschließen sich nun seltener über grundlegende Entwicklungen und Geruchslandschaften. Stattdessen rücken präzise benannte, erinnerte Gerüche, aber auch einzelne Stadtteile und private Refugien in den Vordergrund.

3 Der Geruch der urbanen Heimat (Fontane, Hermann)

1921 veröffentlichte der Arzt und Schriftsteller Adolf Heilborn Beiträge zu einem „romantischen Baedeker und Führer aus dem neuen Berlin ins alte" (Heilborn 1921, 7). Heilborn erinnert an das Berlin seiner Kindheit, das im Verschwinden begriffen war. Heimat, Gerüche und visuelle Sensationen hängen aufs Engste zusammen und entsprechend fallen Heilborns Kommentare aus, wenn er an ausgewählte Orte in der Stadt seiner Kindheit im neunzehnten Jahrhundert zurückdenkt. Heilborn verbindet in seiner Aufzählung visuelle und olfaktorische Impressionen, die sich zur unwiederbringlichen Atmosphäre der Kindheit in der Stadt verdichten, und die er zu Geschäften und Fabriken in Beziehung setzt:

> Da war das Stammhaus von Theodor Hildebrandt mit seinem schokoladenbraunen Riesenbären; da war das Stammhaus der Ravenés mit dem nicht minder lockenden Gefunkel und Geblinker seiner Werkzeuge und Maschinen; da waren Gerber und Färber. Davon es so selt-

sam und durchdringend roch. Und Lagerhäuser voll Heringe und Bücklinge waren da, die mischten ihren salzigen Räuchergeruch dazu. (Heilborn 2013, 39)

Heilborn bemüht weitere Schriftsteller, um die historischen Vignetten zu konkretisieren – darunter Fontane:

> Blumengärten – na ja, es waren wohl nicht selten echt Berlinische darunter, solche wie der, von dem Fontane aus der Lützowstraßengegend einmal einem Freunde schrieb: „Wir saßen vorgestern beim Nachmittagskaffee in unsrer Geisblattlaube und sogen die echte Berliner Gartenluft – Blumen vorne und Müllkute hinten – in vollen Zügen ein ... " (78)

Heilborn erinnert daran, dass im neunzehnten Jahrhundert das Gebiet westlich des Potsdamer Platzes Erschließungsgebiet für die expandierende Metropole Berlin war. Wo Heilborn in den frühen 1920er Jahren nostalgisch an Gärten, darunter auch den Botanischen Garten zurückdenkt (42, 45), erleben Theodor Fontanes Protagonisten den Modernitätsschub Berlins. Dazu gehören die neuen Interieurs mitsamt Blumen in allen Variationen – als Teil von Blumenbeeten und Sträußen oder Girlanden, in Körben, auf Wiesen und auf Gräbern. Der Verweis auf Blumen dient auch der Charakterisierung der neureichen und ambitionierten Fabrikbesitzer. In *Frau Jenny Treibel* heißt es rhetorisch, aber bezeichnend: „Was sind alle Kornblumen der Welt gegen eine Berlinerblaufabrik?" (Fontane 1969, 33) Die Industrie, nicht die Hauptstadtrolle war für die Entwicklung Berlins nach der Reichsgründung 1871 ausschlaggebend (Hoffmann-Axthelm 1990).

Pflanzen und die von ihnen ausgehenden Wohlgerüche werden zum Statussymbol. Seit dem frühen neunzehnten Jahrhundert verbreiteten sich dank Industrialisierung und Kolonialisierung in Europa Treibhäuser: Sie stehen für die Beherrschung der Natur, wobei eine treibende Kraft auch das Interesse an allem Exotischen war. Auf der Weltausstellung in London 1851 wurde das Gewächshaus erstmals einer breiteren Öffentlichkeit vorgeführt. Bei Fontane wird es unter anderem in *Effi Briest* (1895), *Unwiederbringlich* (1892), *L'Adultera* (1882), *Irrungen, Wirrungen* (1887), *Graf Petöfy* (1883) und *Mathilde Möhring* (1906) genannt. Ein Produkt ihrer Zeit, sind die Treibhäuser ein Symbol des Luxus, aber auch der Sehnsucht nach Natur, und sei es in einem genau kontrollierten Raum.

1896 erschien Georg Hermanns Debütroman *Spielkinder*, in dem er seine Kindheit und Jugend, vor allem aber den finanziellen Abstieg der Familie behandelt. Die Gliederung Berlins, die hier vorgenommen wird, sollte für Hermanns Werk typisch bleiben. Die Innenstadt ist im Gegensatz zu den grünen Vororten von einer Beschleunigung des Lebens geprägt. Im Osten der Stadtmitte finden sich die Armenviertel mitsamt ihren dunklen Räumen fernab der Natur. Hermann würdigt die Versuche des Prekariats, sich in den innerstädtischen Elendsvierteln häuslich einzurichten, aber der Mangel an Licht, der Schmutz und Gestank sind Zeichen des Verfalls:

> Wir wanden uns durch ein Labyrinth von Straßen. Endlich – da wohnte sie also! In diesem alten Hause mit dem finsteren, verrußten Aussehen, in dem alles nach Müllkuten, kleinen Kindern, Schmutz und Laster roch. Nirgends Licht! Nirgends Sonne! Solch ein echtes Massenquartier für großstädtisches Elend! (Hermann 2021, 227)

Der Innen- und Außenraum werden eins. Die verdichtete Innenstadt, der Schmutz und Gestank, kontrastieren mit dem Licht und der Klarheit der Vorstädte. Die Behausung der Jugendliebe korrespondiert mit dem Viertel, was die Ärmlichkeit und Verwahrlosung angeht – solange noch Hoffnung besteht, sie möge trotz ihrer Familiengeschichte den Ausbruch aus dem Milieu schaffen, bleibt ihr auch die Kontrolle ihres Umfelds erhalten. Der Ekel angesichts der heruntergekommenen Räumlichkeit spiegelt dann die Enttäuschung des Erzählers:

> Eine elende Dachstube. [...]. Ein ungemachtes Bett mit wenig einladenden Bezügen. Auf dem Fußboden einige Stücke schmutziger Wäsche. [...].
> Ja, wenn ich das mit ihrem Zimmer von ehemals verglich, wo alles Anmut, Geschmack und Sauberkeit, und hier – aeh! – unglaublich! (228)

Hermann bewertet nicht die Armut, sondern den Schmutz, der mit ihr einhergeht, dann häufig mit moralischer Verwerfung verknüpft und entsprechend wegwerfend kommentiert wird. Das ist im Kontext historischer Entwicklungen zu bewerten: „The late nineteenth century marked the triumph of the sanitary city across much of Europe." (Ladd 2020, 179) Angesichts solcher Errungenschaften wog Schmutz umso schwerer: Sauberkeit galt als Tugend, Schmutz wurde zwangsläufig unmoralisch.

4 Die olfaktorische Metropole im langen neunzehnten Jahrhundert

Das Besondere an Gerüchen ist, dass sie sich im Hinblick auf urbane Erfahrungen grenzüberschreitend ähneln. In *Mich hungert* erklärt der Ich-Erzähler im Rückblick auf seine Jugend in der Vorkriegszeit in Berlin:

> Nur Stadt, Jammer der Stadt. Aber es gibt sie [Armut und Elend], es wird sie immer geben. London, Paris, Lissabon und Liverpool und Dublin und Marseille und Rom und Leningrad,

Shanghai und New York und Boston und Hamburg ... Kloaken überall, Hunger, Verbrechen, Notzucht, Mord. (Fink, 298)

Gerüche, die im Stadtraum dominieren, verweisen auf jeweils spezifische kulturhistorische und gesellschaftliche Bedingungen. Im urbanen Umfeld dienen Gerüche in der Literatur zwar der Charakterisierung von Protagonisten, ihrer Vorlieben, ihrer Abneigungen, vor allem aber betonen sie die reale Dynamik, die die Slums, die Industrialisierung, die Stadtplanung, der Umgang mit neuen Duftstoffen, die Haltung gegenüber den künstlichen Alternativen zur Natur mit sich brachten. Das erlaubt Finks Erzähler, weit über die Grenzen von Berlin hinaus ähnliche urbane Mechanismen zu beobachten.

Im neunzehnten Jahrhundert entstanden Geruchslandschaften, die wirtschaftliche Verhältnisse im großen Stil spiegelten. Gestank ist hier von Interesse, weil er einerseits gesellschaftspolitische Bedingungen und andererseits die Prävalenz von Ängsten, die mit Krankheit, Moral und Armut assoziiert wurden, herausstreicht. In der Literatur dienen Gerüche darüber hinaus der Schaffung von Atmosphären mit hohem Wiedererkennungswert (Classen, Howes, Synnott 1994, 7) – etwa der Kindheit in einem Berlin, das längst ‚der Welt von gestern' angehört.

Die literarischen, hier auf Stadträume konzentrierten Beispiele machen deutlich, dass menschengemachter und durch soziale Hierarchien verstärkter Gestank sozial und gesellschaftlich zersetzende Wirkung hat. Die von der Industrialisierung ausgelöste, Strukturen verschärfende olfaktorische Veränderung des Stadtraumes hatte profunde Auswirkungen auf den Alltag. Eine vergleichbar verstörende Erfahrung sollte erst wieder durch den Ersten Weltkrieg in Gang gebracht werden: Der Geruch der Schlachtfelder, eine spezifische Mischung aus Toten und Kadavern, Schweiss, Blut und Gas, Brandgeruch und Schimmel, übertrug sich zwar nicht direkt auf die Städte, doch mit den Veteranen sollten Männer heimkehren, die diese unerträgliche Geruchserfahrung teilten und mit ähnlichen Eindrücken in den Krankenhäusern, den Hinterhöfen und den Kaschemmen der Nachkriegszeit konfrontiert wurden. Die Geruchserfahrung, vor allem aber die Erfahrung des Gestanks seitens urbaner Massen in der Literatur akzentuiert kulturelle Umbrüche und damit auch den großstädtischen Alltag im Wandel.

Literaturverzeichnis

Bäumer, Konstanze und Hartwig Schultz. *Bettina von Arnim*. Stuttgart: Metzler, 1995.
Bleek, Wilhelm. „Bettine von Arnims ‚Dies Buch gehört dem König' (1843)". *Vormärz. Deutschlands Aufbruch in die Moderne. Szenen aus der deutschen Geschichte 1815–1848*. München: C.H. Beck, 2019. 237–249.
Brunn, Gerhard. „Metropolis Berlin. Europäische Hauptstädte im Vergleich". *Metropolis Berlin*. Hg. Gerhard Brunn und Jürgen Reulecke. Bonn / Berlin: Bouvier, 1992. 1–38.
Classen, Constance, David Howes und Anthony Synnott. „Introduction. The meaning and power of smell". *Aroma. The Cultural History of Smell*. Hg. Constance Classen, David Howess und Anthony Synnott. London / New York: Routledge, 1994. 1–9.
Dronke, Ernst. *Berlin*. Darmstadt / Neuwied: Hermann Luchterhand, 1974.
Eichkloss, Julius. *Max Kretzer. Eine Studie zur neueren Literatur*. Leipzig: B. Elischer Nachfolger, 1905.
Endreß, Sven. *Die soziale Konstruktion von Geruchslandschaften*. Wiesbaden: Springer, 2000.
Fink, Georg. *Mich hungert*. Berlin: B. Cassirer, 1932.
Fontane, Theodor. *Frau Jenny Treibel*. München: Nymphenburger Verlag, 1969 [1892].
Frost, Alphonso A. *Ernst Dronke. His Life and His Works*. New York et al.: Lang, 1989.
Grosskopf, Anna. „Kunst aus dem Rinnstein – Berliner Realismus im Kaiserreich". *Berliner Realismus. Von Kaethe Kollwitz bis Otto Dix. Sozialkritik Satire Revolution*. Hg. Tobias Hoffmann und Broehan Museum. Berlin: Wieland, 2018. 15–43.
Heilborn, Adolf. *Die Reise nach Berlin*. Berlin: vbb, 2013 [1921].
Henshaw, Victoria. *Urban Smellscapes. Understanding and Designing City Smell Environments*. New York: Routledge, 2014.
Hegemann, Werner. *Das steinerne Berlin*. Basel: Birkhäuser, 1963 [1930].
Hermann, Georg. *Das Biedermeier im Spiegel seiner Zeit*. Hg. Eugen Roth. Oldenburg: Gerhard Stalling, 1965 [1913].
Hermann, Georg. *Spielkinder*. Göttingen: Wallstein, 2021 [1896].
Hochmuth, Hanno. *Berlin. Das Rom der Zeitgeschichte*. Berlin: Links, 2024.
Hoffmann-Axthelm, Dieter. „Der Kollaps der Industriekathedralen an der Spree". *Frankfurter Allgemeine Zeitung*. 16. November 1990.
Kretzer, Max. *Meister Timpe. Sozialer Roman*. Berlin: Das Neue Berlin, 1949 [1888].
Kretzer, Max. *Der Mann ohne Gewissen*. Berlin: Paul Franke, 1905 [1904].
Kretzer, Max. *Die Betrogenen*. Kopenhagen: Saga, 2016 [1882].
Ladd, Brian. *The Streets of Europe*. Chicago / London: University of Chicago Press, 2020.
Maeder, Ueli. „Zur Soziologie des Alltags". *Dem Alltag auf der Spur. Zur Soziologie des Alltags*. Hg. Ueli Maeder und Andreas Schwald. Basel: edition 8, 2017. 7–23.
Mieck, Ilja. „Von der Reformzeit zur Revolution (1806–1847)". *Geschichte Berlins*, Bd. 1. Hg. Wolfgang Ribbe. Berlin: Berliner Wissenschaftsverlag, 2002. 407–602.
Scheffler, Karl. *Berlin. Ein Stadtschicksal*. Berlin: Suhrkamp, 2015 [1910].
Seeba, Hinrich C. *Berliner Adressen. Soziale Topographie und urbaner Realismus bei Theodor Fontane, Paul Lindau, Max Kretzer und Georg Hermann*. Berlin / Boston: De Gruyter, 2019.
Smith, Mark M. „Introduction: Smelling the Past". *Smell and History*. Hg. Mark M. Smith. Morgantown: West Virginia University Press, 2019. ix–xxiv.
Thoms, Ulrike. „Körper, Kultur, Konsum: Die Konsumgeschichte der alltäglichen Hygiene". *Die Konsumgesellschaft in Deutschland 1890–1990*. Hg. Heinz-Gerhard Haupt und Claudius Torp. Frankfurt am Main: Campus, 2009. 97–113.

Tschörtner, H. D.: *Die Akte Max Kretzer*. Aus dem Archiv der Deutschen Schillerstiftung Weimar, Heft 14. Berlin / Weimar: Aufbau Verlag, 1969.
Tönnies, Ferdinand. *Gemeinschaft und Gesellschaft*. Darmstadt: Wissenschaftliche Buchgesellschaft, 1963 [1887].
Von Arnim, Bettina. *Dies Buch gehört dem König*. Berlin: Propyläen, 1921 [1843].
Wetzel, Jürgen. „Berlin im Jahrzehnt vor der Reichsgründung". *150 Jahre Metropole Berlin. Festschrift des Jahrbuchs des Vereines für die Geschichte Berlins*. Hg. Susanne Kähler, Wolfgang Krogel und Manfred Uhlitz. Berlin: Elsengold, 2015. 33–52.

Beiträgerinnen und Beiträger

Dr. Ingo Breuer, Universität zu Köln, Institut für deutsche Sprache und Literatur I; Forschungsgebiete: Frühe Neuzeit, Heinrich von Kleist, Dramatik, Briefkultur, Kulturwissenschaften. – Neuere Publikationen (Auswahl): *Rahel Varnhagen und die Sammlung Varnhagen* (2025, Hg. mit Nikolaus Gatter, Katarzyna Jaśtal und Paweł Zarychta); *Der Brief und die Zeichnung. Katalog, Wallraf-Richartz-Museum Köln* (2018, mit Thomas Ketelsen); *Zagreber Germanistische Beiträge 27: Schöne Scheiße. Konfigurationen des Skatologischen in Literatur und Sprache* (2018, hg. mit Svjetlan Lacko Vidulić); *Kleist-Jahrbuch (2004–2017*, hg. mit Günter Blamberger u. a.); *„Ein blauer Schleier, wie in Italien gewebt". Kleist-Tage in Venedig* (2016, hg. mit Bettina Faber); *Die sieben Todsünden* (2015, hg. mit Sebastian Goth, Björn Moll und Martin Roussel); *Gesprächsspiele und Ideenmagazine. Heinrich von Kleist und die Briefkultur um 1800* (2013, hg. mit Katarzyna Jaśtal und Paweł Zarychta); *Theatralität und Gedächtnis. Deutschsprachiges Geschichtsdrama seit Brecht* (2004). – In Vorbereitung: *Kleist-Handbuch* (2009, Neubearb. 2026, Hg.).

Dr. Charlotte Coch, Universität Basel, Deutsches Seminar; Forschungsgebiete: Literatursoziologie, literarische Zukunftsentwürfe, Buchmedialität und -materialität, Formtheorie, posthumanities. – Neuere Publikationen (Auswahl): Reading – Seeing – Counting. The Riddle as an (un)readable artifact (in: *con·stel·la·tions 03: Illegibilities Reflecting Reading*, hg. v. Barbara Bausch. Berlin 2025, S. 75–84); Aleatorische Gleichsinnigkeit oder Die Entdeckung des Lesens und ihre Konsequenzen (in: *Chaos, Unverbundenheit, Kombination. Aleatorische (Nicht-)Formen und ihre Rezeption*, hg. von Dana Steglich, Jana Vijayakumaran. Bielefeld 2024, S. 159–175); Das soziologische Schreiben als literarische Gattung. Luc Boltanskis Theorie der ‚Untersuchung', gelesen als Gattungstheorie (in: *Luc Boltanski und die Literatursoziologie*. Hg. von David-Christopher Assmann. Heidelberg 2024, S. 11–32); *Lesen / Sehen. Literatur als wahrnehmbare Kommunikation* (2023, hg. mit Torsten Hahn und Nicolas Pethes).

PD Dr. Dr. Mădălina Diaconu, Universität Wien, Institut für Philosophie und Institut für Romanistik; Forschungsgebiete: Ästhetik, Phänomenologie, Raumtheorien, Sensory Design. – Neuere Publikationen in Auswahl: *Eco-phenomenology* (Studia Phaenomenologica XXV, 2025); *Aesthetics of Weather* (2024); *Atmosphären* (polylog 51/2024, hg. mit Zhuofei Wang); *Olfactory Aesthetics* (ESPES 13:1, 2024, Hg.); *Liber amicorum for Arnold Berleant* (Popular Inquiry 2022, hg. mit Max Ryynänen); *Mensch und Tier* (polylog 45/2021, hg. mit Ursula Baatz); *Tasten, Riechen, Schmecken. Eine Ästhetik der anästhesierten Sinne* (2005, Neuaufl. 2020); *Environmental Ethics. Cross-Cultural Explorations* (2020, hg. mit Monika Kirloskar-Steinbach); *Phänomenologie der Sinne* (2013); *Sinnesraum Stadt. Eine multisensorische Anthropologie* (2012).

Prof. em. Dr. Dirk Göttsche, University of Nottingham, Forschungsgebiete: deutsche und vergleichende Literaturwissenschaft, Erzählliteratur des langen 19. Jahrhunderts, österreichische Moderne, Kleine Prosa, postkoloniale und interkulturelle Studien, Zeitpoetik und Erinnerungskultur. – Neuere Publikationen u.a: *Wilhelm Raabe: Meister Autor* (Hg. 2025); *Landscapes of Realism: Rethinking Literary Realism in Comparative Perspectives*, Bd. I: *Mapping Realism* (Mithg. 2021); *Bachmann Handbuch* (Mithg. 2020); *Handbuch Postkolonialismus und Literatur* (Mithg. 2017); *Raabe Handbuch* (Mithg. 2016); *Realism and Romanticism in German Literature* (Mithg. 2013); *Remembering Africa: The Rediscovery of Colonialism in Contemporary German Literature* (2013).

Prof. em. Dr. Frank Krause, Centre for Comparative Literature, Goldsmiths, University of London; Forschungsgebiete: Expressionismus; Literatur im Wirkungsfeld des Ersten Weltkriegs; olfaktorische Motive in der Literatur seit der Aufklärung. – Monographien (Auswahl): *Geruch und Glaube in der Literatur. Selbst und Natur in deutschsprachigen Texten von Brockes bis Handke* (2023); *Geruchslandschaften mit Kriegsleichen. Deutsche, englische und französische Prosa zum ersten Weltkrieg* (2016); *Mütterlichkeit unter Geliebten und Kameraden. Zeitdiagnosen über Genderkrisen in deutscher und englischer Prosa (1918–1933)* (2014); *Literarischer Expressionismus* (2008; erw. Neuaufl. 2015); *Klangbewußter Expressionismus* (2006). – Herausgeberschaften (Auswahl): *Work and Smell. Literature in Comparison* (2025); *Smell and Social Life. Aspects of English, French and German Literature (1880–1939)* (2021, hg. mit Katharina Herold); *France and German Expressionism / Frankreich und der deutsche Expressionismus* (2008); *Expressionism and Gender / Expressionismus und Geschlecht* (2005).

Dr. Sergej Rickenbacher, RWTH Aachen, Germanistische und Allgemeine Literaturwissenschaft; Forschungsgebiete: Literatur und Wissen, Materialität und Medialität der Künste, *smell studies*, Sinnesgeschichte. – Neuere Publikationen (Auswahl): „Darf ich nicht leuchten?" Zur Elektromediologie in Hugo von Hofmannsthals früher Tragödie *Elektra* (in: *Gespenstische Technologie. Neoromantische Technik- und Medienreflexion um 1900*. Hg. v. Stefan Tetzlaff und Raphael Stübe, Würzburg: Königshausen & Neumann, 2025, S. 27–46; Franz Fühmanns Klebetyposkripte. Zur Verbindung proletarischer und künstlerischer Arbeit in der DDR mittels Beschreiben und Zerschneiden von Schriftträgern (in: *Ressource ‚Schriftträger'. Materielle Praktiken der Literatur zwischen Verschwendung und Nachhaltigkeit*. Hg. v. Martin Bartelmus, Yashar Mohagheghi und Sergej Rickenbacher, Bielefeld 2023, S. 123–140); Mediologische Stinkbomben. Zu Mynonas grotesken Medien der Olfaktion (in: *Expressionismus* 18/2023, S. 79–92).

Apl. Prof. Dr. Martin Roussel, Universität zu Köln, Erich Auerbach Institute for Advanced Studies; Forschungsgebiete: Literatur vom 18. bis 21. Jahrhundert (u. a. Kleist, Karl May, Robert Walser), Grammatologie der Literatur, literarische Ethologie. – Neuere Publikationen: *Kleist-Jahrbuch* (seit 2017, hg. mit Anne Fleig u. a.); ‚L'ode de Kleist, je vous en prie.' Heinrich von Kleist in neu entdeckten Briefen Ernst von Pfuels an Joseph von Buol-Berenberg aus den Jahren 1809 bis 1811 (in: *Kleist-Jahrbuch* 2024, S. 113–141); Old Shatterhand's Sardine Can. The Wounded Hero and his Pharmakon in Karl May's Winnetou I (in: *Adventure at Arms. On the Narrative Formation of Violence*, hg. von Martin von Koppenfels und Manuel Mühlbacher (2004), S. 175–204); *Ethology. Claims and Limits of a Lost Discipline* (2021, hg. mit Andrea Allerkamp); Urs Widmers Buch des Vaters und das metaleptische Erbe der Literatur (in: *ZfdPh* 139/2020, S. 567–590).

Apl. Prof. Dr. phil. Eva-Maria Siegel, Universität zu Köln, Institut für deutsche Sprache und Literatur I; Forschungsgebiete: Neuere Deutsche Literatur, Literatur- und Kulturgeschichte der Moderne, aktuell: Sozialisation und Literatur. – Monographien: *Ostfrauen und der Westen. Aufbrüche, Anfänge, Ankünfte. Lebensgeschichtliche Porträts* (2025); *Vereinigtes Gelächter? Kleinkunst und Kabarett um 1990* (2021); *Nutzen durch Vielfalt* (2018); *Bertolt Brecht* (2016); *Erfolgreich studieren. Kernkompetenzen für Bachelor und Master* (2012); *High Fidelity. Konfigurationen der Treue um 1900* (2004) sowie *Der Wolkenraser. Ein Roman* (2025).

Prof. Dr. Silvio Vietta, Prof. em. für Germanistik und Kulturgeschichte an der Universität Hildesheim. Schwerpunkte der Forschung: Expressionismus-, Romantik-, Moderneforschungen sowie Forschungen zur europäischen Kulturgeschichte. Nietzsche-Preis des Landes Sachsen-Anhalt 2006/07. – Auswahlbibliographie seit 2000: *Menschenbilder und Menschenrechte in der Weltgesellschaft.*

Europäische, islamische, indische, chinesische Kultur (2025); *Ein Leben in Deutschland. Eine Autobiographie* (2025); *Europas Ideen und Ideologien. Wie aus Ideen böse Politik wird* (2023); *Europas Literatur. Entstehung, Strukturen* (2022); *Macht. Eine kleine Kultur- und Universalgeschichte der Menschheit von den Anfängen bis heute* (2021); *Europas Werte. Geschichte, Konflikte, Perspektiven* (2019); *Dimensionen und Perspektiven einer Weltgesellschaft. Fragen, Probleme, Erkenntnisse, Forschungsansätze und Theorien* (2018, Mithg.); *„Etwas rast um den Erdball ... ". Martin Heidegger: Ambivalente Existenz und Globalisierungskritik* (2015); *Rationalität. Eine Weltgeschichte* (2012); *Europa – Europäisierung – Europäistik* (2010, Mithg.); *Der europäische Roman der Moderne* (2007); *Europäische Kulturgeschichte. Eine Einführung* (2005, erw. Studienausgabe 2006); *Im Gespräch: Hans Georg Gadamer und Silvio Vietta* (2002, Übersetzungen ins Italienische und Spanische); *Ästhetik der Moderne. Text und Bild* (2001).

Dr. Ulrike Zitzlsperger, Associate Professor of German, University of Exeter (England), Languages, Cultures and Visual Studies; Forschungsschwerpunkte: Kulturgeschichte Berlins (1920er und 1990er Jahre); Urban Studies; Souvenirs; Hotels, Warenhäuser und Bahnhöfe in Literatur und Film. – Neuere Publikationen: Ecce Animalia: Über das (Mit)Leiden der Tiere (Otto Dix und Klaus Staeck) (in: *Tiere vor der Kamera*, hg. von Hans Richard Brittnacher, München 2024, S. 142–157); Geruchslandschaften der Zwischenkriegszeit (in: *Expressionismus* 18 (2024): *Riechen und Gerüche*, hg. von Kristin Eichhorn und Frank Krause, S. 35–44); Heimat in den Berlinromanen Georg Hermanns (in: *‚Vom gesicherten und ungesicherten Leben'. Neue Perspektiven auf das Werk von Georg Hermann*, hg. von Christian Klein, Göttingen 2024, S. 15–33); Berlin: Narratives of Metropolitan Transition and National Unity (in: *Journal of Urban Cultural Studies* 8 (2021), S. 187–205); Commerce, Culture, and Heritage. Souvenirs as Communicators of History in the Museum Shop (in: *The International Journal of the Inclusive Museum* 15 (2021), S. 85–98).

Index: Personen

Ahlefelds, Charlotte von 41
Alberti, Conrad 94
Albertinus, Ägidius 75
Alemans, Mateo 75
Alexis, Willibald 44–46, 48, 60
Amenhotep III. 23
Anaxagoras 17
Andersen, Hans Christian 202
Antonius Abbas 80
Antonius von Padua 80
Aristoteles 8, 17–18, 162
Arnim, Achim von 24
Arnim, Bettina von 80, 213–216
Attar, Fariduddin 202

Bach, Johann Sebastian 205
Bahr, Ehrhard 89
Bahr, Hermann 115
Baluschek, Hans 220, 224
Banks, Joseph 160
Barthes, Roland 80, 94, 104
Baudelaire, Charles 92–93, 201
Baumgarten, Alexander Gottlieb 19–20
Bechstein, Ludwig 85
Begemann, Christian 103–104
Benn, Gottfried 201
Bergengruen, Maximilian 120–122
Berglinger, Joseph 25
Berneck, Gustav von 48, 52, 60
Beyerlein, Franz Adam 60
Bismarck, Otto von 50, 129
Bleibtreu, Karl 71, 78
Bloch, Ernst 198, 200
Bock, Carl Ernst 68–69
Böcklins, Arnold 223
Bodmer, Johann Jacob 20
Bonde, Carl 40, 42, 44, 46
Börne, Ludwig 77, 79
Boyken, Thomas 112
Brandes, Uta 66
Brass, August 214
Brentano, Clemens 24
Brod, Max 148
Büchner, Georg 70–71

Busch, Bernd 94
Butzmann, Hans 121

Callot, Jacques 80
Castellux, François-Jean de 161
Castro, Eduardo Viveiro De 140, 153–155
Conradi, Hermann 70–71, 94
Cook, James 160, 167, 170
Cooper, James Fenimore 197
Corbin, Alain 2, 39, 70, 75, 77, 117, 182, 199
Cramer, Carl Gottlob 41

Demokrit 17
Derrida, Jacques 103–104
Descartes, René 18–19
Detering, Heinrich 102–103, 106, 111–112
Dickens, Charles 214, 217
Divjak, Paul 69
Dohm, Hedwig 71–72
Dostojewski, Fjodor 202
Dotson, Kristie 184–185
Duncker, Dora 88
Dunker, Axel 121

Eichendorff, Joseph von 26, 35, 49
Eichkloss, Julius 217
Empedokles 17
Engels, Friedrich 217
Esmarch, Constanze 101, 108
Eversberg, Gerd 101–102, 108–109

Fauth, Søren R. 121
Feddersen, Elsabe 112
Fehsenfeld, Friedrich Ernst 193–194
Ferenczi, Sandor 145
Fichte, Hubert 94
Fink, Georg 227
Fischer, Johann Heinrich Ludwig 41
Fludernik, Monika 140–141
Fontane, Theodor 40, 51–53, 60, 217, 222, 224–225
Förster, Friedrich 24
Forster, Georg 10, 159–171
Forster, Johann Reinhold 160

Foucault, Michel 96, 155
François, Louise von 53, 55
Freytag, Gustav 134, 136
Fricker, Miranda 185
Friedrich Wilhelm III. 28, 30, 35
Frühwald, Wolfgang 22–27
Furneaux, Tobias 160

Galilei, Galileo 19
Garber, Jörn 167–168
Genette, Gérard 140
Georg III. 162
Gerstäcker, Friedrich 197
Glassbrenner, Adolf 214
Goethe, Johann Wolfgang von 80, 82–86, 103, 134, 136, 213
Grässe, Johann Georg Theodor 85
Grimm, Jacob 126, 214
Grimm, Wilhelm 126, 214
Grunholzer, Heinrich 213, 215
Gryphius, Andreas 83, 94

Habinger, Gabriele 174, 176, 186
Haller, Albrecht von 132–133, 135–136
Hardenberg, Friedrich von (Novalis) 5, 8, 22, 25–35
Hauptmann, Carl 93–94
Hauptmann, Gerhart 91–92, 217
Heilborn, Adolf 224–225
Heine, Heinrich 1, 3–13, 24, 72, 76–77, 79, 103, 105, 106
Henshaw, Victoria 212
Heraklit 17
Herman, David 139, 141–142, 146, 152–153
Hermann, Georg 212, 222, 224–226
Herwegh, Georg 76
Hesekiel, George 51–52
Hildebrandt, Theodor 224
Hodgson, Barbara 174
Hoefer, Edmund 48, 51–52, 60
Hölderlin, Friedrich 24
Hogarth, William 71
Holub, Emil 187–188
Homer 17, 20–21
Honneth, Axel 129, 135
Humboldt, Alexander von 173

Huysmans, Joris-Karl 92, 114

Ingenhousz, Jan 168

Jean Paul 49
Jensen, Wilhelm 59
Jesus Christus 31, 35

Kafka, Franz 31, 139
Kant, Immanuel 159, 162, 166, 195
Keller, Gottfried 117, 134–136
Kleist, Heinrich von 80–88
Kolnai, Aurel 69, 201
Kopernikus, Nicolaus 19
Krause, August Friedrich 60
Krause, Frank 1–13, 26, 31, 77, 117–136
Kretzer, Max 216–224
Kürschner, Joseph 195
Kutney, Gerald 87

Laage, Karl Ernst 108
Ladd, Brian 212, 221, 226
Lassalle, Ferdinand 217
Leibniz, Gottfried Wilhelm 19
Lessing, Gotthold Ephraim 20–21
Lichtenberg, Georg Christoph 162
Liliencron, Adda von 59
Loeben, Otto Heinrich von 24
Lohmeier, Dieter 101, 108
Lord Palmerston => Temple, Henry John
Lowenhaupt-Tsing, Anna 142–143, 146, 155
Ludwig, Christian 75

Maeder, Ueli 212
Mann, Thomas 85, 89–92
Martens, Kurt 59–60
Marx, Karl 103, 217
May, Karl 12, 191–208
Mecklenburg-Strelitz, Luise von 28–30, 34
Menzel, Adolph 223–224
Middelhoff, Frederike 139, 141, 148–150, 155
Möllhausen, Balduin 197
Mommsen, Theodor 111–112
Mörike, Eduard 79
Moritz, Karl Philipp 133, 136
Motte Fouqué, Caroline de la 41

Index: Personen

Müller, Wilhelm 27, 130
Münchmeyer, Heinrich Gotthold 193, 195
Mundt, Theodor 214

Napoleon I. 39, 41–42, 45–47, 49–52, 54–55, 57, 60
Navarra, Heinrich von 28
Neumann, Gerhard 207
Newyahn, Friedrich 41
Nicolai, Carl Ludwig 41
Nietzsche, Friedrich 57, 65, 79
Novalis => Hardenberg, Friedrich von
Nussbaum, Martha 68

Panizza, Oskar 140, 144–145, 147–148
Pasteur, Louis 70, 199
Pfeiffer, Ida 10, 173–188
Philolaos 19
Platon 17, 19, 21
Pollmer, Emma 195
Proust, Marcel 80, 92
Pseudo-Longinus 21
Pustet, Friedrich 193

Raabe, Wilhelm 11, 39, 48–51, 58, 60, 65, 79–80, 87–88, 92, 117–136
Ranzoni, Emmerich 139, 148–150
Ravené, Louis Ferdinand Auguste 224
Reitz, Walter 102
Rilke, Rainer Maria 65, 88, 92–94
Rimmel, Eugène 74
Rindisbacher, Hans J. 1–2, 10–11, 39, 60, 65–66, 117–118, 132, 134
Roebling, Irmgard 110–113
Rosenkranz, Karl 65, 197

Scheffler, Karl 220
Schiller, Friedrich 77–78
Schlegel, August Wilhelm 22–23, 25, 79
Schlegel, Friedrich 24, 27–28
Schmiedt, Helmut 191–192, 194
Schopenhauer, Arthur 121
Schopenhauer, Johanna 75

Schubert, Franz 25
Schumann, Robert 25
Schwab, Gustav 27
Schweiger-Lerchenfeld, Amand 201
Scott, Walter 44, 51
Seeba, Hinrich 217
Simmel, Georg 67–68
Smith, Craig 145–146
Spielhagen, Friedrich 55–56
Stifter, Adalbert 66
Stolle, Ferdinand 42, 60
Storm, Theodor 9, 101–115, 118, 128
Strousberg, Bethel Henry 223
Strowick, Elisabeth 104
Struensee, Gustav von 48
Sudermann, Hermann 40, 47, 56, 58–59
Sue, Eugène 197, 214
Suttner, Bertha von 88–89
Swift, Graham 139

Temple, Henry John (Lord Palmerston) 66
Theisohn, Philip 103
Tieck, Ludwig 22, 25, 27
Tieck, Sophie Bernardi 22–23
Tönnies, Ferdinand 216
Tschörtner, H. D. 217

Uhland, Ludwig 130
Ungern-Sternberg, Alexander von 46–48, 52

Valois, Margarete von 28
Voß, Johann Heinrich 128

Wackenroder, Wilhelm Heinrich 25, 27
Wallis, Samuel 160
Washington, George 161
Wernhart, Karl 174
Woolf, Virginia 139, 145–146, 151–152
Wüllerstorf-Urbair, Bernhard von 187

Zille, Heinrich 211
Zola, Émile 217

www.ingramcontent.com/pod-product-compliance
Lightning Source LLC
Chambersburg PA
CBHW020742020526
44115CB00030B/845